11,90

GOLDMANN SCHOTT

D1942093

Zum Autor:

Dr. Egon Voss, Jahrgang 1938, ist deutscher Musikwissenschaftler, Editionsleiter der Richard-Wagner-Gesamtausgabe in München (neben Carl Dahlhaus).
Er verfaßte u. a. zahlreiche Schriften über Leben und Werk Richard Wagners.

RICHARD

WAGNER

Dokumentarbiographie

Bearbeitet von Egon Voss

Mit 296 teils farbigen
Abbildungen

Wilhelm Goldmann Verlag

Musikverlag B. SCHOTT'S Söhne

Dieses Buch ist die überarbeitete und erweiterte Neuausgabe von: Wagner. Dokumentarbiographie herausgegeben von Herbert Barth, Dietrich Mack und Egon Voss, Wien 1975, Universal Edition.

Made in Germany · 2/83 · 1. Auflage · 1115

Umschlaggestaltung: Atelier Adolf & Angelika Bachmann, München

Umschlagfotos: Bildarchiv Süddeutscher Verlag (2), Werner Neumeister, München (2)

Druck: Presse Druck, Augsburg (Text), RMO, München (Bildteil)

Verlagsnummer: 33081

Herstellung: Peter Sturm / Klaus Hanitzsch

ISBN 3-442-33081-5

Inhalt

Vorwort

Die Literatur über Wagner gehört zum Umfangreichsten, was jemals über eine einzelne Person geschrieben wurde; entsprechend vielfältig sind die Meinungen über den Gegenstand. Ihre Richtigkeit läßt sich jedoch nicht an der Vehemenz messen, mit der sie vertreten werden, oder am publizistischen Aufwand, mit dem clevere Verleger sie dem Publikum aufzwingen, sondern allein an den Zeugnissen und Dokumenten, die Wagner selbst und seine Zeit hinterlassen haben. Eine Dokumentarbiographie, wie die vorliegende, versteht sich darum notwendig als Korrektiv, als Mittel, dem Leser in der verwirrenden Vielfalt der Meinungen einen Maßstab an die Hand zu geben, der ihm erlaubt, sich ein eigenes Urteil zu bilden.

Die Lektüre originaler Texte und das Betrachten historischer Bilder haben aber auch deshalb besonderen Sinn, weil offensichtlich Meinungen über Wagner viel verbreiteter und geläufiger sind als das Wissen über ihn, die konkrete Kenntnis von Persönlichkeit und Werk. Die Dokumentarbiographie will dem abhelfen, indem sie Information aus erster Hand bietet und nicht die Dokumente mit den Ansichten, die darüber herrschen, vermischt. Das erscheint nicht zuletzt darum notwendig, weil Richard Wagner noch immer ein äußerst brisantes Thema ist, ein Gegenstand, an dem sich die Geister scheiden. In einer solchen Situation ist es wenig sinnvoll, den bestehenden Ansichten eine weitere hinzuzufügen (denn man klärt die Lage nicht dadurch, daß man dem Streit der Meinungen neue Nahrung gibt). Klärung läßt sich allein aus dem Rückbezug auf das Original, die historischen Dokumente gewinnen, wie ihn die Dokumentarbiographie vermittelt.

Wer Wagners Opern begreifen will, wird selbstverständlich zu den Werken selbst greifen und deren Textbücher und Partituren studieren (wenngleich erschreckend ist, wie gering z. B. die Kenntnisse von Wagners Texten bei den Verehrern seiner Opern im allgemeinen sind). Ebenso selbstverständlich sollte sein, Kenntnis und Verständnis der Biographie aus originalen Zeugnissen zu beziehen und nicht allein aus Büchern, deren Autoren gar nicht aus eigener, unmittelbarer Anschauung berichten, sondern aus zweiter Hand und dabei meist noch die eigene Meinung an die Stelle des Berichtes setzen.

Wagner hat es seinen Biographen insofern leicht gemacht, als er ihnen mit seiner Autobiographie „Mein Leben“ einen ebenso verlockenden wie unumgehbaren Leitfaden an die Hand gab. Bis heute haben sich denn auch alle Biographen an ihn gehalten; noch die jüngsten Darstellungen von Wagners Leben sind nichts anderes als Paraphrasen der Autobiographie, und das, obwohl inzwischen bekannt sein müßte, daß Wagner darin sein Leben als Kunstwerk darstellte und sehr häufig nicht der Wahrheit gemäß berichtete, sondern nach anderen Gesichtspunkten wie dem der dramaturgischen Wirksamkeit. „Mein Leben" ist voller Mystifikationen, und so aufschlußreich das Buch für Wagners Selbstverständnis und Selbstdarstellung ist, so problematisch (wenn nicht gar untauglich) ist es als Auskunftsquelle über die Wirklichkeit von Wagners Leben. Die Glaubwürdigkeit von Wagners Autobiographie erweist sich nur im Vergleich mit anderen Dokumenten, insbesondere solchen, die aus unmittelbarer Nähe der Ereignisse selbst stammen. Die vorliegende Dokumentarbiographie präsentiert vor allem sie, zitiert aber selbstverständlich auch – da das Bild sonst unvollständig wäre – aus „Mein Leben".

Wagners Sinn für das Mythische, der auch noch seine Biographie ins Dunkel des Mythos getaucht hat, ist so beliebt, daß viele Verehrer seiner Kunst geneigt sind, auch sein Leben mythisch zu nehmen, so wie es der Meister wollte. Wohl vor allem darum erliegen viele Wagnerschriftsteller der Versuchung, herrschende Meinungen, traditionelle, meist durch Wagner selbst und seine Jüngerschaft ins Leben gerufene Darstellungen ungeprüft zu übernehmen und so am Teppich der Mystifikationen und der Mythen weiterzuweben: die Großartigkeit der Legenden trübt den Blick für die Realität. Die Dokumentarbiographie versteht sich demgegenüber als Beitrag zur Entmythologisierung. Sie möchte zum Abbau von Vorurteilen beitragen und bewirken, daß die historischen Zeugnisse nicht mit unterschiedlichem Maß gemessen werden – als wäre Wagner darum glaubwürdiger als andere, weil er „genialer" war als sie.

Das vorliegende Buch erschien zuerst 1975. Für die Neuauflage wurde es überarbeitet. Dabei blieb der Textteil, von kleineren Korrekturen abgesehen, unangetastet. Lediglich die Auszüge der seinerzeit als Ganzes noch unveröffentlichten Tagebücher Cosima Wagners wurden fortgelassen, da sie inzwischen in einer authentischeren und ausführlicheren Edition vorliegen (vgl. Bibliographie). Herausgenommen wurde außerdem ein Abschnitt aus Wagners Autobiographie, weil sich inzwischen herausgestellt hat, daß Wagners Schilderung vermutlich gar nicht der Wahrheit entspricht. Wagner behauptet darin, als Sechzehn- oder Siebzehnjähriger durch ein „Fidelio"-Gastspiel von Wilhelmine Schröder-Devrient in Leipzig eine Art Erweckungserlebnis gehabt zu haben. Dieses „Fidelio"-Gastspiel läßt sich nicht nachweisen. Alle erhaltenen Zeugnisse sprechen vielmehr dafür, daß jenes Schlüsselerlebnis die Aufführung von Bellinis Romeo-und-Julia-Oper „I Capuleti e i Montecchi" im März 1834 mit Wilhelmine Schröder-Devrient in der Rolle des Romeo war, Wagner später jedoch nicht wahrhaben wollte, daß ihn die berühmte Sängerin ausgerechnet in der Oper eines Italieners fasziniert hatte; „Fidelio" paßte besser in die eigene „Deutsche Ideologie".

Blieb der Textteil weitgehend so, wie er in der ersten Auflage des Buches war, so wurde der Bildteil, unter anderem aus Gründen des veränderten Buchformates, eingreifend umgestaltet. Mehr als ein Drittel der Bilder ist neu, außerdem wurde die Zahl der Abbildungen erhöht und durch eine neue Abfolge und veränderte Zusammenstellung ihre Aussagefähigkeit

gesteigert. Die Auswahl der neuaufgenommenen Bilder erfolgte zum einen selbstverständlich nach dem Informationswert, den sie haben, zum anderen jedoch auch nach dem Grundsatz, nach Möglichkeit abzubilden, was wenig oder gar nicht bekannt ist, Bilder wiederzugeben, die nicht geläufig sind oder gar unbekannt. So erscheint eine Reihe von Wagnerschen Handschriften zum ersten Mal in einer Faksimile-Wiedergabe. Porträts wie die von Wagners Geschwistern Luise und Ottilie (Nr. 5 und 6) oder von Minna Wagner (Nr. 71) wurden zwar früher schon einmal veröffentlicht, jedoch an entlegenem Ort, so daß sie weithin unbekannt geblieben sind. Dasselbe gilt für Geyers Zeichnung von Rosalie Wagner (Nr. 7) und eine Reihe anderer Bilder. Gänzlich unbekannt war bislang auch das Wagner-Porträt des großen russischen Realisten Iwan Nikolajewitsch Kramskoj (Nr. 148), das während Wagners Aufenthalt in Rußland im Frühjahr 1863 entstand. So unverkennbar es den Charakter der Skizze hat, so bedeutsam erscheint es aufgrund des totalen Verzichts auf Idealisierung, der ihm eigen ist; denn die geläufigen Porträts neigen fast ausnahmslos zur ungeschminkten Heroisierung und zeigen Wagner nicht, wie er war, sondern wie er sich zu sehen wünschte. Kramskojs Bildnis ist daher eine besonders wichtige Bereicherung der Wagner-Ikonographie.
Um die Abbildungen nicht zu klein geraten zu lassen, sind die Bildunterschriften so knapp wie möglich gehalten. Ausführliche Bilderläuterungen findet der interessierte Leser am Ende des Buches. Dort sind auch ein Werkverzeichnis und eine Bibliographie mitgeteilt, die Bild- und Textteil ergänzen, aber selbstverständlich auch davon unabhängige Hilfsmittel für die Beschäftigung mit Wagner darstellen, so daß dieser Teil zumindest partiell die Funktion eines bislang fehlenden Handbuchs zu erfüllen vermag. Das Werkverzeichnis füllt im übrigen eine empfindliche Lücke, da es überhaupt zum ersten Mal eine annähernd vollständige und vor allem genaue Übersicht über das gibt, was Wagner geschaffen hat. Die Bibliographie beschränkt sich auf die Angabe von Primärliteratur, dem Prinzip der Dokumentarbiographie entsprechend, stellt aber selbstverständlich auch in bezug darauf notwendig eine Auswahl dar.
Das Buch möchte nicht nur nüchternes Wissen vermitteln, sondern auch und vor allem das Interesse am originalen historischen Dokument wecken, das in viel stärkerem Maße geeignet ist, historisches Bewußtsein und Verständnis für die Geschichte zu fördern als eine Beschreibung aus der Sicht der Gegenwart. Wer die Texte und die Betrachtung der Bilder mit Einfühlungsvermögen und auch etwas Geduld betreibt, wird erstaunt sein, wie vielfältig die Aussagen sind, und wie genau Texte und Bilder Auskunft geben über Struktur und Charakter sowohl Wagners als auch seiner Zeit. Auf diese Genauigkeit kommt es an, und vielleicht gerät der Leser sogar dahin, dem Wort von Alain Robbe-Grillet zuzustimmen, nach dem nichts phantastischer ist als die Genauigkeit.

Egon Voss München, im Juli 1982

Stammbaum

Johanna Sophia Eichel ∞ 1769 Gottlob Friedrich Wagner
Tochter eines Leipziger Schulmeisters
1745–1814

Gottlob Friedrich Wagner
Torakzise-Assistent
1736–1795

Gottlob Friedrich
1765–1769?

Adolf
Literat, Philologe
1774–1835

Albert
Sänger
1799–1874
∞ 1828
Elise Gollmann
Schauspielerin, Sängerin
1800–1864

Carl Gustav
1801–1802

Rosalie
Schauspielerin
1803–1837
∞ 1836
Oswald Marbach
Philosoph, Philologe, Literat
1810–1890

Julius
Uhrmacher
1804–1862

Luise
Schauspielerin
1805–1872
∞ 1828
Friedrich Brockhaus
Verleger
1800–1865

Franz Beidler ∞ 1900 Isolde
Dirigent
1872–1930

Isolde
1865–1919

Franz Beidler
Schriftsteller
1901–1981

Christiane Wilhelmine Elisabeth Fredy
Tochter eines Dresdner Kochs frz. Herkunft
1746?–1821

∞ 1776

Christian Gottlieb Benjamin Geyer
Kanzlist, Advokat
1744–1799

Friederike
1778–1838

Ernestine Henriette Christiana G.
1777–?

Carl G.
Goldschmied
1791–1831

Friedrich
Polizeiactuarius
1770–1813

∞ 1798?

Johanna Rosine Pätz (Beetz/Bertz?)
Tochter eines Weißenfelser Bäckermeisters
1774–1848

∞ 1814

Ludwig G.
Maler, Schauspieler
1779–1821

Clara
Sängerin
1807–1875
∞ 1828
Heinrich Wolfram
Sänger
1799–1874

Maria Theresia
1809–1814

Ottilie
1811–1883
∞ 1836
Hermann Brockhaus
Orientalist
1806–1877

Cäcilie G.
1815–1893
∞ 1840
Eduard Avenarius
Verleger
1809–1885

Cosima von Bülow, geb. Liszt
1837–1930

∞ 1870

Richard
1813–1883

∞ 1836

Minna Planer
Schauspielerin
1809–1866

Eva
1867–1942
∞ 1908
Houston Stewart Chamberlain
1855–1927

Siegfried
1869–1930

∞ 1915

Winifred Williams
1897–1980

Wieland
1917–1966

Friedelind
1918–

Wolfgang
1919–

Verena
1920–

Zeittafel

1813 22. Mai: Richard Wagner wird in Leipzig als neuntes Kind der Eheleute Friedrich und Johanna Rosine Wagner geboren. Taufe am 16. August in der Thomaskirche. 23. November: Tod Friedrich Wagners.
Völkerschlacht von Leipzig (16.–19. 10.).
1814 28. August: Johanna Rosine Wagner heiratet den Maler und Schauspieler Ludwig Geyer. Übersiedlung der Familie nach Dresden, wo Geyer seit 1809 als Schauspieler engagiert ist.
1814/15 Wiener Kongreß. Beginn der Restauration.
1816 Carl Maria von Weber als Kapellmeister in Dresden, wo er auch im Hause der Familie Wagner/Geyer verkehrt.
1817 Wagner kommt in die Schule des königlichen Vizehofkantors Carl Friedrich Schmidt in Dresden.
18. Oktober: Fest der deutschen Burschenschaft auf der Wartburg.
1819 Karlsbader Beschlüsse gegen politische und geistige Freiheit.
1820 Sommer/Herbst (?): Zur Vorbereitung auf die Dresdner Kreuzschule gibt Geyer den siebenjährigen Richard zu dem befreundeten Pastor Christian Ephraim Wetzel nach Possendorf bei Dresden.
1821 30. September: Tod Geyers. Oktober: Ludwig Geyers jüngerer Bruder Carl nimmt Wagner zu sich nach Eisleben.
Uraufführung des „Freischütz" in Berlin (18. 6.).
1822 Herbst: Wagner wieder in Dresden. 2. Dezember: Wagner wird unter dem Namen Geyer Schüler der Dresdner Kreuzschule. Er hat für kurze Zeit Klavierunterricht. Der allgemeine „Freischütz"-Enthusiasmus in Deutschland erfaßt auch ihn.
Erste Aufführung des „Freischütz" in Dresden (26. 1.).
1824 7. Mai: Uraufführung von Beethovens IX. Sinfonie in Wien.
1826 Übersiedlung der Familie Wagner/Geyer nach Prag; Richard bleibt in Dresden. Begeisterung für das antike Griechenland: Übersetzung von Gesängen der ‚Odyssee' und Versuch eines epischen Gedichtes „Die Schlacht am Parnassos" (nicht erhalten). Plan Schriftsteller zu werden.
Tod Carl Maria von Webers in London.
1827 8. April: Konfirmation in der Dresdner Kreuzkirche unter dem Namen Geyer. Am Jahresende Übersiedlung nach Leipzig zur von Prag nach Sachsen zurückgekehrten Familie.
Tod Beethovens.
1828 21. Januar: Wagner wird Schüler der Nicolaischule in Leipzig. Er heißt von jetzt an Wagner. Beendigung des Trauerspiels „Leubald". Um es mit Musik versehen zu können, Studium der Kompositionslehre von Johann Bernhard Logier. Herbst: Beginn eines zunächst vor der Familie verborgen gehaltenen Unterrichts in Harmonielehre bei Christian Gottlieb Müller.

Uraufführung von Heinrich Marschners ,,Der Vampyr" in Leipzig und von Aubers ,,Die Stumme von Portici" in Paris.

1829 Sommer: Vorübergehende Unterbrechung des Unterrichts bei Müller, der danach offiziell wird. Autodidaktische Studien. Erste Kompositionen: Sonaten, Streichquartett.

Uraufführung von Heinrich Marschners ,,Der Templer und die Jüdin" in Leipzig und von Rossinis ,,Wilhelm Tell" in Paris.

1830 16. Juni: Übertritt in die Thomasschule. Für kurze Zeit Geigenunterricht bei dem Gewandhausmitglied Robert Sipp. Abschrift und Klavierauszug von Beethovens IX. Sinfonie. Komposition von 3 Ouvertüren. Herbst: Teilnahme an den Unruhen in Leipzig. Erste Begegnung mit Robert Schumann. 25. Dezember: Aufführung der Ouvertüre B-Dur im Leipziger Theater ohne Nennung von Wagners Namen (Dirigent: Heinrich Dorn, der Lehrer Robert Schumanns).

Julirevolution in Paris. Polnischer Aufstand gegen die russisch-zaristische Herrschaft. Berlioz: Symphonie fantastique.

1831 Wagner schreibt ,,Sieben Kompositionen zu Goethes Faust" und eine Sonate für Klavier zu vier Händen; anschließend Instrumentation der Sonate für Orchester. 23. Februar: Immatrikulation als Student der Musik an der Leipziger Universität. Eintritt in die sächsische Landsmannschaft ,,Saxonia". Herbst: Wagner wird Schüler von Thomaskantor Christian Theodor Weinlig. Kompositionen: Ouvertüre d-Moll, Klaviersonate B-Dur, Fantasie fis-Moll. 25. Dezember: Aufführung der Ouvertüre d-Moll im Leipziger Theater.

Sachsen erhält eine Verfassung. Uraufführung von Bellinis ,,Norma" in Mailand und von Meyerbeers ,,Robert der Teufel" in Paris.

1832 Wagner macht die Bekanntschaft Heinrich Laubes. Kompositionen: Klaviersonate A-Dur, Szene und Arie für Sopran und Orchester, Ouvertüre und Theatermusik zu Raupachs ,,König Enzio" (aus Anlaß der Aufführung des Stücks am Leipziger Theater), Konzertouvertüre C-Dur. 23. Februar: Aufführung der Ouvertüre d-Moll im Gewandhaus. 30. April: Aufführung der Konzertouvertüre C-Dur im Gewandhaus. Beendigung des Unterrichts bei Weinlig. April–Juni: Komposition der Sinfonie C-Dur. Sommer: Reise nach Wien. Herbst: Aufenthalt bei Freunden in Pravonin bei Prag. Entstehung des Operntextbuchs ,,Die Hochzeit". November: Uraufführung der Sinfonie C-Dur im Prager Konservatorium (Dirigent: Dionys Weber). Dezember: Rückkehr nach Leipzig. Beginn der Komposition von ,,Die Hochzeit".

Heinrich Laube wird Redakteur der ,,Zeitung für die elegante Welt" in Leipzig.

1833 Nach der Komposition der ersten Nummer der ,,Hochzeit" bricht Wagner die Arbeit an der Oper ab und vernichtet den Text, da er bei seiner Schwester Rosalie damit auf Ablehnung stößt. Stattdessen schreibt er das Textbuch zur romantischen Oper ,,Die Feen" nach Carlo Gozzis ,,La donna serpente". 10. Januar: Aufführung der Sinfonie C-Dur im Gewand-

haus. Februar: Vermutlich um dem Militärdienst zu entgehen, reist Wagner nach Würzburg zu seinem Bruder, dem Sänger Albert Wagner. Dieser vermittelt ihm die Stelle eines ,,Choreinstudierers" am Würzburger Theater. Beginn der Komposition der ,,Feen". September: Wagner schreibt für seinen Bruder ein neues Schlußallegro zu einer Arie aus Marschners ,,Vampyr". Dezember: Aufführung von zwei Nummern aus den ,,Feen" in einem Konzert in Würzburg.
Uraufführung von Heinrich Marschners ,,Hans Heiling" in Berlin.
1834 6. Januar: Wagner beendet die Partitur der ,,Feen". Rückkehr nach Leipzig (21. 1.). Erster nachweislicher Anfall von Gesichtsrose. März: Leipziger Gastspiel Wilhelmine Schröder-Devrients u. a. als Romeo in Bellinis ,,I Capuleti e i Montecchi". 10. Juni: In Laubes ,,Zeitung für die elegante Welt" erscheint Wagners erster opernästhetischer Aufsatz ,,Die deutsche Oper". Reise nach Teplitz. Mitte Juni: Prosaentwurf zur komischen Oper ,,Das Liebesverbot" nach Shakespeares ,,Maß für Maß". Ende Juli: Wagner wird Musikdirektor der Bethmannschen Theatertruppe. 2. August: Debüt als Opernkapellmeister mit Mozarts ,,Don Giovanni" im Theater von Bad Lauchstädt. Wagner lernt die Schauspielerin Minna Planer kennen. August–September: Entwurf einer Sinfonie E-Dur (im 2. Satz abgebrochen). Herbst: Textbuch zum ,,Liebesverbot". Oktober: Wagner beginnt seine Tätigkeit als Musikdirektor am Theater in Magdeburg. Erster Beitrag ,,Pasticcio" für Schumanns neugegründete ,,Neue Zeitschrift für Musik" (Erscheinungsdaten 6. und 10. 11.). Ende Dezember: Komposition der Musik zum Festspiel ,,Beim Antritt des neuen Jahres".
Heinrich Laube wird aus Sachsen verwiesen.
1835 Wagner komponiert Ouvertüre und Theatermusik zum Drama ,,Columbus" seines Freundes Theodor Apel (zur Aufführung des Stücks am Magdeburger Theater). Beginn der Komposition des ,,Liebesverbots" (23. 1.). Sommer: Wagner reist durch Süddeutschland (u. a. Nürnberg, Bayreuth), um Sänger zu engagieren. In Frankfurt Beginn der Niederschrift von Notizen zur Autobiographie in der sogenannten Roten Brieftasche.
Felix Mendelssohn Bartholdy wird Gewandhauskapellmeister in Leipzig. Verbot der Bücher des Jungen Deutschland. Laube zeitweise in Haft.
1836 Frühjahr: Wagner beendet die Partitur des ,,Liebesverbots". 29. März: Uraufführung von ,,Das Liebesverbot" unter Wagners Leitung im Stadttheater Magdeburg. Die zweite Aufführung wird wegen einer Schlägerei unter den Darstellern abgebrochen; weitere Aufführungen finden nicht statt, da sich die Theatertruppe auflöst. In Leipzig lernt Wagner Felix Mendelssohn Bartholdy kennen. Mai: Reise nach Berlin zu Verhandlungen über eine Aufführung des ,,Liebesverbots" am Königstädter Theater, die jedoch erfolglos bleiben. Zusammentreffen mit Heinrich Laube und Adolf Glasbrenner. Nachhaltiger Eindruck von einer Aufführung des ,,Fernando Cortez" von Spontini. In Berlin (oder erst im Juli in Königsberg) Komposition der ,,Polonia"-Ouvertüre als späte Huldigung an den

polnischen Freiheitskampf von 1830/31. 7. Juli: Wagner folgt Minna Planer nach Königsberg, wo diese ein Engagement angenommen hat. Während der folgenden Monate dirigiert Wagner gastweise am Königsberger Theater, erhält aber keine feste Anstellung. Juli: In Königsberg schreibt Wagner den Prosaentwurf zur fünfaktigen Oper „Die hohe Braut“ und schickt ihn an Eugène Scribe nach Paris in der Hoffnung, mit der Komposition des Werks für die Pariser Grande Opéra beauftragt zu werden. 24. November: Kirchliche Trauung mit Minna Planer in Königsberg-Tragheim.
Uraufführung von Meyerbeers „Hugenotten“ in Paris.

1837 Komposition der Ouvertüre „Rule Britannia“ über das englische Nationallied. 1. April: Wagner wird Musikdirektor am Königsberger Theater. 31. Mai: Minna verläßt ihren Mann heimlich und reist mit dem Kaufmann Dietrich nach Dresden. Wagner reist ihr nach, sie verläßt ihn aber erneut und kehrt erst im Oktober zu ihm zurück. Juni: Wagner erhält eine Anstellung als Musikdirektor am Stadttheater in Riga. In Blasewitz bei Dresden Lektüre von Bulwer-Lyttons Roman „Rienzi – the Last of the Roman Tribunes“. Erste Prosaskizze zur großen tragischen Oper „Rienzi, der Letzte der Tribunen“. Juli/August: Reise über die Ostsee nach Riga. 1. September: Wagner dirigiert seine erste Vorstellung in Riga. Er schreibt Einlegearien zu den Opern „Mary, Max und Michel“ von Carl Blum und „Die Schweizerfamilie“ von Joseph Weigl. Komposition der „Nicolay“-Volkshymne als Huldigung für den russischen Zaren.

1838 Sommer: Textbuch und Kompositionsbeginn von „Männerlist größer als Frauenlist oder Die glückliche Bärenfamilie“ (abgebrochen). August: Wagner beendet das Textbuch zu „Rienzi“ und beginnt mit der Komposition (7. 8.). 15. November: Erstes Konzert einer neuen Konzertreihe, in der Wagner bis zum Mai 1839 in sechs Konzerten die Beethoven-Sinfonien 3–8, Werke von Mozart, Weber, Cherubini, Mendelssohn Bartholdy und eigene Kompositionen aufführt.

1839 März: Wagners Vertrag wird nicht über das Saisonende hinaus verlängert. Französischunterricht, der dazu dient, den „Rienzi“-Text ins Französische zu übersetzen. Juli: Mit dem Ziel, in Paris mit dem „Rienzi“ sein Glück zu machen, verläßt Wagner Riga. Bei einem Unfall auf der Reise hat Minna eine Fehlgeburt. Abenteuerliche Seereise an Bord eines Segelschiffes von Pillau über Norwegen nach London (19. 7.–12. 8.). 20. August: Überfahrt von England nach Frankreich. In Boulogne-sur-Mer zufällig erstes Zusammentreffen mit Giacomo Meyerbeer, den Wagner bereits 1837 brieflich um Protektion gebeten hatte. 12. September: Wagner beendet die Partitur des 2. „Rienzi“-Aktes. 17. September: Ankunft in Paris. Obwohl von Meyerbeer protegiert, bleiben Wagners Versuche, in Paris künstlerisch Fuß zu fassen, vergeblich. Wagner komponiert eine Einlegearie zu Bellinis „Norma“ und eine Reihe von Liedern auf französische Texte – u. a. Dors mon enfant, Attente, Mignonne, Les deux grenadiers (nach Heinrich Heine), Adieux de Marie Stuart –, um durch ihre

Dedikation an berühmte, einflußreiche Sänger deren Gunst und Fürsprache zu gewinnen. Übersetzung des ,,Liebesverbots" ins Französische; eine Aufführung kommt aber nicht zustande. Durch Heinrich Laube Bekanntschaft mit Heinrich Heine. 24. November: Uraufführung von Hector Berlioz' dramatischer Sinfonie ,,Roméo et Juliette" im Pariser Conservatoire. Wagner erlebt das Werk bei dieser oder der folgenden Aufführung am 1. Dezember und ist stark beeindruckt. Anfang Dezember: Plan zu einer ,,Faust"-Sinfonie, Entwurf des 1. Satzes (Schlußdatum 13. 12.).

1840 12. Januar: Wagner beendet die Partitur des 1. Satzes der ,,Faust"-Sinfonie (später ,,Eine Faust-Ouvertüre"). 15. Februar: Beginn der Komposition des 3. ,,Rienzi"-Aktes. Anfang Mai: Erster Prosaentwurf zum ,,Fliegenden Holländer" und Übersetzung ins Französische (Die Handlung spielt – wie in Heinrich Heines Vorlage – in Schottland). Wagner möchte, daß Eugène Scribe das Libretto verfaßt. Mai–Juli: Komposition von Senta-Ballade, Lied der schottischen (später norwegischen) Matrosen und Lied der Mannschaft des Holländers. Die Vorführung der drei vorab komponierten Stücke, die den Auftrag zur Komposition der Oper für die Grande Opéra bringen soll, kommt nicht zustande. 12. Juli: Mit dem Aufsatz ,,De la musique allemande" (Über deutsche Musik) beginnen Wagners Beiträge für Maurice Schlesingers ,,Revue et Gazette musicale". 19. November: Wagner beendet die Partitur des ,,Rienzi". Beginn der sich bis zum Sommer 1842 erstreckenden Tätigkeit als Arrangeur von Klavierauszügen, Potpourris etc. zu bekannten Opern (,,La Favorite" von Donizetti, ,,Le Guitarrero" und ,,La Reine de Chypre" von Halévy). Wagner lernt Franz Liszt kennen. Dezember: Gesuch an den König von Sachsen, ,,Rienzi" zur Aufführung am Dresdner Hoftheater anzunehmen.
Schumann schreibt ,,Die beiden Grenadiere" nach Heinrich Heine.

1841 4. Februar: Erfolglose Aufführung der ,,Columbus"-Ouvertüre in Paris. Wagner schreibt Berichte für die Dresdner ,,Abend-Zeitung" (März bis Dezember). Mai: In Meudon bei Paris zweiter Prosaentwurf und Textbuch zum ,,Fliegenden Holländer". Juni: Das Dresdner Hoftheater nimmt den ,,Rienzi" zur Aufführung an. 2. Juli: Verkauf des Entwurfs zum ,,Fliegenden Holländer" an die Pariser Grande Opéra (Komposition durch Louis Dietsch). Juli–November: Komposition des ,,Fliegenden Holländers" in Meudon bei Paris. Jahresende(?): Prosaskizzen zur Oper ,,Die Sarazenin" (Prosaentwurf 1843).
Schumann: Sinfonien B-Dur und d-Moll.

1842 5. März: Wagner beendet den Prosaentwurf zur Oper ,,Die Bergwerke zu Falun" (Nach E. T. A. Hoffmann). 7. April: Wagner verläßt Paris und kehrt nach Deutschland zurück, um in Dresden an der Vorbereitung der Uraufführung des ,,Rienzi" mitzuwirken. Juni: Erholungsreise nach Teplitz. Wagner schreibt zwei Prosaentwürfe zu ,,Tannhäuser" (die Oper trägt zu dieser Zeit den Titel ,,Der Venusberg"). 20. Oktober: Uraufführung des ,,Rienzi" (Dirigent: Carl Gottlieb Reißiger; Rienzi: Joseph Tichatschek; Adriano: Wilhelmine Schröder-Devrient). Die Oper hat großen Erfolg und macht Wagner gleichsam über Nacht zum weltberühmten Komponisten.

1843 2. Januar: Uraufführung des „Fliegenden Holländers" in Dresden mit der nach Norwegen verlegten Handlung (Dirigent: Richard Wagner; Senta: Wilhelmine Schröder-Devrient). 1. und 8. Februar: In der wieder von Heinrich Laube redigierten „Zeitung für die elegante Welt" erscheint Wagners „Autobiographische Skizze". 2. Februar: Wagner wird zum königlich sächsischen Hofkapellmeister ernannt (neben C. G. Reißiger). April: Wagner beendet das Textbuch zu „Tannhäuser". Mai–Juni: Komposition von „Das Liebesmahl der Apostel" (Uraufführung am 6. Juli). Juli: Erholungsreise nach Teplitz. Lektüre von Jakob Grimms „Deutscher Mythologie" und Beginn der Komposition des „Tannhäuser". Herbst: Wagner beginnt mit dem Aufbau einer eigenen Bibliothek mit Bevorzugung alt- und mittelhochdeutscher Literatur.

1844 7. Januar: Wagner dirigiert die Berliner Erstaufführung des „Fliegenden Holländers". 21. März: Hamburger Erstaufführung des „Rienzi" unter Wagners Leitung. Fortsetzung der Komposition des „Tannhäuser". Herbst: Auf Vorschlag Wagners wird Spontini nach Dresden eingeladen und dirigiert die Premiere seiner von Wagner neueinstudierten „Vestalin". November: Zur Überführung der Asche Carl Maria von Webers von London nach Dresden schreibt Wagner eine Trauermusik nach Motiven aus „Euryanthe" für Bläser und Trommeln sowie einen Männerchor „An Webers Grabe" (Aufführung am 14. und 15. 12.).
Berlioz: Instrumentationslehre.

1845 13. April: Wagner beendet die „Tannhäuser"-Partitur. Im Sommer Reise nach Marienbad. Mitte Juli: Prosaentwurf zu „Die Meistersinger von Nürnberg" (Schlußdatum 16. 7.), gedacht als „Satyrspiel" zu „Tannhäuser und der Sängerkrieg auf Wartburg". In unmittelbarem Anschluß daran Prosaentwurf zu „Lohengrin" (Schlußdatum 3. 8.). Herbst: Wagner schreibt das Textbuch zu „Lohengrin". 19. Oktober: Uraufführung des „Tannhäuser" in Dresden unter Wagners Leitung (Tannhäuser: Joseph Tichatschek; Venus: Wilhelmine Schröder-Devrient; Elisabeth: Johanna Wagner, Richard Wagners Nichte). 17. November: im „Engelklub", einer Dresdner Literaten- und Künstlervereinigung, liest Wagner den „Lohengrin"-Text vor und stößt, vor allem bei den Musikern Ferdinand Hiller und Robert Schumann, auf Kritik und Ratlosigkeit. Dezember: Wagner reist nach Berlin und erlebt Jenny Lind in „Norma" und „Don Giovanni".

1846 Wagner arbeitet die Partitur des „Fliegenden Holländers" um. 12. Februar: Die Ouvertüre zu „Tannhäuser" erntet im Leipziger Gewandhaus unter Felix Mendelssohn Bartholdy einen Mißerfolg. Wagner verfaßt eine Denkschrift „Die Königliche Kapelle betreffend" (Schlußdatum 1. 3.) zur Reform des Orchesters. 5. April: Im traditionellen Dresdner Palmsonntagskonzert dirigiert Wagner zum ersten Mal Beethovens IX. Sinfonie. 30. Juli: Wagner beendet den ersten Gesamtentwurf der Komposition des „Lohengrin". Oktober: Prosaskizze zur Oper „Friedrich I.". Jahresende: Beginn der Bearbeitung von Glucks „Iphigenie in Aulis".

1847 22. Februar: Uraufführung von Wagners Neufassung der „Iphigenie in Aulis" von Gluck in Dresden (Dirigent: Richard Wagner). 28. März: IX. Sinfonie unter Wagner. 28. August: Wagner schließt den zweiten Gesamtentwurf der „Lohengrin"-Komposition ab. 24. Oktober: Berliner Erstaufführung des „Rienzi" (mit verändertem Schluß) unter Wagners Leitung. Zusammentreffen mit Ludwig Tieck.
Tod Felix Mendelssohn Bartholdys.

1848 9. Januar: Wagners Mutter stirbt in Leipzig. 8. März: Wagner führt Palestrinas „Stabat mater" in einer eigenen Einrichtung auf. Gedicht „Gruß aus Sachsen an die Wiener" als Reaktion auf die Wiener Aufstände (Veröffentlichung in der „Allgemeinen Oesterreichischen Zeitung"). 28. April: Wagner beendet die Partitur des „Lohengrin". Anfang Mai: „Entwurf zur Organisation eines deutschen Nationaltheaters für das Königreich Sachsen" (Schlußdatum 11. 5.). Juni: Wagner hält im republikanischen Vaterlandsverein eine Rede zur Frage „Wie verhalten sich republikanische Bestrebungen dem Königtume gegenüber?"; anschließend anonyme Publikation der Rede (15. 6.). Durch den befreundeten August Röckel Bekanntschaft mit Michael Bakunin. Juli: Wagner wirbt in Wien für seine Theaterreformpläne; Zusammentreffen mit Franz Grillparzer und Eduard Hanslick. 29. September: Bei der 300-Jahr-Feier der königlichen Kapelle wird in Dresden das Finale des 1. „Lohengrin"-Aktes unter Wagners Leitung aufgeführt. In Röckels republikanischer Zeitung „Volksblätter" erscheinen anonyme Artikel von der Hand Wagners. Entstehung der ersten Textentwürfe zum „Ring des Nibelungen": „Die Nibelungensage (Mythus)" (Schlußdatum 4. 10.), „Siegfrieds Tod" (Schlußdatum 20. 10.). 12.–28. November: Textbuch zur großen Heldenoper „Siegfrieds Tod" (später „Götterdämmerung"). Dezember: Vorlesung von „Siegfrieds Tod" in privatem Kreis (Gottfried Semper, Hans von Bülow, Wilhelm Fischer, Ferdinand Heine).
Februarrevolution in Paris, Märzaufstände in Deutschland und Österreich.
Deutsche Nationalversammlung (Frankfurt, Paulskirche).
Franz Liszt wird Hofkapellmeister in Weimar.

1849 Januar: Entwurf zu „Jesus von Nazareth". Weitere anonyme Beiträge für Röckels „Volksblätter" mit zunehmender Glorifizierung von Revolution und Anarchie. 1. April: IX. Sinfonie unter Wagner. Anfang Mai: Ein Verfassungsbruch durch den sächsischen König führt zum Aufstand in Dresden, der durch preußische Truppen niedergeschlagen wird. Wagner, auf der Seite der Aufständischen, läßt Handzettel herstellen, die zur Solidarisierung der Bevölkerung mit den Aufständischen aufrufen. Danach steckbriefliche Verfolgung (Erlaß am 16. 5.). Der Verhaftung entgeht Wagner durch die Flucht in die Schweiz (24.–28. 5.), zu der ihm Franz Liszt verhilft. Wagner lebt bis 1861 außerhalb Deutschlands im Exil. Zunächst Aufenthalt in Zürich. Ende Juli: Wagner beendet die Abhandlung

„Die Kunst und die Revolution". Anfang September: Minna Wagner übersiedelt nach Zürich. Wagner schreibt „Das Kunstwerk der Zukunft" (Schlußdatum 4. 11.).

1850 15. Januar: Erste Aufführung einer Beethovenschen Sinfonie unter Wagners Leitung in einem Konzert der Zürcher Allgemeinen Musikgesellschaft, für die Wagner bis 1855 alljährlich vor allem Musik von Beethoven und eigene Werke dirigiert. Erster Prosaentwurf zur Heldenoper „Wieland der Schmied", die in Paris zur Aufführung kommen soll (Wagner führt Textbuch und Komposition jedoch nicht aus). März–Mai: Affäre mit Jessie Laussot in Bordeaux, die er von Dresden her kennt; der Plan, mit Jessie zu fliehen, wird durch deren Ehemann vereitelt. Juli: Wagner kehrt zu Minna nach Zürich zurück. August: Beginn der Komposition von „Siegfrieds Tod" (in der 2. Szene abgebrochen). Wagner schreibt „Das Judentum in der Musik", das unter dem Pseudonym K. Freigedank in der „Neuen Zeitschrift für Musik" erscheint. 28. August: Uraufführung des „Lohengrin" in Weimar unter der Leitung von Franz Liszt. September: Erste nachweisbare Erwähnung der Festspielidee. Oktober: Hans von Bülow wird Wagners Schüler.

Heinrich Laube wird Direktor des Wiener Burgtheaters.

1851 10. Januar: Wagner beendet „Oper und Drama". Anfang Mai–24. Juni: Prosaentwurf und Textbuch zu „Der junge Siegfried" (später „Siegfried"). Juli–August: Wagner verfaßt „Eine Mitteilung an meine Freunde", ein autobiographisches Vorwort zur Druckausgabe der Textbücher zu „Fliegender Holländer", „Tannhäuser" und „Lohengrin". Herbst: Julie Ritter, eine Freundin aus Dresden, setzt Wagner eine jährliche Rente von 800 Talern aus, die Wagner bis 1859 erhält. November: Erste Prosaskizzen zu „Das Rheingold" und „Die Walküre".

1852 Februar: Wagner lernt den reichen Seidenhändler Otto Wesendonck und dessen Frau Mathilde kennen. Erneute Revision der bereits 1846 überarbeiteten „Holländer"-Partitur. April–Mai: Wagner dirigiert vier Aufführungen des „Fliegenden Holländers" am Zürcher Theater. Durch Georg Herwegh lernt Wagner François und Eliza Wille kennen, in deren Haus viele Literaten verkehren. Textbücher zu „Walküre" (Schlußdatum 1. 7.) und „Rheingold" (Schlußdatum 3. 11.). Neuer Schluß von „Siegfrieds Tod", geprägt durch die Philosophie Ludwig Feuerbachs.

Louis Napoléon macht sich als Napoléon III. zum französischen Kaiser.

1853 Wagner veröffentlicht den Text der Tetralogie „Der Ring des Nibelungen" (Das Rheingold, Die Walküre, Der junge Siegfried, Siegfrieds Tod) als Privatdruck in 50 Exemplaren. Mitte Februar: Im Zürcher Hotel Baur au lac liest Wagner einem ausgewählten Publikum den „Ring"-Text vor. 18., 20. und 22. Mai: In Zürich dirigiert Wagner drei große Konzerte mit Auszügen aus „Rienzi", „Fliegender Holländer", „Tannhäuser" und „Lohengrin". Mai–Juni: Wagner schreibt der Beethoven-begeisterten Mathilde Wesendonck eine Klaviersonate mit dem Motto „Wißt ihr wie das wird?". Juli: Reise mit Franz Liszt und Georg Herwegh an den Vierwaldstättersee; mit Herwegh Gletschertour. Anfang September: Auf einer Italienreise in La Spezia Konzeption der Musik des ,,Rheingold"-Vorspiels. Oktober: In Basel lernt Wagner unter anderem die Komponisten Josef Joachim und Peter Cornelius kennen. Gemeinsame Reise mit Franz Liszt nach Paris. Dort erste Begegnung mit Liszts Tochter Cosima. 1. November: Wagner beginnt mit der Komposition des ,,Rheingold".

1854 Für eine Konzertaufführung der Ouvertüre zu Glucks ,,Iphigenie in Aulis" am 7. März in Zürich schreibt Wagner einen Konzertschluß. 28. Juni: Wagner beginnt mit der Komposition der ,,Walküre". 26. September: Abschluß der ,,Rheingold"-Partitur. Erster Höhepunkt in Wagners Liebe zu Mathilde Wesendonck. Herbst: Wagner liest auf Anregung Georg Herweghs Schopenhauers ,,Die Welt als Wille und Vorstellung". Nach eigenen Angaben hat er Schulden in Höhe von 10000 frcs. Erste Idee zu ,,Tristan und Isolde".

Erstaufführung der symphonischen Dichtungen ,,Les Preludes", ,,Festklänge", ,,Orpheus" und ,,Mazeppa" von Franz Liszt in Weimar.

1855 Januar: Veranlaßt durch Liszts ,,Faust"-Sinfonie überarbeitet Wagner den 1839–40 geschriebenen ersten Satz seiner eigenen ,,Faust"-Sinfonie (Schlußdatum 17. 1.) und nennt das Werk ,,Eine Faust-Ouvertüre". 20. Februar: Wagners letztes Konzert in der Zürcher Allgemeinen Musikgesellschaft. März–Juni: Wagner leitet in London einen Zyklus von acht Konzerten der Philharmonic Society. Juni: Empfang bei Queen Victoria. Wiederbegegnung mit Berlioz, der die Konzerte einer konkurrierenden Gesellschaft leitet. Herbst: Wagner leidet immer häufiger unter Anfällen von Gesichtsrose.

1856 In Zürich lernt Wagner Gottfried Keller kennen. 23. März: Wagner schließt die Partitur der ,,Walküre" ab. 16. Mai: Prosaskizze zu ,,Die Sieger" nach einer buddhistischen Legende. Juni–August: Kur in einer Wasserheilanstalt in Mornex in der Schweiz. Sommer: Wagner ändert die Titel ,,Der junge Siegfried" und ,,Siegfrieds Tod" in ,,Siegfried" und ,,Götterdämmerung". Neuer, buddhistisch beeinflußter Schluß der Tetralogie. September: Wagner beginnt mit der Komposition des ,,Siegfried". Oktober–November: Liszt zu Besuch in Zürich. 23. November: Gemeinsames Konzert Wagners und Liszts in St. Gallen. Dezember: Erste musikalische Skizzen zu ,,Tristan und Isolde".

Tod Robert Schumanns und Heinrich Heines.

1857 Wagner schreibt einen Offenen Brief ,,Über Franz Liszts Symphonische Dichtungen", die er bei Liszts Besuch in Zürich im Herbst 1856 genauer kennengelernt hat. 28. April: Wagner bezieht das sogenannte Asyl, ein von Otto Wesendonck eigens für Wagner gekauftes und hergerichtetes Häuschen in unmittelbarer Nähe der noch im Bau befindlichen Villa Wesendoncks. Mai: Erste Idee zum ,,Parsifal". August: Unterbrechung der Komposition des ,,Siegfried" nach Abschluß des 2. Aktes im Gesamtentwurf. Wagner schreibt das Textbuch zu ,,Tristan und Isolde" (Schlußdatum 18. 9.). 1. Oktober: Beginn der ,,Tristan"-Komposition. 30. Novem-

ber: Wagner schreibt das Lied „Der Engel", das erste der fünf Lieder auf Texte von Mathilde Wesendonck, die bis zum 1. Mai 1858 entstehen. 23. Dezember: Wagner führt das Lied „Träume" in einer Bearbeitung für Violine und kleines Orchester als Geburtstagsständchen für Mathilde Wesendonck auf. 31. Dezember: Wagner beendet den ersten Gesamtentwurf des 1. „Tristan"-Aktes und überreicht ihn Mathilde Wesendonck, nachdem er ihn am Schluß mit einem schwärmerischen Widmungsgedicht versehen hat.
Liszts symphonische Dichtungen erscheinen im Druck.

1858 Ehekonflikte im Hause Wagner und im Hause Wesendonck wegen der immer unverhüllter sich aussprechenden Liebesbeziehung zwischen Wagner und Mathilde. 14. Januar: Zur Entspannung reist Wagner für einige Wochen nach Paris. Zusammentreffen mit Berlioz, der ihm das Textbuch seiner „Trojaner" vorliest. April: Minna Wagner fängt einen Brief Wagners an Mathilde Wesendonck ab, den sie als Beweis für den ehebrecherischen Charakter der Beziehung zwischen Wagner und Mathilde ansieht. Die ständig anwachsende Spannung, besonders zwischen Minna und Mathilde, veranlaßt Wagner im August, das „Asyl" aufzugeben und sich von seiner Frau zu trennen. Reise über Genf nach Venedig (Ankunft 29. 8.). Im Palazzo Giustiniani Fortsetzung der „Tristan"-Komposition (2. Akt).

1859 18. März: Wagner beendet die Partitur des 2. „Tristan"-Aktes. 24. März: Wagner verläßt Venedig. In Luzern Komposition des 3. Aktes von „Tristan und Isolde". 6. August: Abschluß der „Tristan"-Partitur. September: Wagner verkauft die Publikationsrechte am „Ring des Nibelungen" für 6000 Franken an Otto Wesendonck. Übersiedlung nach Paris. Erneutes Zusammenleben mit Minna. Dezember: Wagner schreibt einen besonderen Schluß zum „Tristan"-Vorspiel, um das Werk im Konzert aufführen zu können. Der Verlag B. Schott's Söhne in Mainz kauft das „Rheingold" für 10000 Franken (Otto Wesendonck tritt seine zuvor erworbenen Rechte ab).

1860 Januar: Für seine Pariser Konzerte komponiert Wagner einen neuen Schluß zur „Holländer"-Ouvertüre. 25. Januar, 1. und 8. Februar: Wagner dirigiert drei Konzerte mit Ausschnitten aus seinen Opern im Théâtre italien in Anwesenheit eines Großteils der künstlerischen Prominenz Frankreichs. März: Napoléon III. ordnet, unter anderem auf Betreiben der Fürstin Metternich, die Aufführung des „Tannhäuser" an der Grande Opéra an. Wagner dirigiert zwei Konzerte mit eigenen Werken in Brüssel. April–Juli: Textentwürfe zur Neufassung der ersten zwei Szenen im „Tannhäuser". Juli: Teilamnestie; Wagner kann Deutschland mit Ausnahme Sachsens wieder betreten, ohne Verhaftung befürchten zu müssen. September: Wagner schreibt den Aufsatz „Zukunftsmusik. An einen französischen Freund als Vorwort zu einer Prosaübersetzung meiner Operndichtungen" (Holländer, Tannhäuser, Lohengrin, Tristan). Beginn der „Tannhäuser"-Proben unter Wagners Leitung. Bis zur Aufführung (und auch noch

unmittelbar vor der Premiere) nimmt Wagner zahlreiche Detailänderungen am ,,Tannhäuser" vor. Dezember: Wagner beendet die Partitur der neuen Venus-Szene (,,Tannhäuser", 1. Akt 2. Szene).
Tod Wilhelmine Schröder-Devrients.
1861 28. Januar: Fertigstellung der Partitur des neuen Bacchanals (,,Tannhäuser", 1. Akt 1. Szene). 13. März: Pariser Erstaufführung des ,,Tannhäuser" in der neuen Fassung (Tannhäuser: Albert Niemann; Dirigent: Louis Dietsch). Die Aufführung endet mit einem Skandal, der sich bei der 2. und 3. Aufführung fortsetzt. Wagner zieht das Werk nach der 3. Aufführung zurück. April: Wagner verläßt Paris. Neuerliche Trennung von Minna. In Karlsruhe Audienz beim Großherzog mit Besprechung von Plänen zur Aufführung des ,,Tristan" in Karlsruhe. Mai: In Wien sieht Wagner den ,,Lohengrin" zum ersten Mal auf der Bühne. Vereinbarung mit der Wiener Hofoper über die Uraufführung des ,,Tristan" in Wien. August: Wagner beginnt mit den ,,Tristan"-Proben: das durch indisponierte Sänger und zahlreiche Intrigen immer wieder verzögerte Unternehmen scheitert aber schließlich im März 1864. 30. Oktober: Wagner schlägt seinem Verleger Franz Schott die ,,Meistersinger von Nürnberg" als ,,große komische Oper" vor, um durch Vorschüsse seiner Schulden Herr zu werden. November: Zweiter Prosaentwurf zu den ,,Meistersingern" und Studium von Wagenseils Abhandlung über die historischen Meistersinger. 2. Dezember: In Mainz liest Wagner den ,,Meistersinger"-Entwurf seinem Verleger vor und trifft eine Vereinbarung über das auszuführende Werk. In Paris weitere Vorstudien zu den ,,Meistersingern". Ende Dezember: Wagner beginnt, das ,,Meistersinger"-Textbuch zu schreiben.
Uraufführung der ,,Nibelungen" von Friedrich Hebbel in Weimar.
1862 Anfang Januar: erste Melodieskizze zum ,,Wach auf"-Chor. 25. Januar: Fertigstellung des ,,Meistersinger"-Textbuchs. Februar: Wagner verläßt Paris. Vorlesung des ,,Meistersinger"-Textbuchs bei Schott in Mainz. Wagner mietet eine Wohnung in Biebrich am Rhein. Minna für zehn Tage bei Wagner, danach endgültige Trennung. März: Wagner lernt Joachim Raff kennen und die Schauspielerin Friederike Meyer. Beginn der Beziehung zu Mathilde Maier. Vollständige Amnestie. Beginn der Komposition der ,,Meistersinger". Juni–Juli: Wagner beendet die Partitur des ,,Meistersinger"-Vorspiels. Hans und Cosima von Bülow, seit 1857 miteinander verheiratet, zu Besuch bei Wagner in Biebrich. Mit dem Sängerehepaar Ludwig und Malwina Schnorr von Carolsfeld Studium der Titelpartien von ,,Tristan und Isolde". Sommer: Unterbrechung der Komposition der ,,Meistersinger". 12. September: In Frankfurt dirigiert Wagner zum ersten Mal eine Theateraufführung des ,,Lohengrin". 1. November: Uraufführung des ,,Meistersinger"-Vorspiels im Leipziger Gewandhaus unter Wagners Leitung. In Dresden letztes Zusammensein mit Minna. Mit Friederike Meyer Reise nach Wien zur Wiederaufnahme der ,,Tristan"-Proben und zur Vorbereitung von Konzerten mit Ausschnitten aus den

noch nicht aufgeführten Opern („Ring", „Meistersinger"). Wagner stellt Konzertfassungen von Stücken aus dem „Ring des Nibelungen" her; dabei Zusammenarbeit mit Peter Cornelius und dem Pianisten Carl Tausig. Bekanntschaft mit Johannes Brahms. 26. Dezember: erstes Konzert im Theater an der Wien in Anwesenheit von Kaiserin Elisabeth von Österreich.

1863 1. und 11. Januar: 2. und 3. Wiener Konzert. Erste öffentliche Ausgabe des „Ring"-Textbuchs. 8. Februar: Konzert mit eigenen Werken in Prag. Wagner lernt Heinrich Porges kennen. Reise nach Rußland. 3., 10. und 18. März: drei Konzerte in Petersburg. Bekanntschaft mit der Großfürstin Helene Pawlowna, der Hofdame Editha von Rhaden, Anton Rubinstein und Alexander Serow. Ende März: drei Konzerte in Moskau. Wagner lernt Nikolaus Rubinstein kennen. Anfang April: drei weitere Konzerte in Petersburg. 25. April: Rückkehr nach Wien. Wagner mietet ein Haus in Penzing, dessen Ausstattung einen großen Teil des Gewinns der Rußlandreise aufzehrt. Wagners Schulden bleiben. Beziehung zu Mariechen, der Tochter eines Metzgermeisters. 23. und 28. Juli: zwei Konzerte in Budapest. Oktober: Wagner schreibt die Abhandlung „Das Wiener Hof-Operntheater". November: je zwei Konzerte in Prag und Karlsruhe. Bekanntschaft mit Iwan Turgenjew. 28. November: Wagner bei Bülows in Berlin. Cosima und Wagner schwören, „sich einzig gegenseitig anzugehören" (Mein Leben). Dezember: Konzerte in Löwenberg in Schlesien und in Breslau. Wagner lernt Marie von Buch, spätere Gräfin Schleinitz kennen. 27. Dezember: nach Wien zurückgekehrt, dirigiert Wagner in einem Konzert Carl Tausigs die „Freischütz"-Ouvertüre.

1864 März: Nach dem Tod von Max II. wird sein erst achtzehnjähriger Sohn Ludwig als Ludwig II. König von Bayern. Wagner verläßt Penzing wegen drohender Schuldhaft und hält sich vier Wochen lang im Hause Eliza Willes in Mariafeld am Zürichsee auf. Anfang Mai: Wagner in Stuttgart. Plan, sich in die Schwäbische Alb zurückzuziehen zur Fortsetzung der Komposition der „Meistersinger". Der Wagner-Enthusiast Ludwig II. von Bayern läßt Wagner nach München rufen. 4. Mai: Empfang beim bayerischen König in München. Ludwig II. sorgt für die Tilgung von Wagners Schulden und stellt ihm Haus Pellet am Starnberger See zur Verfügung. Wagner beinahe täglich beim König auf Schloß Berg. Juni: Cosima von Bülow zum ersten Mal für längere Zeit bei Wagner. Juli: Wagner schreibt für Ludwig II. den Aufsatz „Über Staat und Religion". August: Huldigungsmarsch für Ludwig II. zu dessen Geburtstag (25. 8.). Ferdinand Lassalle besucht Wagner. Oktober: Ludwig II. erteilt Wagner den offiziellen Auftrag zur Vollendung des „Rings". Wagner bezieht ein Haus in der Brienner Straße in München. November: Hans von Bülow wird, auf Betreiben Wagners, „Vorspieler des Königs" und übersiedelt mit seiner Familie nach München. Beschluß Ludwig II., durch Gottfried Semper ein Festtheater in München bauen zu lassen. 4. Dezember: Wagner dirigiert die Münchner Erstaufführung des „Fliegenden Holländers". 22. Dezember: Beginn der Partitur des 2. „Siegfried"-Aktes.

Schleswig-Holsteinischer Krieg. Tod Giacomo Meyerbeers.
1865 Wagners finanzielle Ansprüche und sein Einfluß auf den König stoßen, vor allem bei Hof in der Umgebung des Königs, zunehmend auf Kritik und Argwohn. Im Februar kommt es zu anonymen öffentlichen Angriffen gegen Wagner. 22. Februar: in der Augsburger „Allgemeinen Zeitung“ veröffentlicht Wagner eine Entgegnung. März: Wagner schreibt einen „Bericht an Seine Majestät den König Ludwig II. von Bayern über eine in München zu errichtende deutsche Musikschule“. 10. April: Isolde, das erste Kind der Verbindung Wagners und Cosimas, wird geboren. Am gleichen Tag Beginn der Orchesterproben zu „Tristan und Isolde“ unter der Leitung Hans von Bülows. 10. Juni: Uraufführung von „Tristan und Isolde“ im Münchner Hof- und Nationaltheater (Tristan: Ludwig Schnorr von Carolsfeld; Dirigent: Hans von Bülow). Juli: Einem Wunsch des Königs entsprechend beginnt Wagner damit, Cosima seine Autobiographie (Mein Leben) zu diktieren. Ludwig Schnorr von Carolsfeld, der von Wagner hochgeschätzte Tristan-Darsteller der Uraufführung, stirbt überraschend in Dresden. August: Erster Prosaentwurf zum „Parsifal“ (noch „Parzival“ überschrieben) für Ludwig II. September: Wagner schreibt „Was ist deutsch?“ (nach Unterbrechungen erst 1878 beendet). Dezember: Auf dem Höhepunkt der Auseinandersetzung zwischen Wagner und seinen Gegnern, vor allem im Kabinett- und Hofsekretariat, sieht sich Ludwig II. gezwungen, Wagner zum Verlassen Bayerns aufzufordern. 10. Dezember: Wagner verläßt München. In Genf mietet er das Haus „Les Artichauts“.
1866 Januar: Wagner reist durch Südfrankreich auf der Suche nach einem geeigneten Wohnort. 25. Januar: Tod Minnas in Dresden. März: Cosima bei Wagner in Genf. 23. März: Wagner beendet die Partitur des 1. „Meistersinger“-Aktes. 15. April: Einzug in Haus Tribschen bei Luzern (die Miete zahlt Ludwig II.). Mai: Cosima kommt mit ihren Kindern nach Tribschen. 22. Mai: Ludwig II. besucht Wagner an dessen Geburtstag in Tribschen.
Krieg zwischen Preußen und Österreich.
1867 17. Februar: Eva, das zweite Kind aus der Verbindung Wagners mit Cosima, kommt in Tribschen zur Welt. März–Juni: Mehrere Audienzen bei Ludwig II. 22. Juni: Wagner beendet die Partitur des 2. „Meistersinger“-Aktes. September: Cosima kehrt nach München zurück. 24. Oktober: Wagner schließt die „Meistersinger“-Partitur ab.
1868 März: Bruch zwischen Ludwig II. und Gottfried Semper; das Münchner Festspieltheaterprojekt scheitert. April–Mai: Wagner schreibt seine „Erinnerungen an Ludwig Schnorr von Carolsfeld“. Mai–Juni: Wagner leitet die „Meistersinger“-Proben in München. 21. Juni: Uraufführung der „Meistersinger von Nürnberg“ im Münchner Hof- und Nationaltheater (Dirigent: Hans von Bülow). August: Skizze zu einem Stück über Martin Luther. September–Oktober: Wagner reist mit Cosima über den St. Gotthard nach Italien. Entschluß, die Beziehung nicht länger ge-

heimzuhalten und zu leugnen. Cosima dringt auf die Scheidung von Hans von Bülow. Wagner unterrichtet Ludwig II. über die Situation. 8. November: In Leipzig begegnet Wagner Friedrich Nietzsche. 16. November: Cosima geht mit Isolde und Eva endgültig zu Wagner nach Tribschen. Dezember: Wagner verfaßt ,,Eine Erinnerung an Rossini".
Tod Gioacchino Rossinis.

1869 23. Februar: Beendigung der Partitur des 2. ,,Siegfried"-Aktes. 1. März: Wagner beginnt mit der Komposition des 3. Aktes ,,Siegfried". ,,Das Judentum in der Musik" erscheint in Leipzig als Buchausgabe mit einem neuen Vorwort Wagners. Mai: Wagner wird auswärtiges Mitglied der königlichen Akademie der Künste in Berlin. Nietzsche, inzwischen Professor in Basel, macht den ersten seiner insgesamt 23 Besuche in Tribschen. 6. Juni: Siegfried, das dritte Kind der Verbindung Wagners und Cosimas, kommt in Tribschen zur Welt. 14. Juni: Wagner beendet den ersten Kompositionsentwurf des 3. ,,Siegfried"-Aktes. Juli: Graf Villiers de l'Isle-Adam, Catulle Mendès und Judith Mendès-Gautier bei Wagner in Tribschen. 25. August: Beginn der Partitur des 3. ,,Siegfried"-Aktes. August/September: Wagner versucht, die von Ludwig II. angeordnete ,,Rheingold"-Uraufführung in München zu verhindern. 22. September: Uraufführung von ,,Das Rheingold" im Münchner Hof- und Nationaltheater (Dirigent: Franz Wüllner). Oktober: Beginn der Komposition der ,,Götterdämmerung" (2. 10.). Wagner schreibt seinen Aufsatz ,,Über das Dirigieren". 25. Dezember: Nietzsche, zu Gast in Tribschen, liest zusammen mit Cosima Wagners ,,Parsifal"-Entwurf von 1865.
Tod Hector Berlioz'.

1870 März: Wagner wird auf das Markgräfliche Opernhaus in Bayreuth aufmerksam und zieht in Erwägung, dort den ,,Ring" aufzuführen. 5. Juni: Wagner beendet den ersten Kompositionsentwurf des 1. Aktes der ,,Götterdämmerung". 26. Juni: Uraufführung von ,,Die Walküre" im Münchner Hof- und Nationaltheater auf Anordnung Ludwig II. und gegen den Willen Wagners (Dirigent: Franz Wüllner). Juli: Gerichtliche Scheidung Cosimas von Hans von Bülow. 25. August: Trauung Wagners und Cosimas in der protestantischen Hofkirche von Luzern. Wagner schreibt seine Abhandlung ,,Beethoven" (Schlußdatum 7. 9.). November: Wagner komponiert eine einsätzige Sinfonie in E-Dur als Huldigung für Cosima und seinen Sohn Siegfried, später (1878) unter dem Titel ,,Siegfried-Idyll" veröffentlicht (Schlußdatum 4. 12.). Dezember: Der Privatdruck des 1. Bandes der Autobiographie ,,Mein Leben" erscheint in wenigen Exemplaren, die unter anderem an Ludwig II., Franz Liszt und die Gräfin Marie von Schleinitz, eine der wichtigsten Gönnerinnen Wagners, übersandt werden. 25. Dezember: Zu Cosimas Geburtstag erste Aufführung des späteren ,,Siegfried-Idylls" im Treppenhaus von Tribschen.
Deutsch-französischer Krieg.

1871 5. Februar: Beendigung der Partitur des 3. ,,Siegfried"-Aktes. Februar–März: Wagner schreibt den ,,Kaisermarsch" und arbeitet für die kö-

nigliche Akademie der Künste in Berlin den Vortrag ,,Über die Bestimmung der Oper" aus (gehalten am 28. April in Berlin). Entstehung des Aufsatzes ,,Über die Aufführung des Bühnenfestspiels ,Der Ring des Nibelungen'". April–Mai: Reise mit Cosima durch Deutschland. Beim Besuch Bayreuths am 16. April Entschluß zum Theaterneubau in Bayreuth. 3. Mai: Wagner wird in Berlin von Bismarck empfangen. 5. Mai: Konzert im Berliner Opernhaus in Anwesenheit des gesamten Hofes. 12. Mai: In Leipzig Ankündigung der ersten Festspiele für 1873. In Darmstadt Gespräche mit dem Bühnenmeister Karl Brandt über die technischen Einrichtungen des Festspielhauses und die Voraussetzungen der ,,Ring"-Inszenierung. Wagner schreibt das Vorwort zu den ,,Gesammelten Schriften und Dichtungen", die 1871–73 in 9 Bänden erscheinen (der 10. Band kommt erst 1883 heraus). Oktober: Wagner schreibt seine ,,Erinnerungen an Auber". November: Wagner teilt dem Bayreuther Bankier Friedrich Feustel mit, sein Festspielhaus in Bayreuth errichten lassen zu wollen. Der Bayreuther Stadtrat stellt ihm daraufhin kostenlosen Baugrund zur Verfügung. Dezember: Wagner schreibt den ,,Epilogischen Bericht über die Umstände und Schicksale, welche die Ausführung des Bühnenfestspiels ,Der Ring des Nibelungen' bis zur Veröffentlichung der Dichtung desselben begleiteten". Wagner reist nach Bayreuth und besichtigt den vorgesehenen Bauplatz. In Mannheim dirigiert er zugunsten der Festspiele ein Konzert des von Emil Heckel gegründeten ersten Wagner-Vereins.
Gründung des deutschen Reiches. Bismarck Reichskanzler. Tod Aubers und Carl Tausigs.

1872 Januar: Reise nach Basel, Berlin, Weimar und Bayreuth. 1. Februar: In Bayreuth Gründung des Verwaltungsrates der Bayreuther Festspiele mit Bürgermeister Muncker, Bankier Friedrich Feustel und Advokat Käferlein. April: Letzter Besuch Nietzsches in Tribschen. Übersiedlung Wagners nach Bayreuth. 12. Mai: Wagner dirigiert ein Konzert des Wiener Wagner-Vereins. 22. Mai: Grundsteinlegung des Bayreuther Festspielhauses in Anwesenheit vieler Gönner und Freunde. Nachmittags Aufführung von Beethovens IX. Sinfonie im Markgräflichen Opernhaus unter Wagners Leitung. September: Wagner schreibt den Aufsatz ,,Über Schauspieler und Sänger". Oktober: erster Besuch Franz Liszts in Bayreuth bei Wagner. Cosima tritt zum Protestantismus über. November–Dezember: Wagner reist durch Deutschland, um Künstler für die Festspiele zu engagieren. Dezember: In dem Aufsatz ,,Ein Einblick in das heutige deutsche Opernwesen" zieht Wagner eine Bilanz der Reise.
Beginn von Bismarcks ,,Kulturkampf". Nietzsches ,,Die Geburt der Tragödie aus dem Geiste der Musik" erscheint.

1873 Januar–Februar: Zweite Reise zur Verpflichtung von Künstlern für die Festspiele. In Berlin liest Wagner im Hause des Ministers von Schleinitz in Anwesenheit von Moltke, Helmholtz, Adolph von Menzel sowie einer großen Anzahl Adliger und Gesandter das Textbuch der ,,Götterdämmerung" vor. In Hamburg, Berlin und Köln dirigiert Wagner Konzerte zugunsten der Festspiele. Mai: Entstehung der Schrift ,,Das Bühnenfestspielhaus in Bayreuth. Nebst einem Berichte über die Grundsteinlegung desselben". In Weimar hört Wagner die erste Aufführung von Liszts ,,Christus". Juni: Wagner schickt ein Exemplar der Schrift über das Festspielhaus an Bismarck, die erhoffte Resonanz bleibt jedoch aus. 2. August: Hebefest des Festspielhauses. September: Anton Bruckner kommt nach Bayreuth, um Wagner um die Annahme der Widmung einer Sinfonie zu bitten. Oktober: Das Festspielunternehmen gerät in finanzielle Schwierigkeiten. Nietzsche verfaßt seinen ,,Mahnruf an die Deutschen", der aber nicht publiziert wird. November: Wagner versucht, Ludwig II. zur Übernahme einer Garantie für das Festspielunternehmen zu bewegen. 24. Dezember: Wagner beendet die Partitur des 1. ,,Götterdämmerung"-Aktes.

1874 Februar: Ludwig II. gewährt dem Festspielunternehmen einen Kredit über 100000 Taler. 28. April: Einzug in Haus Wahnfried, dessen Bau vornehmlich durch ein Geschenk Ludwig II. (25000 Taler) finanziert wird. 26. Juni: Wagner beendet die Partitur des 2. Aktes der ,,Götterdämmerung". Von Ende Juni bis Anfang September ,,Ring"-Proben mit Hans Richter und den Sängern. 21. November: Wagner beendet die Partitur der ,,Götterdämmerung" und schließt damit den gesamten ,,Ring" nach einem sechsundzwanzigjährigen Schaffensprozeß ab.
Tod Peter Cornelius'.

1875 1. und 14. März: Wagner dirigiert zwei Konzerte in Wien. Besuch eines Atelierfestes bei Hans Makart. 10. März: In Budapest gemeinsames Konzert mit Liszt und Hans Richter, bei dem Wagner Liszts ,,Glocken von Straßburg" hört. April: Reise zu Konzerten nach Berlin. Bei Helmholtz lernt Wagner Theodor Mommsen kennen. 6. Mai: Wagner dirigiert ein weiteres Konzert in Wien. Juli–August: In Bayreuth Solo-, Orchester- und Bühnenproben zum ,,Ring". November–Dezember: Einstudierung von ,,Tannhäuser" und ,,Lohengrin" an der Wiener Hofoper (Aufführungen am 22. 11. und 15. 12.; Dirigent: Hans Richter). Wagner hört Verdis Requiem.

1876 Februar–März: Wagner schreibt den Großen Festmarsch zur Feier des 100jährigen Jubiläums der amerikanischen Unabhängigkeitserklärung. 20. März: Berliner Erstaufführung des ,,Tristan", von Wagner einstudiert. Auf Verfügung Kaiser Wilhelm I. fließt der Reinerlös von 5000 Talern dem Festspielunternehmen zu. 3. Juni: Beginn der Bayreuther Proben zum ,,Ring". 13.–30. August: Erste Bayreuther Festspiele mit der ersten zyklischen Aufführung des ,,Rings" (Dirigent: Hans Richter). Anwesend Kaiser Wilhelm I., Dom Pedro II. von Brasilien, zahlreiche Fürsten und Künstler. Die Festspiele enden mit einem Defizit von rund 150000 Mark. September–Dezember: Wagner reist nach Italien: Verona, Venedig, Bologna, Neapel, Sorrent (letztes Zusammentreffen mit Nietzsche), Rom, Florenz.

1877 Februar–April: Wagner schreibt das Textbuch zu ,,Parsifal" (Schlußdatum 19. 4.). Während der Entstehung des ,,Parsifal", bis Frühjahr 1878, intimer Briefwechsel mit Judith Gautier. Mai: Zur Minderung des Festspieldefizits gibt Wagner zusammen mit Hans Richter in der Londoner Albert Hall 8 Konzerte mit Ausschnitten aus seinen Opern. Als Gewinn bleiben nur 700 Pfund. Empfang bei Queen Victoria auf Schloß Windsor. September: Wagner beginnt mit der ,,Parsifal"-Komposition. Er erklärt den Abgesandten des Bayreuther Patronats seinen ,,Schul-Plan", der vorsieht, seine Werke vom ,,Holländer"bis zum ,,Parsifal" von 1878 bis 1883 im Bayreuther Festspielhaus aufzuführen.

1878 Januar: Die erste Nummer der ,,Bayreuther Blätter" (Redakteur: Hans von Wolzogen) erscheint, für die Wagner in den folgenden Jahren mehrere Aufsätze schreibt. März: Wagner schließt einen Vertrag mit dem Münchner Hoftheater, nach welchem die erste ,,Parsifal"-Aufführung mit dem Ensemble des Hoftheaters in Bayreuth stattfinden, danach das Recht der Aufführung jedoch uneingeschränkt an das Münchner Hoftheater übergehen soll. Kompositionsarbeit am ,,Parsifal". 25. Dezember: Zu Cosimas Geburtstag erste Aufführung des vorab instrumentierten ,,Parsifal"-Vorspiels unter Wagners Leitung in der Halle von Wahnfried. Bismarcks Sozialistengesetze.

1879 April: Wagner beendet die Kompositionsentwürfe zum ,,Parsifal". 23. August: Beginn der ,,Parsifal"-Partitur. Oktober: Der Philosoph Heinrich von Stein kommt als Hauslehrer Siegfried Wagners nach Bayreuth. Ende Dezember: Reise nach Italien.

1880 Januar–August: Aufenthalt in der Villa Angri bei Neapel. Besuch unter anderem von Paul von Joukowsky, der die Dekorationen und Kostüme für ,,Parsifal" entwirft, und von Engelbert Humperdinck. Bei einem Ausflug nach Ravello erscheint Wagner der Garten des Palazzo Rufolo als ,,Klingsors Zaubergarten" (26. 5.). Juli: Wagner schreibt die Abhandlung ,,Religion und Kunst". August–Oktober: Aufenthalt in Siena (Villa Torre Fiorentina). Nachhaltiger Eindruck vom Dom, der zum Vorbild für den Gralstempel im ,,Parsifal" wird. Oktober: Aufenthalt in Venedig. Ludwig II. tritt von seinen Ansprüchen auf die Aufführung des ,,Parsifal" zurück. November: In München durch Hermann Levi Bekanntschaft mit Wilhelm Busch. Besuch eines Atelierfestes bei Franz Lenbach. Aufführung des ,,Parsifal"-Vorspiels für Ludwig II. Bei dieser Gelegenheit letzte Begegnung mit dem König. Dezember: In Bayreuth Ankündigung der Festspiele 1882.

1881 25. April: Wagner beendet die Partitur des 1. ,,Parsifal"-Aktes. Anfang Mai: Wagner besucht die 1. ,,Ring"-Aufführung Angelo Neumanns im Berliner Viktoria-Theater. Graf Gobineau bei Wagner in Bayreuth. Ende Mai: Gemeinsame Reise Wagners und Gobineaus zur 4. Berliner ,,Ring"-Aufführung. August–September: Wagner schreibt den Aufsatz ,,Heldentum und Christentum". 20. Oktober: Wagner schließt die Partitur des 2. ,,Parsifal"-Aktes ab. November: Reise nach Italien. Aufenthalt in Palermo im Hotel des Palmes.

1882 13. Januar: Beendigung der ,,Parsifal"-Partitur. Auguste Renoir

besucht Wagner und porträtiert ihn. Februar: Umzug in die Villa des Fürsten Gangi an der Piazza dei Porazzi. März: Übersiedlung nach Acireale. April: Über Messina, Neapel, Venedig zurück nach Bayreuth. Mai: Graf Gobineau besucht Wagner in Bayreuth. Gründung der Stipendienstiftung. 2. Juli: Beginn der Proben zu „Parsifal". 26. Juli: Uraufführung des „Parsifal" im Bayreuther Festspielhaus (Dirigent: Hermann Levi). Unter den Besuchern Bruckner, Liszt, Mahler, Saint-Saens. 29. August: Bei der letzten Vorstellung dirigiert Wagner den Schlußteil des 3. Aktes ab der Verwandlungsmusik selbst (es ist das einzige Mal, daß Wagner am Bayreuther Dirigentenpult steht). 14. September: Wagner reist nach Venedig und bezieht den Palazzo Vendramin-Calergi. November: Entstehung des Aufführungsberichtes „Das Bühnenweihfestspiel in Bayreuth". Liszt kommt zu Besuch nach Venedig. 24. Dezember: Im Teatro La Fenice dirigiert Wagner vor ausgewählten Gästen (darunter Franz Liszt) seine Sinfonie C-Dur von 1832.
Tod Graf Gobineaus.

1883 Januar: Hermann Levi kommt nach Venedig zu Besprechungen über die Festspiele 1883. Wagner beginnt mit dem Aufsatz „Über das Weibliche im Menschlichen". 13. Februar: Wagner erleidet einen schweren Herzanfall und stirbt gegen 15.30 Uhr. 18. Februar: Beisetzung im Garten von Haus Wahnfried.

Bilder

1. Der „Brühl" in Leipzig; links Wagners Geburtshaus.

2. Die Mutter: Johanna Rosine Wagner.
3. „Vater“ Geyer.
4. Die Leipziger Völkerschlacht.

3

5

6

7

8

5.–8. Die Lieblingsgeschwister: Luise – Ottilie – Rosalie – Cäcilie.

9

10

11

Der Freischütz

Romantische Oper in 3 Aufzügen.

Dichtung von Friedrich Kind

In Musik gesetzt,

von

CARL MARIA von WEBER.

Klavier Auszug vom Componisten.

Eigenthum des Verlegers.

No 1088.

Preis 6 Rthl. 12 gl.

BERLIN,

In der Schlesingerschen Buch- und Musikhandlung.

9.–11. Webers „Freischütz“.

12

13

14

15

12. Nicolaischule Leipzig.
13. Thomaskirchhof in Leipzig.
14. Christian Gottlieb Müller.
15. Adolf Wagner.
16. Theodor Apel.

16

Sinfonia.
Allegro ma non troppo, un poco maestoso.
Flauti.
Oboi.
Clarinetti in B.
Fagotti.
Corni in D.
Corni in B basso.
Clarini in D.
Timpani in D. A.
V[i]oli[ni] 1[mi] 2[di]
Viole.
Violoncelli.
Basso.
pp.
sotto voce.
6

18

17. Abschrift von Beethovens IX. Sinfonie.
18. Christian Theodor Weinlig.
19. Klaviersonate B-Dur.

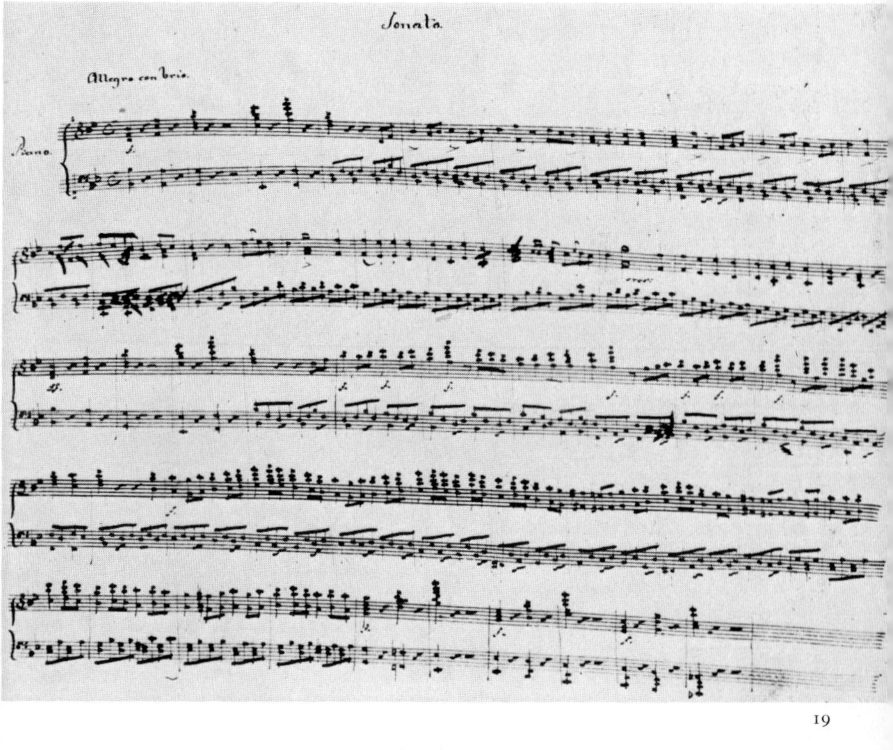

20. Septemberunruhen Leipzig 1830.

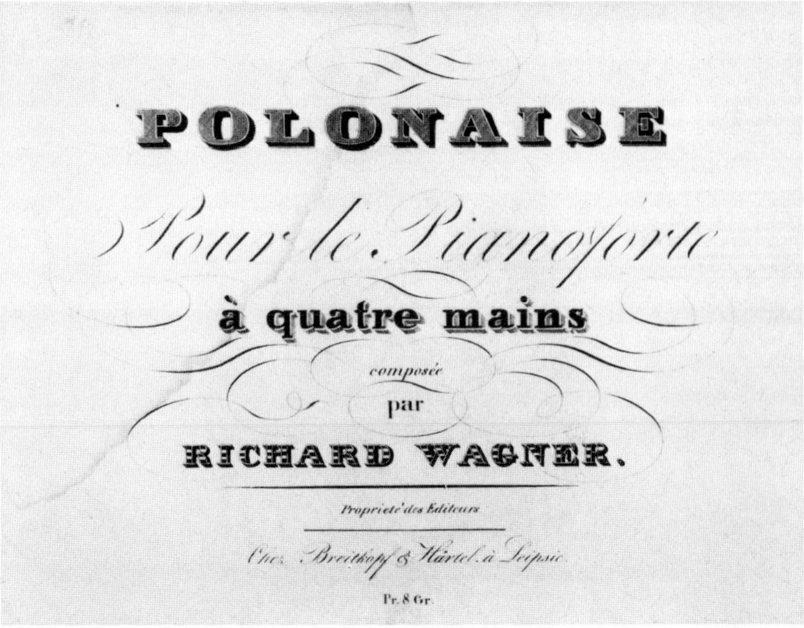

21. Polonaise D-Dur, Erstausgabe.

22. Exilpolen in Leipzig.

23. Friedrich Rochlitz.

24. Ouvertüre d-Moll, Partitur.

25. Programmzettel Gewandhaus 23. 2. 1832.

Sechzehntes

ABONNEMENT-CONCERT

im Saale des Gewandhauses,

Donnerstag, den 23sten Februar 1832.

Erster Theil.

Ouverture, von Richard Wagner.

Scene und Arie aus Elise e Claudio, von Mercadante, vorgetragen von Dem. Grabau.

Elis. Miei cari figli — ah! voi dormite — ignari
Di vostra sorte — oh quanto è dolce il sonno
Dell' innocenza! — ei fugge
Dagli occhi miei: lo risospinge il pianto,
Lo spaventa il dolor. Già scorse un anno —
Un anno — oh Dio! — sposo crudel! — qual mai,
Qual da noi ti divide obblio funesto? —
Quella ch'è pur tua prole e mia, sovente
Di te mi chiede — io madre, io le rispondo
Con mentito sorriso — e il pianto ascondo.

Giusto ciel, deh! più sereno
I miei voti alfin ricevi:
Stringa il padre i figli al seno,
Rieda omai lo sposo a me.
Sul mio capo, ah! sol, se vuoi,
Sfoga pur gli sdegni tuoi:
Abbian pace i figli almeno,
Se la madre è in odio a te.
Ah! se a me riede
L'amato bene:
Ampia mercede
Quest' alma avrà.
Di tante e tante
Sofferte pene
Un solo istante
Trionferà.

Andante und Rondo für den Fagott, von M. von Weber, vorgetragen von Hrn. Schmidtbach.

W.56

26. Gewandhaussaal Leipzig.

27. Die Hochzeit, Partitur.

28

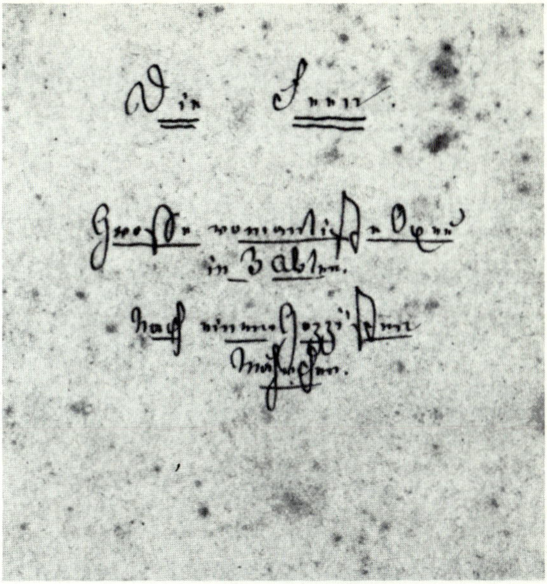

Die Feen.

Grosse romantische Oper
in 3 Akten.

Nach einem Gozzi'schen
Mährchen.

29

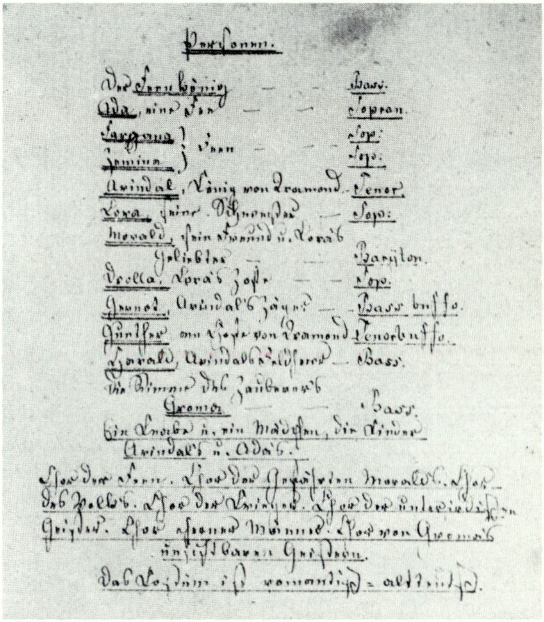

Personen.

Der Feenkönig —	Bass.
Ada, eine Fee —	Sopran.
Farzana } Feen —	Sop.
Zemina }	Sop.
Arindal, König von Tramond. —	Tenor.
Lora, seine Schwester —	Sop:
Morald, sein Freund u. Lora's Geliebter —	Bariton.
Drolla, Lora's Zofe —	Sop.
Gernot, Arindal's Jäger —	Bass buffo.
Gunther, am Hofe von Tramond	Tenorbuffo.
Harald, Arindals Feldherr —	Bass.
Die Stimme des Zauberers Groma —	Bass.

Ein Knabe u. ein Mädchen, die Kinder Arindal's u. Ada's.

Chor der Feen. Chor der Gefährten Morald's. Chor des Volks. Chor der Krieger. Chor der unterirdischen Geister. Chor ehrner Männer. Chor von Groma's unsichtbaren Geistern.

Das Kostüm ist romantisch=altdeutsch.

28.–29. Die Feen, Textbuch, Titel und Personenverzeichnis.

30

31

30.–31. Wilhelmine Schröder-Devrient als Romeo.

32. Heinrich Laube.

Zeitung für die elegante Welt.

Dienstags — 111. — den 10. Junius 1834.

Verleger: Leopold Voß. Redacteur: Heinrich Laube.

Die deutsche Oper.

Wenn wir von deutscher Musik reden, und besonders viel darüber reden hören, so scheint mir in der Meinung über die-selbe noch eine ähnliche Begriffsverwirrung zu herrschen als die, in der sich die Idee der Freiheit bei jenen altdeutsch schwarzge-röckten Demagogen befand, die mit eben so verächtlichem Naserümpfen die Ergebnisse ausländisch-moderner Reformen über die Achsel ansahen wie jetzt unsere deutschthümelnden Musikkenner. Wir haben allerdings ein Feld der Musik, das uns eigens gehört, — und dies ist die Instrumentalmusik; — eine deutsche Oper aber haben wir nicht, und der Grund da-für ist derselbe, aus dem wir ebenfalls kein Nationaldrama besitzen. Wir sind zu geistig und viel zu gelehrt, um warme menschliche Gestalten zu schaffen. Mozart konnte es; es war aber italienische Gesangsschönheit, mit der er seine Men-schen belebte. Seitdem wir jetzt wieder dahin gekommen sind, jene zu verachten, haben wir uns immer mehr von dem Wege entfernt, den Mozart zum Theil für unsere dramatische Musik einschlug. Weber hat nie den Gesang zu behandeln verstanden, und fast eben so wenig Spohr. Nun ist aber einmal der Gesang das Organ, durch welches sich ein Mensch musikalisch mittheilen kann, und so bald dieses nicht vollkommen ausgebildet ist, gebricht es ihm an der wahren Sprache. Darin haben allerdings die Italiener einen unend-lichen Vorsprung vor uns; bei ihnen ist Gesangsschönheit zweite Natur, und ihre Gestalten sind eben so sinnlich-warm als im übrigen arm an individueller Bedeutung. Wohl haben die Italiener in den letzten Decennien mit dieser zwei-ten Natursprache einen ähnlichen Unfug getrieben als die Deutschen mit ihrer Gelehrtheit, — und doch werde ich nie den Eindruck vergessen, den in neuester Zeit eine Bellini'sche Oper auf mich machte, nachdem ich des ewig allegorisirenden Orchestergewühls herzlich satt war, und sich endlich wieder ein einfach edler Gesang zeigte.

Die französische Musik erhielt ihre Richtung von Gluck, der, obgleich ein Deutscher, auf uns doch weit weniger wirkte als auf die Franzosen. Dieser fühlte und sah, was den Italienern noch fehlte, nämlich die individuelle Bedeu-tung der Gestalten und Charaktere, indem sie diese der Ge-sangsschönheit aufopferten. Er schuf die dramatische Musik und vermachte sie den Franzosen als Eigenthum. Sie ha-ben dieselbe fortgepflanzt, und von Gretry bis zu Auber blieb dramatische Wahrheit eines der Hauptprincipe der Fran-zosen.

Die Talente der neueren guten deutschen Operncompo-nisten, Weber und Spohr, reichen für das dramatische Gebiet nicht aus. Weber's Talent war rein lyrisch, Spohr's elegisch, und wo es über beides hinausgeht, muß ihnen Kunst und Anwendung abnormer Mittel das ersetzen helfen, was ihrer Natur gebricht. So ist auf jeden Fall Weber's beste Musik sein Freischütz, weil er sich hier in der ihm ange-wiesenen Sphäre bewegen konnte; die mystisch-schauerliche Romantik und diese Lieblichkeit in Volksmelodien gehört eben

111

33. „Die deutsche Oper“.

34. Das Theater in Lauchstädt.

35. Konzertsaal der Magdeburger Loge.

38. Das Liebesverbot, Textbuch, Kopie.

36. Richard Wagner 1835.

37. Minna Planer.

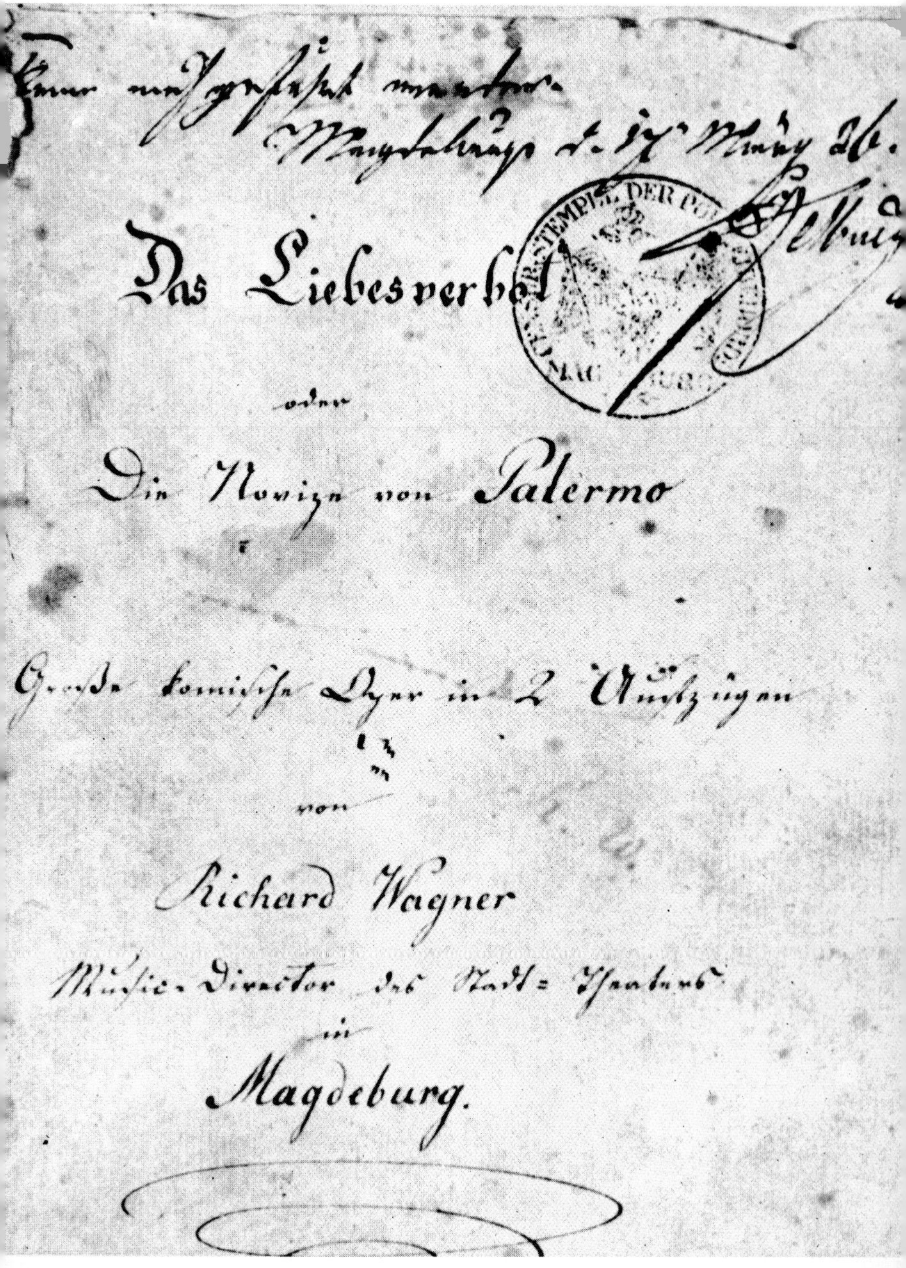

Kann aufgeführt werden.
Magdeburg d. 17. März 36.

Das Liebesverbot

oder

Die Novize von Palermo

Große komische Oper in 2 Aufzügen

von

Richard Wagner

Music-director des Stadt-Theaters

in

Magdeburg.

39. Das Liebesverbot, Kompositionsentwurf.

40. Das Theater in Königsberg.

Mit hoher obrigkeitlicher Bewilligung
wird
Unterzeichneter
heute, Sonnabend den 19. März 1838,
ein großes

Vocal- und Instrumental-
CONCERT
im Saale der löblichen Schwarzhäupter
zu geben die Ehre haben.

Erster Theil.

1. **Columbus,** Ouverture von Richard Wagner.
2. **Arie aus „Jessonda",** von L. Spohr, gesungen von Madame Pollert.
3. **Variationen** von de Beriot, vorgetragen von Herrn Gold.
4. **Monolog aus Schillers „Jungfrau von Orleans",** mit Musikbegleitung von B. A. Weber, gesprochen von Minna Wagner.
5. **Erstes Finale aus „Oberon",** von C. M. von Weber, vorgetragen von Madame Pollert, Demoiselle Planer und dem Gesang-Personale des hiesigen Theaters.

Zweiter Theil.

1. **Rule Brittania,** große Ouverture von R. Wagner.
2. **Concertino auf dem Contrebaß,** vorgetragen von Herrn Siegert.
3. **„Die Seemänner",** Duett aus den Soirées musicales von Rossini, instrumentirt von R. Wagner, vorgetragen von den Herren Janson und Günther.
4. **Das Lied von der Glocke,** Gedicht von Schiller, gesprochen von Herrn v. Holtei.
5. **„Nicolai",** Volkshymne, gedichtet von H. v. Brackel, komponirt von R. Wagner, vorgetragen von Madame Pollert, Demoiselle Planer, Herrn Janson und dem Gesang-Personale des hiesigen Theaters.

Das Orchester ist durch die gefällige Mitwirkung vieler geschätzten Dilettanten, so wie des Siegertschen Corps bedeutend verstärkt.

Billets à 1 Rbl. S.M. sind in der Bude des Herrn Aeltesten Hollander und Abends an der Casse zu haben.

Anfang 7 Uhr.

Richard Wagner,
Kapellmeister des Rigaschen Stadttheaters.

41. Programmzettel Riga 19. 3. 1838.

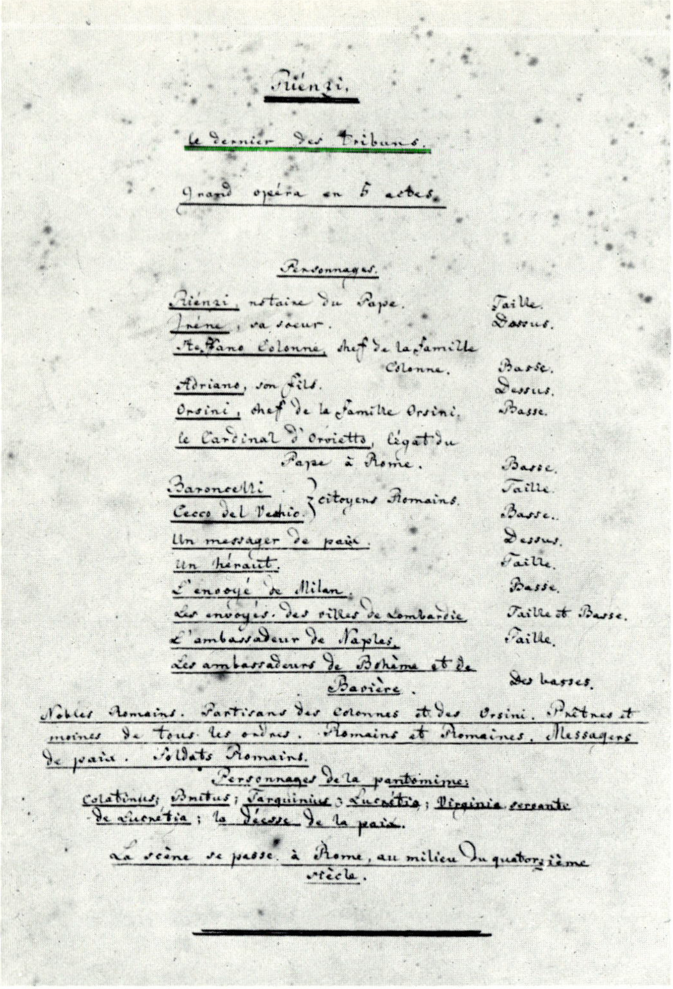

Rienzi,

le dernier des Tribuns.

Grand opéra en 5 actes.

Personnages.

Rienzi, notaire du Pape. — Taille.
Irène, sa soeur. — Dessus.
Steffano Colonna, chef de la famille Colonna. — Basse.
Adriano, son fils. — Dessus.
Orsini, chef de la famille Orsini. — Basse.
le Cardinal d'Orvietto, légat du Pape à Rome. — Basse.
Baroncelli } citoyens Romains. — Taille.
Cecco del Vecchio } citoyens Romains. — Basse.
Un messager de paix. — Dessus.
Un hérault. — Taille.
L'envoyé de Milan. — Basse.
Les envoyés des villes de Lombardie — Taille et Basse.
L'ambassadeur de Naples. — Taille.
Les ambassadeurs de Bohême et de Bavière. — Des basses.

Nobles Romains. Partisans des Colonnes et des Orsini. Prêtres et moines de tous les ordres. Romains et Romaines. Messagers de paix. Soldats Romains.

Personnages de la pantomime:
Colatinus; Brutus; Tarquinius; Lucretia; Virginia servante de Lucretia; la Déesse de la paix.

La scène se passe à Rome, au milieu du quatorzième siècle.

42. Rienzi, französisches Textbuch.

43. Rienzi, Partitur, Kopie.

44. Giacomo Meyerbeer.

45. Konzertsaal des Pariser Conservatoire.

46. Hector Berlioz.

47. François Habeneck.

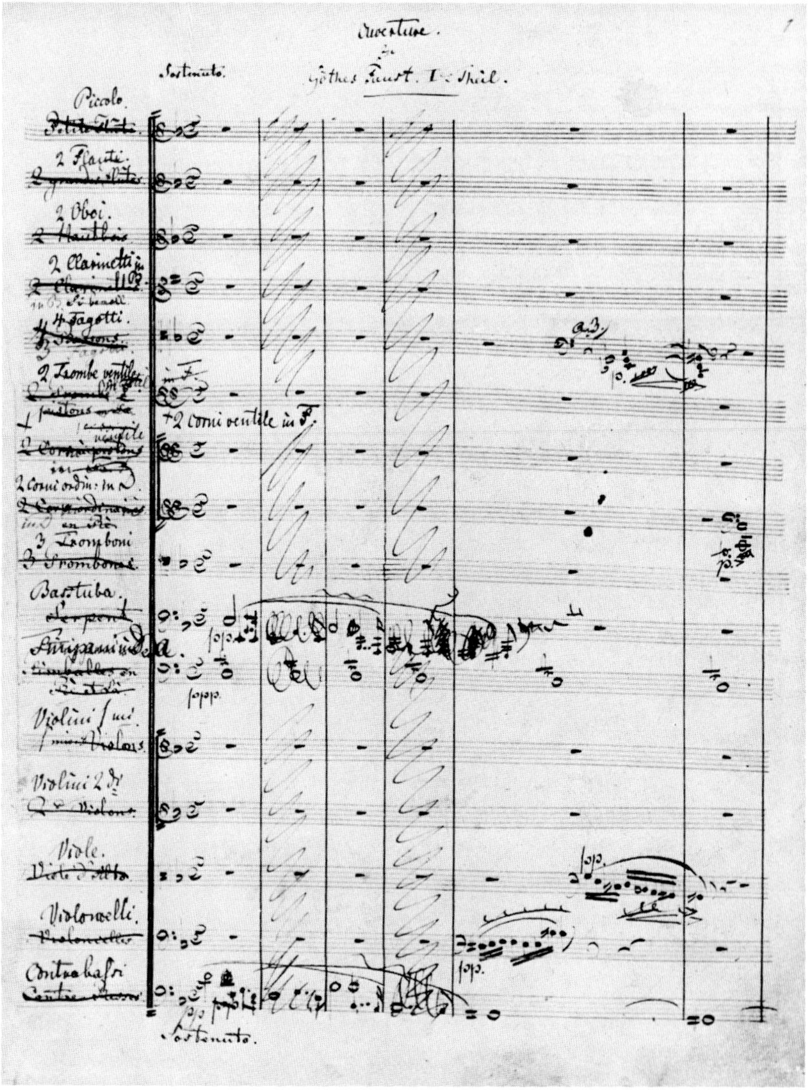

48. Eine Faust-Ouvertüre, Partitur.

49. Heinrich Heine.

50. Les deux grenadiers,
deutsche Erstausgabe.

à Mr Henri Heine

LES DEUX GRENADIERS

{Die beiden Grenadiere}

Mélodie de

RICHARD WAGNER

L'Aurore No. 22.

Collection de morceaux de chant moderne avec acc. de Piano.

No. 6231. Pr. M 1. 25

Propriété pour tous pays

MAYENCE CHEZ LES FILS DE B. SCHOTT

Bruxelles Schott frères (82 Montagne de la Cour) Paris Maison Schott Londres Schott & Cie (159 Regent Street)

Dépôt général de notre fonds de Musique

LEIPZIG. C.F. LEEDE

Enregistré aux Archives de l'Union
au Ministère de l'Intérieur de France et à Stationers Hall

51. Wagner-Groteske
von E. B. Kietz.

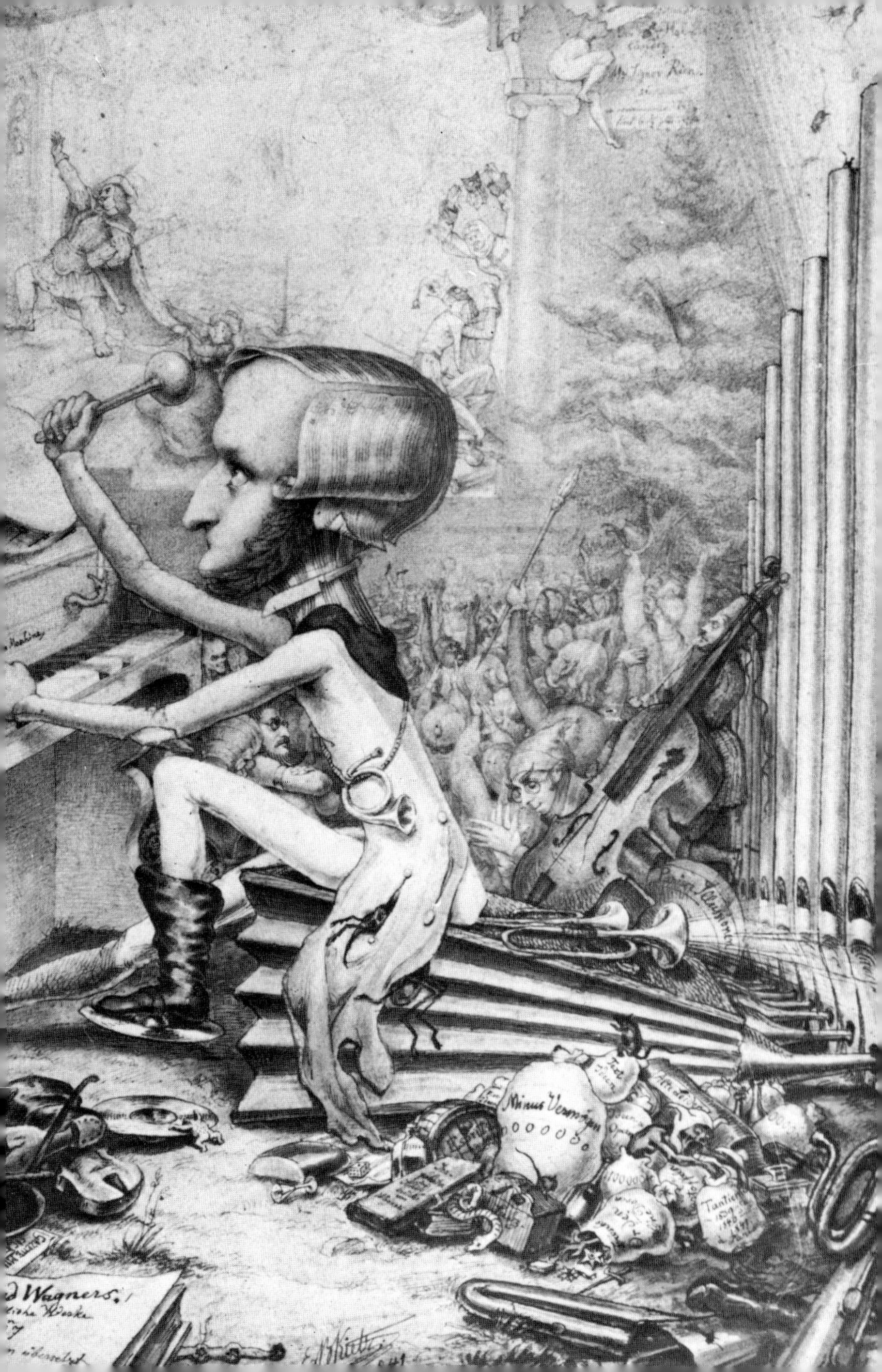
Minus Vermögen

52. Neumarkt und Paradeplatz in Dresden.

53. Das Hoftheater in Dresden.

54. Rienzi, 3. Akt (Nr. 10).

55. Rienzi, 4. Akt, Schluß.

56

56. Carl Gottlieb Reißiger.

58

57.–59. Figurinen:
Rienzi, Irene, Adriano.

57

59

60. Der fliegende Holländer, Ballade.

1ste Vorstellung im vierten Abonnement.

Königlich Sächsisches Hoftheater.

Montag, den 2. Januar 1843.

Zum ersten Male:

Der fliegende Holländer.

Romantische Oper in drei Akten, von Richard Wagner.

Personen:

Daland, norwegischer Seefahrer.	—	—	—	Herr Risse.
Senta, seine Tochter.	—	—	—	Mad. Schröder-Devrient.
Erik, ein Jäger. —	—	—	—	Herr Reinhold.
Mary, Haushälterin Dalands. —	—	—	—	Mad. Wächter.
Der Steuermann Dalands.		—	—	Herr Bielczizky.
Der Holländer. —	—	—	—	Herr Wächter.

Matrosen des Norwegers. Die Mannschaft des fliegenden Holländers. Mädchen.

Scene: Die norwegische Küste.

Textbücher sind an der Casse das Exemplar für 2½ Neugroschen zu haben.

Krank: Herr Dettmer.

Einlaß-Preise:

Ein Billet in die Logen des ersten Ranges und das Amphitheater . .	1 Thlr.	—	Ngr.
" " " " Fremdenlogen des zweiten Ranges Nr. 1. 14. und 29.	1 "	—	"
" " " " übrigen Logen des zweiten Ranges	— "	20	"
" " " " Sperr-Sitze der Mittel- u. Seiten-Gallerie des dritten Ranges	— "	12½	"
" " " " Mittel- und Seiten-Logen des dritten Ranges . . .	— "	10	"
" " " " Sperr-Sitze der Gallerie des vierten Ranges	— "	8	"
" " " " Mittel-Gallerie des vierten Ranges	— "	7½	"
" " " " Seiten-Gallerie-Logen daselbst	— "	5	"
" " " " Sperr-Sitze im Cercle.	— "	20	"
" " " " Parterre-Logen	— "	15	"
" " " das Parterre	— "	10	"

Die Billets sind nur am Tage der Vorstellung gültig, und zurückgebrachte Billets werden nur bis Mittag 12 Uhr an demselben Tage angenommen.

Der Verkauf der Billets gegen sofortige baare Bezahlung findet in der, in dem untern Theile des Rundbaues befindlichen Expedition, auf der rechten Seite, nach der Elbe zu, früh von 9 Uhr bis Mittags 12 Uhr, und Nachmittags von 3 bis 4 Uhr statt.

Alle zur heutigen Vorstellung bestellte und zugesagte Billets sind Vormittags von 9 Uhr bis längstens 11 Uhr abzuholen, außerdem darüber anders verfüget wird.

Der freie Einlaß beschränkt sich bei der heutigen Vorstellung blos auf die zum Hofstaate gehörigen Personen und die Mitglieder des Königl. Hoftheaters.

Einlaß um 5 Uhr. Anfang um 6 Uhr.

Ende gegen 9 Uhr.

61. Theaterzettel der Uraufführung.

62. Der fliegende Holländer, Matrosenlied.

63. Der fliegende Holländer, Schlußszene.
64.–66. Figurinen: Holländer, Daland, Senta.

63

64

65

66

67

68

69
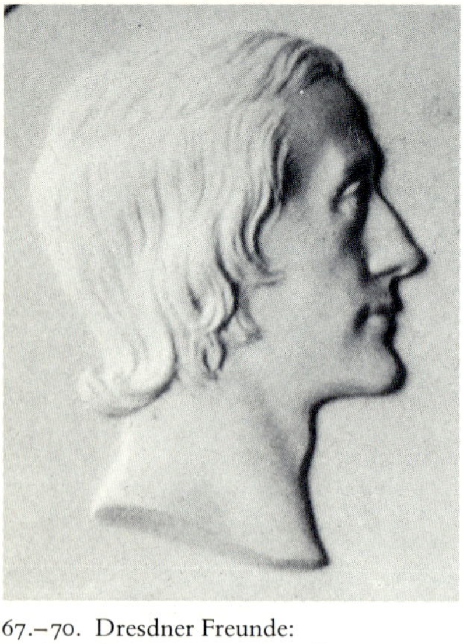

70

67.–70. Dresdner Freunde:
Ferdinand Heine,
Anton Pusinelli (mit Frau),
Theodor Uhlig, Wilhelm Fischer.

71. Minna Wagner.
72. Gasparo Spontini.
73. Erstausgabe.

71

73

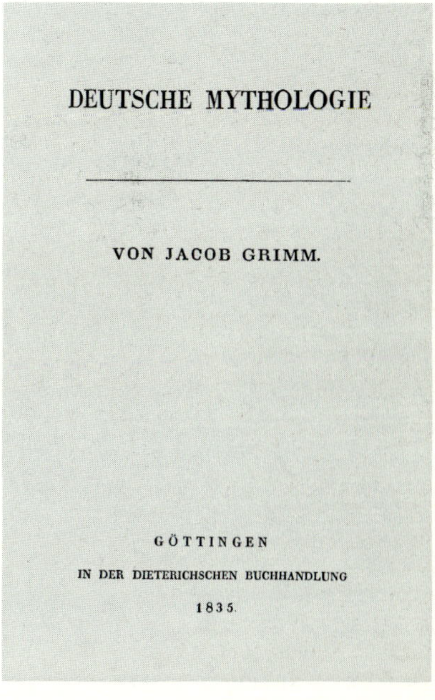

DEUTSCHE MYTHOLOGIE

VON JACOB GRIMM.

GÖTTINGEN

IN DER DIETERICHSCHEN BUCHHANDLUNG

1835.

72

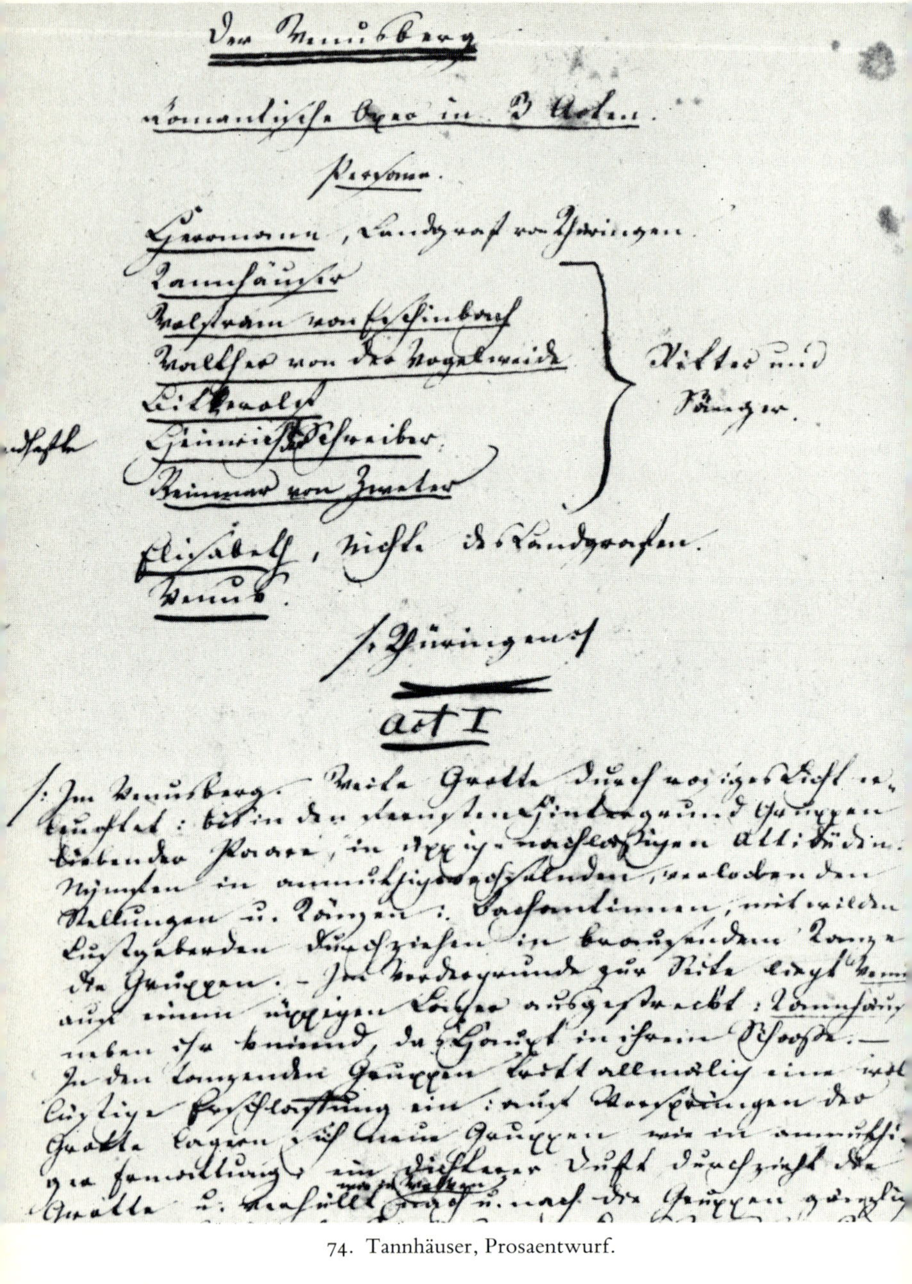
Der Venusberg
romantische Oper in 3 Acten.
Personen.
Hermann, Landgraf von Thüringen.
Tannhäuser
Wolfram von Eschinbach
Walther von der Vogelweide
Biterolf
Heinrich der Schreiber
Reinmar von Zweter
Ritter und Sänger.
Elisabeth, Nichte des Landgrafen.
Venus.
Thüringen.
Act I

74. Tannhäuser, Prosaentwurf.

75. Tannhäuser, Partitur.

76.–77. Figurinen: Wolfram, Elisabeth.

78. Tannhäuser und Venus (1. Akt, 2. Szene).

79. Franz Liszt, Arrangement der Tannhäuser-Ouvertüre.

80. Carl Binder, Tannhäuser-Walzer.

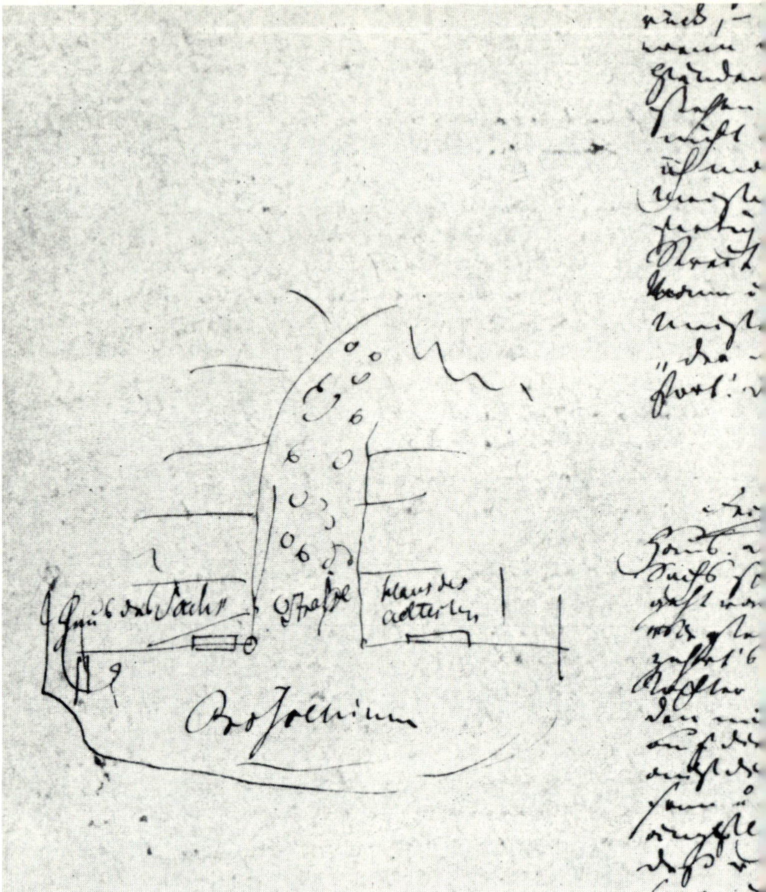

Straße
Proscenium

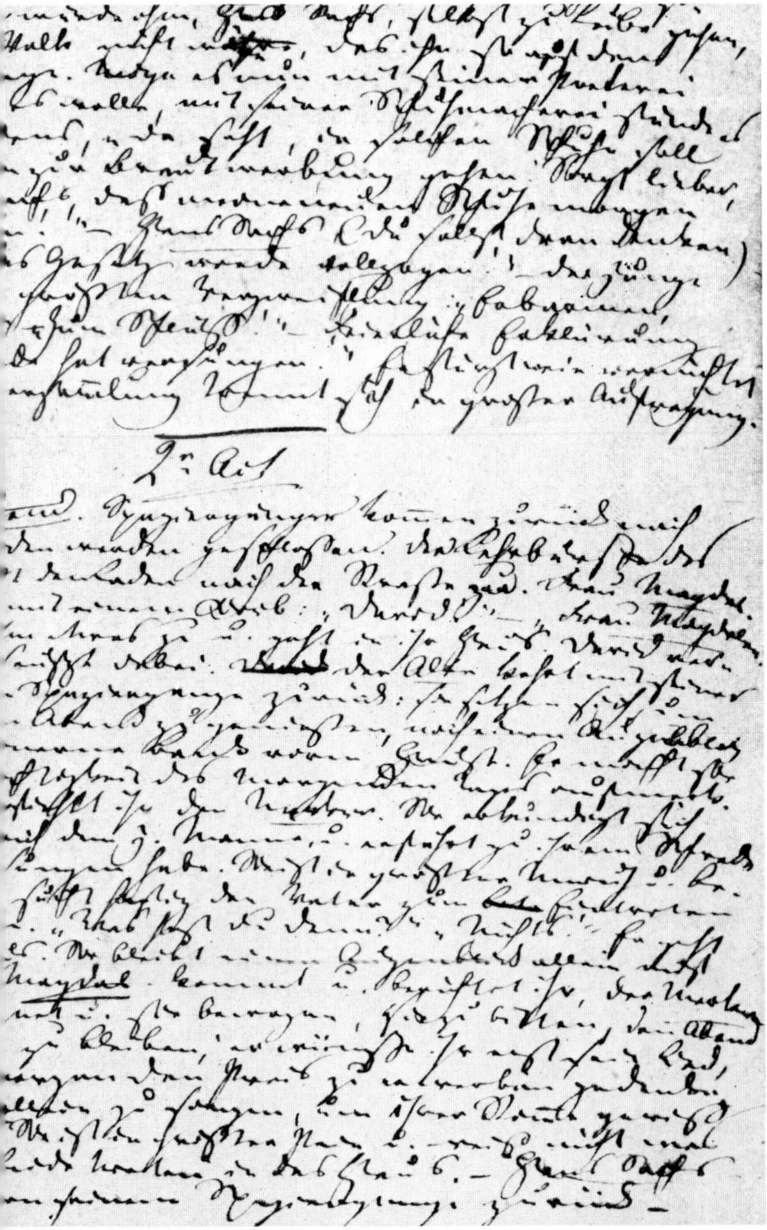

81. Meistersinger, Prosaentwurf 1845.

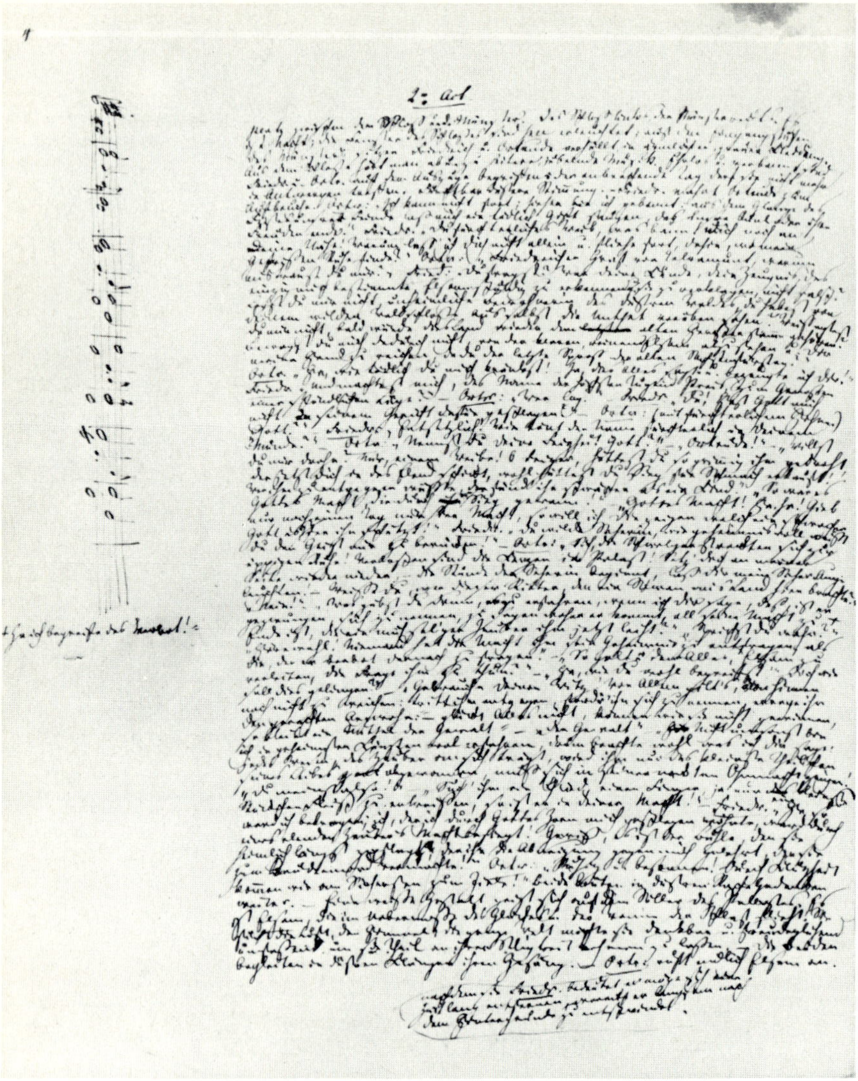
2: Act

82. Lohengrin, Prosaentwurf.

83. Bearbeitung von Palestrinas Stabat mater.

84. Lohengrin,
Erster Kompositionsentwurf.

85. Lohengrin,
Zweiter
Kompositionsentwurf.

12 Mai 1847

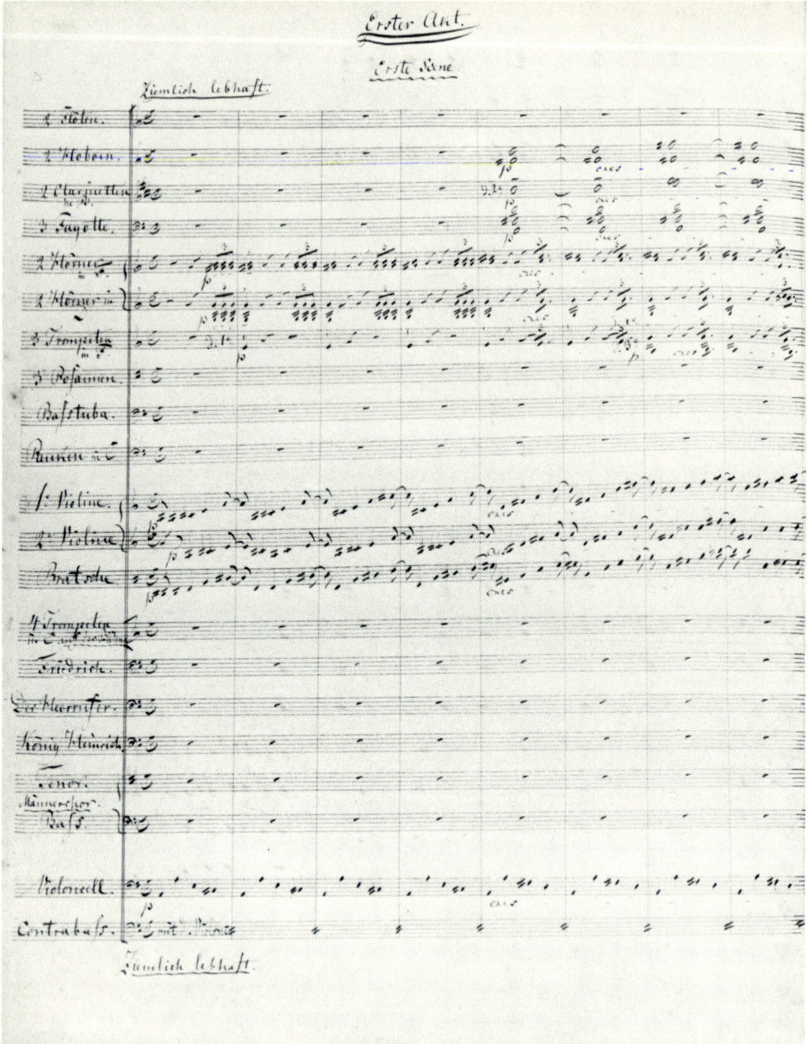

86. Lohengrin, Partitur.

87. Siegfrieds Tod, Textbuch.

(12 Nov. 48

Siegfrieds Tod.

(: Eine große Heldenoper in drei Akten :)

Personen:

Siegfried.
Gunther.
Hagen.
Alberich.
Mannen.

Brünnhild.
Gudrune.
Drei Nornen.
Drei Wasserfrauen.
Walküren. Frauen.

Vorspiel.

Nach einer kurzen musikalischen Vorbereitung geht der Vorhang auf :) Die Scene ist auf dem Gipfel eines Felsenberges: links der Eingang eines natürlichen Steingemachs. Der Raum der Höhe ist nach dem Hintergrunde zu ganz frei: rechts hohe Tannen. Volle Dämmernacht.—

Die Nornen, drei hohe Frauengestalten in dunklen, faltigen Gewändern, spinnen ein goldenes Seil aus: die erste (älteste) knüpft es rechts an einer Tanne fest, die zweite (jüngere) windet es links um einen Stein, die dritte (jüngste) hält das Ende in der Mitte des Hintergrundes.

Die erste Norn.

Im Osten wob ich.

Die zweite.

Nach Westen wand ich.

Die dritte.

Nach Norden warf ich.

(: zur zweiten :)

Was wandest du im Westen?

Die zweite

(: zur ~~dritten~~ ersten :)

Was wobest du im Osten?

Die erste. ~~Die dritte~~ ~~Was~~

(: während sie das Seil löst :)

88. Februarrevolution Paris 1848.

89. „Die Revolution".

14.

Volksblätter,

von

A. Röckel.

Dieses Blatt erscheint alle Sonnabende und ist durch alle Postanstalten des In- und Auslandes zu beziehen.

Preis vierteljährlich 4 Ngr. Durch die Post 5 Ngr.

Man abonnirt in der Expedition: große Brüdergasse Nr. 13. und in Neustadt bei Otto und Lehmann, Heinrichstraße.

Dresden, Sonntag, den 8. April 1849.

Die Revolution.

Sehen wir hinaus über die Länder und Völker, so erkennen wir überall durch ganz Europa das Gähren einer gewaltigen Bewegung, deren erste Schwingungen uns bereits erfaßt haben, deren volle Wucht bald über uns hereinzubrechen droht. Wie ein ungeheurer Vulkan erscheint uns Europa, aus dessen Innerem ein beständig wachsendes, beängstigendes Gebrause ertönt, aus dessen Krater dunkle, gewitterschwangere Rauchsäulen hoch zum Himmel empor steigen und, Alles rings mit Nacht bedeckend, sich über die Erde lagern, während bereits einzelne Lavaströme, die harte Kruste durchbrechend, als feurige Vorboten, Alles zerstörend sich ins Thal hinabwälzen.

Eine übernatürliche Kraft scheint unsern Welttheil erfassen, aus dem alten Gleise herausheben und in eine neue Bahn schleudern zu wollen. Ja, wir erkennen es, die alte Welt, sie geht in Trümmer, eine neue wird aus ihr erstehen, denn die erhabene Göttin **Revolution**, sie kommt daher gebraust auf den Flügeln der Stürme, das hehre Haupt von Blitzen umstrahlt, das Schwert in der Rechten, die Fackel in der Linken, das Auge so finster, so strafend, so kalt, und doch, welche Glut der reinsten Liebe, welche Fülle des Glückes strahlt Dem daraus entgegen, der es wagt, mit festem Blicke hinein zu schauen in dies dunkle Auge! Sie kommt daher gebraust, die ewig verjüngende Mutter der Menschheit, vernichtend und beseeligend fährt sie dahin über die Erde, und vor ihr her saust der Sturm und rüttelt so gewaltig an allem von Menschen Gefügten, daß mächtige Wolken des Staubes verfinsternd die Lüfte erfüllen, und wohin ihr mächtiger Fuß tritt, da stürzt in Trümmer das in eitlem Wahne für Jahrtausende Erbaute, und der Saum ihres Gewandes streift die letzten Ueberreste hinweg! Doch hinter ihr, da eröffnet sich uns, von lieblichen Sonnenstrahlen erhellt, ein nie geahntes Paradies des Glückes, und wo ihr Fuß vernichtend geweilt, da entsprossen duftende Blumen dem Boden und frohlockende Jubelgesänge der befreiten Menschheit erfüllen die noch vom Kampfgetöse erregten Lüfte!

Nun blickt hier unten um Euch her. Da seht Ihr den Einen, den mächtigen Fürsten, wie er mit ängstlich klopfendem Herzen, mit stockendem Athem dennoch eine ruhige, kalte Miene zu erheucheln und sich selbst und Andern wegzuleugnen sucht, was er doch klar erkennt als unabwendbar. Da seht Ihr den Andern, mit dem von allen Lastern durchfurchten ledernen Antlitz, wie er mit emsiger Thätigkeit all seine kleinen Gaunerkünste, die ihm so manches Titelchen, so manches Ordenskreuzlein eingebracht, auskramt und spielen läßt, wie er mit diplomatisch-lächelnder, geheimnißvoller Miene den ängstlich zum Riechfläschchen greifenden Dämchen und den zähneklappernden Junkerchen Beruhigung einzuflößen sucht durch die halboffizielle Mittheilung: daß höchstgestellte Personen dieser fremdartigen Erscheinung bereits ihre Aufmerksamkeit zu widmen geruhten, daß Couriere mit Cabinetsbefehlen nach verschiedenen Seiten abgegangen, daß selbst das Gutachten des weisen Regierungskünstler Metternich von London unterwegs sei, daß die betreffenden Behörden rings umher Instruktionen erhalten haben, und somit der hochgebornen Gesellschaft die interessante Ueberraschung vorbereitet wird, beim nächsten Hofballe diese gefürchtete Landstreicherin, Revolution, — natürlich im eisernen Käfig mit Ketten beladen, — in genauen Augenschein nehmen zu können. — Dort seht ihr den Dritten, wie er spekulirend das Nahen der Erscheinung beobachtet, auf die Börse läuft, bemißt und berechnet das Steigen und Fallen der Papierchen, und schachert und feilscht, und immer noch ein Procentchen zu erhalten strebt, bis mit Einemmale sein ganzer Plunder in die Lüfte zerstäubt. Da seht ihr hinter dem verstaubten Aktentische eins der eingetrockneten, verrosteten Räder unserer jetzigen Staatsmaschine kauern, wie es seine alte, abgestumpfte Feder über das Papier kratzen läßt, und fort und fort den alten Haufen der papierenen Weltordnung zu vermehren strebt. Wie getrocknete Pflanzen liegen zwischen diesen Stößen von Dokumenten und Verträgen die Herzen der lebendigen Menschheit und verdorren zu Staub in diesen modernen Folterkammern. Dort herrscht gewaltige Emsigkeit, denn das über die Länder gesponnene Netz ist an manchen Stellen zerrissen, und die überraschten Kreuzspinnen, sie drehen und weben neue Fäden durcheinander, um das Gelockerte wieder zu festigen. Dort dringt kein Strahl des Lichtes hinein, dort herrscht ewige Nacht und Finsterniß, und in Nacht und Finsterniß wird das Ganze spurlos versinken. — Von jener Seite aber, da klingt helle kriegerische Musik, es blitzen Schwerter und Bajonette, schwere Kanonen rasseln herbei und dichtgedrängt wälzen sich die langen Reihen der Heere heran. Die tapfere Heldenschaar, sie ist ausgezogen, den Strauß zu bestehen mit der Revolution. Der Feldherr läßt marschiren rechts und links, und stellt dahin die Jäger, dorthin die Reiterei, und vertheilt nach weisem Plane die langen Heeressäulen und die zerschmetternde Artillerie; und die Revolution, das Haupt hoch in den Wolken, kommt herangeschritten, — und sie sehen sie nicht und warten auf den Feind; und sie steht schon in ihrer Mitte, — und sie sehen sie nicht, und warten auf den Feind; und

90. Michael Bakunin.
91. August Röckel.
92. Gottfried Semper.

90

91

92

93. Dresden, Brand des Opernhauses 1849.

Nr. 139. Sonnabend, 19. Mai **1849.**

Dresdner Anzeiger
und
Tageblatt.

Das Adreß-Comptoir ist geöffnet: früh von 8 bis 11 Uhr, Nachmittags von 3 bis 6 Uhr, Sonntags nur früh.

Bekanntmachung.

Die Besitzer von Hunden sind bereits durch die von den Hausbesitzern ihnen eingehändigte Bekanntmachung in Kenntniß gesetzt worden, daß bis zum 19. Mai die neuen Marken für Hunde gegen Entrichtung der geordneten Steuer ausgegeben und **von dem 21. dieses Monats an** alle ohne diese neuen Marken betroffenen Hunde durch die Knechte des Scharfrichters weggenommen werden.

Wir machen die Besitzer von Hunden auf diese Vorschrift aufmerksam, und haben demnach diejenigen, welche die Erholung von Marken in der angegebenen Zeit **unterlassen**, die daraus entstehenden Nachtheile sich selbst zuzuschreiben.

Dresden, am 14. Mai 1849.

Der Rath zu Dresden.
Pfotenhauer.

Freiwillige Subhastation.

Von dem unterzeichneten Stadtgericht soll

den 22. Mai 1849

mit freiwilliger Subhastation des zum Nachlasse des Tischlermeister Herrn Johann Jakob Schmidt gehörigen Hauses unter Nr. 512. des Brandcatasters in hiesiger Zahnsgasse verfahren werden.

Gerichtswegen werden daher Erstehungslustige geladen, gedachten Tages **Vormittags vor 12 Uhr** in der zweiten Abtheilung des Stadtgerichts zu erscheinen, über ihre Zahlungsfähigkeit **sich auszuweisen** und nach dem Schlag 12 Uhr Mittags der Versteigerung gewärtig zu sein.

Die auf das Haus gelegten Steuern und Abgaben und die darauf haftenden **Hypotheken**, so wie die Licitationsbedingungen sind aus der Beilage unter A., welche im Rathhause zu Altstadt-Dresden affigirt ist, zu ersehen.

Dresden, am 26. März 1849.

Das Stadtgericht.
D. Stübel. E. Schmidt.

Bekanntmachung.

Während des Gefechtes in der kleinen Brüdergasse am 8. d. **Mts.** wurden **aus dem** oberen Stock eines Hauses daselbst ein grauleinener Beutel mit silbernen runden und viereckigen, sowie einigen bronzenen **Münzen** und mehren silbernen Löffeln, auf die Straße geworfen, dort aber von zwei Pionieren aufgehoben und alsbald an das betreffende Commando abgeliefert. — Der sich legitimirende Eigenthümer kann diese Gegenstände in der **Gouvernements-Canzlei** zurück erhalten.

Dresden, den 18. Mai 1849.

Steckbrief.

Der unten etwas näher bezeichnete Königl. Kapellmeister

Richard Wagner von hier

ist wegen wesentlicher Theilnahme an der in hiesiger Stadt stattgefundenen aufrührerischen Bewegung zur Untersuchung zu ziehen, zur Zeit **aber nicht** zu erlangen gewesen. **Es werden** daher alle Polizeibehörden auf denselben aufmerksam gemacht und ersucht, Wagnern im Betretungsfalle zu verhaften und davon uns schleunigst Nachricht zu ertheilen.

Dresden, den 16. Mai 1849.

Die Stadt-Polizei-Deputation.
von Oppell.

Wagner ist 37 bis 38 Jahre alt, mittler Statur, hat braunes Haar und trägt eine Brille.

94. Steckbrief 16. 5. 1849.

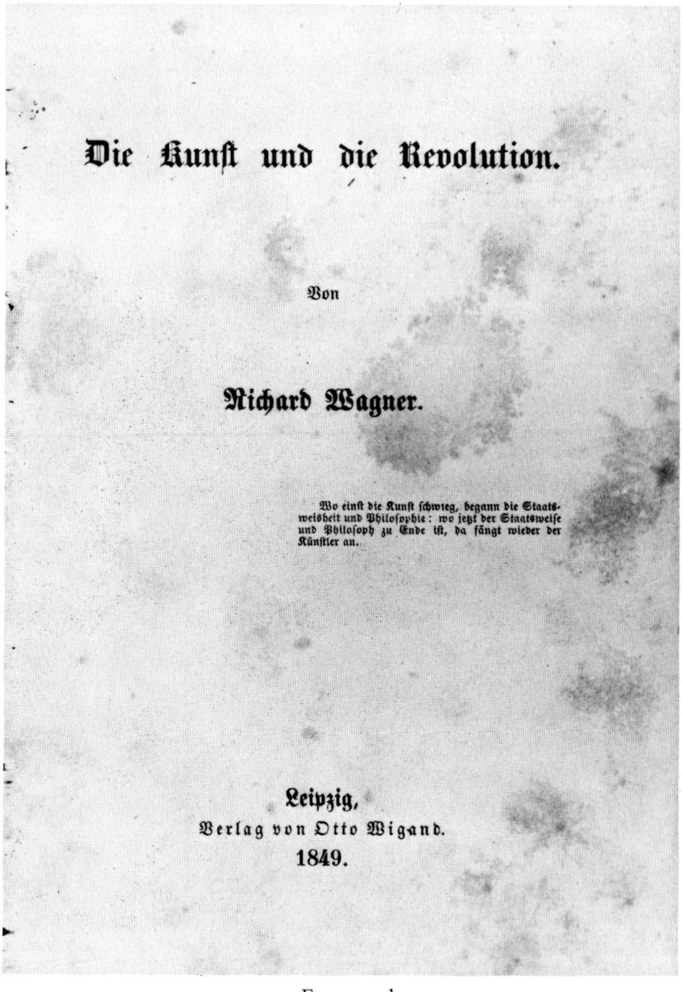

Die Kunst und die Revolution.

Von

Richard Wagner.

> Wo einst die Kunst schwieg, begann die Staatsweisheit und Philosophie: wo jetzt der Staatsweise und Philosoph zu Ende ist, da fängt wieder der Künstler an.

Leipzig,
Verlag von Otto Wigand.
1849.

95. Erstausgabe.

96. Das Theater in Zürich.

97. Plan
der Stadt Zürich.

Hottingen
Freudenberg
Sonnenbühl
Café
Wolfbach
Gemeindgasse
Escher Häuser
Zeltweg
Hoch-Gasse
Friedhof
Rämi-Strasse
Turnplatz
Pfauen
Friedthal
Lindenthal
Graben
Lindengarten
Hirschen Graben
Winkelwiese
Schönau
Casino
Obmann Amt
Theater
Hintere Zäune
Obere Zäune
Neustadt
Obere Kirchgasse
Oberdorf

98. Erstausgabe.

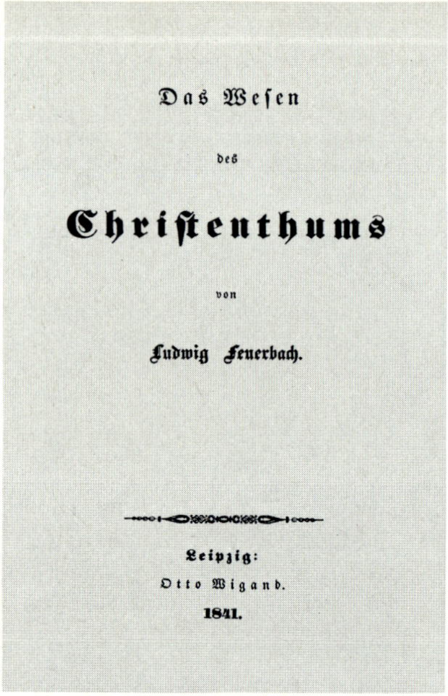

Das Wesen

des

Christenthums

von

Ludwig Feuerbach.

Leipzig:

Otto Wigand.

1841.

99.–100. Erstausgabe:
Titel und Widmung.

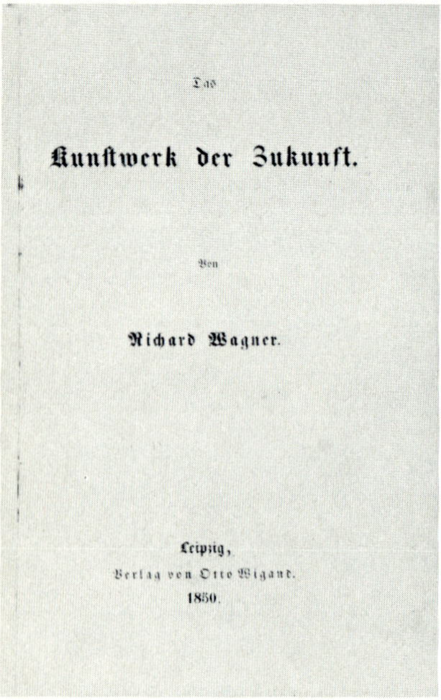

Das

Kunstwerk der Zukunft.

Von

Richard Wagner.

Leipzig,

Verlag von Otto Wigand.

1850.

99

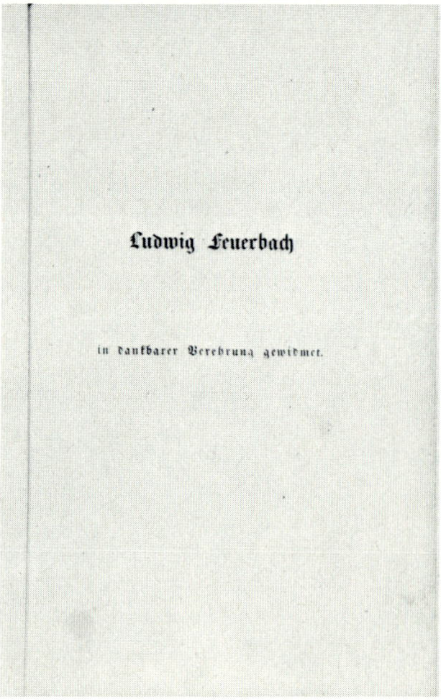

Ludwig Feuerbach

in dankbarer Verehrung gewidmet.

100

101. Richard Wagner 1850.

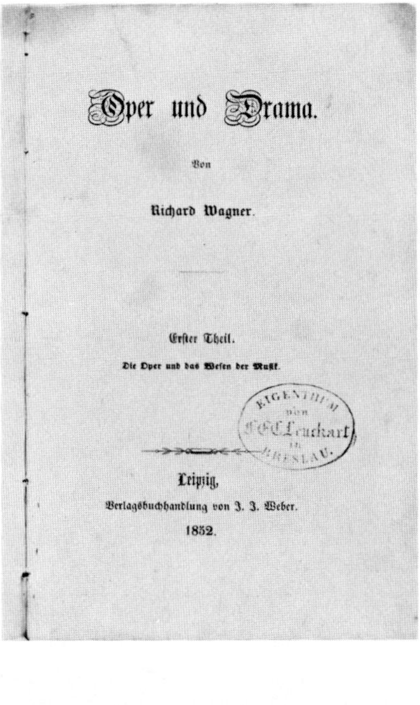

Oper und Drama.

Von

Richard Wagner.

Erster Theil.

Die Oper und das Wesen der Musik.

Leipzig,

Verlagsbuchhandlung von J. J. Weber.

1852.

102. Erstausgabe.

103. Franz Liszt.

LOHENGRIN.

Romantische Oper in drei Acten,

(letzter Act in zwei Abtheilungen)

von

RICHARD WAGNER.

Als Manuscript gedruckt.

104. Lohengrin, Textbuch, Erstausgabe.

105. Lohengrin, 1. Akt, 2. Szene.
106.–108. Figurinen: Ortrud, Telramund, König.

105

106

107

108

109. Richard Wagner 1853.

110. Minna Wagner 1853.

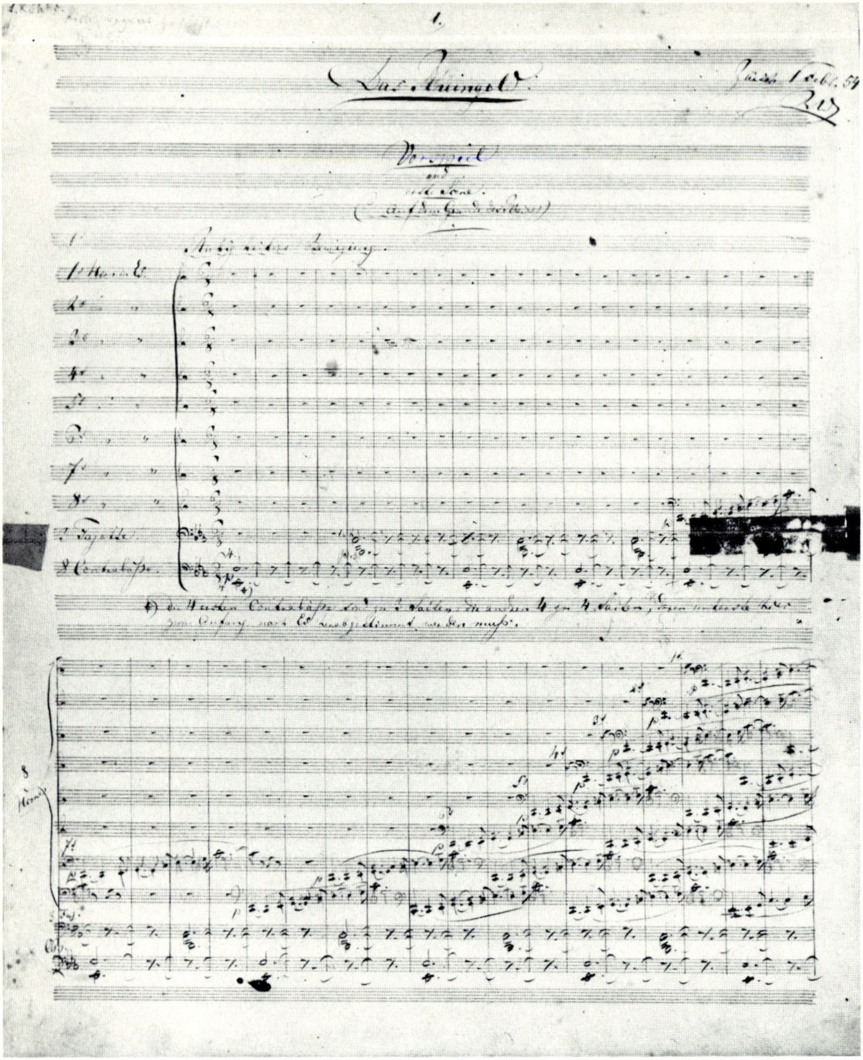

111. Das Rheingold, Partitur.

112. Die Walküre, Partitur.

ſo — werf' ich den Brand
in Walhall's prangende Burg.

Sie ſchleudert den Brand in den Holzſtoſs, der ſich ſchnell hell entzündet. Zwei Raben ſind vom Ufer aufgeflogen, und verſchwinden nach dem Hintergrunde zu. — BRÜNNHILDE *wendet ſich noch einmal zurück.*

Ihr, blühenden Lebens
bleibend Geſchlecht:
was ich nun euch melde,
merket es wohl! —
Saht ihr vom zündenden Brand
Siegfried und Brünnhild' verzehrt;
ſaht ihr des Rheines Töchter
zur Tiefe entführen den Ring:
nach Norden dann
blickt durch die Nacht!
Erglänzt dort am Himmel
ein heiliges Glüh'n,
ſo wiſset all' —
daſs ihr Walhall's Ende gewahrt! —

Verging wie Hauch
der Götter Geſchlecht,
laſs' ohne Walter
die Welt ich zurück:
meines heiligſten Wiſsen's Hort
weiſ' ich der Welt nun zu. —
Nicht Gut, nicht Gold,
noch göttliche Pracht;
nicht Haus, nicht Hof,
noch herriſcher Prunk;
nicht trüber Verträge
trügender Bund,
noch heuchelnder Sitte
hartes Geſetz:
ſelig in Luſt und Leid
läſst — die Liebe nur ſein! —

Zwei junge Männer führen das Roſs herein; Brünnhilde faſst es, und entzäumt es ſchnell.

Grane, mein Roſs,
ſei mir gegrüſst!
Weiſst du, Freund,
wohin ich dich führe?
Im Feuer leuchtend
liegt dort dein Herr,
Siegfried, mein ſeliger Held.
Dem Freunde zu folgen
wieherſt du freudig?
Lockt dich zu ihm
die lachende Lohe? —
Fühl' meine Bruſt auch,
wie ſie entbrennt;
helles Feuer
faſst mir das Herz:
ihn zu umſchlingen,
umſchloſsen von ihm,
in mächtigſter Minne
vermält ihm zu ſein! —
Heiaho! Grane!
grüſse den Freund!
Siegfried! Siegfried!
Selig gilt dir mein Gruſs!

Sie hat ſich ſtürmiſch auf das Roſs geſchwungen, und ſprengt es mit einem Satze in den brennenden Scheithaufen. Sogleich ſteigt praſselnd der Brand hoch auf, ſo daſs das Feuer den ganzen Raum vor der Halle erfüllt, und dieſe ſelbſt ſchon zu ergreifen ſcheint. Entſetzt drängen ſich die Frauen nach dem Vordergrunde. Plötzlich bricht das Feuer zuſammen, ſo daſs nur noch eine düſt're Gluthwolke über der Stätte ſchwebt; dieſe ſteigt auf und zertheilt ſich ganz: der Rhein iſt vom Ufer her mächtig angeſchwollen, und wälzt ſeine Fluth über die Brandſtätte bis an die Schwelle der Halle. Auf den Wogen ſind die DREI RHEINTŒCHTER *herbeigeſchwommen. —* HAGEN, *der ſeit dem Vorgange mit dem Ringe in wachſender Angſt Brünnhilde's Benehmen beobachtet hat, geräth beim Anblicke der Rheintöchter in höchſten Schreck; er wirſt haſtig Speer, Schild und Helm von ſich, und ſtürzt wie wahnſinnig mit dem*

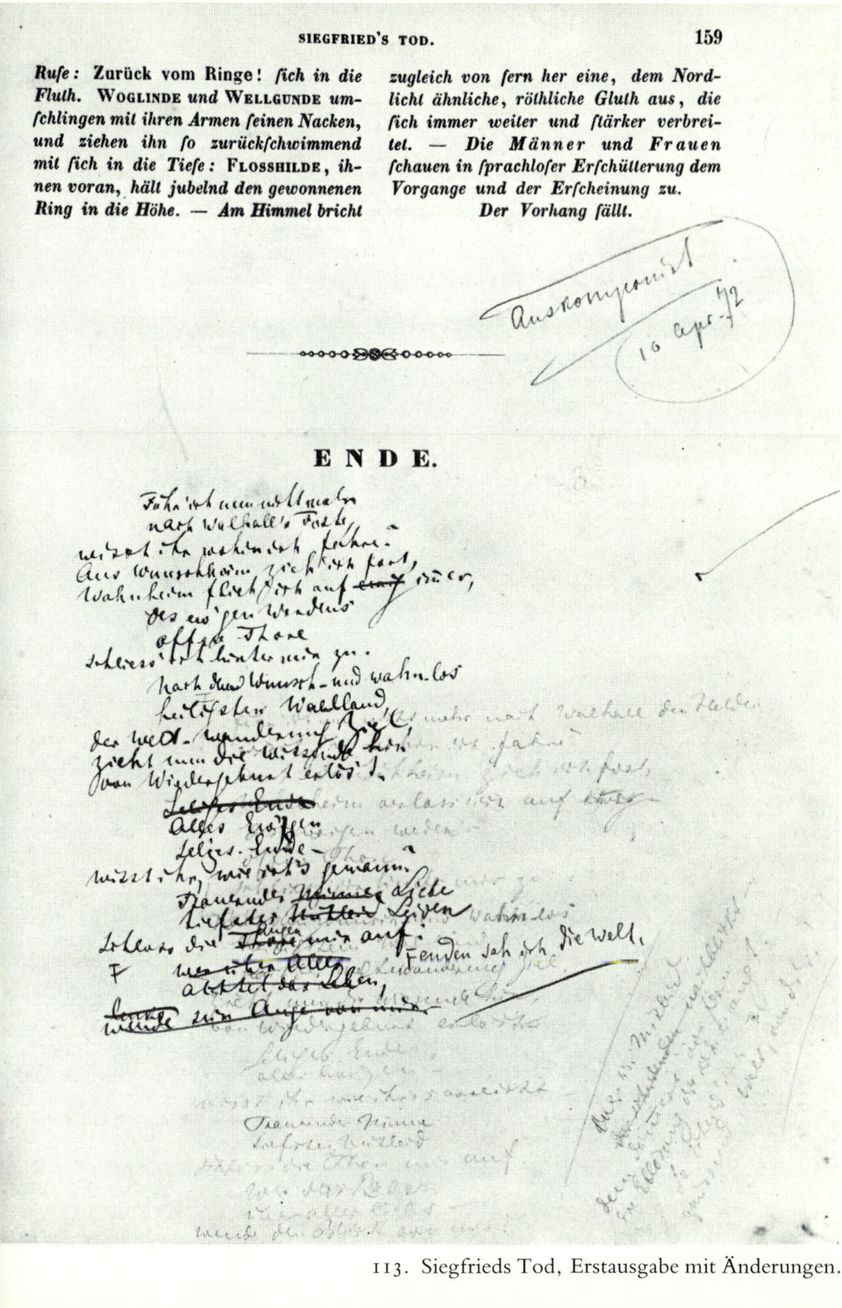

Rufe: Zurück vom Ringe! *ſich in die Fluth.* Woglinde *und* Wellgunde *umſchlingen mit ihren Armen ſeinen Nacken, und ziehen ihn ſo zurückſchwimmend mit ſich in die Tiefe:* Flosshilde, *ihnen voran, hält jubelnd den gewonnenen Ring in die Höhe. — Am Himmel bricht zugleich von fern her eine, dem Nordlicht ähnliche, röthliche Gluth aus, die ſich immer weiter und ſtärker verbreitet. — Die* M ä n n e r *und* F r a u e n *ſchauen in ſprachloſer Erſchütterung dem Vorgange und der Erſcheinung zu.*

Der Vorhang fällt.

E N D E.

113. Siegfrieds Tod, Erstausgabe mit Änderungen.

114. Cosima, Blandine und Daniel Liszt.

115. Gottfried Keller.

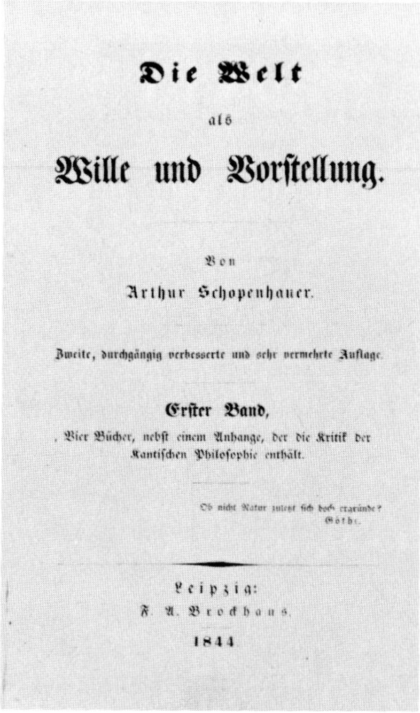

Die Welt

als

Wille und Vorstellung.

Von

Arthur Schopenhauer.

Zweite, durchgängig verbesserte und sehr vermehrte Auflage.

Erster Band,

Vier Bücher, nebst einem Anhange, der die Kritik der Kantischen Philosophie enthält.

Ob nicht Natur zuletzt sich doch ergründe?
Göthe.

Leipzig:
F. A. Brockhaus.
1844

116. Zweitausgabe.

117. Georg Herwegh.

118. Hans von Bülow.

119. Programmzettel
St. Gallen 23. 11. 1856.

DRITTES

ABONNEMENTS-CONCERT.

Sonntag, den 23. November 1856.

Im Saale des Bibliothekgebäudes

(neues Schulhaus).

Mit bedeutend verstärktem Orchester.

Erster Theil.

Unter der Direction des Herrn

Dr. Franz Liszt.

„Orpheus,“ symphonische Dichtung für Orchester von ***Franz Liszt.***

Unter Direction unseres Dirigenten, Herrn **Sczadrowsky.**

Zwei Romanzen:

1. aus „Armida“,
2. aus „Iphigenia in Aulis“,

von ***Gluck***, gesungen von Fräul. **Stehle.**

Unter der Direction des Herrn

Dr. Franz Liszt.

„Les Préludes,“ symphonische Dichtung für Orchester von ***Franz Liszt.***

Zweiter Theil.

Unter der Direction des Herrn

Richard Wagner.

Sinfonia eroica, von ***L. v. Beethoven.***

I. Satz Allegro.
II. „ Marcia Funebre.
III. „ Scherzo
IV. „ Finale.

Kassa-Eröffnung $6\frac{1}{2}$ Uhr Abends. Anfang **präcis** $7\frac{1}{4}$ Uhr. Ende gegen $9\frac{1}{2}$ Uhr.

Billets à 5 Fr. sind zu haben bei Hrn. **Heim** an der **Brühlgasse** und Abends an der Kasse.

120. Das „Asyl“.

121. Otto Wesendonck.

122. Zürich mit der Villa Wesendonck.

123. Siegfried, Kompositionsentwurf.

9. Aug. 57

124. Mathilde Wesendonck.

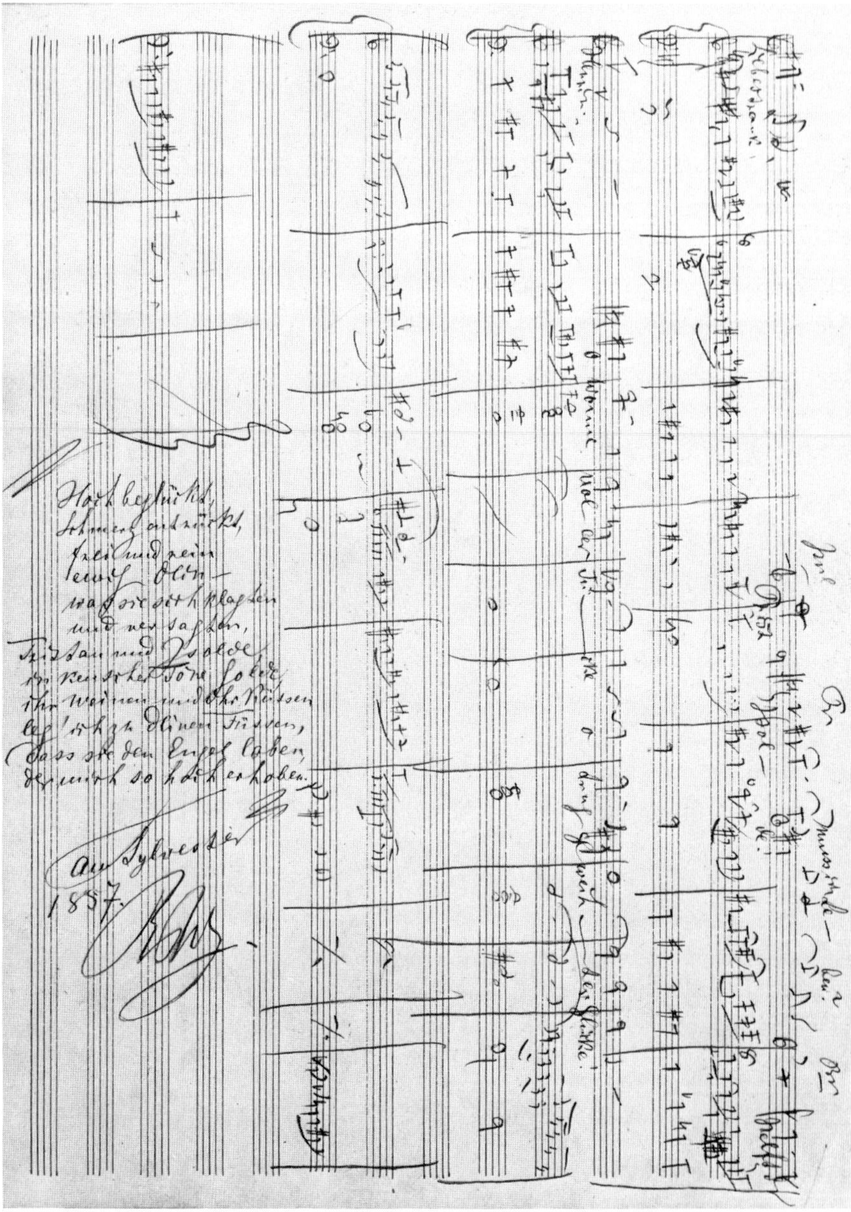

125. Tristan, Erster Kompositionsentwurf.

126. Tristan, Zweiter Kompositionsentwurf.

127. Tristan, Klavierauszug.

128. Luzern mit Hotel Schweizerhof.

129. Palazzo Giustiniani
in Venedig.

131

132

CONCERT

DE

RICHARD WAGNER

Dans l'impossibilité de faire entendre en entier ses opéras, l'auteur se permet d'offrir au public quelques lignes d'explications, qui lui feront mieux comprendre le sens des morceaux détachés qu'il lui soumet aujourd'hui.

PARIS

IMPRIMERIE DE D'AUBUSSON ET KUGELMANN

13, Rue Grange-Batelière, 13.

—

1860

130. Richard Wagner 1860.
131. „Le Boulevard des Italiens“ in Paris.
132. Programm der Konzerte Paris 25. 1., 1. und 8. 2. 1860.

133 134

135 136

133.–136. Figurinen (Paris 1861):
Venus, Tannhäuser, Elisabeth, Chorist.

137

137. Fürstin Pauline Metternich.
138. Napoléon III. von Frankreich.
139. Jules Champfleury.
140. Gustave Doré.
141. Charles Gounod.
142. Camille Saint-Saëns.
143. Gioacchino Rossini.

138

139

140

141

142

143

144. Tannhäuser und Venus (1. Akt, 2. Szene).

145. Tannhäuser, 2. Akt, 3. Szene, Paris 1861.

146. Charles Baudelaire.

RICHARD WAGNER

ET

TANNHAUSER

A PARIS

PAR

CHARLES BAUDELAIRE

Riga 23 Sept. 76.

PARIS

E. DENTU, ÉDITEUR

LIBRAIRE DE LA SOCIÉTÉ DES GENS DE LETTRES

PALAIS-ROYAL, 13 ET 17, GALERIE D'ORLÉANS

—

1861

147. Erstausgabe.

148. Richard Wagner, Kohlezeichnung von Iwan N. Kramskoj, 1863.

149. Richard Wagner, Zeichnung von Auguste Renoir.

150. Friederike Meyer.

151. Mathilde Maier.

152. Malvida von Meysenbug.

153. Ludwig II. von Bayern.

154. Schloß Berg.

155. Huldigungsmarsch,
Klavierauszug, Erstausgabe.

156. Skizzenblatt 1864/65.

157. Residenz und Hoftheater in München.

158. Wagner und seine Freunde 1865.

München.

Königl. Hof- und National-Theater.

Samstag den 10. Juni 1865.

Außer Abonnement.

Zum ersten Male:

Tristan und Isolde

von

Richard Wagner.

Personen der Handlung:

Tristan	Herr Schnorr von Carolsfeld.
König Marke	Herr Zottmayer.
Isolde	Frau Schnorr von Carolsfeld.
Kurwenal	Herr Mitterwurzer.
Melot	Herr Heinrich.
Brangäne	Fräulein Deinet.
Ein Hirt	Herr Simons.
Ein Steuermann	Herr Hartmann.

Schiffsvolk. Ritter und Knappen. Isolde's Frauen.

Textbücher sind, das Stück zu 12 kr., an der Kasse zu haben.

Regie: Herr Sigl.

Neue Decorationen:

Im ersten Aufzuge: Zeltartiges Gemach auf dem Verdeck eines Seeschiffes, vom K. Hoftheatermaler Herrn Angelo Quaglio.
Im zweiten Aufzuge: Park vor Isolde's Gemach, vom K. Hoftheatermaler Herrn Döll.
Im dritten Aufzuge: Burg und Burghof, vom K. Hoftheatermaler Herrn Angelo Quaglio.

Neue Costüme

nach Angabe des K. Hoftheater-Costümiers Herrn Seitz.

Der erste Aufzug beginnt um sechs Uhr, der zweite nach halb acht Uhr, der dritte nach neun Uhr.

Preise der Plätze:

Eine Loge im I. und II. Rang	15 fl. — kr.
Ein Vorderplatz	2 fl. 24 kr.
Ein Rückplatz	2 fl. — kr.
Eine Loge im III. Rang	12 fl. — kr.
Ein Vorderplatz	2 fl. — kr.
Ein Rückplatz	1 fl. 36 kr.
Eine Loge im IV. Rang	9 fl. — kr.
Ein Vorderplatz	1 fl. 24 kr.
Ein Rückplatz	1 fl. 12 kr.
Ein Galerienoble-Sitz	2 fl. 24 kr.
Ein Parketsitz	2 fl. — kr.
Parterre	— fl. 48 kr.
Galerie	— fl. 24 kr.

Heute sind alle bereits früher zur ersten Vorstellung von Tristan und Isolde gelösten Billets giltig.

Die Kasse wird um **fünf** Uhr geöffnet.

Anfang um sechs Uhr, Ende nach zehn Uhr.

Der freie Eintritt ist ohne alle Ausnahme aufgehoben und wird ohne Kassabillet Niemand eingelassen.

Repertoire:

Sonntag den 11. Juni: (Im K. Hof- und National-Theater) Martha, Oper von Flotow.
Montag den 12. „ : (Im K. Hof- und National-Theater) Elisabeth Charlotte, Schauspiel von Paul Heyse.
Dienstag den 13. „ : (Im K. Hof- und National-Theater) Mit aufgehobenem Abonnement: Zum ersten Male wiederholt: Tristan und Isolde, von Richard Wagner.
Donnerstag den 15. „ : (Im K. Hof- und National-Theater) Lalla Rookh, Oper von Felicien David.

Der einzelne Zettel kostet 2 kr. — Druck von Dr. C. Wolf & Sohn

159. Theaterzettel der Uraufführung.

München.

Isar-Vorstadt-Theater

in der Müllerstraße.

Eigenthümer und Direktor Max Schweiger.

Heute Donnerstag den 8. Juni 1865:

Auf vieles Verlangen.

Tristanderl und Süßholde.

Dramatische Verslein mit Worten ohne Melodie, gegenwärtige Parodie von einer Zukunfts-Oper in 3 Aufzügen, wo drüber viel losgezogen wird, und einem Vorspiel des Vorspielers, von Richard, Wagnermeister und Stückschreiber, sowie musikalischen Dramatisirer. Satyrisirt und in Scene gesetzt von **Ferdinand Fränkl.**

Musik von H. Rauchenecker.

Personen.

Tristanderl, Floßknecht von Ammerland und Vetter des	Hr. Eisenmann.	Kuhwenzel, ehemaliger Viehtreiber, der sich aber jezt mit Tristanderl umeinander treibt	Hr. Weber.
Hopfenkönigs Markl, Bräuer zu Bernried	Hr. Preis.	Melotte, erster Pfannenknecht des Marklbräu	Hr. Seeberg.
Süßholde, eine reiche Bäckerstochter von Wolfrathshausen	Fr. Kummerer-Scholz.	Ein Schweinhirt und Schalmeienbläser, blasirt wie nochmal ein Componisteur	Hr. Dor.
Brangänschen, ihre Gespielin in Mariage und Sechs und sechzig	Frln. Ehrenstein	Ein Steuermann, der zukünftige Opern über Bord halten soll	Hr. Baiersdorf

Bräuknechte, Schiffsvolk, unnöthige Kranzljungfern und nothige Hochzeitsgäste.

Die Handlung spielt in der Vorzeit und ist in der Gegenwart zu Allem reif, theils zu Wasser, theils zu Land, weßhalb auch der Text bald zu schlüpferig und bald zu trocken ist. Textbücher werden keine ausgegeben, weil der Text doch nicht hier so recht verstanden wird.

Für dieses Stück sind nur 3 Vorstellungen angesetzt, wenn es das Publikum aushaltet und die Schauspieler nicht umbringt, wird man schon sehen, was noch weiters geschieht, vor der Hand wurden einmal die Preise erhöht, damit das Stück mehr an Werth gewinnt.

Auswärtige Bestellungen auf Logen und Sperrsitze werden aus der alten und neuen Welt angenommen und bittet man den Betrag derselben in den landesüblichen Briefmarken franco einzusenden.

Aller Anfang ist schwer, mit dem Ende wird es leichter gehen.

Besonders zu bemerken ist noch, daß die 30 Sperrsitze in erster Reihe bleiben, die Frauenzimmer ohne Erröthen hinein und auch wieder herausgehen können, der freie Eintritt aber für Alle, selbst für die Freunde des Verfassers aufgehoben ist, weil, was man umsonst kriegt, nicht viel werth ist.

Anfang Nachmittags 4 Uhr. Abends 8 Uhr.

Preise der Plätze:

Eine ganze Gallerie-Loge 6 fl., ein Logenplatz 30 kr. — Eine ganze Parterre-Loge 7 fl. und eine 6 fl., ein Logenplatz 36 kr. und 24 kr. Gallerie-Sperrsitz 30 kr Gallerie 18 kr. — Parterre-Sperrsitz 24 kr. — Erstes Parterre 12 kr. — Zweites Parterre 6 kr.

Der freie Eintritt ist für Jedes ohne Ausnahme aufgehoben.

Billets für Logen und Sperrsitze sind in meiner Wohnung, Frauenhoferstraße Nr. 4/s zu haben. **Max Schweiger, Direktor.**

J. Deschler'sche Buchdruckerei in München.

160. Theaterzettel einer Münchner Parodie.

Tristan

162

161.–162. Figurinen: Tristan, Isolde.

163. Ludwig und Malwina Schnorr von Carolsfeld als Tristan und Isolde.

164. Tristan-Statuette.

165. Tristan, 1. Aufzug.

166. Tristan, 3. Aufzug.

167. Karikatur auf die Beziehung zwischen Wagner, Bülow und dessen Frau Cosima 1865.

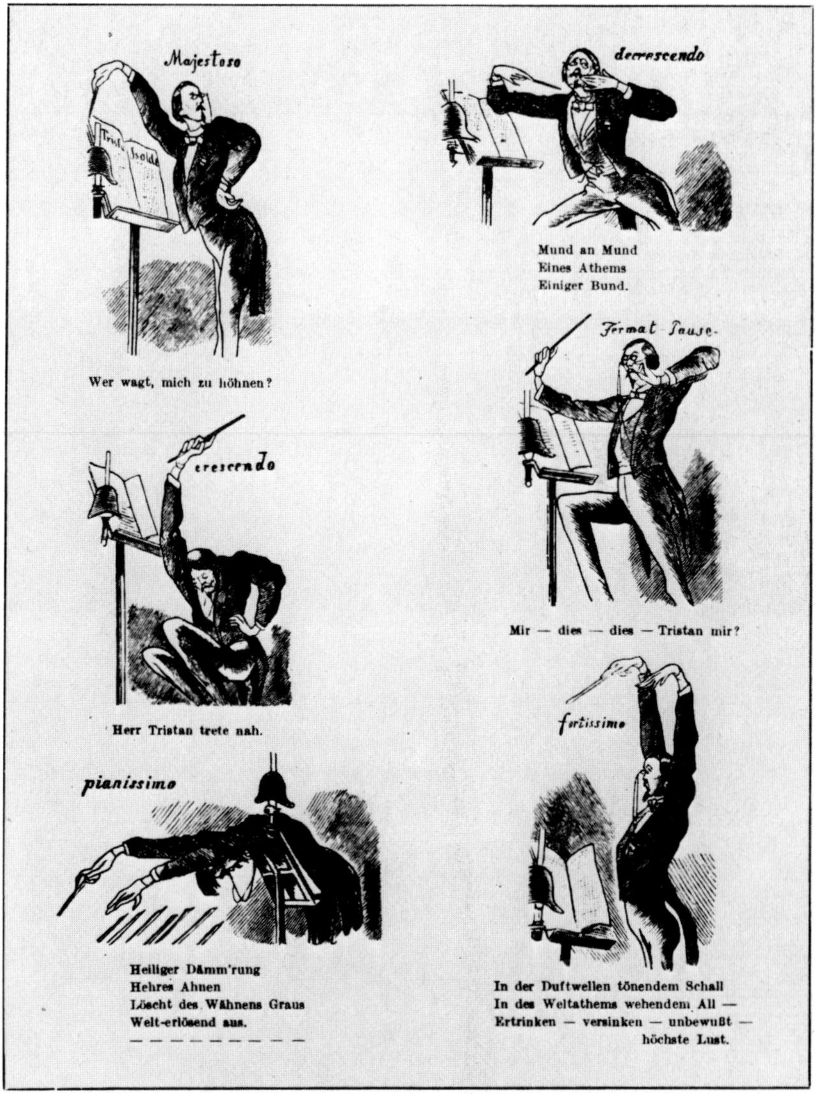

168. Bülow als Dirigent des Tristan, Karikatur.

169. Richard Wagner 1864/65.

170. Venusgrotte in Schloß Linderhof.

Johann Christof Wagenseils
Buch
Von
Der Meister-Singer
Holdseligen Kunst
Anfang / Fortübung / Nutzbarkeiten / und
Lehr-Sätzen.
Es wird auch
in der Vorrede
Von
vermuthlicher Herkunfft der Ziegeiner
gehandelt.

171. Wagenseils Buch über
die historischen Meistersinger,
Nürnberg 1697.

172. Entwurf zum „Wach auf"-Chor.

173. Meistersinger-Vorspiel, Entwurf.

174. Franz Schott.

liegt nicht in Deutschland's Mitten
mein liebes Nürenberg!
Doch eines Abend's spat,
ein Unglück zu verhüten
bei jugendheißen Gemüthen,
ein Mann weiß sich nicht Rath;
ein Schuster in seinem Laden
zieht an des Wahnes Faden:
wie bald auf Gassen und Straßen
fängt der da an zu rasen;
Mann, Weib, Gesell und Kind,
fällt sich an wie toll und blind.
~~Gott weiß, wie das geschah? —~~
~~Ein Kobold half wohl da:~~
~~Der Flieder war's: — Johannisnacht, —~~
~~drob ist der Wahn so leicht erwacht.~~
~~Ein Glühwurm fand sein Weibchen nicht~~;
~~der hat den Schaden angericht'.~~
~~Ängstlich suchend flog er dahin~~
~~durch manches müde Menschenhirn~~;
~~dem knistert's nun wie Funk' und Feuer~~,
~~die Welt steht dem in Brand~~;
~~das Herz erwacht dem Ungeheuer~~,
~~und weckt mit Pochen die Hand~~;
~~die ballt sich schnell zur Faust,~~
~~den Knüppel die gern umspannt~~;
~~mit Faust und Knüppel da saus't~~,
~~wer gern als tapfer bekannt~~:
~~und will's der Wahn gesegnen~~,
~~nun muß es Prügel regnen,~~
~~mit Hieben, Stoß' und Dreschen~~
~~den Wahnesbrand zu löschen! —~~
~~Ein Koboldswahn! — Johannisnacht!~~

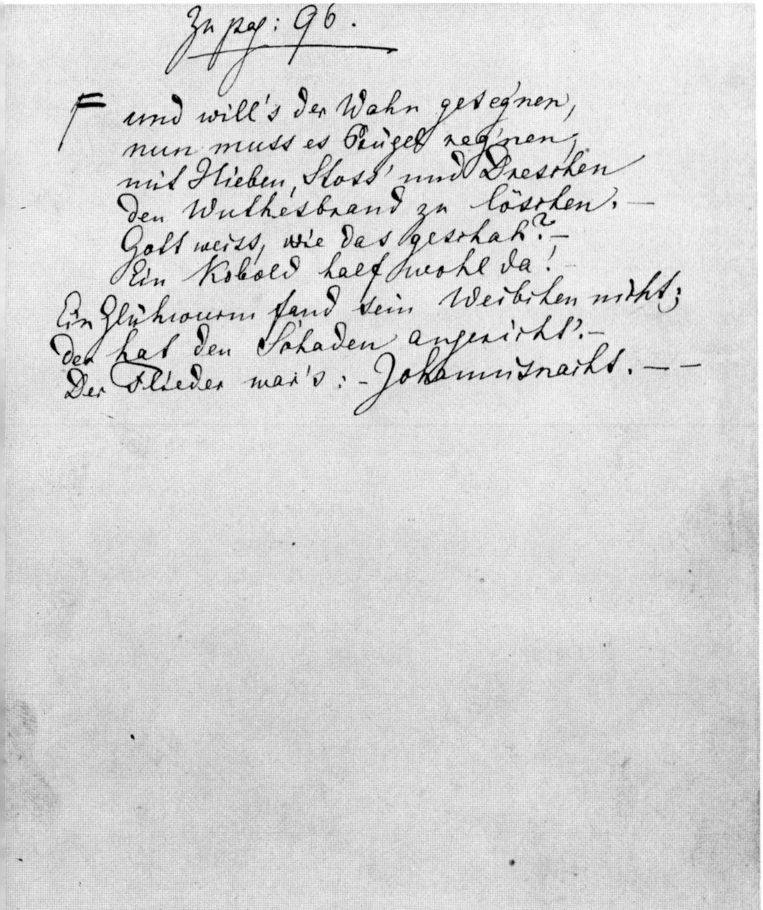
Zu pag: 96.

und will's der Wahn gesegnen,
nun muss es Prügel regnen,
mit Hieben, Stoss' und Dreschen
den Wuthesbrand zu löschen. —
Gott weiss, wie das geschah? —
Ein Kobold half wohl da!
Ein Glühwurm fand sein Weibchen nicht;
der hat den Schaden angericht'. —
Der Flieder war's: — Johannisnacht. — —

175. Meistersinger-Textbuch, Erstausgabe mit Änderungen.

Eva. 2 Anzug.

177

176.–177. Figurinen: Eva, Walther.

178. Meistersinger, 1. Szene.

179. Meistersinger, 2. Akt.

180. Meistersinger, 3. Akt, Festwiese.

Münchener

PUNSCH.

Ein humoristisches Originalblatt von M. E. Schleich.

Zwanzigster Band.

Nro. 11. Halbjähriger Abonnementspreis: in Bayern 1 fl. Im Ausland erfolgen die üblichen Postaufschläge. 17. März 1867.

Nur ein vorübergehender Besuch.

181

3462

Hepp, hepp!

oder

Die Meistersinger von Nürnberg.

Große confessionell-social-demokratische

Zukunftsoper

in 3 gegenwärtigen Acten

für die Vergangenheit componirt

von

Richard.

Text auch von Richard, aber von einem anderen.

Das Recht der Aufführung an öffentlichen Bühnen muß von dem Theater-Agenten Herrn H. Michaelson in Berlin erworben werden.

Spremberg.

Verlag von W. Erbe.

Gedruckt in diesem Jahre.

1872

182

183

184

181., 183.–184. Karikaturen 1865–1869.
182. Meistersinger-Parodie, Druckausgabe.

185. Tribschen am Vierwaldstättersee.

186

186. Karikatur auf Wagners Antisemitismus.
187. Erste Buchausgabe.
188. Erste Buchausgabe.

Deutsche Kunst

und

Deutsche Politik.

Von

Richard Wagner.

Leipzig

Verlagsbuchhandlung von J. J. Weber

1868

187

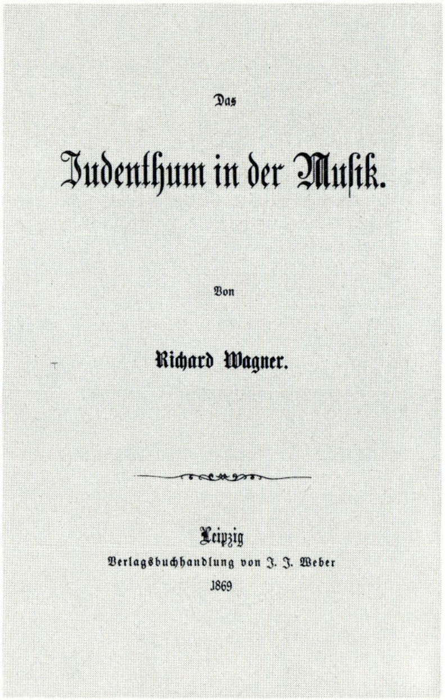

Das

Judenthum in der Musik.

Von

Richard Wagner.

Leipzig

Verlagsbuchhandlung von J. J. Weber

1869

188

189. Siegfried, Partitur.

München.

Königl. Hof- und National-Theater.

Mittwoch den 22. September 1869.

119te Vorstellung im Jahres-Abonnement:

Zum ersten Male:

Das Rheingold.

Vorspiel zu der Trilogie: „Der Ring des Nibelungen", von Richard Wagner.

Regie: Herr Dr. Hallwachs.

Personen:

Wotan, Donner, Froh, Loge,	Götter	Herr Kindermann. Herr Heinrich. Herr Nachbaur. Herr Vogl.
Alberich, Mime,	Nibelungen	Herr Fischer. Herr Schlosser.
Fasolt, Fafner,	Riesen	Herr Petzer. Herr Bausewein.
Fricka, Freia, Erda,	Göttinnen	Fräulein Stehle. Fräulein Müller. Fräulein C. Seehofer.
Woglinde, Wellgunde, Floßhilde,	Rheintöchter	Fräulein Kaufmann. Frau Vogl. Fräulein Ritter.
Nibelungen.		

Neue Decorationen:

Erstes Bild: **In der Tiefe des Rheines,** entworfen und ausgeführt von dem kgl. Hoftheatermaler Herrn Heinrich Döll.

Zweites Bild: **Freie Gegend auf Bergeshöhen am Rhein gelegen,** entworfen von dem kgl. Hoftheatermaler Herrn Christian Jank, ausgeführt von demselben und dem kgl. Hoftheatermaler Herrn Angelo Quaglio.

Drittes Bild: **Die unterirdischen Klüfte Niebelheims,** entworfen von dem kgl. Hoftheatermaler Herrn Christian Jank, ausgeführt von demselben und dem kgl. Hoftheatermaler Herrn Angelo Quaglio.

Textbücher sind zu 18 kr. an der Kasse zu haben.

Preise der Plätze:

Ein Galerienoble-Sitz	3 fl. 30 kr.
Ein Parket-Sitz	3 fl. — kr.
Parterre	1 fl. — kr.
Galerie	— fl. 30 kr.

Die Kasse wird um sechs Uhr geöffnet.

Anfang um 7 Uhr, Ende um halb zehn Uhr.

Der freie Eintritt ist ohne alle Ausnahme aufgehoben und wird ohne Kassenbillet Niemand eingelassen.

Beurlaubt kontraktlich vom Schauspielpersonal: Frau von **Bulyovszky** bis 31. Oktober.
" " vom Opernpersonal: Herr **Bachmann** bis 4. Oktober.
Beurlaubt auf ärztliche Anordnung vom Schauspielpersonal: Herr **Rüthling** für unbestimmte Zeit.
Krank vom Opernpersonal: Fräulein Therese **Seehofer.**

Der einzelne Zettel kostet 2 kr. Kgl. Hofbuchdruckerei von Dr. C. Wolf & Sohn.

190. Theaterzettel der Uraufführung.

191. Szenen aus Rheingold 1869.

192. Die Walküre, 2. Akt, 4. Szene (Todverkündigung), München 1870.

193. Die Walküre, 3. Akt, 2. Szene, München 1870.

196. Siegfried-Idyll, Partitur.

194. Richard Wagner in Tribschen 1867.

195. Richard Wagner und Tochter Eva 1867.

Ruhig bewegt
à tempo

197

198

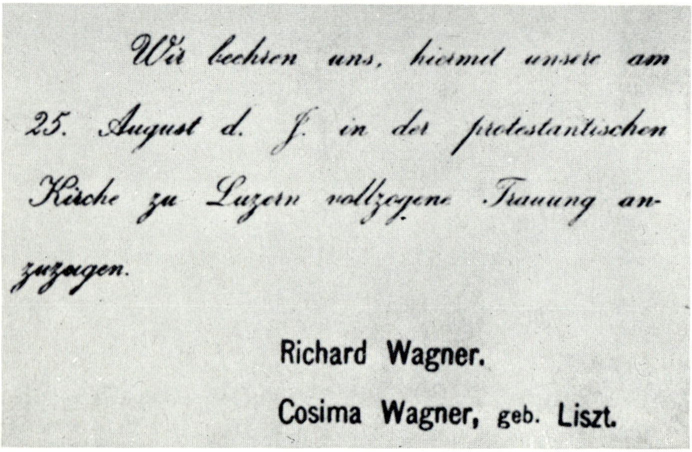

Wir beehren uns, hiermit unsere am 25. August d. J. in der protestantischen Kirche zu Luzern vollzogene Trauung anzuzeigen.

Richard Wagner.

Cosima Wagner, geb. Liszt.

197. Richard und Cosima Wagner 1872.
198. Trauungsanzeige vom 25. 8. 1870.

199. Judith Gautier.

200. Graf Villiers de l'Isle-Adam.

201. Friedrich Nietzsche.

DIE

GEBURT DER TRAGÖDIE

AUS DEM

GEISTE DER MUSIK.

VON

FRIEDRICH NIETZSCHE,

ORDENTL. PROFESSOR DER CLASSISCHEN PHILOLOGIE AN DER UNIVERSITÄT BASEL.

LEIPZIG.

VERLAG VON E. W. FRITZSCH.

1872.

202

203

VORWORT AN RICHARD WAGNER.

Um mir alle die möglichen Bedenklichkeiten, Aufregungen und Missverständnisse ferne zu halten, zu denen die in dieser Schrift vereinigten Gedanken bei dem eigenthümlichen Charakter unserer ästhetischen Oeffentlichkeit Anlass geben werden, und um auch die Einleitungsworte zu derselben mit der gleichen beschaulichen Wonne schreiben zu können, deren Zeichen sie selbst, als das Petrefact guter und erhebender Stunden, auf jedem Blatte trägt, vergegenwärtige ich mir den Augenblick, in dem Sie, mein hochverehrter Freund, diese Schrift empfangen werden: wie Sie, vielleicht nach einer abendlichen Wanderung im Winterschnee, den entfesselten Prometheus auf dem Titelblatte betrachten, meinen Namen lesen und sofort überzeugt sind, dass, mag in dieser Schrift stehen, was da wolle, der Verfasser etwas Ernstes und Eindringliches zu sagen hat, ebenfalls dass er, bei allem, was er sich erdachte, mit Ihnen wie mit einem Gegenwärtigen verkehrte und nur etwas dieser Gegenwart Entsprechendes niederschreiben durfte. Sie werden dabei sich erinnern, dass ich zu gleicher

202.–203. Erstausgabe: Titel und Vorwort an Richard Wagner.

1871

Berlin 3. Sept. (Offiziell.) Telegramm des Königs an die Königin aus **Sedan** 2. Sept. Nachmittags 1½ Uhr.

Kapitulation, wodurch die ganze Armee in Sedan kriegsgefangen, ist soeben mit General Wimpffen geschlossen, der an der Stelle des verwundeten Marschalls Mac Mahon das Kommando führt.

Der Kaiser hat nur sich selbst mir ergeben, da er das Kommando nicht führt und alles der Regentschaft in Paris überläßt.

Seinen Aufenthaltsort werde ich bestimmen, nachdem ich ihn gesprochen habe in einem Rendez-vous, das sofort stattfindet.

Welch eine Wendung durch Gottes Führung!

Unterzeichnet: Wilhelm.

205. Bulletin der Basler Nachrichten.

204. „Bilanz des Jahres 1871"
(Honoré Daumier).

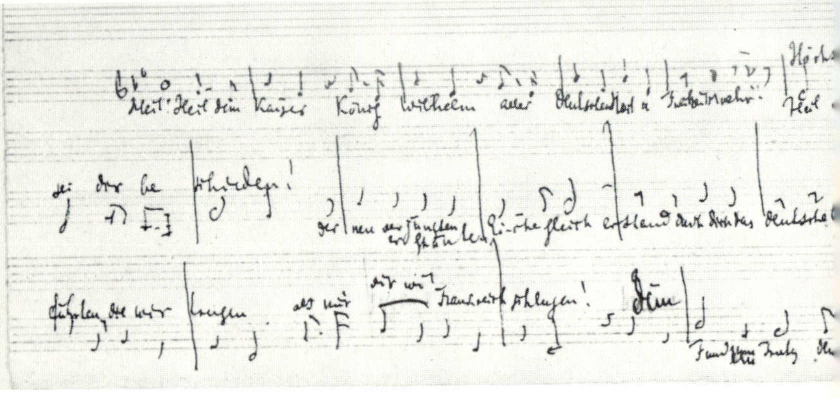

206. Proklamation des deutschen Kaiserreichs, Versailles 18. 1. 1871.

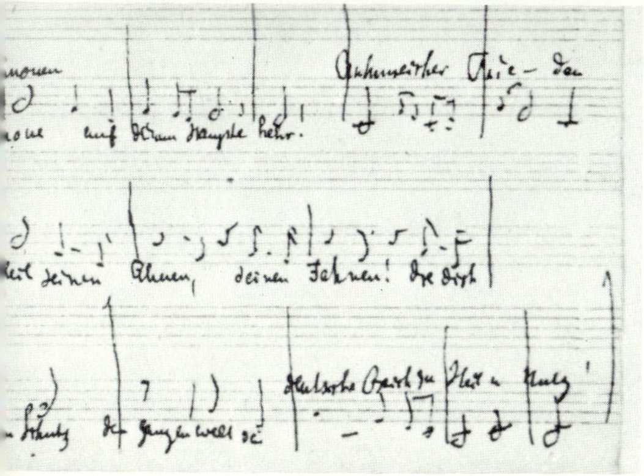

207. Kaisermarsch, Entwurf des Schlußchors.

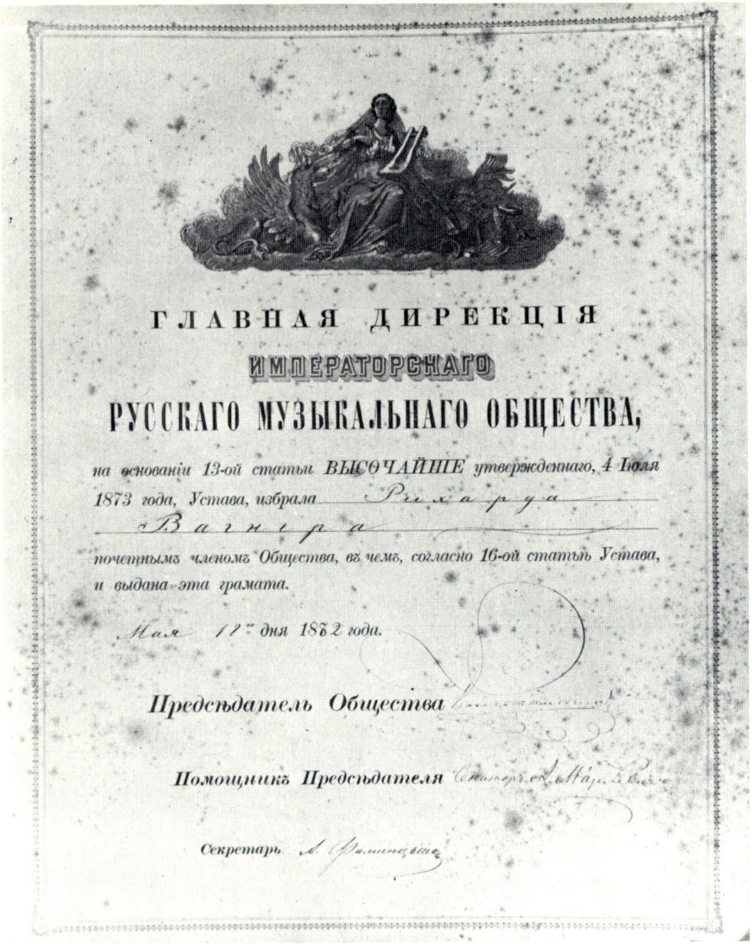
ГЛАВНАЯ ДИРЕКЦІЯ

ИМПЕРАТОРСКАГО

РУССКАГО МУЗЫКАЛЬНАГО ОБЩЕСТВА,

на основаніи 13-ой статьи ВЫСОЧАЙШЕ утвержденнаго, 4 Іюля 1873 года, Устава, избрала Рихарда Вагнера почетнымъ членомъ Общества, въ чемъ, согласно 16-ой статьѣ Устава, и выдана эта грамата.

Мая 18го дня 1872 года.

Предсѣдатель Общества

Помощникъ Предсѣдателя

Секретарь

208. Urkunde der Ernennung zum Ehrenmitglied der kaiserlich-russischen Musik-Gesellschaft, 18. 5. 1872.

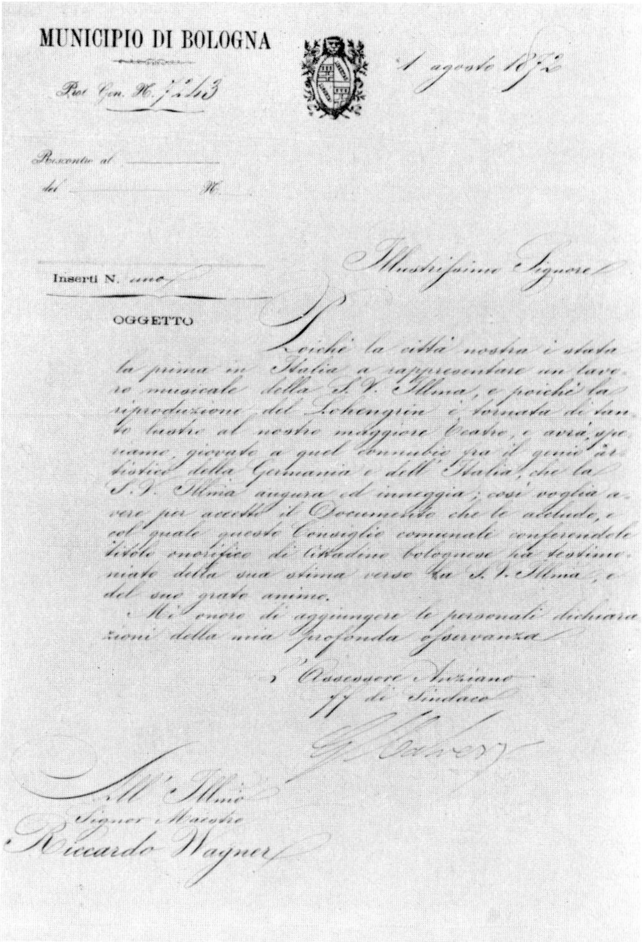

MUNICIPIO DI BOLOGNA

Prot. Gen. N. 7243

1 agosto 1872

Riscontro al

del N.

Inserti N. uno

OGGETTO

Illustrissimo Signore

Poichè la città nostra è stata la prima in Italia a rappresentare un lavoro musicale della S. V. Ill.ma, e poichè la riproduzione del Lohengrin è tornata di tanto lustro al nostro maggiore Teatro, e avrà, speriamo, giovato a quel connubio fra il genio artistico della Germania e dell'Italia, che la S. V. Ill.ma augura ed inneggia; così voglia avere per accetto il Documento che le accludo, e col quale questo Consiglio comunale conferendole titolo onorifico di Cittadino bolognese ha testimoniato della sua stima verso la S. V. Ill.ma, e del suo grato animo.

Mi onoro di aggiungere le personali dichiarazioni della mia profonda osservanza

L'Assessore Anziano
ff. di Sindaco

All'Ill.mo
Signor Maestro
Riccardo Wagner

209. Ehrenbürgerbrief der Stadt Bologna, 1. 8. 1872.

210. Das Markgräf-
liche Opernhaus
in Bayreuth.

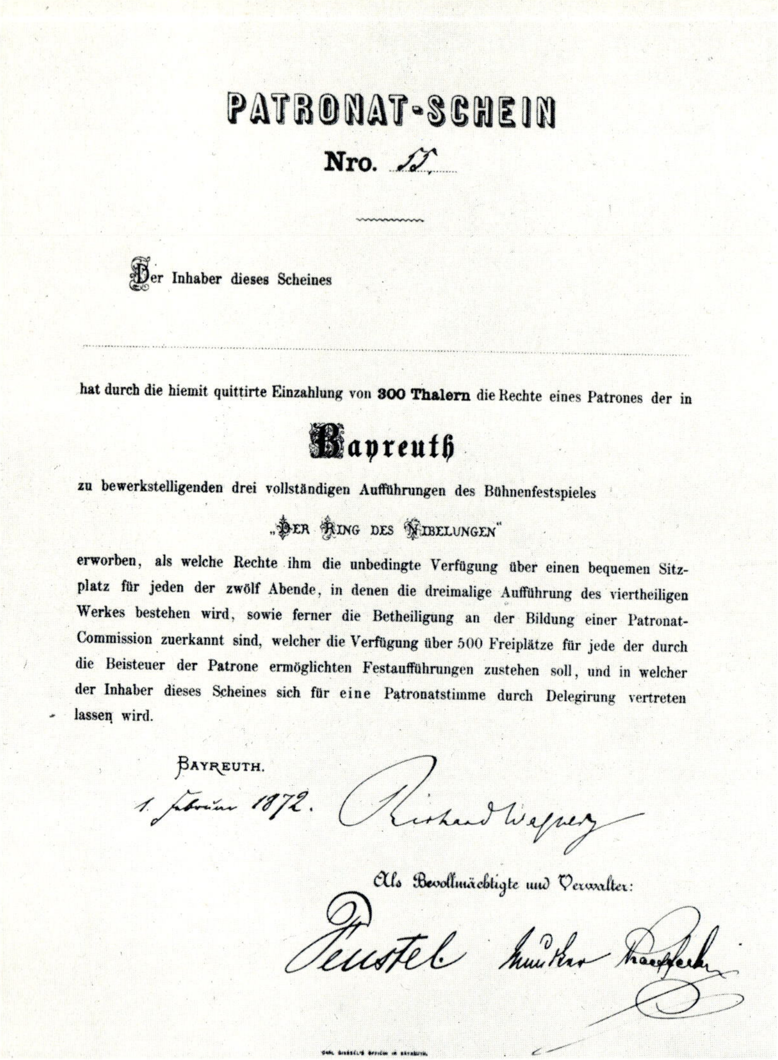

PATRONAT-SCHEIN

Nro.

Der Inhaber dieses Scheines

hat durch die hiemit quittirte Einzahlung von **300 Thalern** die Rechte eines Patrones der in

Bayreuth

zu bewerkstelligenden drei vollständigen Aufführungen des Bühnenfestspieles

„Der Ring des Nibelungen"

erworben, als welche Rechte ihm die unbedingte Verfügung über einen bequemen Sitzplatz für jeden der zwölf Abende, in denen die dreimalige Aufführung des viertheiligen Werkes bestehen wird, sowie ferner die Betheiligung an der Bildung einer Patronat-Commission zuerkannt sind, welcher die Verfügung über 500 Freiplätze für jede der durch die Beisteuer der Patrone ermöglichten Festaufführungen zustehen soll, und in welcher der Inhaber dieses Scheines sich für eine Patronatstimme durch Delegirung vertreten lassen wird.

Bayreuth.

1. Februar 1872. Richard Wagner

Als Bevollmächtigte und Verwalter:

Feustel

211. Patronat-Schein für die ersten Bayreuther Festspiele.

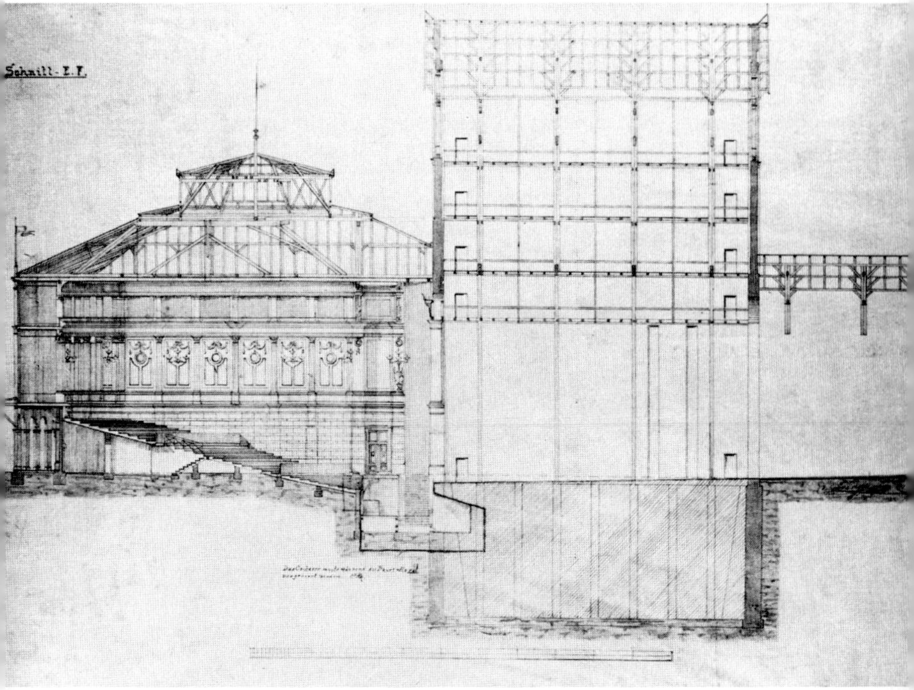

212. Plan des Bayreuther Festspielhauses.

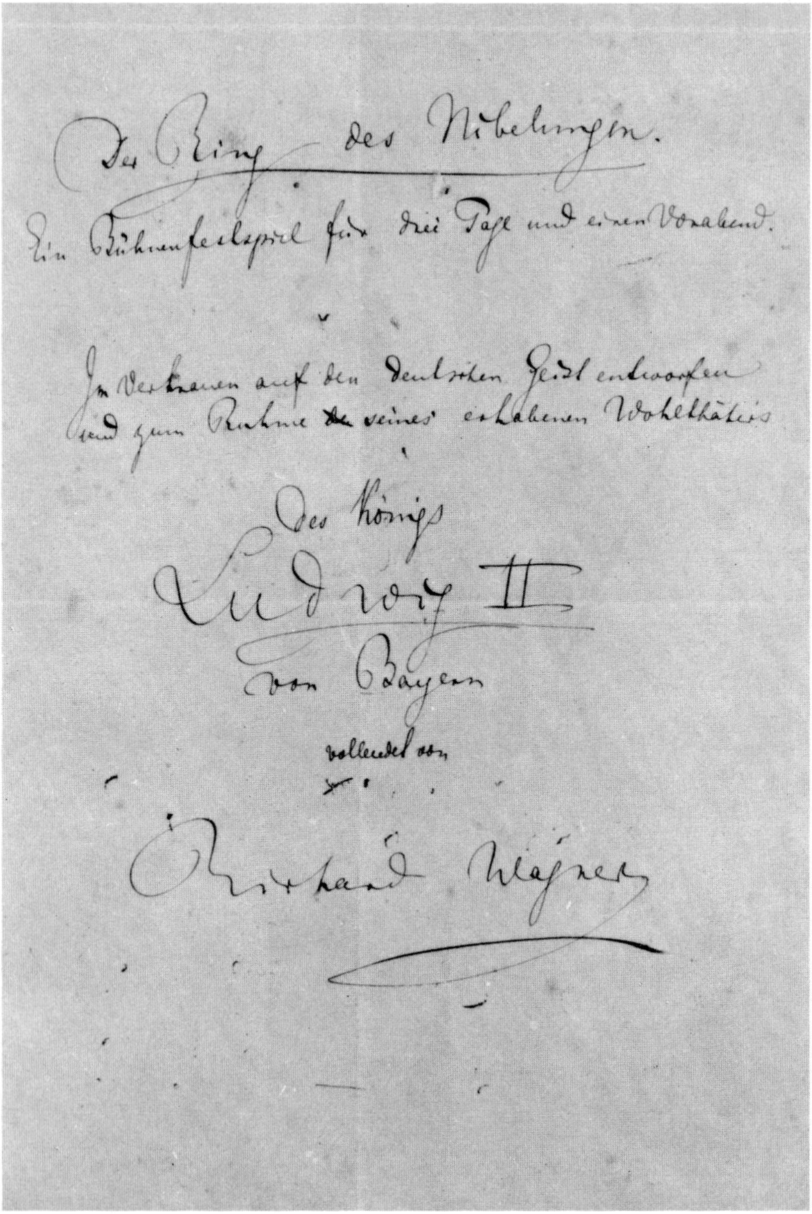
Der Ring des Nibelungen.
Ein Bühnenfestspiel für drei Tage und einen Vorabend.

Im Vertrauen auf den deutschen Geist entworfen
und zum Ruhme seines erhabenen Wohlthäters

des Königs
Ludwig II
von Bayern

vollendet von

Richard Wagner

213. Der Ring des Nibelungen,
Vorlage der Titelseite für den Druck.

214. Richard Wagner,
Ölbild von Franz Lenbach, 1871.

215. Götterdämmerung, Partitur.

216. Sgraffito über dem Eingang von Haus Wahnfried.

217. Haus Wahnfried.

218. Anton Bruckner.

219. Wagner und Bruckner.

220. A. Bruckner, 3. Sinfonie,
Titelseite des Widmungsexemplars.

221

221.–225. Wagner als Dirigent.

222

223

224

225

226. Wiener Karikatur
auf Wagners Antisemitismus.

227. Das Hofoperntheater in Wien.

228. Das Bayreuther Festspielhaus 1876.

229. Blick vom Festspielhaus auf Bayreuth.

230. Wagner bei der Probe.

231. „Letzte Bitte“ an die Ausführenden der ersten „Ring“-Aufführung 1876.

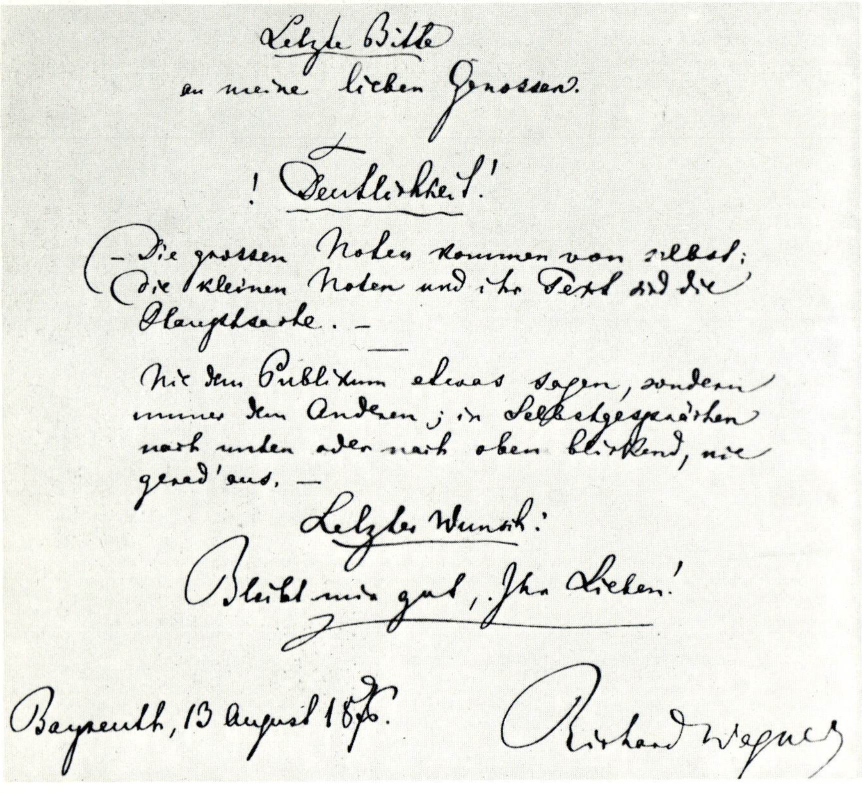

Letzte Bitte
an meine lieben Genossen.

! Deutlichkeit!

Die grossen Noten kommen von selbst; die kleinen Noten und ihr Text sind die Hauptsache. –

Nie dem Publikum etwas sagen, sondern immer dem Anderen; in Selbstgesprächen nach unten oder nach oben blickend, nie gerad'aus. –

Letzter Wunsch:

Bleibt mir gut, Ihr Lieben!

Bayreuth, 13 August 1876.

Richard Wagner

232. Festspielhaus, Innenansicht.

233

234

235

236

233.–236. Ring, Szenenentwürfe: Rheingold 1. Szene – Die Walküre, 1. Akt, Schluß – Siegfried, 2. Akt, 2. Szene – Götterdämmerung, 3. Akt, Schluß.

237. Die Walküre, Projektionsplatte zur 1. Szene des 3. Aktes.

238

239

240

241

238.–241. Figurinen: Walküren, Wotan, Siegfried, Nornen.

242.–243. Kostümfotos: Wanderer, Schwertleite.

244. Hans Richter.

246 

245.–246. Szenenbilder: Die Walküre, 2. Akt, 5. Szene
Siegfried, 3. Akt, 3. Szene.

Wagner's Gottwerdung in Bayreuth.

247.–249. Karikaturen zu den ersten Bayreuther Festspielen.

248

Aeschylus und Shakespeare, nach Porges die beiden einzigen Bühnendichter, welche Wagner an die Seite gestellt werden können, machen im vorschriftsmäßigen Frack dem Meister ihre Aufwartung.

249

IX. JAHRGANG NR. 25. | Preis einer Nummer 15 kr. 30 Pf. D. W. | WIEN, 24. JUNI 1877.

Redaction, Administration & Druckerei:
[illegible]

Expedition & Ankündigungs-Bureau:
I., Wollzeile Nr. 22.

[illegible] **Paris** [illegible] **Hamburg, Berlin, Frankfurt a. M.** [illegible] **Basel** [illegible] **Hamburg** [illegible] **Frankfurt a. M.** [illegible] **Berlin.**

Abonnement für Wien:
[illegible] **Wollzeile 22** [illegible]

Abonnement für das Inland:
[illegible]

DER FLOH.

ERSCHEINT JEDEN SONNTAG.

Abonnement für das Ausland:
[illegible] **Deutschland** [illegible] **Donaufürstenthümer** [illegible] **Italien, Schweiz, Belgien, England, Russland** [illegible] **Türkei** [illegible] **Schweden, Norwegen, Dänemark, Portugal** [illegible] **Amerika** [illegible] **Frankreich** [illegible] **Spanien** [illegible]

Commissionär in Leipzig:
Hermann Fries.

[illegible]

Einzelne Nummern 15 kr.
[illegible] **Wollzeile 22,** [illegible]

Frou-Frou-Wagner.

250. „Frou-Frou-Wagner".

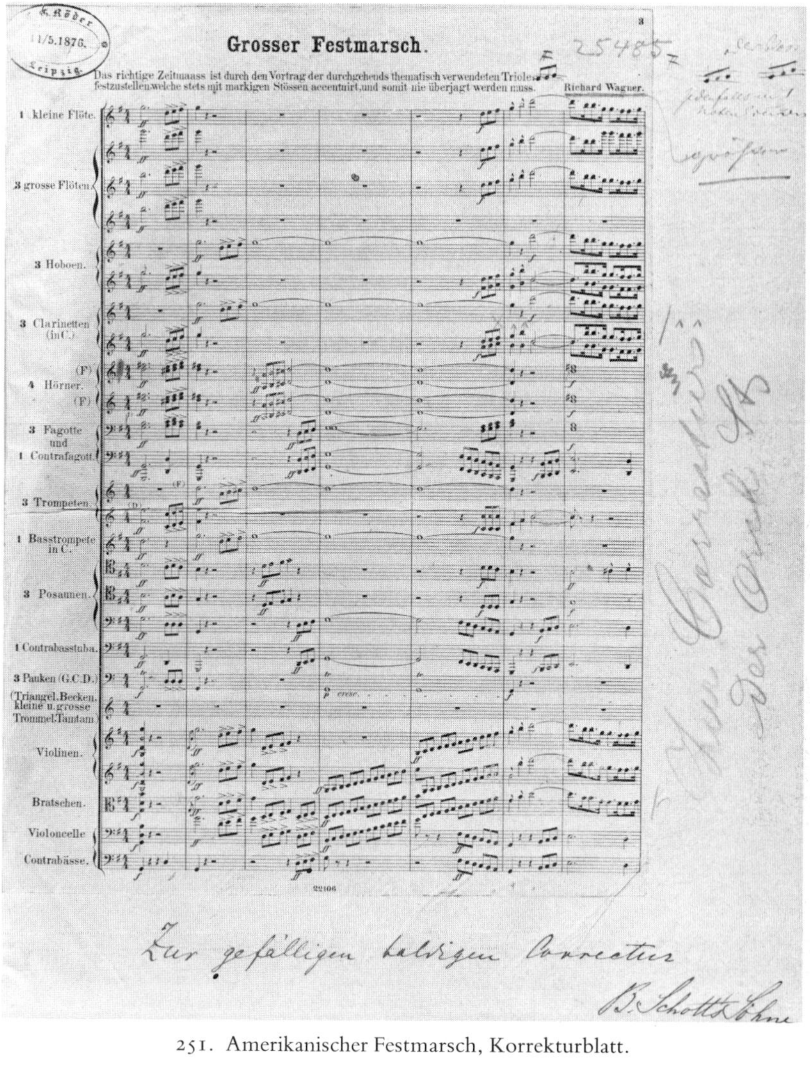

251. Amerikanischer Festmarsch, Korrekturblatt.

252. Heinrich von Stein, Carl Friedrich Glasenapp,
Hans von Wolzogen (von links).

BAYREUTHER BLÄTTER.

Monatschrift

des

Bayreuther Patronatvereines

unter Mitwirkung Richard Wagner's redigirt von H. v. Wolzogen.

Mai.	Fünftes Stück.	1879.

Inhalt: — Wollen wir hoffen? Von Richard Wagner. — Ueber Verrottung und Errettung der deutschen Sprache. Von Hans von Wolzogen. 1. 2. c. — Geschichtlicher Theil: Auch eine Stimme aus der Vergangenheit. Von Lic. Dr. Kretzer. — Mittheilungen aus der Gegenwart.

Wollen wir hoffen?

So oft ich in der letzteren Zeit mich zur Abfassung eines Aufsatzes für unsere „Blätter" anliess, kam mir immer wieder die Vorstellung davon an, wie Vieles und Mannigfaltiges bereits von mir über Dasselbe, was ich stets nur wieder zu sagen haben könnte, niedergeschrieben, gedruckt und veröffentlicht ist. Sollte ich annehmen dürfen, dass trotzdem Manchem eine neue Mittheilung von mir willkommen wäre, so hätte ich zu fürchten, um der Erfüllung solcher Erwartung willen, mich als litterarischer Virtuos gebärden zu müssen, wobei ich auf die besondere Schwierigkeit stossen würde, immer das gleiche Thema neu variiren zu sollen, da ich unmöglich zu dem Auskunftsmittel unserer eleganten Vielschreiber u. s. w. mich entschliessen könnte, nämlich über Dinge zu schreiben, die man nicht versteht. Von Neuem mich mittheilen könnte ich daher doch nur an Solche, welche nicht nur meine künstlerischen Arbeiten, sondern auch meine Schriften gründlich kennen. Allein von diesen habe ich dann zu erwarten, dass sie fernerhin statt meiner reden, sobald reden und schreiben eben immer noch für nothwendig erachtet werden muss; während diesem Allem sehr bald ein recht gedeihliches Ende gemacht sein dürfte,

9

253. Titelseite von Jahrgang 2, Heft 5.

254. Cosima, Richard, Franz Liszt und Hans von Wolzogen in Wahnfried.

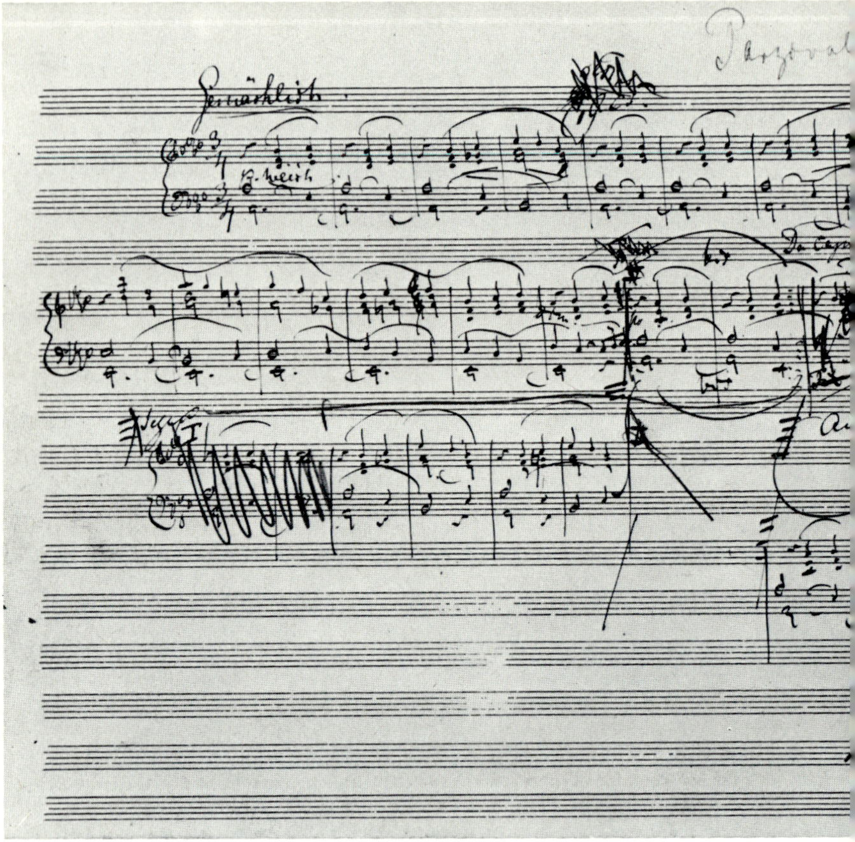

255. Parsifal, Skizze zum Chor der Blumenmädchen.

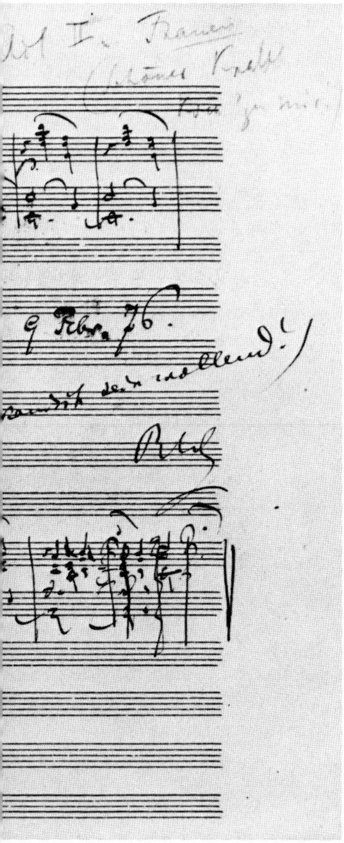

81

Gesegnet sei dein Leiden,
das Mitleid's höchste Kraft
und reinstes Wissens Macht
dem zagen Thoren gab.
Den heil'gen Speer —
ich bring' ihn euch zurück. —

(Alles blickt in höchster Entzückung auf den emporgehaltenen Speer, zu dessen Spitze aufschauend PARSIFAL in Begeisterung fortfährt.)

Oh! Welchen Wunders höchstes Glück! —
Die deine Wunde durfte schliessen,
ihr seh' ich heil'ges Blut entfliessen
in Sehnsucht dem verwandten Quelle,
der dort fliesst in des Grales Welle!
Nicht soll der mehr verschlossen sein:
enthüllt den Gral! Oeffnet den Schrein!

Die KNABEN öffnen den Schrein: PARSIFAL entnimmt diesem den „Gral", und versenkt sich, unter stummem Gebete, in seinen Anblick. Der „Gral" erglüht: eine Glorienbeleuchtung ergiesst sich über Alle. — TITUREL, für diesen Augenblick wieder belebt, erhebt sich segnend im Sarge. — Aus der Kuppel schwebt eine weisse Taube herab und verweilt über PARSIFAL'S Haupte. Dieser schwenkt den „Gral" sanft vor der aufblickenden Ritterschaft. — KUNDRY sinkt, mit dem Blicke zu ihm auf, langsam vor PARSIFAL entseelt zu Boden. AMFORTAS und GURNEMANZ huldigen knieend PARSIFAL.

ALLE

(mit Stimmen aus der mittleren, so wie der obersten Höhe, kaum hörbar leise).

Höchsten Heiles Wunder:
Erlösung dem Erlöser!

(Der Vorhang schliesst sich.)

256. Parsifal, Textbuch, Erstausgabe.

257. Cosima Wagner, Ölbild von Franz Lenbach, 1879.

258. Richard Wagner, Ölbild von Auguste Renoir, 1882.

259. Richard Wagner mit Siegfried 1880.

260. Palermo.

261. Parsifal,
1. und 3. Akt,
Gralstempel.

262. Parsifal, Kompositionsentwurf.

più p.

263. Parsifal,
2. Akt, Klingsors
Zaubergarten.

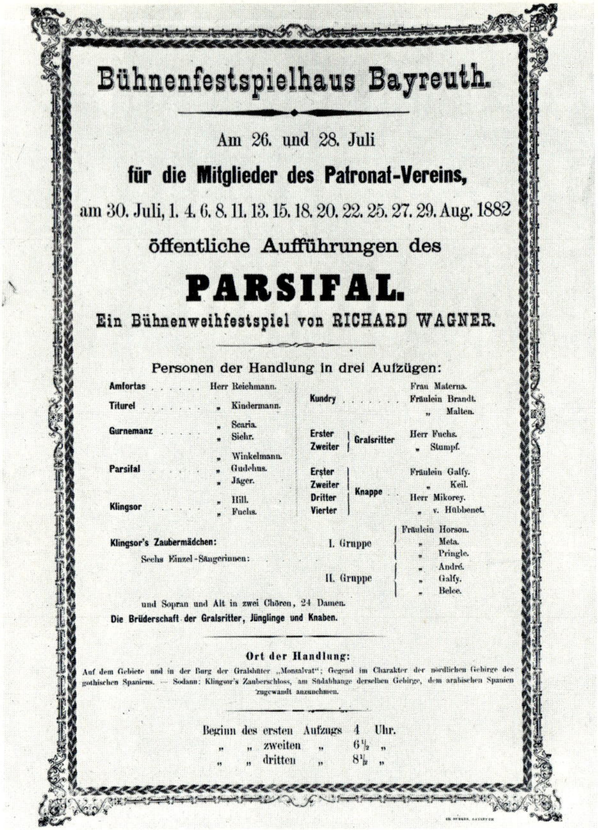

Bühnenfestspielhaus Bayreuth.

Am 26. und 28. Juli

für die Mitglieder des Patronat-Vereins,

am 30. Juli, 1. 4. 6. 8. 11. 13. 15. 18. 20. 22. 25. 27. 29. Aug. 1882

öffentliche Aufführungen des

PARSIFAL.

Ein Bühnenweihfestspiel von RICHARD WAGNER.

Personen der Handlung in drei Aufzügen:

Amfortas	Herr Reichmann.
Titurel	„ Kindermann.
Gurnemanz	„ Scaria. „ Siehr.
Parsifal	„ Winkelmann. „ Gudehus. „ Jäger.
Klingsor	„ Hill. „ Fuchs.
Kundry	Frau Materna. Fräulein Brandt. „ Malten.
Erster / **Zweiter** **Gralsritter**	Herr Fuchs. „ Stumpf.
Erster / **Zweiter** / **Dritter** / **Vierter** **Knappe** . .	Fräulein Galfy. „ Keil. Herr Mikorey. „ v. Hübbenet.

Klingsor's Zaubermädchen:

Sechs Einzel-Sängerinnen:

I. Gruppe	Fräulein Horson. „ Meta. „ Pringle.
II. Gruppe	„ André. „ Galfy. „ Belce.

und Sopran und Alt in zwei Chören, 24 Damen.

Die Brüderschaft der Gralsritter, Jünglinge und Knaben.

Ort der Handlung:

Auf dem Gebiete und in der Burg der Gralshüter „Monsalvat"; Gegend im Charakter der nördlichen Gebirge des gothischen Spaniens. — Sodann: Klingsor's Zauberschloss, am Südabhange derselben Gebirge, dem arabischen Spanien zugewandt anzunehmen.

Beginn des ersten Aufzugs 4 Uhr.
„ „ zweiten „ 6½ „
„ „ dritten „ 8½ „

264. Theaterzettel der Uraufführung.

265

266 267

265. Franz Fischer.
266. Hermann Levi.
267. Engelbert Humperdinck.

268

269

268.–269. Kundry, Kostümentwürfe.

271

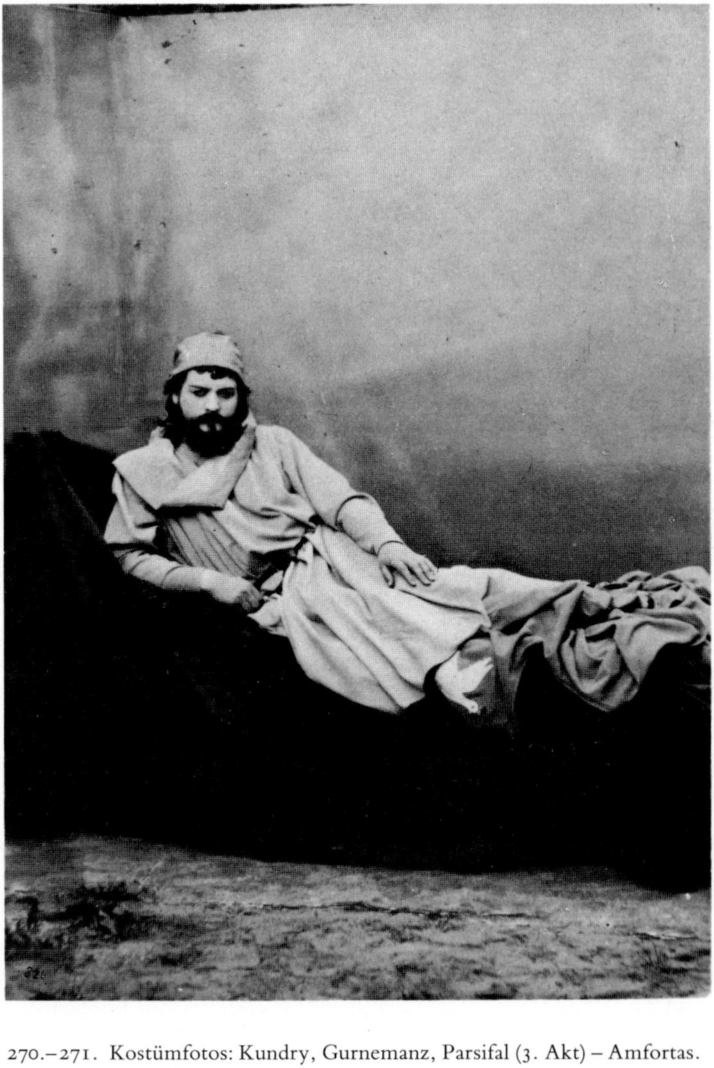

270.–271. Kostümfotos: Kundry, Gurnemanz, Parsifal (3. Akt) – Amfortas.

272. Blumenmädchen, Kostümentwürfe.

273. Kundry,
Kostümfoto.

274. Die Schauspielerin
Charlotte Wolter
als Messalina,
Ölbild von Hans Makart.

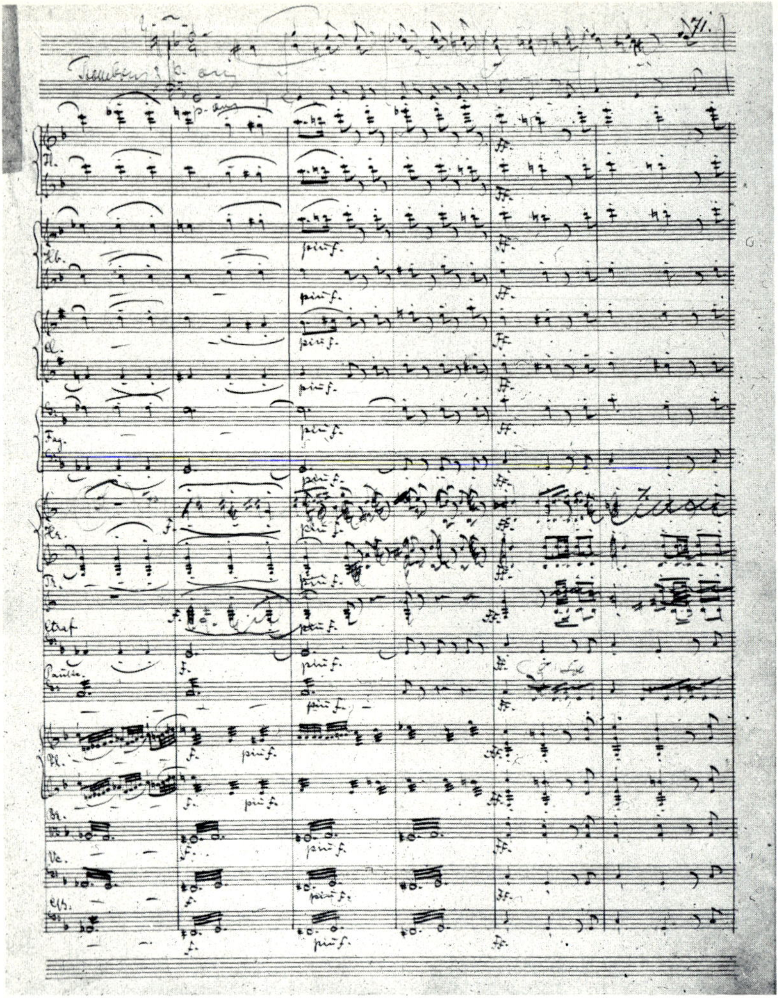

275. Sinfonie C-Dur, Partitur.

276. Teatro La Fenice in Venedig.

277. Palazzo Vendramin-Calergi in Venedig.

278. Richard und Cosima Wagner vor dem Palazzo Vendramin-Calergi, Landseite.

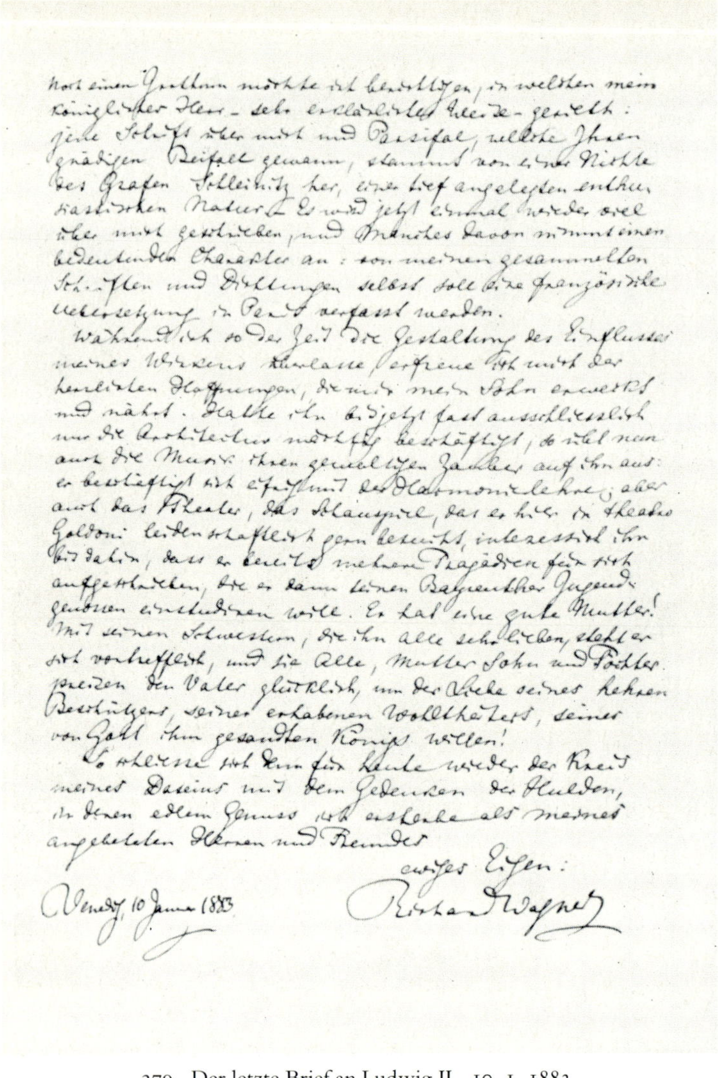
noch einen Gedanken möchte ich berühren, zu welchem mein
königlicher Herr – sehr erklärlicher Weise – gereizt:
jene Schrift über mich und Parsifal, welche Ihren
gnädigen Beifall gewann, stammt von einer Nichte
des Grafen Schleinitz her, einer tief angelegten enthu-
siastischen Natur. – Es wird jetzt einmal wieder viel
über mich geschrieben, und Manches davon nimmt einen
bedeutenden Charakter an: von meinen gesammelten
Schriften und Dichtungen selbst soll eine französische
Uebersetzung in Paris verfasst werden.

Während ich so der Zeit die Gestaltung des Einflusses
meines Wirkens überlasse, erfreue ich mich der
herrlichen Hoffnungen, die mir mein Sohn erweckt
und nährt. Hatte ihn bis jetzt fast ausschliesslich
nur die Architectur mächtig beschäftigt, so übt nun
auch die Musik ihren gewaltigen Zauber auf ihn aus:
er beschäftigt sich eifrig mit der Harmonielehre; aber
auch das Theater, das Schauspiel, das er hier im theatro
Goldoni leidenschaftlich gern besucht, interessirt ihn
bis dahin, dass er bereits mehrere Tragödien für sich
aufgeschrieben, die er dann seinen Bayreuther Jugend-
genossen einstudiren will. Er hat eine gute Mutter!
Mit seinen Schwestern, die ihn Alle sehr lieben, steht er
sich vortrefflich, und sie Alle, Mutter Sohn und Töchter
preisen den Vater glücklich, um der Liebe seines hehren
Beschützers, seines erhabenen Wohlthäters, seines
von Gott ihm gesandten Königs willen!

So schliesse ich denn für heute wieder den Kreis
meines Daseins mit dem Gedenken der Hulden,
in denen edlem Genuss ich einstehe als meines
angebeteten Herren und Freundes

ewiges Eigen:

Venedig, 10 Januar 1883.

Richard Wagner

279. Der letzte Brief an Ludwig II., 10. 1. 1883.

280. Richard Wagner am Vorabend seines Todes.

281. Totenmaske.

Texte

Abkürzung der Quellenwerke

Bayreuther Briefe	*Richard Wagners Briefe in Originalausgaben,* Bd. 15: Bayreuther Briefe, hg. v. Carl Friedrich Glasenapp, 2. Auflage, Leipzig 1912
Burrell-Briefe	*Richard Wagner, Briefe, Die Sammlung Burrell,* hg. und kommentiert v. John N. Burk, Frankfurt a. M. 1953
Familienbriefe	*Familienbriefe von Richard Wagner,* Berlin 1907
Gautier-Briefe	*Die Briefe Richard Wagners an Judith Gautier,* hg. v. Willi Schuh, Zürich und Leipzig 1936
Kietz	*Richard Wagner in den Jahren 1842–1849 und 1873–1875.* Erinnerungen von Gustav Adolph Kietz, aufgezeichnet von Marie Kietz, Dresden 1905
Königsbriefe	*König Ludwig II. und Richard Wagner, Briefwechsel,* bearbeitet von Otto Strobel, 5 Bde., Karlsruhe 1936-1939
Lippert	Woldemar Lippert, *Richard Wagners Verbannung und Rückkehr,* Dresden 1927
Mein Leben	Richard Wagner, *Mein Leben,* erste authentische Veröffentlichung, vorgelegt von Martin Gregor-Dellin, München 1963
Meysenbug	Malvida von Meysenbug, *Memoiren einer Idealistin,* 2. Auflage, Stuttgart 1877
RWA	Richard Wagner-Archiv, Bayreuth
RWG	Richard Wagner-Gedenkstätte der Stadt Bayreuth
Röckel-Briefe	Richard Wagner, *Briefe an August Röckel,* hg. v. La Mara, Leipzig 1894
Sämtliche Briefe	Richard Wagner, *Sämtliche Briefe,* hg. im Auftrage des Richard-Wagner-Familien-Archivs Bayreuth von Gertrud Strobel und Werner Wolf, Bd. 1, Leipzig 1967. Bd. 2, Leipzig 1970
Schriften-Erstausgabe	Richard Wagner, *Gesammelte Schriften und Dichtungen,* 10 Bde., Leipzig 1871-1883
Schriften-Volksausgabe	Richard Wagner, *Sämtliche Schriften und Dichtungen,* Volksausgabe, 16 Bde., Leipzig o.J.
Wesendonck-Briefe	*Richard Wagner an Mathilde Wesendonck, Tagebuchblätter und Briefe,* hg. v. Wolfgang Golther, 3. Auflage, Berlin 1904
Wille-Briefe	Eliza Wille, *Fünfzehn Briefe von Richard Wagner mit Erinnerungen und Erläuterungen,* 3. vermehrte Auflage, München, Berlin, Zürich 1935

Die am Rande des Textteils angeführten Ziffern beziehen sich auf die Abbildungen sowie auf die ausführlichen Bilderläuterungen.

Wilhelm Richard Wagner wird im Jahr der Völkerschlacht am 22. Mai 1813 als neuntes Kind des Polizeiaktuars Friedrich Wagner (1770–1813) und seiner Frau Johanna Rosine, geborene Pätz (1774–1848), in Leipzig geboren.

Im Jahr 1813 hält sich der Dichter Ernst Theodor Amadeus Hoffmann als Kapellmeister der Seconda'schen Operntruppe in Leipzig auf. Bei dieser Gelegenheit lernt er Wagners theaterbegeisterten Vater und dessen Bruder, den Philologen und Literaten Adolf Wagner (1774–1835), kennen.

E. T. A. Hoffmann in seinem Tagebuch vom 17. Juni 1813 über Friedrich Wagner

Abends in der „grünen Linde", Actuarius Wagner ein exotischer Mensch der Opitz, Iffland pp copirt und zwar mit Geist — er scheint auch der besseren Schule anzuhängen *un poco exalt* [*ato*] durch den Genuß vielen Rummes

E. T. A. Hoffmann, *Tagebücher*, hg. v. Friedrich Schnapp, München 1971, S. 213

15

E. T. A. Hoffmann in seinem Tagebuch vom 31. Dezember 1813 über Adolf Wagner, der von 1828 bis zu seinem Tode 1835 von nachhaltigem Einfluß auf seinen Neffen Richard ist

Spät bis halb 2 Uhr bey Keller gepunscht/jedoch ohne eigentlich gemüthliche Stimmung [. . .] Der Punsch war erbärmlich und die Gesellschaft trist! — Adolph Wagner — ein gebildeter Mann — spricht 1700 Sprachen — aber es will nicht recht passen —

E. T. A. Hoffmann, *Tagebücher*, a.a.O., S. 241

2

In der 1865 begonnenen Autobiographie Mein Leben *schildert Wagner seine Mutter Johanna Rosine Wagner (1774-1848), Tochter des Weißenfelser Bäckermeisters Pätz*

Ein Porträt von ihr, welches *Geyer* noch während ihrer ersten Ehe gemalt, stellt ihr Äußeres sehr vorteilhaft dar. Von da an, wo sie deutlich in meine Erinnerung tritt, war sie bereits durch ein Kopfleiden genötigt, stets eine Haube zu tragen, so daß ich den Eindruck einer jugendlichen und anmutigen Mutter nicht mehr von ihr erhalten habe. Der sorgenvoll aufregende Umgang mit einer zahlreichen Familie (deren siebentes lebendes Glied ich war), die Schwierigkeiten, das Nötige zu beschaffen und bei sehr beschränkten Mitteln eine gewisse Neigung für äußern Anschein zu befriedigen, ließen nicht jenen behaglichen Ton mütterlicher Familienzärtlichkeit bei ihr aufkommen; ich entsinne mich kaum je von ihr geliebkost worden zu sein, wie überhaupt zärtliche Ergießungen in unsrer Familie nicht stattfanden; wogegen sich ein gewisses hastiges, fast heftiges, lautes Wesen sehr natürlich geltend machte. Unter solchen Umständen ist es mir als Epoche machend in der Erinnerung geblieben, daß, als ich eines Abends schläfrig zu Bett gebracht wurde und die Augen weinerlich nach ihr aufschlug, die Mutter mit Wohlgefallen auf mich blickte und gegen einen anwesenden Besuch sich mit einer gewissen Zärtlichkeit über mich äußerte. Was mich hauptsächlich ihrerseits beeinflußte, war der seltsame Eifer, in welchem sie vom Großen und Schönen in der Kunst mit fast pathetischem Tone sprach. Mir gegenüber wollte sie aber hierunter niemals die theatralische Kunst gemeint haben, sondern nur Dichtkunst, Musik und Malerei, wogegen sie mir häufig fast mit ihrem Fluche drohte, wenn auch ich jemals zum Theater gehen wollte. Dabei war sie von sehr religiösem Sinne; sie hielt uns oft mit einem gefühlvollen Pathos längere, Predigt-ähnliche Reden von Gott und dem Göttlichen im Menschen, in denen sie sich gelegentlich wohl auch, mit plötzlich herabgestimmtem Tone, in humoristischer Art durch einen Verweis unterbrach. Namentlich seit dem Tode des Stiefvaters versammelte sie jeden Morgen die übriggebliebene Familie um ihr Bett, in welchem sie den Kaffee trank, jedoch nicht eher, als bis von einem unter uns ein Lied aus dem Gesangbuch vorgelesen worden, wobei in der Wahl es nicht peinlich genau genommen wurde, bis denn einst aus Versehen meine Schwester *Klara* ein „Gebet in Kriegsnöten" zu so ergreifendem Vortrag brachte, daß die Mutter sie mit den Worten unterbrach: „Na, nun höre auf! Gott verzeih' mir meine Sünde, in Kriegsnöten sind wir doch gerade nicht!"

Mein Leben, S. 19

Eng befreundet mit der Familie Wagner ist der Porträtmaler und Dresdener Hof-Schauspieler Ludwig Geyer (1779–1821). Als Friedrich Wagner stirbt, nimmt sich Geyer der Familie an. Am 28. August 1814 heiratet er Johanna Wagner. Die enge Beziehung Geyers zur Familie Wagner hat zu der Ansicht geführt, Geyer sei möglicherweise der leibliche Vater Richard Wagners gewesen. Beweise dafür gibt es nicht; die Möglichkeit ist jedoch nicht ganz auszuschließen.

3
Ludwig Geyer schreibt am 14. Januar 1814 aus Dresden an Johanna Wagner, nachdem er von der Genesung ihres ältesten Sohnes Albert erfahren hat

THEURE FREUNDIN!
Aus dem Tiefsten meines Herzens danke ich dem Himmel für Alberts Genesung, und die mit dieser frohen Hoffnung wiederkehrende Ruhe in Ihrem Gemüth. Armes gutes Weib! der Himmel hat Sie recht zur Dulderin erkohren, er hat Ihnen aber auch die Kraft verliehen, zu tragen, und wahrhaft stärkend und erhebend muß jetzt die Freude über die Erhörung Ihres Flehens um Alberts Leben seyn.

Ich habe gewiß redlich das Schreckliche mit Ihnen gefühlt, denn wäre Albert mein Sohn, so könnte er meinem Herzen nicht näher seyn, und so wünsche ich Ihnen und mir und Albert Glück zu dem neuerrungenen Leben, dessen Werth für uns alle erhöht worden ist.
Ihre liebe Besorgnis für mich und meine Gesundheit verdient meinen herzlichen Dank, aber Gottlob! ich bin, so wie wir hier alle, die Ihnen nahe stehn, gesund und nur die bisherige tägliche Beschäftigung im Theater und das Memoriren einiger schwierigen Rollen, könnte mich in die Ungezogenheit versinken lassen, einen Brief unbeantwortet zu lassen. Und nun denken Sie nicht gleich wieder etwas Schlimmes, sondern entschuldigen Sie mich mit Herzlichkeit und Nachsicht. [. . .]
Sie werden sehr mit mir zufrieden seyn, wenn ich Ihnen sage, daß ich gar keine Schulden mehr habe, außer den Rest der Schneiderrechnung von 10 rf. 1 gr, welche mit 8 rf. getilgt seyn wird, ich athme jetzt auch recht frey. [. . .]
5, 6 Den treuen Seelen, Jettchen und Luischen* äußern Sie meinen Wunsch: so in ihrer Achtung zu stehn, wie sie in der meinigen. Den Cosaken* seine Wildheit kann nicht anders seyn als göttlich, fürs erste Fenster das er einwirft bekommt er eine silberne Medaille.
Gott erhalte Sie! Allen Freunden und meinem Albert Gruß und Kuß von Ihrem

ewig treuen Freunde

GEYER

Burrell-Briefe, S. 586f.

3

Aus dem Nekrolog August Böttigers auf Ludwig Geyer

Erwägt man, mit welchen Hindernissen und Beschränkungen der trefflich begabte Mann von seiner Jugend zu kämpfen hatte, so wird man in den Anfo[r]derungen an seine Kunst billig und der vollen Ueberzeugung seyn, daß es nur redlichem und angestrengtem Fleiße in zwei Künsten gelingen konnte, sich in beiden so hervorzuthun. Sein Beruf zur Malerei war der früheste und entschiedenste. Wäre es ihm vergönnt gewesen, seine ganze Kraft der Porträt-Malerei allein widmen zu können, so würde man die Werke seines Pinsels, unabhängig vom gernbezahlten Reize der Aehnlichkeit, auch als wahre Kunsterzeugnisse in den Gallerieen aufbewahren.

*„Jettchen und Luischen" sind Richard Wagners Schwestern; mit dem „Cosaken" dürfte er selbst gemeint sein

Den 21. Januar 1780 in Eisleben geboren, wo sein Vater als Actuarius beim Oberaufseheramt angestellt war, verlebte er sein Knabenalter in Artern, wohin sein Vater als Justizamtmann verpflanzt worden war. Früh entwickelte sich sein Talent zur Malerkunst. Ein Maler aus Leipzig, der sich damals in Thüringen aufhielt, lehrte, was er selbst wußte, dem lehrbegierigen, jede Aehnlichkeit schnell auffassenden Knaben. Mit jedem Tage wuchs die Neigung in ihm zum Maler. Doch hielt der redliche Vater dieß für eine bodenlose Kunst, widmete ihn der Jurisprudenz und schickte ihn zur Vorbereitung für die Universität, auf's Gymnasium in Eisleben, von wo er nach vierjähriger Vorübung zur Vollendung seiner Studien 1798 nach Leipzig sich begab. Doch diese Laufbahn wurde schon im folgenden Jahre durch den Tod seines Vaters unterbrochen. Bei der Rückreise von Dresden, wo er zu einer einträglichern Stelle verpflichtet worden war, mit dem schwerbelasteten Postwagen umgeworfen, kam der alte Vater krank nach Leipzig und starb dort, von zärtlichliebenden Söhnen gepflegt. Der Mittel zur Fortsetzung seiner Studien beraubt, theilte der Jüngling doch mit einem Bruder von gleich edelmüthigem Sinn die Vorsorge für die Seinigen, indem er von nun an sich ganz der Porträtmalerei überließ. Er besuchte zu gleicher Zeit die Zeichnen-Akademie in Leipzig und erwarb sich sein Auskommen durch Verfertigung kleiner Porträts. In dieser Ausübung besuchte er einige Jahre kleine Provinzialstädte, malte junge Mädchen und alte Herren in den Bädern, und kehrte 1801 nach Leipzig zurück. Hier winkte ihm zuerst die Muse der Schauspielkunst. Seine Darstellungen auf einem Privattheater gefielen, vertraute Freunde waren von ähnlicher Liebhaberei beseelt. Die Hoffnung, eine sichere Lage zu begründen, trieb ihn, die Aufnahme bei der öffentlichen Schaubühne zu suchen. Von nun an wurde er auch mit leidenschaftlichem Eifer Schauspieler, ohne doch der frühern Liebe zur Malerei den Scheidebrief zu schreiben. Seine erste Rolle war Don Carlos. Später erst fand er sein eigenthümliches Rollenfach, Charakterrollen, besonders hochkomische, und Intriguants. Anfangs versuchte er es im Liebhaber- und Chevalierfach. Ueberall kam ihm dabei sein Scharfblick im Erfassen des pathognomischen Ausdrucks und seine feine Beobachtunggabe zu statten und da ihm sein Malertalent zu den erwähltesten Familien-Kreisen den Zutritt eröffnete und er sich so in den feinsten Gesellschaften mit Anstand zu bewegen

lernte, wurde es ihm leichter, was er im Leben bemerkt hatte, auf die Bühne überzutragen. Die Zertrümmerung Preußens im Jahre 1806 hatte den nachtheiligsten Einfluß auf die Stettiner Bühne, deren geachtetes Mitglied er seit 1805 geworden war. Breslau, das eben für seine Wälle gebüßt hatte, nahm ihn 1807 als Schauspieler auf und schätzte ihn als Maler. Die alte Sehnsucht nach Sachsen erwachte hier mit neuer Stärke. Der menschenfreundliche Franz Seconda, damals Unternehmer des Hoftheaters, bewilligte ihm in der Michaelismesse 1809 Gastrollen in Leipzig. Er gefiel und trat nun zu der Bühne, deren ausgezeichnetes Mitglied er bis zu seinem Tode geblieben ist. Das furchtbare Kriegsjahr 1813 raubte ihm seinen treuesten Freund, den Leipziger Polizei-Actuarius Wagner, dem er stets den wirksamsten Einfluß auf seine theatralische Laufbahn zuschrieb und der ihm in jedem Verhältnisse als Rathgeber und Freund zur Seite stand. Jede engherzige Berechnung schwieg. Im Vertrauen auf Gott und seine eigenen Talenten reichte er der ganz unbemittelten Witwe des bis zum Tode treu erfundenen Freundes die Hand und wurde Vater von sieben Waisen. Ihm selbst wurde aus dieser Ehe nur Ein liebes Kind, ein niedliches Mädchen* geboren. Von nun an kostete es ihm keine Anstrengung in und außer seiner Kunstwerkstätte, die oft mit Porträtlustigen ganz angefüllt war, um die Unkosten zur Erziehung und Bildung einer so zahlreichen Familie zu gewinnen. Denn Gewinn war ihm, der nie den Eigennutz kannte, nur Mittel zu den edelsten Zwecken. Zwei seiner Stiefkinder haben bereits ihre Künstlerlaufbahn angetreten, Albrecht [Albert] Wagner, als Sänger beim
7 Breslauer Theater, Rosalie Wagner, als schön aufblühende Schauspielerin beim Dresdner Hoftheater, segnen die Asche eines Vaters, dessen Tag- und Nachtgedanke ihre kunstgerechte Ausbildung war. [. . .]
Ernst war ihm die Kunst, aber fröhlich das Leben, so lange noch frischer Muth und volle Lebenskraft in seinen Adern floß. Er war die Seele eines geselligen Kreises von Freunden und Freundinnen, die der gastfreundliche Mann am liebsten bei sich selbst bewirthete und durch leicht aussprühende Witzfunken erheiterte. Kleine Familienfeste wurden bald zu geistreichen Puppenspielen, bald zu dramatischen Aufführungen gestaltet, wobei er alles anordnete, co-

*Wagners Stiefschwester Cäcilie

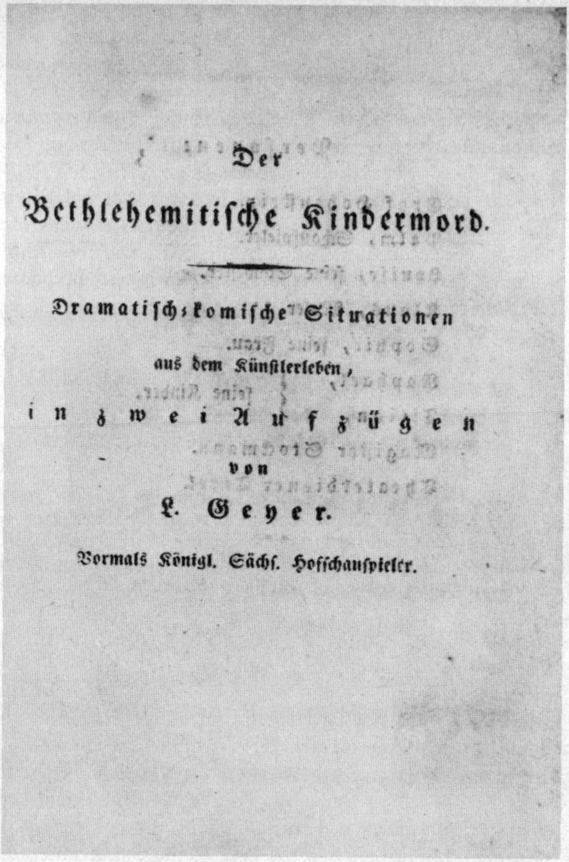
Der

Bethlehemitische Kindermord.

Dramatisch-komische Situationen

aus dem Künstlerleben,

in zwei Aufzügen

von

L. Geyer.

Vormals Königl. Sächs. Hofschauspieler.

Ludwig Geyers erfolgreichstes Theaterstück, Titelseite einer frühen Ausgabe des 19. Jahrhunderts.

stümirte und selbst dichtete. Das Gelingen dieser anfangs bloß für gesellschaftliche Unterhaltung bestimmten Scherzspiele flößte ihm den Muth ein, sich in größeren Dichtungen und versifizirten Dramen zu versuchen. So kam es, daß er seit einigen Jahren die wenigen Stunden, die ihm bei seinen Anstrengungen in der Kunstwerkstätte und auf der Bühne übrig blieben, der Dichtkunst weihete und endlich eigene Erzeugnisse der Art auch auf die öffentliche Bühne brachte. Seine Laune war hiebei unerschöpflich, nur daß die witzigsten Combinationen, die Witzfunken, die am meisten knisterten, ihren Zielpunkt in sehr bestimmten Orts- und Personenbeziehungen

hatten, aus welchen hervorgegangen sie der feinsten Spitzen verlustig gehen mußten. Drei Stücke, theils schon im Druck erschienen, theils zu erscheinen bestimmt: *die Braut aus der Fremde, der Aerntekranz* und *der Bethlehemitische Kindermord,* sind durch öffentliche Aufführung zur allgemeinen Kunde gekommen und zu ihrer Zeit auch in diesen Blättern beurtheilt worden. [. . .]
Die oft verbrauchte Verzierung eines durch die Palette gesteckten Pinsels mit der leicht daneben schwebenden Maske würde bei ihm die deutungsreichste Anwendung finden, wenn sie auf einen mit Thränen bethauten Myrtenkranz gelegt würde.

Abend-Zeitung, Dresden, 29./30. Oktober 1821

Zu den wichtigsten Eindrücken des jungen Wagner gehört Carl Maria von Weber, der ab 1816 als Musikdirektor der Deutschen Oper in Dresden wirkt und mit der Familie Wagners verkehrt. *Der Freischütz* wird 1821 in Berlin uraufgeführt und schon im Jahr darauf in Dresden nachgespielt.

9–11
Ferdinand Avenarius, Sohn von Wagners Stiefschwester Cäcilie Geyer, über die „Freischütz"-Begeisterung des jungen Wagner

Das ganze Denken des Knaben war damals vom „Freischütz" voll — ein Beispiel genüge für viele zum Beweise dafür. Richard spielte mitunter Komödie auf seiner Stube. Als er den „Freischütz" gesehen, sollte dieser sofort daran. Am meisten — wie sich von selbst versteht — schien dem Jungen die Wolfsschluchtscene dazu geeignet. Da wurde nun gepappt und gekleistert, die nöthigen Utensilien herzustellen. Seine Schulcameraden mußten mit an die Arbeit. Coulissen, Vorhang, Feuerwerk, Thiere — alles wurde hergestellt, und vornehmlich einen großen Eber, der mit seinen gewaltigen Hauern furchtbar gleich dem leibhaftigen Höllenfürsten auf seinem Brette daherrollte, bewunderte meine Mutter. Bei einem Freunde sollte die Vorstellung in Scene gehen. Richard gab den Caspar, aber der Max hatte nichts gelernt. Und als ihm Richard darob heimliche Vorwürfe machte, lachte er erst und schimpfte dann. Und die Anderen lachten und höhnten mit.

Ferdinand Avenarius, „Richard Wagner als Kind. Nach Erinnerungen seiner Schwester Cäcilie Avenarius und anderer Jugendgenossen", *Allgemeine Zeitung,* München, 15. März 1883

Wagner will Musiker und Komponist werden. Zunächst versucht er, sich die nötigen Kenntnisse selbst beizubringen; 1828 nimmt er heimlich Unterricht bei dem Geiger des Gewandhausorchesters und Komponisten Christian Gottlieb Müller (1800–1863). Als seine Familie seinen Entschluß, Musiker zu werden, akzeptiert, wird der Unterricht bei Müller offiziell. Im Herbst 1831 tritt der Thomaskantor Christian Theodor Weinlig (1780–1842) an Müllers Stelle. Während Wagner den Kompositionsunterricht intensiv betreibt, mißt er dem Unterricht im Instrumentalspiel nur geringe Bedeutung bei, vernachlässigt ihn und gibt ihn bald auf. Sein Klavierspiel bleibt unzulänglich.

Der Leipziger Gewandhaus-Geiger Robert Sipp über seinen ehemaligen Geigenschüler Richard Wagner

Er hatte eine rasche Auffassung, doch er war faul und wollte nicht üben. Er war mein schlechtester Schüler.

***Burrell-Briefe*, S. 30**

Wagner in einem Brief an den Leipziger Regisseur Franz Hauser, März 1834 (?), über seinen Unterricht bei Christian Gottlieb Müller und Theodor Weinlig

Ich hatte das Glück, die offenherzigsten u. strengsten Lehrer zu haben; eine ganze Reihe von fast niederdrückenden Beweisen einer fast pedantisch strengen Offenherzigkeit waren meine Unterrichtsstunden bei Herrn Müller; er härtete mich ab gegen die verletzendsten u. zurückschreckendsten Angriffe meines jugendlichen
Streben's, indem ich in ihnen nur die belehrenden Beweise 14
der Offenherzigkeit erkennen lernte, selbst wenn diese nicht immer aus der lautersten Quelle entsprang. Als ich bei Herrn Müller die Studien der Harmonielehre vollendet, und das Gebiet des Contrapunktes betrat, fühlte ich und fühlten die darüber um Rath Befragten, daß jener Lehrer mir jetzt nicht mehr vollkommen ausreichen könnte, und
so begann ich meine Studien bei Herrn Weinlig fortzu- 18
setzen. Dieser Mann, dem ich mehr zu verdanken habe, als je meine Leistungen hinreichend ausgleichen werden können, fühlte nun wohl richtig, wo es mir zunächst noch fehle; — er setzte das Erlernen des eigentlichen Contrapunktes hier erst noch bei Seite, um vorher meine Harmonie-Kenntnisse auf das gründlichste zu befestigen; so nahm er zunächst den strengen, gebundenen Styl der Harmonie mit mir vor, und wich nicht eher davon, als bis er mich darin für vollkommen befestigt hielt, denn seiner Ansicht nach war dieser gebundene Styl die erste und einzige Grundlage zur Handhabung freier u. reicher Harmonien sowohl, als wesentlich auch zur Erlernung des Contrapunktes. Das Studium des Contrapunktes nahm er nun nach der festesten Richtung und den strengsten

Grundsätzen mit mir vor, und nachdem er mir durch die Vollkommnung in diesem letzten u. schwierigsten Theil des allgemeinen Musikstudium's den sichersten Grund gelegt zu haben schien, und die Erlernung dieses zur Ausbreitung in den schwersten Feldern der Composition für abgeschlossen hielt, entließ er mich mit diesen seinen Worten: „Ich thue Sie hiermit aus der Lehre, wie der Meister seinen Lehrling, wenn dieser das gelernt hat, was jener ihn lehren konnte."

Durch dieses tiefe und ernste Studium fühlte ich mich ungemein erkräftigt; ich fühlte mich im Besitz jener Mittel, durch die ich mich zu meinem Fortschritt, meiner freieren Welt-Ausbildung ermächtigt hielt. Zu dieser glaubte mein Lehrer und ich durchaus den Weg der Oeffentlichkeit betreten zu müssen, weil in dieser eben das weltbildende Prinzip liegt. So war Herr Weinlig selbst im Laufe meiner Studien bei ihm nur nicht gegen die Aufführung meiner während jener Zeit gearbeiteten Instrumental-Compositionen, sondern er wünschte und förderte sie sogar lebhaft. So wurden während u. nach
24, 275 jener Zeit mehrere Ouvertüren, und zuletzt eine Symfonie,
26 von mir in unseren Abonnements-Conzerten aufgeführt, und freue mich sagen zu können, mir nie dadurch geschadet zu haben, sondern neben dem großen Vortheile, mich durch Anhörung jener Sachen immermehr über die Mittel klarer gemacht zu haben, die zur Erreichung meines Zweckes nöthig sind, auch noch *den* genossen zu haben, die Augen des Publikum's mit Theilnahme auf mich zu richten.

Sämtliche Briefe, Bd. 1, S. 150f.

Durch Christian Gottlieb Müller wird Wagner mit dem Werk Beethovens vertraut. Am nachhaltigsten wirkt die IX. Symphonie auf ihn. Er schreibt sie mit äußerster Sorgfalt ab und verfertigt einen Klavierauszug. Am 6. Oktober 1830 bietet er diesen Auszug dem Verlag B. Schott's Söhne in Mainz an, dem Originalverleger der Symphonie. Wagner erhält jedoch einen abschlägigen Bescheid.

Wagner an den Verlag B. Schott's Söhne

17 Wohlgeborner Herr,

Schon lange habe ich mir Beethoven's letzte herrliche Sinfonie zum Gegenstand meines tiefsten Studium's gemacht, und je mehr ich mit dem hohen Werthe des

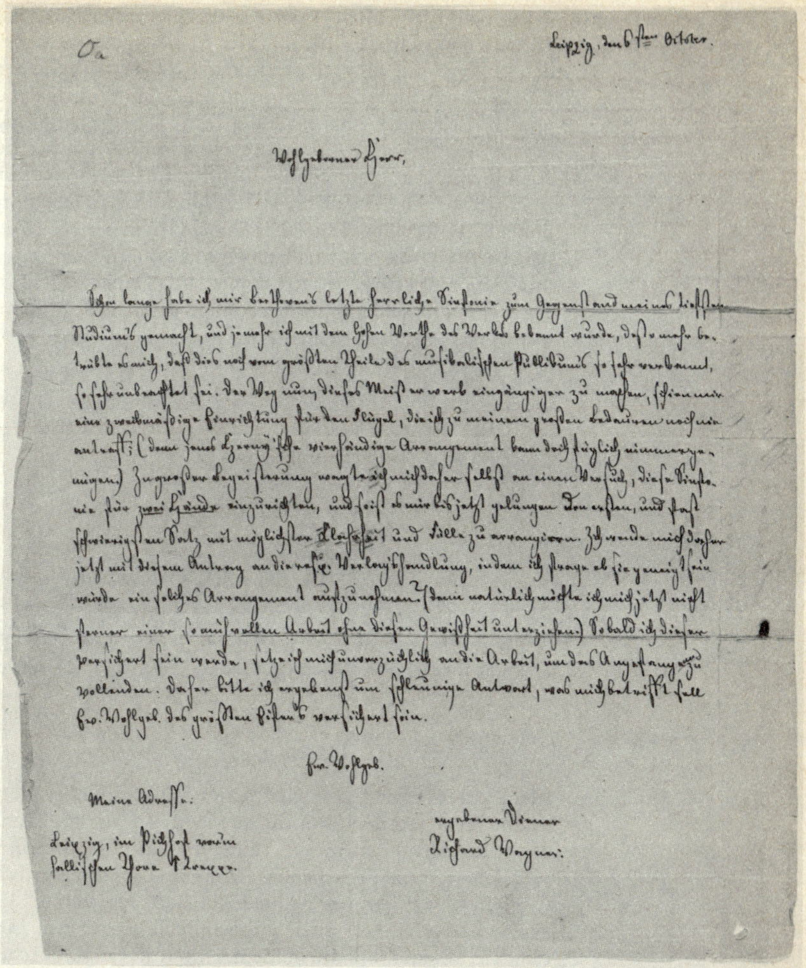

Leipzig, den 6ten October.

Wohlgeborner Herr,

Richard Wagner.

Brief Wagners an B. Schott's Söhne, Leipzig, 6. Oktober 1830. B. Schott's Söhne, Mainz. (Wortlaut nebenstehend)

Werkes bekannt wurde, desto mehr betrübte es mich, daß dies noch vom größten Theile des musikalischen Publikum's so sehr verkannt, so sehr unbeachtet sei. Der Weg nun, dieses Meisterwerk eingängiger zu machen, schien mir eine zweckmäßige Einrichtung für den Flügel, die ich zu meinem großen Bedauren noch nie antraf; (denn jenes Czerny'sche vierhändige Arrangement kann doch füglich nimmer genügen.) In großer Begeisterung wagte ich mich daher selbst an einen Versuch, diese Sinfonie für *zwei Hände* einzurichten, und so ist es mir bis jetzt gelungen den ersten, und fast schwierigsten Satz mit möglichster Klarheit und Fülle zu arrangiren. Ich wende mich daher jetzt mit diesem Antrag an die resp. Verlag'shandlung, indem ich frage ob sie geneigt sein würde ein solches Arrangement aufzunehmen? (denn natürlich möchte ich mich jetzt nicht ferner einer so mühvollen Arbeit ohne dieser Gewißheit unterziehen.) So bald ich dieser versichert sein werde, setze ich mich unverzüchlich an die Arbeit, um das Angefangene zu vollenden. Daher bitte ich ergebenst um schleunige Antwort, was mich betrifft soll Ew. Wohlgeb. des größten Eifer's versichert sein.

Meine Adresse:
Leipzig, im Pichhof vor'm
hallischen Thore 1 Treppe.

Ew. Wohlgeb.
ergebener Diener
Richard Wagner.

Sämtliche Briefe, Bd. 1, S. 117

Die im Juli 1830 in Paris ausbrechende Revolution bestärkt die freiheitlich-nationalen Strömungen in zahlreichen europäischen Ländern. Wagner nimmt lebhaften Anteil daran. Besonders begeistert ihn der Freiheitskampf des polnischen Volkes gegen die russische Herrschaft, der durch die Niederlage der Polen am 26. Mai 1831 in der Schlacht bei Ostrolénka sein Ende findet. Im Herbst 1831 kommen polnische Flüchtlinge nach Leipzig.

Wagner in Mein Leben

Mein kurzes aber leidenschaftliches Studentenleben hatte in mir nicht nur den Sinn für meine künstlerische Ausbildung, sondern auch meine Teilnahme an allen sonstigen weltlichen und geistlichen Dingen gleichsam überschwemmt. Während ich jedoch, wie ich zeigte, nie gänzlich der Musik mich entfremdete, regte sich auch mit dem Wiederaufkeimen meines Interesses an politischen Vorgängen der erste Ekel an dem sinnlosen Studententreiben, welches bald wie ein wüster Traum ganz von mir vergessen werden sollte. Der *polnische Freiheitskampf* gegen die russische Übermacht war es, welcher mich bald mit wachsender Begeisterung erfüllte. Die Erfolge, welche die Polen eine kurze Zeit lang im Monat Mai 1831 erstritten, setzten mich in Erstaunen und Ekstase: mir schien die Welt wie durch ein Wunder neu erschaffen. Dagegen war der Eindruck der Nachricht von der

Schlacht bei Ostrolenka derart, als ob nun die Welt von neuem untergegangen sei. [. . .]

Unbeschreiblich war nun meine Aufregung, als die ersten
Durchzüge der nach Frankreich auswandernden Überreste
der polnischen Armee durch Leipzig kamen, und unver- 22
geßlich der Eindruck beim Anblick eines ersten Truppes dieser Unglücklichen, welche im *Grünen Schild* auf der Fleischergasse einquartiert wurden. War ich hier mit großer Niedergeschlagenheit erfüllt worden, so geriet ich dagegen bald in enthusiastische Bezauberung, als ich im Foyer des Leipziger Gewandhauses, in welchem man diesen Abend die C-moll-Symphonie von Beethoven spielte, eine Gruppe heroischer Gestalten teilnehmend beobachten konnte, welche aus mehreren der vornehmsten Führer der polnischen Erhebung bestand. Vorzüglich zog mich die ungemein kräftige Gestalt und überaus männliche Physiognomie eines Grafen *Vincenz Tyskiewitsch* an, der mit ruhiger vornehmer Haltung eine, mir bis dahin ganz unbekannte, Sicherheit und Gelassenheit verband. Einen Mann von so königlichem Benehmen im Schnürrock und mit der roten Samtmütze zu sehen, vernichtete in mir sofort alle Verehrung, die ich bisher der geschraubten Kampfhahn-Tournüre der Heroen unserer Studentenwelt gezollt hatte. Es entzückte mich, grade diesen Mann bald im Hause meines Schwagers *Friedrich Brockhaus* wiederzufinden und dort für längere Zeit als fast heimisch anzutreffen. Mein Schwager zeichnete sich nämlich durch die teilnahmvollste Hingabe für die unglücklichen polnischen Kämpfer aus; er stand an der Spitze eines Komitees, welches sich dauernd die Sorge für jene angelegen sein ließ, und brachte persönlich seiner Teilnahme lange Zeit hindurch die namhaftesten Opfer. Nun war das Brockhaussche Haus für mich von höchster Anziehung. [. . .]

Nun kam der dritte Mai heran. Achtzehn noch in Leipzig anwesende Polen vereinigten sich zu einem Festmahle in einem Gasthause der Umgegend von Leipzig: dort sollte dieser der polnischen Erinnerung so teure Jahrestag ihrer Verfassungsgründung gefeiert werden. Nur die Vorsteher des Leipziger Polenkomitees und, aus besonderer Rücksicht und Liebe, auch ich, waren hierzu eingeladen. Es war ein unvergeßlich eindrucksvoller Tag. Das Mahl der Männer ward zum Gelage: eine aus der Stadt bestellte Blechmusik spielte unausgesetzt die polnischen Volkslieder, an welchen sich, unter dem Vorgesang eines Litauers (*Zàn*), die Gesellschaft jubelnd und klagend beteiligte. Namentlich erweckte das schöne „Dritte-Mai"-Lied einen erschütternden Enthusiasmus. Weinen und Jauchzen steigerten sich zu einem unerhörten Tumulte, bis sich die Gruppen auf die Rasenplätze des Gartens lagerten und dort zerstreute Liebespaare bildeten, in deren schwelgerischem Liebesgespräche das unerschöpfliche Wort „*Oiczisna*" (Vaterland) die Losung war, bis endlich der Schleier eines großherzigen Rausches alles in Nacht hüllte. — Der Traum dieser Nacht bildete sich später in mir zu einer Orchesterkomposition in Ouvertürenform, mit dem Titel „*Polonia*", aus.

Mein Leben, S. 74–77

Im Frühjahr 1832 endet Wagners Unterricht bei dem Thomaskantor Weinlig. Als erstes größeres Werk komponiert er eine Symphonie in C-Dur. Während einer Reise nach Wien und Prag wird sie im November 1832 im Prager Konservatorium uraufgeführt. Weitere Aufführungen finden am 15. Dezember 1832 im Leipziger Musikverein „Euterpe" und am 10. Januar 1833 im Gewandhaus statt.

275
Clara Wieck, spätere Schumann, berichtet in einem Brief an Robert Schumann, Leipzig, 17. Dezember 1832

Am Sonnabend war der Vater in der Euterpe.*
Hören Sie, Herr Wagner hat Sie überflügelt; es wurde eine Sinfonie von ihm aufgeführt, die auf's Haar wie die A-Dur-Sinfonie von Beethoven ausgesehen haben soll. Der Vater sagte: die Sinfonie von F. Schneider**, welche im Gewandhause gemacht wurde, sei zu vergleichen einem Frachtwagen, der *zwei Tage* bis Wurzen führe und hübsch im Geleise bliebe und ein alter langweiliger Fuhrmann mit einer großen Zippelmütze murmelte immer zu den Pferden: Ho, ho, ho, hotte, hotte. Aber Wagner führe in einem Einspänner über Stock und Stein und läge aller Minuten im Chausseegraben, wäre aber dem ohngeachtet in *einem* Tage nach Wurzen gekommen, obgleich er braun und blau gesehen habe.

Berthold Litzmann, *Clara Schumann*, Bd. 1, Leipzig 1902, S. 55

*Den Musikverein „Euterpe" leitet Wagners erster Kompositionslehrer Chr. G. Müller

**Friedrich Schneider (1786–1853) war ein seinerzeit viel beachteter Komponist

Z w ö l f t e s

ABONNEMENT-CONCERT

im Saale des Gewandhauses,

Donnerstag, den 10ten Januar 1833.

Erster Theil.

Symphonie, von Richard Wagner. (Neu.)

Scene u. Arie aus Sargino v. Pär, gesungen v. Dem. Gerhardt.

Soffia. Gran Dio! che è ciò che tua
possente voce
Ispira a questo core?
Qual insolito ardore
M'infiamma in tale istante!
Sargino. Tu t'agiti — non parli —
Oh ciel! tremar mi fai —
Che medita il tuo cor? (*Soffia*)
Tutto saprai.
Una voce al cor mi parla

Con altero suon tremendo,
Io ti sento, appien t'intendo,
Il dover si compirà.
Sì, morir per lui degg'io.
Nè il morir terror mi dà.
(*a Sargino.*)
Di Soffia rammenta ognora,
Che ti dona sua costanza,
Anche priva di speranza,
Fida a te si serberà.

Pianoforte-Concert von Pixis, vorgetragen von Demois. Clara Wieck.

Zweiter Theil.

Ouverture, zu König Stephan, von Beethoven.

Terzett, aus „la villanella rapita," von Mozart, gesungen von Dem. Grabau, Herrn Otto und Herrn Bode.

Programmzettel Gewandhaus 10. 1. 1833 (vgl. nebenstehenden Text)

32
Der Schriftsteller Heinrich Laube über Wagners Symphonie

Der übrigens herrschende Geist, das sonstige, bereits geschilderte Wesen bestimmt natürlich das Urtheil über die Leistungen. Es ist namentlich über theatralische eng, beschränkt, kleinbürgerlich. Es ist hier um so mehr zu verwundern, als Leipzig so lange unter der Küstner'schen Leitung ein ausgezeichnetes Theater gehabt hat. Der geläuterte Geschmack fehlt bei der Mehrzahl; man faßt sehr hausbacken auf. Das gilt sogar sehr vielen Kennern, welche die Kunst nach auswendig gelernten Formeln beurtheilen und somit bei aller Kenntniß der Sache doch geschmacklos richten. Es versteht sich von selbst, daß es nicht an Ausnahmen fehlt; ich spreche vom *allgemeinen* Ausdrucke. Die *Abonnementsconcerte,* die unter Leitung 26
des Musikdirectors *Pohlenz* im Gewandhause aufgeführt werden, haben mich, bei all diesen Constellationen, durch ihre Vortrefflichkeit überrascht, sowohl was Auswahl der Süjets, als auch was Ausführung betrifft; und dort findet

man neben denen, welchen die Musik einige Stunden ausfüllen und eine große Gesellschaft verschaffen soll, auch diejenigen, welche sie erfreut, welche sie entzückt, die sie lieben, weil sie schön ist. Freilich muß man sie aus dem großen Kreise derer heraussuchen, welche die Musik darum lieben, weil sie Musik verstehen. Das richtigste, geläutertste Urtheil spricht sich aber auf diesen Gewandhausconcerten aus. Des humoristischen Phantasten, des am Weltglück unglücklichen musikalischen Poeten, Beethoven's, der mit Herzblut seine Noten schrieb, Symphonieen sind hier heimisch, und ihr Sturzregen von Poesie, den sie gießen, überkommt doch die Meisten mit Freude. Ich habe im Laufe des Winters eben da eine
275 Symphonie, in demselben Genre empfangen und gearbeitet, von einem jungen Componisten, *Richard Wagner*, gehört, die in mir das beste Vorurtheil für die Arbeiten des auftretenden Musikers erregt. Es ist eine kecke, dreiste Energie der Gedanken, die sich in der Symphonie die Hände reichen, es ist ein stürmischer, kühner Schritt, der von einem Ende zum andern schreitet und doch eine so jungfräuliche Naivetät in der Empfängniß der Grundmotive, daß ich große Hoffnungen auf die musikalischen Talente des Verf. gesetzt habe.

Zeitung für die elegante Welt, Leipzig, 27. April 1833

Im Februar 1833 übersiedelt Wagner nach Würzburg. Dort erhält er durch Vermittlung seines Bruders, des Sängers und Regisseurs Albert Wagner (1799–1874), die Stelle eines Chorleiters am Theater. Er bleibt ein Jahr in Würzburg.

Wortlaut des Engagementsvertrages in Würzburg

Unter Bürgschaft der Frau Johanna Geyer, Rosalia Wagner, Schauspielerin, im Pichhof in Leipzig seßhaft, und des Herrn Albert Wagner, Sänger, Schauspieler und Regisseur, in Würzburg seßhaft, für Pünktlichkeit, Gehorsam des minorennen Richard Wagner, bisher Student der Musik in Leipzig, Sohn der Schauspielerswitwe Johanna Geyer, wird derselbe vom Tage der ersten Tätigkeit bis Sonntag vor Palmarum 1834 als Choreinstudierer für das Stadttheater in Würzburg angenommen. Richard Wagner wird hauptsächlich als Choreinstudierer beschäftigt werden. Derselbe hat aber, wozu er und die Bürgen für seinen Fleiß Genehmigung und Zusicherung erteilen, nötigenfalls auch als Mitwirkender sprechender und stummer Rollen in Schauspielen, Tragödien und ebenfalls in mimischen Gruppen im Ballette, soweit erforderlich sich nützlich zu machen. Im Falle von Ungehorsam, Unbotmäßigkeit steht der Direktion zu, Herrn Richard Wagner nach den Theatergesetzen zu strafen. Sollte erforderlichenfalls das Einkommen des Richard Wagner die über ihn verhängten Strafen nicht decken, so verpflichten sich die obengenannten Bürgen, der Direktion die Bußen für Richard Wagner zu bezahlen. Richard Wagner hat seine ganzen Kräfte und Dienste, soweit sie gebraucht werden, zu jeder Zeit der Direktion des Stadttheaters zur Verfügung zu überlassen, wofür ihm nach pünktlicher Erfüllung allmonatlich 10 Gulden, sagte schriftlich zehn Gulden Rheinisch, von der Direktion als Verdienst ausgezahlt wird.

Allgemeine Musik-Zeitung, Berlin, 14. Oktober 1910

Wagner über seine Tätigkeit in Würzburg 1833

Mein Bruder *Albert*, der jetzt als eine ziemlich neue Erscheinung in mein Leben trat, [. . .] verschaffte mir [. . .] eine ausnahmsweise Beschäftigung als Chordirektor beim Theater, für welche ich monatlich 10 Gulden erhielt. Der Rest des Winters wurde so für mich zu meinen ersten praktischen Übungen im musikalischen Direktionsfach angewendet: es galt in der noch kurzen Frist zwei große neue Opern, in welchen der Chor stark zu wirken hatte, nämlich Marschners *Vampyr* und Meyerbeers *Robert der Teufel*, einzustudieren [. . .] Mein Bruder wünschte in *Bellinis „Straniera"* eine Kavatine aus dessen *Piraten* einzulegen, wovon die Partitur nicht zu haben war; er übertrug es mir, ihm dieselbe zu instrumentieren. Aus dem Klavierauszug erkannte ich unmöglich die lärmend dicke Instrumentation der musikalisch so außerordentlich dünnen Ritornelle und Zwischenspiele, und der Komponist einer großen C-Dur-Symphonie mit Schlußfuge konnte sich hier nicht anders als mit einigen in Terzen spielenden Flöten und Klarinetten helfen. Die Kavatine klang in der Orchesterprobe so äußerst leer und effektlos, daß mein Bruder, welcher auf diese Einlage verzichtete, mir bittre Vorwürfe wegen der verschwendeten Kopiekosten machte. Doch wußte ich Revanche zu nehmen: der Tenor-Arie des „*Aubry*" in Marschners „*Vampyr*" fügte ich einen neuen Allegrosatz bei, zu welchem ich auch den Text machte. Meine Arbeit fiel dämonisch und effektvoll aus, trug Beifall des Publikums und ermunternde Anerkennung meines Bruders ein.

Im gleichen deutschen Stile führte ich denn auch im
28, 29 Laufe dieses Jahres (1833) die Musik zu meinen „*Feen*" aus.

Mein Leben, S. 91f.

Im Sommer 1834 wird Wagner Musikdirektor bei der Theatertruppe von Heinrich Bethmann aus Magdeburg. Er debütiert mit Mozarts *Don Giovanni* im Sommertheater von Bad Lauchstädt. Dort lernt er die Schauspielerin Minna Planer (1809–1866) kennen, seine spätere Frau.

Wagner über sein erstes Engagement als Musikdirektor und seine erste Begegnung mit Minna Planer

Meine Familie hatte angelegentlich auf meine Zurückkunft gewartet, um mir zu melden, daß mir die Musikdirektorstelle bei der *Magdeburger* Theatergesellschaft angetragen sei. Diese Gesellschaft befand sich im gegenwärtigen Sommermonat zu Gastvorstellungen in dem Bade *Lauchstädt*. [...]

Dieser kleine Badeort hatte zur Zeit Goethes und Schillers eine höchst rühmliche Bedeutung gewonnen; das aus
34 Holz errichtete Theater war nach Goethes Plan ausgeführt; dort hatte die erste Aufführung der „Braut von Messina" stattgefunden. Obwohl ich mir dies alles sagte, machte der Ort doch einen sehr bedenklichen Eindruck auf mich. Ich erkundigte mich nach dem Hause des Theaterdirektors; dieser war ausgegangen: ein kleiner schmutziger Junge, sein Sohn, sollte mich nach dem Theater führen, um „Papa" aufzusuchen. Doch schon unterwegs begegnete er uns, ein ältlicher Mann im Schlafrock und eine Mütze auf dem Kopf. Seine Freude, mich zu begrüßen, unterbrach er durch Klagen über große Übelkeit, gegen welche ihn sein Sohn mit einem Schnaps aus der nahegelegenen Bude versorgen sollte, wozu er ihm mit einiger auf mich berechneten Ostentation einen wirklichen Silbergroschen in die Hand drückte. Dieser Direktor war *Heinrich Bethmann*, der Witwer der berühmten Schauspielerin Bethmann, welche, noch der schönen Periode des deutschen Schauspiels angehörend, namentlich die Gunst des Königs von Preußen so dauernd gewonnen hatte, daß diese sich noch lange Zeit über ihren Tod hinaus selbst

auf ihren Gatten fortgesetzt erstreckte. Bethmann bezog stets eine gute Pension von seiten des preußischen Hofes und genoß andauernd die Protektion desselben, ohne diese Gunst durch sein abenteuerliches und unsolides Wesen je gänzlich verscherzen zu können. Gegenwärtig war er durch anhaltendes Theaterdirektionsführen bereits auf das tiefste heruntergekommen; seine Sprache und Manieren zeigten die süßliche Vornehmheit einer vergangenen Zeit, während alles, was er tat und was ihn umgab, den unwürdigsten Verfall bezeugte. Er führte mich in sein Haus zurück, wo er mich der „Frau Direktorin" vorstellte, welche, an einem Fuße gelähmt, auf einem sonderbaren Kanapee lag, während ein ältlicher Bassist, über dessen zu große Anhänglichkeit Bethmann sich ohne alle Umstände gegen mich beklagte, an ihrer Seite seine Pfeife rauchte. Von da führte mich der Direktor zu seinem Regisseur, welcher in dem gleichen Hause wohnte. Diesem, welcher soeben in Beratungen mit dem Theaterdiener, einem zahnlosen alten Gerippe, über das Repertoire begriffen war, überließ er mich zur Abmachung alles Nötigen, worüber Herr *Schmale*, der Regisseur, achselzukkend lächelte, indem er mir beteuerte, das wäre so die Art des Direktors, ihm alles auf den Hals zu schicken und sich um nichts zu bekümmern: da sitze er nun und berate sich mit *Kröge* schon seit einer Stunde, was nächsten Sonntag herauszubringen sein könnte; er hätte gut *Don Juan* anzusetzen, wie aber eine Probe zustande bringen, da die Merseburger Stadtmusiker, welche das Orchester bildeten, Sonnabend nicht zur Probe herüberkommen wollten? Dabei langte Schmale beständig durch das offene Fenster nach dem Zweige eines Kirschbaumes, von welchem er sich pflückte, in einem fort aß und die Kerne mit ungemeinem Geräusch ausspuckte. Besonders dieses letzte wirkte auf mich entscheidend, da ich sonderbarerweise eine angeborne Abneigung gegen Obst habe. Ich erklärte dem Regisseur, daß er wegen des *Don Juan* am Sonntag sich gar nicht zu bemühen habe, da ich meinerseits, falls man auf mein Debüt bei dieser Vorstellung gerechnet hätte, dem Direktor jedenfalls auch einen Strich durch die Rechnung machen müßte, indem ich notgedrungen sofort noch einmal nach Leipzig zurückkehren müßte, um dort meine Angelegenheiten in Ordnung zu bringen. Diese höfliche Wendung meines gänzlichen Abschlages der Anstellung, welchen ich sofort bei mir beschlossen hatte, nötigte mich noch zu einiger

Verstellung, durch welche ich in die Lage geriet, mich in Lauchstädt noch um einiges zu bekümmern, was bei meinem Entschlusse, nicht wieder zurückzukehren, an sich ganz unnötig war. Man erbot sich mir beim Aufsuchen einer Wohnung behilflich zu sein, und ein junger Schauspieler, den ich zufällig von Würzburg her kannte, übernahm es, hierzu mein Führer zu sein. Er sagte mir, indem er mich nach der ihm bekannten besten Wohnung führe, werde er mir zugleich die Annehmlichkeit verschaffen, mich zum Hausgenossen des hübschesten und liebenswürdigsten Mädchens, welches gegenwärtig in Lauchstädt anzutreffen, zu machen: dies sei die erste
37 Liebhaberin der Gesellschaft, Fräulein *Minna Planer,* von welcher ich gewiß schon gehört haben würde.

Der Zufall fügte es, daß schon unter der Tür des bewußten Hauses uns die Verheißene entgegentrat. Ihre Erscheinung und Haltung stand in dem auffallendsten Gegensatze zu all den unangenehmen Eindrücken des Theaters, welche ich soeben an diesem verhängnisvollen Morgen empfangen: von sehr anmutigem und frischem Äußern, zeichnete die junge Schauspielerin sich durch eine große Gemessenheit und ernste Sicherheit der Bewegung und des Benehmens aus, welche der Freundlichkeit des Gesichtsausdruckes eine angenehm fesselnde Würde gaben; die sorgsam saubre und dezente Kleidung vollendete den überraschenden Eindruck der sehr unerwarteten Begegnung. Nachdem ich ihr im Hausflur als der neue Musikdirektor vorgestellt war und sie überrascht den für diesen Titel so jugendlichen Ankömmling gemessen hatte, empfahl sie mich der Hauswirtin freundlich zur guten Unterkunft und ging mit stolz ruhigem Schritte über die Straße dahin in die Theaterprobe. Auf der Stelle mietete ich die Wohnung, sagte für Sonntag *Don Juan* zu, bereute sehr, mein Gepäck von Leipzig nicht mitgebracht zu haben, und beeilte mich schleunigst dahin zurückzukehren, um noch schleuniger wieder nach Lauchstädt zu kommen.

Mein Leben, S. 105–108

Wagner an Minna Planer, Magdeburg, 8. November 1835

Ich habe gestern keinen Brief von Dir erhalten, meine liebe Braut; — ich bitte u. beschwöre, schreibe mir während Deiner jetzigen Abwesenheit jeden Tag; wenn Du mich recht liebst, findest Du gewiß stets, auch wenn Dich die galanten Visiten noch so sehr in Anspruch nehmen, eine halbes, ein Viertel-Stündchen, daß Du Deinem

armen Richard weihen kannst, der jetzt nur diese einzige
Labung, diesen einzigen Trost in seinen furchtbaren
Leiden kennt; O, entziehe ihm denselben nicht; — denn
ich hoffe nur auf Deine Briefe, — sie müssen mir endlich
die Gewährung meiner dringendsten Bitten u. Ansprüche
bringen; es kann nicht anders sein, es wird nicht anders; —
eher gewöhne ich mich an den Gedanken meines schnellen
Todes, als an den einer Trennung von Dir. — Nun, ich
lasse heute diese Seite unberührt, was bleibt nach meinen
früheren Briefen jetzt noch zu sagen übrig; — dem
Mädchen, dem diese Bitten, diese Vorstellungen, diese
Anerbieten nicht bis in das innerste Gemüth gedrungen
wären, — dem Mädchen würde nichts mehr in's Herz
dringen können, — als — — ein scharfes Messer. — Ich
schweige heute davon; — ich will Dir von mir erzählen.
Wie ich lebe?! — Allmächtiger Gott, kann es ein jämmer-
licheres, elenderes Leben geben! — Ich bin in dieser Stadt
allein, allein, — verlassen wie im Tode; — kein Mensch,
keine Sache, die mir irgend ein Interesse einflößt; — alles
kalt u. gefühllos für mich! Nur Deinetwillen kam ich
hierher u. übernahm diese Geschäfte; du warst der
Brennpunkt meines Hierseins, denn nur durch Dich hatten
diese Häuser, diese Straßen Interesse für mich; im Gedan-
ken an Dich verwaltete ich mein Amt, denn ich wußte Dich
wol oben in der Loge, wenn ich an meinem Pult dirigirte:
— ich wußte, daß ich Dir *so* gefiele, u. diese Eitelkeit that
mir so wohl; — Jetzt, — Alles verschwunden! — Mit
welcher gräßlichen Gleichgültigkeit gehe ich auf die
Bühne, wo mir nicht mehr Dein liebes Angesicht ent-
gegen treten soll; — wie wegwerfend denke ich an meine
Geschäfte, — u., — ach, — mit welchem Gefühl betrete ich
Dein Haus; — nie öffne ich mehr die Stube rechts, —
wenn ich klopfte, würde mir ja kein liebes: „*Herein!*"
winken; — ich gehe in die linke Stube, die ich nie leiden
konnte; — sehe Deine Schwester in *Deinem* Schlafrock, mir
gegenüber *Otterstedt's* Bild, — ich trinke allein aus dem 37
Glase, aus dem ich nur mit Dir zusammen trank; —
Deine Mutter schenkt mir in Deine Tasse den Kaffee, damit
ich Dich nicht vergessen soll; — o Himmel! Und nun dabei
solch alberne gleichgültige Menschen, wie dieser Schreiber,
— der jetzt, — wie um mich zu höhnen, — immer dreister
mit Amalien wird; — ich sehe zu, wie sie sich küssen. — —
Minna, — Minna, — und Du willst, ich soll diesen Jammer
lange ertragen? — Es ist schauderhaft! — Du kennst meine
Weichheit, — Du hast meine Thränen oft gesehn, hast sie

mir von den Augen geküßt; — jammere ich Dich jetzt nicht? — — Ich arbeite angestrengt, um meinem Schmerz einen Damm zu setzen; — früh um 7 Uhr setze ich mich hin, u. schreibe Dir; — dann arbeite ich bis 1 Uhr fortwährend an meiner Oper, die jetzt mit aller Gewalt wieder in mir auflebt, u. mit Deinem Besitz innig verschmolzen ist; dann geh' ich zu Tisch, — dann schnell einen Gang zu meinen Schwestern; — von da wieder nach Hause; — arbeite von neuem bis 7 Uhr; — dann noch einmal einen Sprung zu den Deinen, — zu Meinen, — u. wieder nach Haus, in mein trauriges, einsames Bett.

Aber wie lange läßt sich so etwas aushalten; — am Ende muß ich doch zusammenbrechen! — Ich verdumpfe ganz, werde menschenscheu, — verlernte lieben u. hassen u. gehe unter; — das ist mein Loos, — ein schauderhaftes Loos, das mir gewiß nicht bestimmt war. O, u. täusche Dich nicht, etwa zu glauben, — die Zeit werde diesen Schmerz lindern u. heben; — auf mich hat die Zeit einen bei weitem anderen Einfluß. Anstatt meine Liebe zu Dir als eine Gewohnheit allmälig abzustumpfen u. zu erschlaffen, hat die Länge der Zeit sie nur immer dauerhafter u. fester gemacht; — u. so würde es mit meinem Jammer der Trennung ergehen; schon jetzt fühle ich es, wie es immer mehr an meinem Herzen nagt. —

Doch Du wirst mich nicht untergehen lassen, — Du wirst zu mir zurückkehren, — wir werden uns wieder besitzen, um nie uns mehr zu trennen! Es kann, es wird nicht anders sein! Nur im Gefühl dieser Hoffnung lebe ich noch! — Gott grüße Dich, mein Engel!

Dein
Richard.

Sämtliche Briefe, Bd. 1, S. 240–243

Wagner an Robert Schumann, Magdeburg, 19. April 1836

Liebster Freund!

Ich schicke Ihnen hier so eine Art Bericht über MAGDEBURG; es läßt sich nicht viel sagen, u. es ist auch im Ganzen Nichts damit gesagt. Ich habe Sie einmal darin angeredet, — gefällt es Ihnen nicht, so ändern Sie es, wie Sie wollen. Ich konnte es mit dem besten Willen nicht umgehen, einiges über meine eigene Person zu sprechen, — einmal muß ich in einem Musikbericht über MAGDEBURG als hiesiger Musikdirektor mit erwähnt werden; zweitens wäre es albern, mich selbst, ohne es verdient zu haben, herunter zu reißen, u. daß ich drittens über meine Oper schreibe, hat besonders den Grund, weil sonst Niemand Anderes darüber schreibt, u. ich doch gern will, daß ein Wort darüber gesprochen werde. Es ist ein Jammer, wie man sich durchhelfen muß! Ich glaube übrigens nicht zu viel über mich gesagt zu haben. Trotzdem werden Sie wol finden, daß mein Name nicht, u. gegen Niemand genannt werden darf, sonst wehe mir! —

Ich sehe Sie wahrscheinlich bald wieder einmal in Leipzig, u. freue mich weiß Gott herzlich darauf. Hier giebt es lauter Scheiskerle!

Adieu, liebster Schumann! Ihr

Richard Wagner.

Sämtliche Briefe, Bd. 1, S. 260f.

Aus Magdeburg.
(Die Verschwörungen. — Die Oper. —)

Wagners anonymer Bericht in Robert Schumanns Neue Zeitschrift für Musik *(vgl. das vorausgehende Dokument)*

Magdeburg —— Sagen Sie offen und ehrlich, wie nimmt sich Magdeburg in einer musikalischen Zeitschrift aus? Ich habe noch selten Gelegenheit gehabt, es beobachten zu können, und das ist eben das Miserere, denn ich kann es Ihnen in's *Geheim,* — die *Oeffentlichkeit* würde es doch nicht glauben — versichern, daß hier manchmal tüchtig musicirt wird; daß dies aber nicht einmal die Magdeburger, geschweige denn die andern Leute bemerken, das ist eben der Fluch, der auf jeden hieher gebannten Geigenstrich, Gesangston u. dergl. geschleudert zu sein scheint. Der Indifferentismus der Hiesigen ist entschieden Polizeiwidrig und sollte meiner Meinung nach von Polizei wegen aufgehoben werden, denn er wird sogar staatsgefährlich. Ich wette, es stecken hinter dieser Gleichgültigkeit verderbliche politische Machinationen und es wäre ein wahres Verdienst, die obersten Behörden auf alle die geschlossenen Gesellschaften, Casinos u.s.w. aufmerksam zu machen, und dieselben gelegentlich etwas zu verdächtigen; denn was kann Gutes in ihnen ausgebrütet werden? — Die Leute verbergen aber die eigentlichen gefährlichen Zwecke ihrer Zusammenkünfte dem Auge des Uneingeweihten mit solchem Geschick, daß man sie bewundern muß. Denken Sie, daß man jede dieser staatsgefährlichen Zusammenkünfte mit einem Concerte eröffnet. Ist die List nicht fein? Man ladet demnach gutartige Menschen, wie mich, zum Concert ein. Ich trete in einen erleuchteten Saal, alles ist nach der Norm der Concerte eingerichtet, man spielt Symphonieen, Concerte, Ouverturen, singt Arien und Duetten, und erhält einen so im guten Glauben, man sei in einem ehrlichen Concert. Aber einem politischen Blicke kann die Gleichgültigkeit, die Langweile, die Unruhe des Auditoriums nicht entgehen; man sieht deutlich, das Ganze ist eine Maske, die Späherblicke zu trügen; — je näher das Concert seinem Ende ist, desto sehnsüchtiger richten sich die Blicke der Verschworenen nach einer großen verschlossenen Thür. Was soll das? — Man hört während des Adagios der Symphonie nebenan Teller klappern u.s.w. Die Unruhe nimmt überhand; — zum Glück macht jetzt das Orchester einen tüchtigen Skandal; es scheint angestellt zu sein, dadurch das Scharren mit den Füßen, das Husten und Niessen der Verschworenen zu übertäuben, um diese geheimen Signale dadurch unsrer Aufmerksamkeit zu entziehen. Das Concert ist zu Ende, — Alles bricht auf, ehrsame Leute wie ich nehmen den Hut, — da öffnet man jene verdächtige Thür, verrätherische Düfte quillen hervor, — die Verschworenen rotten sich zusammen, — man strömt in den Saal, — man weist mich höflich von dannen, — die Heuchelei wird mir klar. — Nun leugne einer, daß hier nicht etwas Gefährliches versteckt sei! Ich für mein Theil bewundre die Langmuth der Polizei. Was hilft aber meine Warnung, — die Polizei liest keine musikalischen Zeitungen, also auch diese Warnung nicht!

Ich versichre Ihnen aber nochmals, daß dann und wann in diesen Concerten tüchtig musicirt wird. Ein stark besetztes Orchester, das, wenn es sich zusammen nimmt, Vortreffliches leistet, eine bedeutende Sängerin, die Pollert, die der gute Theaterdirector diesen verdächtigen Concerten überließ, — ein Dirigent, voll Feuer und hochzeitlicher Wonne, — was wollen Sie mehr? Was wollen Sie mehr, frage ich ferner, wenn ich Ihnen versichere, daß wir in diesem Winter eine Oper hatten, wie noch nie? Was sagen Sie dazu, daß alle Hiesigen dies zugestanden und die Oper doch nicht besuchten? Was sagen Sie dazu, daß sich diese Oper nicht halten konnte, und noch vor Ablauf des Winterhalbjahrs aufgelöst werden mußte? Was sagen Sie *dazu*, mein Herr? — Aber, Spaß bei Seite, die Sache ärgert einen; Bemühungen, Glück und Zufall brachten hier zuletzt ein so vortreffliches Opern-Ensemble zusammen, daß man es wie gesagt für uns nicht besser wünschen

konnte. Ich will z.B. ein Theater sehen, das die drei
Sopran-Partieen in Lestocq so leicht besser besetzen kann,
als es bei uns durch die Pollert, die Limbach und die
Schindler — Elisabeth, Catherina und Eudoria — geschehen
konnte. Wir hatten einen tüchtigen ersten Tenor, Frei-
müller, einen zweiten mit einer charmanten, jugendlichen
Bruststimme, Schreiber, so wie einen guten Bassisten,
Krug, der zugleich die Chöre recht brav einstudirte.
Rechnet man nun noch hinzu, daß ein junger, gewandter
Künstler, wie der Musikdirector Richard Wagner, mit
Geist und Geschick bemüht war, das Ensemble tüchtig
herzustellen, so konnte es gar nicht fehlen, daß durch
dies Zusammenwirken uns wahre Kunstgenüsse geboten
wurden. Unter diese rechnen wir zumal die Vorstellungen
der neu einstudirten Opern, wie: Jessonda, Lestocq und
Norma. Den Schluß machte eine neue Oper von R.
Wagner — „das Liebesverbot oder die Novize von 38, 39
Palermo." — Das Malheur war schon eingetreten, die
Oper in der Auflösung und nur mit Qual und Noth konnte
der Componist diese Oper noch in der größten Eile
einstudiren. Die Aufführung war also übereilt und über's
Knie gebrochen, aber auch wenn dies nicht der Fall
gewesen wäre, kann ich demohngeachtet noch nicht
begreifen, was den Componisten bewegen konnte, ein
Werk wie diese Oper zum erstenmale in Magdeburg
aufzuführen. Es thut mir übrigens leid, mich über diese
Oper noch nicht ganz aussprechen zu können; — was ist
eine einzige Aufführung und diese nicht einmal klar und
deutlich? — die Leute auf dem Theater konnten noch zu
wenig auswendig. — So viel aber weiß ich, daß sie, wenn
es dem Componisten glückt, sie an guten Orten gut
aufführen lassen zu können, durchdringen wird. Es ist
Viel darin, und was mir gefällt, es klingt Alles, es ist
Musik und Melodie drin, was wir bei unsren deutschen
Opern jetzt so ziemlich suchen müssen.

An Hrn. Wagner und seines- und meines-gleichen sehe ich es aber deutlich, was für eine Qual es ist, in allen Nerven und Fasern Bewegung zu fühlen, und mitten in dieser Handels- und Kriegsstadt wohnen zu müssen. Es ist hier ein sehr anständiges, vages Treiben, das nicht einmal zu einem entschiedenen Rückschritt führt, denn dieser ist doch wenigstens noch eine Bewegung, und man hätte Aussicht, auf diese Art einmal wieder in den Urzustand zurückzukommen, der zur Veränderung doch recht passabel angenehm sein müßte; — aber nein — es *steht.* —

Ich hege auch das innige Vertrauen, daß es hier nie anders werden wird, und seien Sie deshalb keineswegs in Sorgen, noch viel Berichte dieser Art von mir zu bekommen; — es hilft doch nichts.

Neue Zeitschrift für Musik, Leipzig, 3. Mai 1836

Nach dem Bankrott der Bethmannschen Theatertruppe verläßt Wagner Magdeburg. Ohne Anstellung folgt er Minna Planer, mit der er inzwischen verlobt ist, nach Königsberg. Dort heiratet er die Schauspielerin am 24. November 1836. Am 1. April 1837 wird Wagner Musikdirektor am Königsberger Theater.

37, 40
Minna Planer als Amalia in Schillers Räubern. *Rezension in den Königsberger* Unterhaltungsblättern *vom 23. November 1836*

Frl. Planer als Amalia. — Sieht man diese *große Künstlerin* in Einer Rolle, so kann man sie sich in keiner andern denken, und doch ermißt man, wie ihrem Zauber jede Aufgabe gelingen müsse. Wenn sie auftritt, ehe sie noch die Melodie ihrer Rede und die brennende Blume der Leidenschaft entfaltet, steht sie da wie ein vom Piedestal gestiegenes Götterbild. Man wünschte sie stets in dieser Ruhe zu sehen, wünschte, daß nie der Sturm herzzerreißender Gefühle ihre schöne Stirn furchte. Geht sie nun aber in Handlung über, dann erfaßt einen Erstaunen, wie dieser liebliche Mund durch Lächeln nicht bloß noch schöner werden, nein, wie sich selbst dem Zorn die Huld paaren könne. Das empörte Gefühl über den teuflischen Franz Moor zieht ihre Brauen zusammen, die Augen, die einen Himmel strahlen, umdüstern sich, rollen zornglühend. Aber wie der Hellenische Künstler selbst in den Schrecken und die Qual einer Niobe Grazie zu legen wußte, ohne deshalb den Ausdruck zu schwächen; so verschmilzt eine *Planer* die heterogensten Elemente zu einem ewig blühenden Lorbeer, der ihre Götterstirn umrankt. Die Erzählung Herrmans, mit welchem Reichthum wechselnder Bewegungen, schöner, ausdrucksvoller Haltungen, bedeutenden Mienenspiels begleitete sie sie! Was war sie in der Scene, wo sie Franzen das Schwert entreißt, in der Scene, wo sie in Carls Armen hinschmilzt! Kein Moment bleibt von ihr unausgestattet. Und über aller Leidenschaft waltet sie mit der Ruhe der Götter. — Was ist die Muse? Ein bloßes Phantasiegebild. — Hier aber, hat die Natur ihr Ideal in schöner Wirklichkeit ausgeprägt, und die vollkommenste Studie für bildende Kunst hingestellt.

[unterzeichnet mit:] Sph — x.

Burrell-Collection Nr. 74, Curtis Institute of Music, Philadelphia

37, 40
Anzeige in den Königsberger Unterhaltungsblättern *vom 23. November 1836*

Heute Mittwoch den 23. November.
Zum Benefiz des Fräulein Planer.
Die Stumme von Portici.*

Wer wird nicht einer Künstlerin, die es sich so angelegen sein ließ, durch liebliche und großartige Darstellungen zu erfreuen, heut bei ihrem Benefiz seine Gegenwart schenken, die nur durch eine selten gelungne Vorstellung belohnt werden kann. Frl. Grosser und Frl. Planer im Wettstreit, jene als große Gesangs-, diese als unübertreffliche mimische Künstlerin. Möge ihnen beiden der Kranz des Ruhmes werden, den sie so würdig theilen können. Hr. M.D. [Musikdirektor] Wagner** wird die Oper dirigiren, und sich gewiß bestreben, seinen Antheil an dem Beifall zu erlangen, der diese schöne Vorstellung krönen wird.

Burrell-Collection Nr. 74, Curtis Institute of Music, Philadelphia

---

Abermals durch Bankrott verliert Wagner seine Stellung. Im August 1837 wird er Musikdirektor am Theater in Riga.

Über das Theatergebäude in Riga

In Wahrheit war der [. . .] Saal des alten Rigaschen Stadttheaters in der Königstraße nach unseren heutigen Begriffen ein ziemlich düsterer Raum, mit nur einem einzigen Rang versehen, über welchem sich sofort die Galerie erhob, von bürgerlichen Familien häufig benutzt, indem sich jüngere und ältere Damen, mit ihrem Strickstrumpf und den nötigen Erfrischungen versehen, frühzeitig daselbst einfanden, um auf den unnummerierten Sitzen möglichst an der Brüstung behaglich Platz nehmen zu können und der kommenden Dinge zu harren. Mit Bezug auf diesen Raum interpellierte der aus Riga

* Minna Planer in der Rolle der Stummen
** Als Gast

gebürtige Violoncellist Arved Poorten den Meister, indem er es einen Stall, eine Scheune nannte: „wie haben Sie denn, Meister, darin dirigieren können?" Da habe ihm Wagner ernsthaft erwidert: *drei* Dinge seien ihm aus dieser ‚Scheune' als merkwürdig in der Erinnerung geblieben: erstlich das stark aufsteigende, nach Art eines Amphitheaters sich erhebende Parkett, zweitens die Dunkelheit des Zuschauerraumes und drittens das ziemlich tief liegende Orchester. „Wenn er je einmal dazu käme, sich ein Theater nach seinen Wünschen zu errichten, so werde er diese drei Dinge dabei in Betracht ziehen, das habe er sich *schon damals gedacht.*"

Carl Friedrich Glasenapp, *Das Leben Richard Wagners*, Bd. 1, 4. Auflage, Leipzig 1905, S. 288f.

41
Der Kapellmeister und Komponist Heinrich Dorn in einem Musikalischen Bericht aus Riga

Von Einheimischen gaben *Concerte*, die sich durchweg eines großen Auditoriums erfreuten: Musikdir. Löbmann, die Herren Theatersänger Köhler und Wrede, und Hr. Capellmeister *Richard Wagner*. Letzterer producirte zwei Ouverturen eigener Composition, eine über: „Rule Britannia", die andere „Columbus" genannt. Diese Tondichtungen, namentlich die zweite, bestanden aus sehr heterogenen Theilen. Die Conception und Durchführung konnte man nicht anders als Beethovenisch nennen: große, schöne Gedanken, kühne, rhythmische Abschnitte, die Melodie weniger vorherrschend, die Durchführung breit und in absichtlich schwerfälligen Massen, die Länge fast ermüdend — dagegen war das Außenwerk hochmodern, beinahe Bellinisch, wie ich denn nur die nackte Wahrheit erzähle, daß im Columbus zwei Klapptrompeten in Bewegung sind, deren Stimmen zusammen vierzehntehalb eng beschriebene Seiten ausfüllten; dazu verhältnißmäßig alle übrigen Spectakel- und Reizmittel. Mag auch eine solche Verbindung von Kern und *Schaale* nicht undenkbar sein — hier wenigstens war sie mißlungen und bot nur den Eindruck eines Hegelianers im Heine'schen Styl. Noch gar wohl entsinne ich mich, wie Wagner in Leipzig seine erste Ouverture (B-Dur, $\frac{6}{8}$) zu mir brachte und um deren Aufführung im Theater bat.* Sie kam wirklich zu Stande; das Orchester wollte sich schon in der Probe vor Lachen ausschütten und das Publicum sah des Abends ganz trübselig und verblüfft darein. Aber es war etwas in dieser Composition, was

*Die Aufführung der genannten Ouvertüre in B-Dur fand zu Weihnachten 1830 statt. Dorn war zu jener Zeit Kapellmeister am Leipziger Theater

mir Achtung abgenöthigt hatte, und ich tröstete den sichtlich betretenen Autor aus Ueberzeugung mit der Zukunft. Seine nächste Symphonie erregte im Gewandhause schon allgemeine und verdiente Aufmerksamkeit, und wurde auch von der Kritik ausführlicher behandelt; ich zweifle, daß es zu irgend welcher Zeit einen jungen Tonkünstler gegeben, der mit Beethoven's Werken vertrauter, als der damals 18jährige Wagner. Des Meisters Ouverturen und größeren Instrumentalcompositionen besaß er größtentheils in eigens abgeschriebenen Partituren, mit den Sonaten ging er schlafen und mit den Quartetten stand er auf, die Lieder sang er, die Concerte pfiff er (denn mit dem Spielen wollte es nicht recht vorwärts), kurz es war ein „furor teutonicus", der gepaart mit höherer wissenschaftlicher Bildung und eigenthümlicher geistiger Regsamkeit kraftvolle Schößlinge zu treiben versprach; dazu führte ihn der alte Weinlig in's Allerheiligste des Doppelten (scil. Contrapuncts) und der Zeit überließ man den Schliff scharfer Kanten. Sie schliff nur zu sehr. Denn Wagner wandte sich zum Theater und während er jetzt mit den Armen in Allerweltspartituren herumfegte, mit den Füßen in Beethoven's Werken wurzelte, schlug das noch zu jugendliche Herz in ungestümer Wallung bald hier-, bald dorthin und der Kopf perpendikelte dazu zwischen den Doppelbeen, Bach und Bellini. Aber man kann nicht Gott und dem Teufel zusammen dienen, und wer nicht für mich ist, ist wider mich. Aus Herzensgrunde verachte ich jene langweiligen Menschen, die, weil sie einmal dies oder jenes für das Beste erkannt haben, nun auch alles Andere mit fanatischem Eifer verfolgen; wird ein solcher obenein Capellmeister, so ist er zugleich der Ruin des Theaters, denn über seine erkornen Lieblinge vernachläßigt er die der übrigen, und das Publicum ist bekanntlich ein vielköpfiges Ungeheuer, dem man Kräuter verschiedener Gattung in den Rachen stopfen muß. Aber in seinen eigenen Compositionen alle möglichen Style und Manieren vereinigen zu wollen, um alle Parteien für sich zu haben, ist der sicherste Weg, um es mit Allen zu verderben, und wenn ich nicht überzeugt wäre, daß es ein *großes Talent* ist, welches diesen unseligen Pfad betreten, so würde ich wahrlich nicht in einer vielgelesenen Zeitschrift über den Capellmeister des Rigaer Theaters eine so lange Dissertation geschrieben haben.

Neue Zeitschrift für Musik, Leipzig, 24. Juli 1838

Wagner verliert seine Stellung an Heinrich Dorn. Am 9. Juli 1839 verläßt er Riga. Sein Ziel ist Paris, die musikalische Hauptstadt Europas. Dort hofft er durch die Protektion Giacomo Meyerbeers Karriere zu machen und seine große Oper *Rienzi, der Letzte der Tribunen* aufzuführen.
Nach einer langen, abenteuerlichen Reise an Bord des Segelschiffes *Thetis* kommt er am 9. August nach England. Am 17. September erreicht er Paris. Wagners Hoffnungen auf Erfolg verwirklichen sich jedoch nicht. Mit musikalischen Arrangements und Beiträgen für Zeitungen muß er seinen Lebensunterhalt verdienen. So schreibt er u.a. für die *Revue et Gazette musicale* in Paris die Novellen „Eine Pilgerfahrt zu Beethoven", „Ein Ende in Paris" und „Ein glücklicher Abend" sowie die Aufsätze „Über deutsche Musik", „Der Virtuos und der Künstler", „Über die Ouvertüre", „Der Künstler und die Öffentlichkeit", „Der Freischütz in Paris" und „Halévy und ‚La Reine de Chypre' ".

32
Der Maler Friedrich Pecht über seine Bekanntschaft mit Wagner in Paris

Heinrich Laube, den ich gleich nach meiner Ankunft in Paris im Herbst 1839, von seiner Reise durch Frankreich zurückgekehrt, getroffen, wollte nun, voll Bewunderung französischer Kunst und der Franzosen, wie er es war, ja sie zu meinem nicht geringen Aerger beständig überschätzend, mit seiner Frau den Winter in Paris zubringen. Er hatte sich zu dem Ende auf dem Boulevard des Italiens eingemiethet, wo ich Beide oft besuchte. Da sollte ich sie eines Tages auch im Louvre herumführen. Als ich kam, sagte er mir, es würde ein junger Musiker und Schwager des mir von früher her befreundeten Friedrich Brockhaus auch noch mit seiner Frau erscheinen, und erzählte mir einstweilen, daß derselbe von Riga hierher gekommen sei, um womöglich eine Oper hier zur Aufführung zu bringen, und *Richard Wagner* heiße.
Bald kam denn auch der trotz seiner etwas kurzen Beine auffallend elegant, ja vornehm erscheinende junge Mann mit einer so wunderhübschen Frau am Arm, daß sie allein schon ausgereicht hätte, das Ehepaar interessant zu machen, auch wenn Wagner selber nicht einen so bedeutenden Kopf gehabt hätte, daß er unwillkürlich fesselte. Vor den Bildern war er indeß oft zerstreut und offenbar abwesend, entwickelte aber, sich zusammennehmend, bald eine so geistreiche Lebendigkeit, daß wir rasch um so eher bekannt wurden, als er, der geborene Leipziger, ohnehin viele Berührungspunkte mit mir hatte, da ich schon drei seiner Schwestern kannte. Nach der Bilderschau speisten wir gemeinsam in einem Wirthshause, und hier erzählte er uns in seiner die Worte wie ein Schneegestöber heruntersprudelnden Art nun seine Abenteuer auf der Reise

Paris, Rue de la Tonnellerie.
Hier wohnte Wagner von September 1839 bis April 1840.

hierher, wo er, in einer kleinen Barke abgefahren, vom Sturm nach Norwegen verschlagen worden war. Nicht minder, wie ihm dort das Pfeifen des Windes in dem gefrorenen Takelwerk einen so seltsam dämonischen Eindruck gemacht, ja wie die reinste Musik geklungen habe, so daß ihm, als einmal im Sturm plötzlich noch ein Schiff vor ihnen aufgetaucht, aber ebenso rasch wieder im Dunkel der Nacht verschwunden sei, alsbald der fliegende Holländer eingefallen wäre und er jetzt in Gedanken immer eine Musik dazu komponire. Da ich, angezogen von dem unwiderstehlichen Reiz dieses Umganges, bald mit ihm vertraut ward und, ohnehin wie er, mein Glück in Paris suchend, gemeinsame Interessen aller Art mit ihm hatte, so besuchte ich ihn öfters in der kleinen Wohnung, die er in der Rue du Helder vier Treppen hoch gemiethet und auch gleich — natürlich auf Kredit — möblirt hatte. Denn auch zum Schuldenmachen hatte er, mit seinem alten Schauspielerblut, offenbar eine angeborene Begabung. Da hörte und sah ich nun die Oper allmählig Gestalt gewinnen, die unsere Bekanntschaft vermittelt hatte. Leider war er ein viel zu schlechter Klavierspieler und ich ein zu schlechter Musikkenner, um je mit Gewißheit unterscheiden zu können, ob er eine wirklich geniale Schöpferkraft besitze. Um so sicherer war seine magische Anziehungskraft und seine frühe Ueberlegenheit in allen anderen Dingen sowie der angeborene Adel einer Natur, die ihn bei aller Leidenschaftlichkeit und allem sprudelnden Witz niemals gemein oder trivial aussehen ließ.

Allgemeine Musik-Zeitung, Berlin, 20./27. Juli 1894

Wagner über Meyerbeer in Paris

44 Zunächst eine Todes- Nachricht! Die Pariser große Oper wird nächstens sterben. Sie erwartet ihr Heil vom deutschen Messias — von *Meyerbeer*; zögert dieser noch lange mit der Rettung, so wird der Todeskampf sehr bald eintreten. Das Unglück ist dieses: — *Auber* ist vor der Zeit alt geworden, und *Halévy* hat sich seit drei Jahren keine Mühe gegeben; *Meyerbeer* aber, der das hiesige Ruhm-Spiel nur in großen und bedächtigen Zügen mitspielt, hat seine Gründe, sein neuestes Werk, auf das alle Hoffnung beruht, noch nicht erscheinen zu lassen. So laborirt die Oper und ist seit lange gezwungen, ihr Heil in Mittelmäßigkeiten zu suchen; das Publikum hat aber die Kaprice, durchaus nur Ausgezeichnetem Beifall spenden zu wollen, und ich muß gestehen, daß ich in diesem Punkte volle Achtung für dasselbe gewonnen habe. Brillante Renommeen und glänzende Namen sind wohl im Stande den Direktoren und Entrepreneurs einzig zu imponiren; das Publikum läßt sich aber nicht dadurch verblenden. So kommt es denn, daß auch nur wahrhaft Ausgezeichnetes sich entschieden hält; so kommt es, daß man „Robert" und die „Hugenotten" stets wieder erscheinen sieht, wenn das Mittelmäßige genöthigt ist sich zurückzuziehen. Mit „Robert le diable" hat es zumal eine wunderbare, fast unheimliche Bewandtniß, und wenn ich Herr Donizetti, oder Herr Rualtz, oder sonst einer von den Unzähligen wäre, „die ihr Verderben schon in gleichem Wagniß fanden" — so würde ich diesen Robert wie einen wirklichen Teufel hassen. Diese Oper ist nämlich der entschiedendste Beifalls- oder vielmehr Durchfalls-

Barometer für die Werke jener Herren; denn hat eine neue Oper kein Glück gemacht, so wird nach den ersten Vorstellungen derselben „Robert le diable“ wieder herausgesteckt, und sieht man dieses Werk dann wieder auf der Affiche, so ist man sicher, daß die Oper nichts gemacht hat. Robert ist unvergänglich! Trotz der oft skandalösen Vorstellungen dieser Oper, trotzdem, daß endlich jetzt auch Duprez sein äußerstes aufgeboten hat, die Titelrolle schlecht zu singen und hanswurstmäßig zu spielen, trotzdem, daß die Dekorationen und Tänze verwischt und matt geworden sind unter der ungeheuren Fatigue von zweihundert und dreißig Vorstellungen, — trotz alle dem, sage ich, — ist und bleibt Robert neben den Hugenotten die einzige und glücklichste Zug-Oper.

Abend-Zeitung, Dresden, 19. März 1841

Friedrich Pecht über Wagners Bekanntschaft mit Heinrich Heine in Paris

Als ich Wagner so kennen lernte, war seine Zerstreuung übrigens nur zu erklärlich, da er ohne alle Mittel in der fremden Stadt angekommen, überdieß nicht einmal der Sprache recht mächtig, sich keinen Rath wußte, was er uns bei näherer Bekanntschaft bald nicht mehr verbarg. Diese fand sich indeß rasch durch die beiderseitige häufige Begegnung bei Laube. Bei aller Barschheit männlich bieder, hülfreich und gefällig, wie Laube es immer war, brachte er uns beide auch bald mit Heine zusammen, dessen Bekanntschaft wir selbstverständlich gleich sehr wünschten. Das geschah nun zuerst bei einem gemeinschaftlichen Dîner, welches wir in dem damals berühmten italienischen Restaurant Brocci in der Rue Lepelletier, der damaligen Großen Oper gegenüber, einnahmen. Heine, 49 mit Laube schon längst befreundet, schrieb, wenn ich nicht irre, damals gerade an seinem „Wintermärchen“ oder am „Atta-Troll“, stand also in seiner glänzendsten thatkräftigsten Periode und zeigte noch keine Spur von Krankheit. Laube aber war ganz der Mann, um ihn, der beim ersten Zusammentreffen blasirt und gleichgültig erschien, regelmäßig erst recht lebendig wurde, wenn er angegriffen ward, durch Widerspruch zu reizen. Heine brachte seine damals entzückend schöne Frau mit, die, lustig und naiv wie ein Kind, für uns alle ein wahrer Augentrost war, und selbst die schöne Frau Wagner überstrahlte. Denn sie hatte den blendendsten atlaßartigen Teint, das herrlichste schwarze Haar, die schönsten Zähne, die man sehen konnte, und eine üppige Fülle der Formen.

Die geistvolle Liebenswürdigkeit Iduna Laube's aber, die es besser als irgendwelche Frau, die ich je kennen gelernt, verstand, auch die sprödesten Männer sprechen zu machen, that nun das Uebrige, um ein wahres Brillantfeuerwerk von unsterblichen Einfällen bei Heine hervorzulocken, der wenigstens bei solchen Gelegenheiten, in anregender Gesellschaft, ohnehin der witzigste Sterbliche war, den man überhaupt treffen konnte, und da durchaus nicht wie so viele Andere hinter seinen Büchern zurückblieb. Der herrliche Dichterkopf mit der breiten Jupiterstirne und der Adlernase über dem beständig zuckenden üppigen Mund kam da erst zur Erscheinung, wenn er die Pfeile nach allen Seiten versandte. Ein zusammenhängendes Gespräch zu führen, war indeß durchaus nicht seine Art, sondern er hatte nur blitzartig ein ganzes Gebiet erhellende Einfälle, die er übrigens oft offenbar schon vorher sorgfältig präparirt mitbrachte. Unter diesem Sprühregen thaute auch der bis dahin schweigsam gebliebene Wagner bald auf und bethätigte nunmehr jene ihm eigene wunderbare Elasticität, die so seltene Fähigkeit mitten in größter Bedrängniß und gemeiner Noth sich die vollkommenste Freiheit, den höchsten Aufschwung des Geistes zu bewahren. Er verstand vortrefflich zu erzählen, hatte das feinste Auge für komische Züge, das schärfste Gehör für die Stimmen der Natur wie den sichersten Geschmack für alles Schöne auch in der bildenden Kunst.

Friedrich Pecht, „Aus Richard Wagners Pariser Zeit," *Beilage zur Allgemeinen Zeitung,* München, 22. März 1883

Wagner über Heinrich Heine

Man muß gestehen, wir Deutschen sind ein großmüthiges Volk! Wir sehen aus unserer Mitte ein Talent hervorgehen, wie Deutschland wenig ähnliche aufzuweisen hat; wir freuen uns der frischen, kecken Entfaltung desselben, — wir rufen ihm Triumph und Vivat zu, als es unsere jungen Geister aus einer vollständigen Lethargie aufweckt: und ihnen mit dem Opfer seiner eigenen Fülle den Weg bricht und zeigt, wohin die neuzugebährenden Kräfte unserer Literatur sich richten sollen, um an ein neues, unbekanntes aber nothwendiges Ziel zu gelangen. Wer von unserm jungen Volk eine Feder zur Hand nimmt, gut
49 oder schlecht, bewußt oder unbewußt, sucht er es *Heine* nachzumachen, denn nie hat eine so plötzlich und mit Blitzes-Schnelle hervorgerufene, gänzlich unvermuthete Erscheinung ihre Richtung so unwiderstehlich beherrscht, als die *Heine's* die ihrige. Nicht genug aber, daß wir

nachher geduldig zusehen, wie unsere Polizei dieß herrliche Talent von seinem vaterländischen Boden verjagt, daß wir mit schnell erschlaffter Spannkraft übersehen, wie seine üppige Wurzel aus der Erde gerissen wird, die ihr allein Nahrung geben konnte, daß wir dem zu Folge mit schläfrigem Gähnen bemerken, Freund *Heine* hätte in Paris das Reisebilder-Schreiben verlernt, daß wir durch unsere Indifferenz ihn endlich gegen sich selbst blasiren, daß wir ihn zwingen, aufzuhören, Deutscher zu seyn, während er doch nimmermehr Pariser werden kann, — nicht genug, daß wir ihm das Terrain so weit abschneiden, so daß seiner strotzenden Fülle nichts weiter übrig bleibt, als an dem Lächerlichen, was man ihm, ohne es vielleicht zu wollen, übrig läßt, seinen Witz zu üben, — nicht genug, daß wir *gleichgültig* und kleinmüthig dieser Verstümmelung eines Talentes zusehen, das bei glücklicherer Pflege an die größten Namen unserer Literatur gereicht haben würde; — nein! wir *freuen* uns auch und klatschen in die Hände, wenn diesem *Heine* endlich eine Behandlung wiederfährt, wie wir sie bei uns gegen 16-Groschen-Rezensenten anzuwenden die praktische Gewohnheit haben!

Abend-Zeitung, Dresden, 4. August 1841

44
Empfehlungsschreiben Giacomo Meyerbeers an den Generalintendanten des Dresdener Hoftheaters, Freiherrn Wolf August von Lüttichau, Dresden (?), 18. März 1841

Ihre Excellenz werden mir vergeben, wenn ich Sie mit diesen Zeilen belästige, ich erinnere mich aber Ihrer steten Güte für mich zu lebhaft, um einem jungen interessanten Landsmann es abschlagen zu dürfen, wenn er, mit vielleicht zu schmeichelhaftem Vertrauen auf meine Einwirkung auf E. E., mich bittet, sein Anliegen mit diesen Zeilen zu unterstützen. Herr Richard Wagner aus Leipzig ist ein junger Komponist, der nicht allein eine tüchtige musikalische Bildung, sondern auch viel Phantasie hat, außerdem auch eine allgemeine literarische Bildung besitzt und dessen Lage wohl überhaupt die Theilnahme in seinem Vaterlande in jeder Beziehung verdient. Sein größter Wunsch ist, die Oper „Rienzi", deren Text und Musik er verfaßt hat, auf der neuen königlichen Bühne zu Dresden zur Aufführung zu bringen. Einzelne Stücke, die er mir daraus vorgespielt, fand ich phantasiereich und von vieler dramatischer Wirkung. Möge der junge Künstler sich des Schutzes E. E. zu erfreuen haben und Gelegenheit finden, sein schönes Talent allgemeiner anerkannt zu sehen.

42, 43

Wilhelm Tappert, *Richard Wagner*, Elberfeld 1883, S. 20

Um die Uraufführung des *Rienzi* (20. Oktober 1842) vorzubereiten, verläßt Wagner am 7. April 1842 Paris und zieht nach Dresden. Der Erfolg des *Rienzi* bewirkt, daß schon kurze Zeit später, am 2. Januar 1843, *Der fliegende Holländer* uraufgeführt wird. Einen Monat danach wird Wagner zum Königlich Sächsischen Hofkapellmeister ernannt. Dieses Amt hat er bis 1849 inne. In dieser Zeit entstehen *Tannhäuser* und *Lohengrin*. Die Uraufführung des *Tannhäuser* findet am 19. Oktober 1845 statt.

67, 54–59
Brief des Dresdener Kostümmalers Ferdinand Heine an den Maler Ernst Benedikt Kietz über die Uraufführung des Rienzi

Liebster Freund Kietz! Ich will mich bemühen, allen Enthusiasmus und alles freundschaftliche Interesse für unsren Wagner beiseite zu lassen und Dir nur wirkliche Fakta glattweg über diese „Rienzi"-Aufführung berichten. — In den ersten Zimmer- und Quartettproben schimpften Sänger und Musiker um die Wette über die unvernünftigen Schwierigkeiten der Musik; kaum aber hatten sie die Idee nur einigermaßen begriffen, so trat eine mit jeder Probe sich steigernde Begeisterung ein, die sich bald allen Orchestermitgliedern wie Sängern mitteilte, bis zum letzten Choristen, wie sie mir noch nicht vorge-
57 kommen ist. — Am höchsten trieben es Tichatschek und unser erster Konzertmeister Lipinsky, die gar keinen Ausdruck stark genug für ihr Entzücken fanden. — Allerdings fanden sich im Verlaufe der Einstudierung so viele Schwierigkeiten, daß ich fast glaube, ohne Vater
70 Fischers, unseres Chordirektors, unermüdliche Ausdauer, wäre die Sache lange nicht zu einer so schönen Reife gediehen. — Besonderen Spaß machte mir die Schröder-
59 Devrient. Diese wurde comme à l'ordinaire zuletzt mit ihrer allerdings höchst schwierigen Partie, dem Adriano, fertig; so, daß Wagner wie verdonnert war und wir nur zu trösten hatten. Desto ungeheurer war seine Überraschung am Abende der Vorstellung, wo sie urplötzlich eine ihrer großartigsten Schöpfungen vor seine Blicke hinzauberte. — Ich wich den ganzen Abend nicht von seiner Seite und wusste nicht, worüber ich mich mehr erlaben sollte, über des Publikums Entzücken und Jubel, oder Wagners eigenes Erstaunen über diese unübertreffliche Wirkung seines Musenproduktes. — Unser prachtvolles Theater war trotz der erhöhten Preise zum Erdrücken voll. — Vom ersten Ton der Ouvertüre an herrschte tiefes Schweigen, dann erhob sich donnernder Beifall, der sich fort und fort steigerte, bis zu dem einfach ergreifenden Schluß des vierten Aktes, der eine tiefe Stille hinterließ, um nach dem fünften Akte in um so

tosenderen Beifall überzugehen. — Die Oper dauerte bis ein halb zwölf Uhr und doch verliess niemand seinen Platz. Die Dresdner waren nicht mehr Dresdner. — Ich war der alte Überall und Nirgends. In den Zwischenakten im Foyer, Logen, Büfett und Parterre, um die verschiedenen Meinungen zu hören, und wußte oft nicht mehr, ob ich meinen Ohren trauen sollte. — Da steckten alte Notenfresser und Kontrapunkthähne die Köpfe zusammen und erklärten unverhohlen, daß Wagner sich mit dieser Oper in eine Linie mit den gediegensten Meistern gestellt habe; dort wieder solche eklige Italienernarren, wie der dicke Graf Solms und Konsorten, die auf Beethoven, Mozart, Weber und Marschner schimpften wie die Spatzen, meinten dennoch „das ginge noch über den himmlischen Donizetti." — Ich hätte vor Freude närrisch werden können!

Aber auch welche Aufführung! Tichatschek war ein neuer Mensch, ein Heros! Trotz seines Raoul, Adolar und allen anderen Glanzpartien, hätte ich ihm nie einen solch dramatischen Aufschwung zugetraut. Man konnte ihn in Wahrheit inspiriert nennen! und dazu die Schröder-Devrient, Dettmer, alle! alle! Besonders auch die Chöre. — Nein, Fischer ist und bleibt doch ein Chordirektor par excellence; Du kannst Dir keinen Begriff von dieser Präzision und Nuancierung trotz der gewaltigen Massen und Schwierigkeiten machen! Ich muss immer wieder darauf zurückkommen, so etwas haben wir noch nicht erlebt!

Und glaube ja nicht etwa, lieber Kietz, daß das Freundschaftsenthusiasmus ist, wo man seitdem hinhört, vernimmt man gleiches Entzücken.

Wagner selbst erklärte, wenn er durch ein Zaubermittel diese ganze Vorstellung mit allem was darum und daran hing, nach Paris hexen könnte, wäre er zeitlebens ein geborgener Mann. — Je nun, ich denke, auch ohne Paris soll das nun der Fall sein!

Schade, daß der König nicht hereinkommen konnte, er war am Morgen mit dem Pferde gestürzt und hatte sich am Knie verletzt. — Die Prinzessinnen waren aber bis zum Schluß zugegen und Prinzeß Amalie, die Dichterin, hat wiederholt geäußert: Solch einen Eindruck habe noch keine Komposition auf sie gemacht; es sei ihr immer gewesen, als wenn ein kostbarer Seidenstoff, mit Gold und Perlen durchwebt, vor ihr ausgebreitet würde. (Wir erfuhren es anderen Tages von ihrer Hofdame Friederici.)

Der König (Friedrich August) hat erklärt, daß er der nächsten Vorstellung ebenfalls bis zum Schlusse beiwohnen werde. — Als Lüttichau ihm bemerklich gemacht, daß die Oper sehr lang sei, hat der König geantwortet: Tut nichts, so ein Werk muss man ordentlich hören, ich werde in der Stadt schlafen. (Er wohnt nämlich noch auf seinem Weinberg in Wachwitz.)

Auch Dein Heinemännel hat sich nicht lumpen lassen und darf sich rühmen, den Dresdnern Kostüme hingestellt zu haben, wie sie ihnen noch nicht vor den Schnabel gekommen. Aber, du lieber Gott! wie winzig und erbärmlich kommt man sich da neben dem Komponisten vor. Wenn mir jemand Komplimente über meine Kostüme machte, tat es mir immer leid, keinen Hundeschwanz zu haben, um ihn geziemend einziehen zu können! — Zur nächsten Vorstellung hat sich Wagner entschlossen, die Oper bedeutend zu kürzen, so daß sie bis ein Viertel nach zehn Uhr spiele. Es ist zwar schade um jeden Takt; aber was hilft es, der Erfolg wird dann um so nachhaltiger und allgemeiner sein; denn jetzt kann keine deutsche Bühne es wagen, ihren Sängern solche Aufgaben zu bieten. — Sonderbar und schmeichelhaft ist es aber, daß Wagner bei den Kürzungen die meiste Opposition und Schwierigkeiten bei den Sängern selbst findet. Tichatschek hat mit Tränen in den Augen erklärt, daß er sich keine Note streichen lasse. — Die nächsten zwei Vorstellungen sind trotz der erhöhten Preise drei- bis viermal schon vergriffen, so daß Wagner selbst für seine Verwandten die erbetene Zahl Billets nicht bekommen kann. Ich bin begierig auf das Honorar!

Nur für eins ist mir bange: „Rienzi" hat die „Hugenotten"
44 ganz eklipsiert und ich fürchte, daß Meyerbeer, der sowohl für Berlin wie Paris für Wagner so unendlich einflussreich ist, am Ende futterneidisch werden wird. Er ist ehrgeizig.

Kietz, S. 6–11

46

Hector Berlioz schreibt über Dresden, Rienzi *und* Der fliegende Holländer

Die Dresdener Kapelle, welche lange von dem Italiener Morlachi und dem berühmten Komponisten des *Freischütz* dirigiert wurde, steht jetzt unter der Leitung der Herren Reißiger und Richard Wagner. In Paris kennen wir von
56 Reißiger kaum etwas anderes als den sanften, melancholischen, unter dem Titel: *Webers letzter Gedanke* veröffentlichten Walzer; während meines Aufenthaltes in Dresden

hat man eine seiner kirchlichen Kompositionen aufgeführt, welche in meiner Gegenwart auf das höchste gepriesen wurde. Ich konnte mich an diesem Lob nicht beteiligen; am Tage der Feier, bei welcher dieses Werk figurierte, fesselten mich quälende Schmerzen ans Bett, und so war es mir leider versagt, es zu hören.
Richard Wagner, der junge Kapellmeister, welcher lange in Paris geweilt hat, aber daselbst nur durch einige Artikel in der „*Gazette musicale*" bekannt geworden ist, hatte zum ersten Male seine Autorität geltend zu machen, als er mich in den Proben unterstützte; er tat es mit Eifer und sehr gutem Willen. Die Zeremonie, durch welche er der Kapelle vorgestellt und vereidigt wurde, hatte am Tage nach meiner Ankunft stattgefunden, und ich fand ihn im vollen Rausche einer sehr begreiflichen Freude wieder. Nachdem er in Frankreich tausend Entbehrungen und alle mit dem Unbekanntsein verbundenen Schmerzen erduldet hat, kam Richard Wagner nach seinem Vaterlande, Sachsen, zurück; er war kühn genug, um Dichtung und Komposition zu einer fünfaktigen Oper (*Rienzi*) zu unternehmen, und hatte das Glück, beides zu vollenden. Dieses Werk errang in Dresden einen glänzenden Erfolg. Bald darauf folgte der *Fliegende Holländer,* eine dreiaktige Oper, zu welcher er ebenfalls Musik und Worte geschrieben hatte. Wie man auch über das Verdienst dieser Werke denken mag, so muß man zugeben, daß Männer, welche die Fähigkeit besitzen, zweimal diese musikalische und literarische Arbeit mit Erfolg durchzuführen, nicht häufig sind, und daß Wagner einen Beweis seiner Tüchtigkeit gegeben hat, welcher mehr als genügend ist, um Aufmerksamkeit und Interesse auf ihn zu lenken. Dies hat der König von Sachsen vollkommen begriffen; und am Tage, an welchem er seinem ersten Kapellmeister Richard Wagner als Kollegen gab und damit des letzteren Existenz sicherte, werden wohl die Freunde der Kunst dem König das gesagt haben, was Jean Bart Ludwig dem XIV. antwortete, als dieser dem unerschrockenen Seebären ankündigte, er habe ihn zum Befehlshaber eines Geschwaders ernannt: „Majestät haben wohl getan!"
Da die Oper *Rienzi* die in Deutschland für die Oper gewöhnlich festgesetzte Zeitdauer bei weitem überschreitet, wird sie jetzt nicht mehr als Ganzes aufgeführt. Man spielt an einem Abend die zwei ersten Akte und am Abend darauf die drei letzten. Ich habe nur diesen letzten Teil aufführen sehen; ich konnte ihn beim einmaligen

Hören nicht gründlich genug kennen lernen, um darüber eine bestimmte Meinung zu äußern; ich entsinne mich nur eines schönen Gebets, welches Rienzi (Tichatschek) im letzten Akte singt, und eines Triumphmarsches, welcher ohne sklavische Nachahmung nach dem prächtigen Marsch aus *Olympia* [Spontini] gebildet ist. Die Partitur
60 des *Fliegenden Holländers* schien mir bemerkenswert durch ein dunkles Kolorit und gewisse Sturmeffekte, welche der Gegenstand vollkommen motivierte; aber ich habe darin auch einen Mißbrauch des *Tremolo* bemerken müssen, welcher um so bedenklicher ist, als er mir schon in *Rienzi* aufgefallen war und bei dem Komponisten eine Gedankenträgheit verrät, gegen welche er sich nicht genug in acht nimmt. Das anhaltende *Tremolo* ist von allen Orchesterwirkungen diejenige, welche am schnellsten ermüdet; außerdem erfordert es von seiten des Komponisten keine Erfindungsgabe, wenn es weder in den oberen noch in den unteren Stimmen von einem hervortretenden musikalischen Gedanken begleitet ist. Wie dem auch sei, man muß den königlichen Gedanken ehren, welcher einem jungen, mit kostbaren Fähigkeiten begabten Künstler eine vollständige, tätige Protektion bewilligt und ihn damit sozusagen gerettet hat.

Die Verwaltung des Dresdener Theaters hat nichts vernachlässigt, um die Aufführung der beiden Wagnerschen Werke so glänzend wie möglich auszustatten; Dekorationen, Kostüme und Inszenierung können sich mit dem besten messen, was man auf diesem Gebiet in Paris geleistet hat. Frau Devrient, über welche ich anläßlich ihres Auftretens in Berlin ausführlicher zu reden haben
59, 66 werde, spielt in *Rienzi* die Rolle eines Jünglings; diese Kleidung paßt kaum mehr zu den etwas mütterlichen Formen ihrer Person. Sie schien mir im *Fliegenden Holländer* viel besser an ihrem Platze, trotz einiger affektierter Stellungen und der *gesprochenen* Ausrufe, welche sie überall einführen zu müssen glaubt. Aber ein wirkliches, recht reines, recht vollkommenes Talent, welches auf mich einen sehr lebhaften Eindruck machte,
64 ist Wächter, der die Rolle des verdammten Holländers sang. Seine Baritonstimme ist eine der schönsten, welche ich je gehört habe, und er weiß sie als hervorragender Sänger zu gebrauchen; sie hat jenen weichen und zugleich vibrierenden Klang, dessen Ausdrucksfähigkeit so mächtig ist, wenn nur der Künstler mit Gemüt und Empfindung singt, und Wächter besitzt diese beiden Eigenschaften

in sehr hohem Maße. Tichatschek ist graziös, leidenschaftlich, glänzend, heroisch und hinreißend in der Partie des *Rienzi*, in welcher ihm seine schöne Stimme und seine feurigen Augen prächtig zustatten kommen. Fräulein Wüst spielt Rienzis Schwester; sie hat fast nichts zu sagen. Der Komponist hat diese Rolle den Mitteln der Sängerin, für welche er sie schrieb, vollkommen angepaßt.

57 58

Hector Berlioz, Memoiren „Erste Reise nach Deutschland", fünfter Brief, übersetzt von Elly Ellès, *Literarische Werke*, Bd. 2, Leipzig 1905, S. 58 ff.

Die Schriftstellerin Eliza Wille charakterisiert Wagners Erscheinung

Ich hatte ihn im Jahre 1843 in Dresden in einer Abendgesellschaft bei Major Serre, dem späteren Gründer der Schillerstiftung, kennengelernt. Es war eine flüchtige Begegnung geblieben. [. . .] Wagners Bild aber hatte sich mir eingeprägt: die feine bewegliche Gestalt, der Kopf mit der mächtigen Stirn, dem scharfblickenden Auge und den energischen Zügen um den kleinen festgeschlossenen Mund. Ein Maler, der neben mir saß, machte mich auf das gerade, vorspringende Kinn aufmerksam, welches, wie aus Stein gehauen, dem Gesichte einen besondern Charakter gab. — Wagners Frau hatte ein angenehmes Äußere; sie war heiter und gesprächig und schien sich in Gesellschaft besonders wohl zu fühlen. Er war von großer Lebhaftigkeit, selbstbewußt, aber liebenswürdig natürlich.

71

Wille-Briefe, S. 28f.

Die Tochter des Kostümmalers Ferdinand Heine, Marie Schmole, erinnert sich an Wagners erste Zeit in Dresden

Obgleich ein zehnjähriges Kind damals, erinnere ich mich deutlich an Wagner's und seiner Gattin Minna ersten Besuch bei meinen Eltern. Es war im Sommer 1842. Ich kehrte aus der Schule heim, suchte die Eltern im Garten auf und fand einen Herrn mit feinem Gesicht und, was mir imponierte, mit *hellen Glacéhandschuhen* bei ihnen vor. Später merkte ich allerdings, daß sie schon recht oft gewaschen und innen abgetragen waren. Obgleich in recht knappen Verhältnissen, hielt er doch stets auf eine elegante, saubere Erscheinung. Noth und Entbehrungen aller Art hatte das Ehepaar Wagner schon vorher, während des Pariser Aufenthaltes in vollem Maaße kennen gelernt. Oft war Richard dort gegen Abend mit einer Notenrolle fortgeschlichen und hatte das vielleicht nur flüchtig Geschaffene zu verwerthen gesucht.

Als Beide in Meudon wohnten, waren sie in der Dämmerung zuweilen an Gärten entlang gegangen und hatten von den über den Mauern hängenden Nußbäumen Nüsse heruntergeschlagen, weil — sie hungerten.

71 Ebenso gewann seine Frau, damals eine sehr schöne Dame, durch ihr freundliches Wesen mein Herz. Als ich beiden vorgeführt wurde, begrüßte er mich als das Marie'chen das solch schlimme Krankheiten durchgemacht hätte, während er noch in Paris gewesen. Von da an kamen Wagners allwöchentlich mehrmals gegen Abend, um im Garten, wo Richard sich in einer großen Weinlaube ungemein gefiel, Abendbrod mit uns zu essen. Später erst verstand ich, weshalb sein Blick oft so freundlich auf den einfachen Speisen weilte, mit denen der Tisch besetzt war. Ich hörte einst, daß Minna Wagner oft meiner Mutter erzählte, dies sei an manchen Tagen seit dem Frühstück ihre erste ordentliche Mahlzeit gewesen! — Wenn wir vor dem gedeckten Tische standen, sprach er häufig zu seiner Gattin: „Minel, nun wollen wir aber pampen." (Auf reineres Deutsch: sich ordentlich sattessen.)

Sein größtes Entzücken war, als Vorgericht der kalten Fleischspeisen: Neue Kartoffeln in der Schale mit Häring in piquanter Sauce — „Lake" nannte er es.

Burrell-Briefe, S. 165f.

Friedrich Pecht über Wagners Dresdener Zeit

Mit meinem alten Freunde Richard Wagner kam ich jetzt schon darum weniger zusammen, als mir die Musik doch ferner lag, wie aufrichtig ich auch die seinige bewunderte und gleich bei der ersten Aufführung des Tannhäuser, der ich in Dresden beiwohnte, vollkommen deutlich fühlte, daß sie die Welt erobern werde. — Wie aber dieser Feuergeist ewig in Projekten aller Art steckte, das war hochinteressant zu sehen. Da er es aber nicht vermochte, sich irgend zu beschränken, so geriet er bereits nicht minder in beständige finanzielle Verlegenheiten und hatte, als das Jahr 48 ausbrach, bereits eine Schuldenlast von angeblich mehr als 20000 Thalern aufgetürmt. Denn er verstand es nicht einmal, seine Autorrechte, die ihm damals schon hätten sehr viel tragen müssen, ordentlich auszubeuten, sondern ging immer die nachteiligsten Kontrakte ein, wo er nachher das reinste Opfer wurde, lediglich, weil er das Korn immer schon auf dem Halm verkaufte. — So war er, während seine Opern den begeistertsten Beifall fanden und sich allmählich überall in Deutschland einbürgerten, selber in eine unhaltbare Lage geraten, was gewiß nicht wenig dazu beitrug, daß er sie bald darauf so kurz angebunden in die Schanze schlug. Wie diese unersättliche Natur nach allen Seiten um sich griff, mag das folgende Erlebnis zeigen, das ich in dieser Zeit mit ihm hatte. Bei einem Besuche, den ich ihm eines Tages machte, fand ich ihn in Feuer und Flammen über Hegels Phänomenologie, die er gerade studierte, und in seiner excentrischen Art mir als das erste aller Bücher pries. Zum Beweis las er mir eine Stelle vor, die ihm eben besonders imponiert hatte. Da ich sie nicht ganz verstand, bat ich ihn, sie nocheinmal zu lesen, wo wir sie dann beide nicht verstanden. Er las sie also zum dritten- und viertenmal, bis wir uns endlich ansahen und fürchterlich zu lachen anfingen, wo es denn mit der Phänomenologie ein Ende hatte.

Friedrich Pecht, *Aus meiner Zeit*, München 1894, Bd. 1, S. 293f.

Robert Schumann über Tannhäuser

a) Brief an Felix Mendelssohn-Bartholdy, Dresden, 22. Oktober 1845:

Da hat Wagner wieder eine Oper fertig — gewiß ein geistreicher Kerl voll toller Einfälle und keck über die Maßen — die Aristokratie schwärmt noch vom Rienzi her — aber er kann wahrhaftig nicht vier Takte schön, *kaum gut* hintereinander wegschreiben und denken. Eben an der reinen Harmonie, an der vierstimmigen Choralgeschicklichkeit — da fehlt es ihnen allen. Was kann da für die Dauer herauskommen! Und nun liegt die ganze
Partitur schön gedruckt vor uns — und die Quinten und 75
Octaven dazu — und ändern und radiren möchte er nun gern — zu spät! — Nun genug! Die Musik ist um kein Haar besser als Rienzi, eher matter, forcirter! Sagt man aber so etwas, so heißt es gar „ach, der Neid", darum sag' ich es nur Ihnen, da ich weiß, daß Sie es längst wissen.

b) Brief an Felix Mendelssohn-Bartholdy, Dresden, 12. November 1845:

Über *Tannhäuser* vielleicht bald mündlich; *ich muß manches zurücknehmen*, was ich Ihnen nach dem Lesen der Partitur darüber schrieb; von der Bühne stellt sich alles ganz anders dar. Ich bin von Vielem ganz ergriffen gewesen.

c) Brief an den Komponisten und Kapellmeister Heinrich Dorn, Dresden, 7. Januar 1846:

76–78 Tannhäuser von Wagner wünscht ich, daß Sie sähen. Er enthält Tiefes, Originelles, überhaupt 100 *mal Besseres* als seine früheren Opern — freilich auch manches musikalisch-Triviale. In Summa, er kann der Bühne von großer Bedeutung werden, und wie ich ihn kenne, hat er den Muth dazu. Das Technische, die Instrumentirung finde ich ausgezeichnet, ohne Vergleich meisterhafter gegen früher. Er hat schon wieder einen neuen Text fertig „Lohengrin".

Robert Schumanns Briefe, Neue Folge, hg. v. F. Gustav Jansen, 2. Auflage, Leipzig 1904, S. 252 (a), 254 (b), 256 (c)

„Auch ein Wort über den Tannhäuser"

Es ist endlich einmal an der Zeit, ein freies und offenes Wort über die Lobpreisungen zu sprechen, mit denen man den Componisten des „Rienzi" und „Tannhäuser" der Welt als den neuen Messias der Oper proclamirt. Es ist keinem, der nur einigermaßen mit dem journalistischen Treiben und gewissen Privatverbindungen bekannt ist, unbegreiflich, wie es möglich, daß so viele verschiedene Zeitschriften in ein und dieselbe Lobposaune stoßen; aber über die Unklugheit eines solchen Maneuvres muß man staunen, da es längst bekannt, daß übertriebenes Lob stets einen härteren Tadel herausfordert, und daß ein plumper Freund oft noch mehr schadet, als ein besonnener Feind. Man sollte glauben, die Erfahrungen, welche man mit dem „Rienzi" gemacht, müßten zur Vorsicht bestimmt haben, denn bereits längst sitzt diese Oper, die wie eine Arche Noä, auf einer wahren Ruhmessündfluth schwamm, im Trocknen. Oder sind es verzweiflungsvolle Bestrebungen, das mit dem Tannhäuser zu erreichen, was die unbestechliche Nemesis dem Rienzi versagte? Aber der *Tannhäuser wird das Loos des Rienzi theilen,* trotz dem, daß man sich nicht entblödet zu behaupten, „*Mozarts Opern seien nur Schablonen-Arbeit, während es Richard Wagner vorbehalten sei, mit freier, selbständig neuer, genialer Erfindung Tongemälde für alle Zeiten zu liefern.*" Wer so etwas schreiben kann, mag sich vielleicht auf gewisse philosophische Phrasen, auf gut anzuhörende ästhetische Raisonnements verstehen, aber das Wesen der Musik kennt er weder als Künstler noch als Philosoph, sonst müßte er wissen, daß diese Kunst, welcher die Zeit und die unmittelbare Empfindung das ist, was der materielle Raum und die zum Verstandesbewußtseyn gebrachte Idee andern Künsten ist, um so mehr einer bestimmten Form bedarf, als sie in ihren Elementen zu leicht verflüchtiget. Jener Berichterstatter studire erst das Volkslied, studire Mozarts, Webers and anderer Componisten Opern, studire die Werke großer verstorbener Meister, die sich bis auf unsere Zeit verpflanzt haben und unsere späten Nachkommen begeistern werden, wie uns z.B. die Werke Glucks, und dann urtheile er! Man bemüht sich jetzt, nach der vierten Vorstellung zu behaupten, man müsse die Oper öfter hören, um ihre unendlichen Schönheiten alle zu begreifen, jetzt, nach dem bereits die VOX POPULI, welche meist die VOX DEI ist, die entschiedene Opposition zu jenen Lobpreisungen bildete. Was soll das helfen? *Wird eine Leiche wieder lebendig, wenn man ihr die Wangen schminkt?*

Man rühmt, daß der Componist sein eigner Dichter sei. Wir wollen nicht behaupten, daß einem Menschen unmöglich sei, gleichzeitig als Dichter und Componist Vollendetes zu leisten; bis jetzt haben wir aber noch keine Erfahrung dafür. An dem Tannhäuser und Rienzi ist sie keineswegs zu machen. Das Sujet ist in seiner moralischen Tendenz verfehlt durch eine zu *prädenziöse Zur-Schaustellung der Sünde, wobei in allen aufgebotenen äußern Mitteln die Absicht nicht zu verkennen ist, der Lascivität des Publikums zu Gunsten lebhaften Beifalls Gnüge zu leisten.* Die Art und Weise aber, wie der Dichter die Tugend siegen läßt, ist zwar psychologisch richtig, erscheint aber dadurch, *daß in lauter Theatereffecten Himmel und Hölle aufgeboten sind, so verstandesmäßig kalt berechnet,* daß es eine Lüge ist, wenn Jemand behauptet, es mache diese sittliche Genugthuung einen bleibend wohlthuenden Eindruck, denn es ist nur zu wahr: „Man merkt die Absicht und ist verstimmt!" Wie der Text, so ist die Musik nicht aus einem unwillkührlichen Drange des Schaffens hervorgegangen, obwohl beides den talentvollen und namentlich speculativen Kopf offenbart. So wie die Verflechtung des Sängerkrieges in das Mährchen vom Tannhäuser eine offenbar gute Idee ist, so müssen wir einzelnen geistvollen Combinationen, manchen sinnreichen Effecten und pikanten Wendungen ehrende Gerechtigkeit wiederfahren lassen; aber leider gehen diese einzelnen glücklichen Gedanken in der utrirten, geistreich sein sollenden musikalischen Darstellungsweise verloren. Es schlägt ein Effekt den andern todt.

Signale für die musikalische Welt, Leipzig, 19. November 1845

Über die Wirkung von Wagners Opern auf das Dresdener Publikum

Ein interessantes, bewunderungsvolles Phänomen ist, daß das Dresdener kühle und bedächtige Theaterpublikum durch die Wagner'schen Opern in ein so feuriges, enthusiastisches verwandelt wurde, wie Deutschland nicht weiter aufzuweisen hat. Denn wo kam's vor, daß der Componist einer seit Jahresfrist auf dem Repertoir befindlichen Oper bei einer Aufführung derselben noch dreimal gerufen wird, wie bei der letzten Darstellung des Tannhäuser?

Signale für die musikalische Welt, Leipzig, 17. Februar 1847

82

Robert Schumann schreibt in einem Brief an Felix Mendelssohn Bartholdy, Dresden, 18. November 1845, über einen Dresdener Künstlerkreis, dem auch Wagner angehört

Wagner hat uns zu unserer Überraschung gestern seinen neuen Operntext vorgelegt, *Lohengrin* — zu meiner doppelten, denn ich trug mich schon seit einem Jahre mit demselben, oder wenigstens einem ähnlichen aus der Zeit der Tafelrunde herum — und muß ihn nun in den Brunnen werfen. Den Meisten gefiel der Text ausnehmend, namentlich den Malern. Wir kommen jetzt nämlich alle Woche einmal zusammen — Bendemann, Rietschel, Hübner, Wagner, Hiller, Reinick* — da findet sich denn immer allerhand zum Erzählen oder Vorlesen und es geht recht rege dabei her.

Robert Schumanns Briefe, a.a.O., S. 255

Erinnerungen des Schriftstellers Karl Gutzkow an Wagners Dresdener Kapellmeisterzeit

Übrigens war mir der Abgott aller Unklarheiten unserer Zeit nicht abgeneigt. Der schon damals Vielgefeierte traf mich eines Tages an und forderte mich auf, mit ihm die gleichen Bahnen zu wandeln. Der zweite und vierte Akt meines „Uriel Acosta", sagte er, bewiesen dazu meine Fähigkeit. Da hätte ich die Zusammenwirkung von Oper und Drama gewiß nicht in Abrede gestellt. Nach einigen Worten des Dankes zog ich mich auf meine Zweifel an einem dauernden Bunde zwischen beiden Kunstgattungen zurück: jede Zwittergattung in der Kunst, sagte ich, ginge mir wider den Strich. Oper müßte Oper, Drama Drama bleiben. Letzteres hätte ja zugleich auf den Verstand zu wirken, auf das Urteil, nicht minder auf eine ganz bestimmte, ausdrücklich erzielte Erregung des Herzens; nicht wie die Musik, die in ihrer Wirkung immer nur das

*Bendemann, Hübner und Reinick waren Maler, Rietschel Bildhauer; bei Hiller handelt es sich um den Komponisten und Kapellmeister Ferdinand Hiller

Allgemeine, Unsichere träfe, dämmernd sei und unklar bliebe. Auf die Phantasie hätten dann allerdings beide Kunstgattungen zu wirken. Hätte ich die Ahnung schon von Götterdämmerung und Rheingold und Ring des Nibelungen und Baireuther Theater gehabt, würde ich gesagt haben: Nur auf die Phantasie zu arbeiten, ist nichts als Sinnlichkeit und verweichlicht ein Volk! Da meine Erfahrungen im Musikalischen nicht ganz oberflächliche waren, weil mich das treffliche Klavierspiel meiner Frau, einer Schülerin von Aloys Schmitt, täglich innerhalb musikalischer Eindrücke erhielt, so sprach ich mich, wenn nicht zu Wagner, doch zu andern, offen aus, daß mir die Tannhäuserouvertüre wie ein angreifender und teilweise geschmackloser Kanon erschiene; ich verglich sie mit jenem Shakespeareschen Kanon, der einem „die Seele aus dem Leibe haspeln" könnte; die Sextolen in ihrer ewigen Wiederkehr seien nervenerschütternd. Die scharmante Polonäse ausgenommen, schien mir der Tannhäuser langweilig. Dem Schöpfer selbst aber sagte ich damals am Dippoldiswalder Platz: „Warum haben Sie sich bei Ihrem Wartburgkrieg den Klingsohr entgehen lassen? Dieser gehörte doch zum Text. Sie würden eine kräftige Baßpartie à la Bertram im Robert dem Teufel mit ihm gewonnen haben und für die Handlung einen Vertreter des Dämonischen, der in dramatischer Form auf den Tannhäuser wirkt! Daß nun alles aus dem Tannhäuser allein, aus seinen Reminiszenzen herauskommen soll, ist wahrlich nicht dramatisch!" Nach dieser Offenherzigkeit fand keine Begegnung mehr statt. Ich hörte nur noch bei jeder Vorstellung einer Wagnerschen Oper (dem ersten Hervortreten des „Lohengrin" wohnte ich später in Weimar bei) die outrierteste Beflissenheit des kundgegebenen Beifalls, den Anfang dieser in ganz Deutschland organisierten Claque, die Wagner, Liszt u.a. einst in der Geschichte der Kunst zu verantworten haben werden. Hinter mir im Theater raste förmlich mit demonstrativem Fanatismus eine deutsch-russische Familie, die im Wagnerkultus das Unglaubliche leistete. Sie gab in Dresden für diese Schwärmerei den Ton an. Frauen der höheren Gesellschaft, sinnliche Naturen, Männer von weibischem Gepräge haben sich dann die Pflege der Wagnermusik an andern Orten und in gleicher Weise zu ihrem besondern Geschäft gemacht.

Karl Gutzkows ausgewählte Werke in zwölf Bänden, hg. v. Heinrich Hubert Houben, Bd. 11, S. 353f.

Brief Wagners an den Wiener Kritiker Eduard Hanslick, Dresden, 1. Januar 1847. Zunächst wohlwollend wird Hanslick später einer der entschiedensten Gegner Wagners

Schlagen Sie die Kraft der Reflexion nicht zu gering an; das bewußtlos produzirte Kunstwerk gehört Perioden an, die von der unseren fern ab liegen: das Kunstwerk der höchsten Bildungsperiode kann nicht anders als im Bewußtsein produzirt werden. Die Christliche Dichtung des Mittelalter's z.B. war diese unmittelbare, bewußtlose: das vollgültige Kunstwerk wurde aber damals nicht geschaffen, — das war Goethe in unsrer Zeit der Objectivität vorbehalten. Daß nur die reichste menschliche Natur die wunderbare Vereinigung dieser Kraft des reflectirenden Geistes mit der Fülle der unmittelbaren Schöpferkraft vereinigen kann, darin ist die Seltenheit der höchsten Erscheinungen bedingt, u. wenn wir mit Recht bezweifeln müssen, daß für das von uns besprochene Kunstgebiet eine solche Begabtheit sobald sich zeigen werde, so ist doch die mehr oder weniger glückliche Mischung beider Geistesfähigkeiten schon jetzt in jedem der Kunst wirklich förderlich sein sollenden Künstler als auffindbar vorauszusetzen, — und die Getrenntheit dieser Gaben als zum höheren Zweck — genau genommen — unwirksam anzusehen.

Was mich um eine Welt von Ihnen trennt ist Ihre Hochstellung Meyerbeer's; ich sage dies mit vollster Unbefangenheit, denn Meyerbeer ist mir persönlich sehr befreundet, u. ich habe allen Grund ihn als liebenswürdigen, theilnehmenden Menschen zu schätzen. Aber wenn ich Alles zusammenfasse, was mir als innere Zerfahrenheit u. äußere Mühseligkeit im Opern-Musikmachen zuwider ist, so häufe ich dies in den Begriff „Meyerbeer" zusammen, u. dies um so mehr, weil ich in der Meyerbeer'schen Musik ein großes Geschick für äußerliche Wirksamkeit erkenne, die um so mehr die edle Reife der Kunst zurückhält, als sie mit aller Verläugnung der Innerlichkeit in jeder Farbe zu befriedigen sucht: — wer sich in das Triviale verirrt, der hat es an seiner edleren Natur zu büßen; — wer es aber absichtlich aufsucht, der ist — glücklich, denn er hat es an *nichts* zu büßen. — —

Sämtliche Briefe, Bd. 2, S. 538f.

Wagner erklärt in einem Brief an den Schriftsteller Freiherrn von Biedenfeld, Dresden, 17. Januar 1849, seinen kunsttheoretischen Standpunkt

Von je her sträubte ich mich dagegen, den unermeßlichen apparat von handlung, situation und historie, unterstützt durch die lebhafteste zuthat aller irgend vorhandenen künste, als malerei, plastik, gymnasiastik u.s.w., lediglich dazu aufgewendet zu sehen, dem publikum so und so viel schmeichelnde melodien in das gedächtnis zu prägen; ich überzeugte mich, daß der einzige, all diesem aufwande entsprechende, zweck doch nichts geringeres als das dramatische kunstwerk selbst sein dürfe, und die oper darin noch über dem schauspiele stehe, daß sie zu allen mitteln des ausdrucks noch jenes allerreichste, mannichfaltigste und unerschöpflichste der musik hinzufüge. Nun konnten die Griechen, und vielleicht selbst noch ein theil unsres mittelalterlichen drama's, die hülfe des musikalischen ausdruckes dem schauspiele angedeihen lassen, ohne dieses selbst in vielem wesentlichen zu alteriren: seitdem aber in unsrer zeit durch die helden der absoluten — das heißt: von der dichtkunst losgetrennten — musik, und endlich namentlich Beethoven die ausdrucksfähigkeit dieser kunst, zumal durch das orchester, zu einer völlig neuen, früher, und selbst von Gluck kaum noch geahnten, künstlerischen potenz erhoben haben, wird allerdings der einfluß der musik auf das drama von wichtigkeit geworden sein, da sie natürlicher weise anspruch auf entfaltung ihres reichthumes zu machen hat. Das drama selbst mußte also für den ausdruck sich erweitern, und diese, dem reichthum musikalischen ausdruckes entsprechende fähigkeit in ihm zu entdecken und fortzubilden, schien mir lediglich dem musiker selbst möglich zu sein. Wenn ich somit den musiker auch zum dichter erhob, so konnte ich ihn um so weniger doch den eigentlichen hauptzweck des drama's selbst aus dem auge verlieren lassen, denn um dieses höchsten aller künstlerischen zwecke willen ward ja seine besondre kunst — die musik — eben nur mit herbeigezogen; und so mußte es mir als seine rechte aufgabe erscheinen: des reichthumes musikalischen ausdruckes vollkommen gewiß und innerlichst bewußt nun wiederum nichts anderes als das drama selbst zu wollen, natürlich aber das drama, welches ohne jenes musikalische bewußtsein des dichters nicht zum vorschein kommen konnte. Um mich hierüber vollkommen deutlich zu machen verweise ich auf eine hauptscene meines Tannhäuser: den Sängerkrieg; offenbar mußte und konnte hier, zumal um die katastrophe durch diese scene herbeizuführen, nur die dichterische absicht vorherrschen; die Sänger durch gesangskünste, verzierungen und cadenzen sich überbieten zu lassen hätte die aufgabe eines concertstreites, nicht aber eines dramatischen gedanken- und empfindungskampfes sein können; wiederum aber konnte dieser dichterstreit, in welchem sich das ganze volle wesen der betheiligten menschen einsetzt, in seiner dramatischen wirkung ohne

jene höchste und manichfaltigste kraft musikalischen ausdruckes, wie ich sie meine, nicht verwirklicht werden, und zu meiner befriedigung habe ich erfahren dürfen, daß gerade diese so gewagte Scene bei jeder aufführung die lebhafteste und gesteigertste theilnahme des publikums in anspruch nahm: ich hatte somit den triumph, unser hierfür sehr entwöhntes publikum in der *oper* durch den *gedanken* zu fassen, nicht bloß durch die *empfindung*.
Daß ich es kurz noch einmal wiederhole: meine richtung habe ich eingeschlagen als musiker, der von der überzeugung des unerschöpflichsten reichthumes der musik ausgehend das höchste kunstwerk, nämlich: *das drama* will. Ich sage: *will*, um mein streben zugleich mit anzudeuten; ob ich es *kann*, das vermag ich allerdings nicht zu beurtheilen, und wenn ich mich irre kann dies nur in folge meiner schwachen befähigung, nicht aber meines richtigen willens sein.

Sämtliche Briefe, Bd. 2, S. 636ff.

---

88 Die Februarrevolution in Paris 1848 belebt aufs Neue die von der Restauration unterdrückten freiheitlich-demokratischen Bestrebungen in ganz Europa. Wagner nimmt lebhaften Anteil daran. Am 18. Mai konstituiert sich die langersehnte deutsche Nationalversammlung in der Frankfurter Paulskirche. Dieses erste deutsche Parlament verabschiedet eine Reichsverfassung, ohne sie jedoch durchsetzen zu können. Nach dem Prager Aufstand (Pfingsten 1848) kommt der russische Anarchist Michael Bakunin (1814–1876) nach Dresden und wohnt bei Wagners Freund August Röckel. Dessen politische Aktivitäten führen dazu, daß er im Sommer 1848 seine Stellung als Musikdirektor am Hoftheater verliert. Am 26. August erscheint die erste Nummer der von Röckel gegründeten Zeitung *Volksblätter*. In dieser Zeitung publiziert Wagner anonym mehrere politische Artikel. Am 30. April 1849 löst der sächsische König Friedrich August II. die „Kammern" auf und bricht damit die Verfassung. Es kommt zum Dresdener Mai-Aufstand. Sächsische und zu Hilfe gerufene preußische Truppen schlagen ihn nieder. Während Michael Bakunin und August Röckel sowie Otto Leonhard Heubner, Mitglied der von den Aufständischen gebildeten provisorischen Regierung, verhaftet werden, kann Wagner fliehen. Ein Steckbrief wird gegen ihn erlassen. Mit falschem Paß, vom befreundeten Franz Liszt beschafft, flüchtet er in die Schweiz. Erst 1862 wird Wagner vollständig amnestiert.

15.5.48: Früh bei Wagner — seine Theaterrepublik
20.5.48: Früh bei Wagner, Besuche von Wagner. Sein politisches Gedicht
19.6.48: Richard Wagners politischer Streich

Georg Eismann, *Robert Schumann*, Bd. 1, Leipzig 1956, S. 159

*Robert Schumann in einem Tagebuch (sog. Haushaltbuch) über Wagners politische Aktivität**

Ich besorge viel Unheil, wenn das deutsche Parlament zunächst nicht folgender Weise beschließt:
1. Der bisherige deutsche Bundestag ist aufgehoben; das Parlament schließt somit die einzige constituirende Gewalt in sich, sowie die Befugniß, die executive Gewalt provisorisch aus ihrer Mitte als Ausschuß zu ernennen.
2. Sofortige Einführung der Volksbewaffnung nach dem uns bekannten Modus.
3. *Schutz- und Trutzbündniß mit Frankreich.* — Diese drei Maaßregeln werden hinreichend sein, dem unausweichlich nöthigen Kampf eine bestimmte Richtung zu geben: in jedem Lande, in jeder Stadt werden sich die zwei bestimmten Parteien herausstellen: die Frankfurter (deutsche) und die Special-Regierungspartei. So kommt die Sache zum Ausschlag.
Der vierte Schritt sei nun: die Territorial-Frage der deutschen Staaten. Hat die Frankfurter Versammlung die Aufgabe, eine Deutschland einigende Verfassung zu Stande zu bringen, so muß sie zunächst die Hand an die Ungleichheit der deutschen Binnenstaaten legen: sie muß eine Commission niedersetzen, welche nach dem Grundsatz, Staaten unter 3 und über 6 Millionen Bevölkerung nicht mehr zuzulassen, eine vernünftige und naturgemäße Herstellung des deutschen Staatenbestandes in Vorschlag bringen soll.
Das ist endlich der entscheidende Moment, ohne dessen Herbeiführung all unser Werk Flickwerk sein würde. *Nun hängt es von dem Benehmen der Fürsten ab, welches Loos sie sich bereiten wollen: beginnen sie feindselig,*

Brief Wagners an Professor Franz Jacob Wigard, Mitglied der Frankfurter Nationalversammlung, Dresden, 19. Mai 1848

*„Seine Theaterrepublik" dürfte sich auf Wagners „Entwurf zur Organisation eines deutschen Nationaltheaters für das Königreich Sachsen" beziehen, den Wagner am 11. Mai beim Ministerium eingereicht hatte, während mit dem „politischen Gedicht" vermutlich der allerdings schon im März — nach den Wiener Unruhen — verfaßte und in der *Allgemeinen Österreichischen Zeitung* veröffentlichte „Gruß aus Sachsen an die Wiener" gemeint ist. Als „politischen Streich" bezeichnet Schumann Wagners Rede im Dresdener Vaterlandsverein zur Frage: „Wie verhalten sich republikanische Bestrebungen dem Königtume gegenüber?"; die Rede erschien gedruckt als Beilage des *Dresdener Anzeigers*, allerdings ohne Angabe des Verfassers.

protestiren sie, so sind sie sammt und sonders in Anklagezustand zu versetzen, und die Anklage gegen sie ist auf völlig historischer Basis zu begründen.

Erst wenn diese Fragen entschieden, wenn diese Kämpfe durchgefochten sind, möge die Versammlung an die Verfassungsarbeit gehen, denn diese kann nicht eher vorgenommen werden, als bis wir *reinen Boden* haben. Wie nutzlos würde eine Verfassung dem jetzigen Zustande Deutschlands gegenüber sein! *Das Parlament muß die einzelnen Staaten erst noch vollkommen revolutioniren,* und das wird es durch seine ersten Decrete thun, denn durch diese Decrete erhalten die Parteien den nöthigen Anhalt, der ihnen jetzt fehlt.

Könnten Sie meiner Ansicht sein und demgemäß alle Kräfte aufbieten, in diesem Sinne die Versammlung zu leiten, so wäre Ihr Verdienst unsterblich. *Nichts Sanfteres führt zum Ziele!*

Alles Heil wünscht

Ihr
ergebener
Richard Wagner.

Sämtliche Briefe, Bd. 2, S. 589ff.

89
„Die Revolution" – *anonymer Artikel Wagners in den Dresdener* Volksblättern

Sehen wir hinaus über die Länder und Völker, so erkennen wir überall durch ganz Europa das Gähren einer gewaltigen Bewegung, deren erste Schwingungen uns bereits erfaßt haben, deren volle Wucht bald über uns hereinzubrechen droht. Wie ein ungeheurer Vulkan erscheint uns Europa, aus dessen Innerem ein beständig wachsendes, beängstigendes Gebrause ertönt, aus dessen Krater dunkle, gewitterschwangere Rauchsäulen hoch zum Himmel empor steigen und, Alles rings mit Nacht bedeckend, sich über die Erde lagern, während bereits einzelne Lavaströme, die harte Kruste durchbrechend, als feurige Vorboten, Alles zerstörend sich ins Thal hinabwälzen.

Eine übernatürliche Kraft scheint unsern Welttheil erfassen, aus dem alten Gleise herausheben und in eine neue Bahn schleudern zu wollen. Ja, wir erkennen es, die alte Welt, sie geht in Trümmer, eine *neue* wird aus ihr erstehen, denn die erhabene Göttin *Revolution,* sie kommt daher gebraust auf den Flügeln der Stürme, das hehre Haupt von Blitzen umstrahlt, das Schwert in der Rechten, die Fackel in der Linken, das Auge so finster, so strafend, so kalt, und doch, welche Glut der reinsten Liebe, welche Fülle des Glückes strahlt *Dem* daraus entgegen, der es wagt, mit festem Blicke hinein zu schauen in dies dunkle Auge! Sie kommt daher gebraust, die ewig verjüngende Mutter der Menschheit, vernichtend und beseeligend fährt sie dahin über die Erde, und vor ihr her saust der Sturm und rüttelt so gewaltig an allem von Menschen Gefügten, daß mächtige Wolken des Staubes verfinsternd die Lüfte erfüllen, und wohin ihr mächtiger Fuß tritt, da stürzt in Trümmer das in eitlem Wahne für Jahrtausende Erbaute, und der Saum ihres Gewandes streift die letzten Ueberreste hinweg! Doch hinter ihr, da eröffnet sich uns, von lieblichen Sonnenstrahlen erhellt, ein nie geahntes Paradies des Glückes, und wo ihr Fuß vernichtend geweilt, da entsprossen duftende Blumen dem Boden und frohlockende Jubelgesänge der befreiten Menschheit erfüllen die noch vom Kampfgetöse erregten Lüfte!

Nun blickt hier unten um Euch her. Da seht Ihr den Einen, den mächtigen Fürsten, wie er mit ängstlich klopfendem Herzen, mit stockendem Athem dennoch eine ruhige, kalte Miene zu erheucheln und sich selbst und Andern wegzuleugnen sucht, was er doch klar erkennt als unabwendbar. Da seht Ihr den Andern, mit dem von allen Lastern durchfurchten ledernen Antlitz, wie er mit emsiger Thätigkeit all seine kleinen Gaunerkünste, die ihm so manches Titelchen, so manches Ordenskreuzlein eingebracht, auskramt und spielen läßt, wie er mit diplomatisch-lächelnder, geheimnißvoller Miene den ängstlich zum Riechfläschchen greifenden Dämchen und den zähneklappernden Junkerchen Beruhigung einzuflößen sucht durch die halboffizielle Mittheilung: daß höchstgestellte Personen dieser fremdartigen Erscheinung bereits ihre Aufmerksamkeit zu widmen geruhten, daß Couriere mit Cabinetsbefehlen nach verschiedenen Seiten abgegangen, daß selbst das Gutachten des weisen Regierungskünstler Metternich von London unterwegs sei, daß die betreffenden Behörden rings umher Instruktionen erhalten haben, und somit der hochgebornen Gesellschaft die interessante Ueberraschung vorbereitet wird, beim nächsten Hofballe diese gefürchtete Landstreicherin, Revolution, — natürlich im eisernen Käfig mit Ketten beladen, — in genauen Augenschein nehmen zu können. — Dort seht ihr den Dritten, wie er spekulirend das Nahen der Erscheinung beobachtet, auf die Börse läuft, bemißt und berechnet das Steigen und Fallen der Papierchen, und schachert und feilscht, und immer noch ein Procentchen zu erhalten strebt, bis mit Einemmale sein ganzer Plunder in die Lüfte zerstäubt. Da seht ihr hinter dem verstaubten Aktentische eins der eingetrockneten, verrosteten Räder unserer jetzigen Staatsmaschine kauern, wie es seine alte, abgestumpfte Feder über das Papier kratzen läßt, und fort und fort den alten Haufen der papierenen Weltordnung zu vermehren strebt. Wie getrocknete Pflanzen liegen zwischen diesen Stößen von Dokumenten und Verträgen die Herzen der lebendigen Menschheit und verdorren zu Staub in diesen modernen Folterkammern. Dort herrscht gewaltige Emsigkeit, denn das über die Länder gesponnene Netz ist an manchen Stellen zerrissen, und die überraschten Kreuzspinnen, sie drehen und weben neue Fäden durcheinander, um das Gelockerte wieder zu festigen. Dort dringt kein Strahl des Lichtes hinein, dort herrscht ewige Nacht und Finsterniß, und in Nacht und Finsterniß wird das Ganze spurlos versinken. — Von jener Seite aber, da klingt helle kriegerische Musik, es blitzen Schwerter und Bajonette, schwere Kanonen rasseln herbei und dichtgedrängt wälzen sich die langen Reihen der Heere heran. Die tapfere Heldenschaar, sie ist ausgezogen, den Strauß zu bestehen mit der Revolution. Der Feldherr läßt marschiren rechts und links, und stellt dahin die Jäger, dorthin die Reiterei, und vertheilt nach weisem Plane die langen Heeressäulen und die zerschmetternde Artillerie; und die Revolution, das Haupt hoch in den Wolken, kommt herangeschritten, — und sie sehen sie nicht und warten auf den Feind; und sie steht schon in ihrer Mitte, — und sie sehen sie nicht, und warten auf den Feind; und sie hat sie erfaßt mit ihrem gewaltigen Sturmwirbel und aufgelöst die Reihen und zerstäubt die künstlich erstohlene Kraft, — und der Feldherr, er sitzt da, auf die Landkarte schauend und berechnend, von welcher Seite der Feind wohl zu erwarten und wie stark er sei, und wann er kommen werde! — Dort aber seht Ihr ein ängstlich bekümmertes Gesicht: ein ehrlicher, fleißiger Bürger ist's. Er hat gestrebt und gewirkt sein Lebelang, er hat redlich gesorgt für das Wohl Aller, so weit seine Kraft reichte; keine Thräne, kein Unrecht haftet an dem Scherflein, welches seine nützliche Thätigkeit erworben, *ihm* zum Unterhalt im schwachen Alter, den *Seinen* zum Eintritt in das freundlose Leben. Wohl fühlte er das Nahen des Sturmes, wohl erkennt er, daß keine Kraft ihm zu wehren vermag, doch jammert sein Herz, blickt er zurück auf sein kummervolles Dasein, dessen einzige Frucht nun der Vernichtung geweiht ist. Nicht verdammen dürfen wir ihn, klammert er sich ängstlich an seinen Schatz, sträubt er im blinden Eifer sich mit allen Kräften erfolglos gegen das Hereinbrechende. Du Unglücklicher! erhebe das Auge, blicke auf dorthin, wo auf den Hügeln Tausende und Tausende versammelt, die voll freudiger Spannung der neuen Sonne entgegenharren! Betrachte sie, es sind deine Brüder, deine Schwestern, es sind die Schaaren jener Armen, jener Elenden, die bisher vom Leben *nichts* gekannt als das *Leiden,* die Fremdlinge waren auf dieser Erde der Freude; sie Alle erwarten *die* Revolution, die *dich* ängstigt, als ihre Erlöserin aus dieser Welt des Jammers, als die Schöpferin einer neuen, für *Alle* beglückende Welt! Sieh hin, dort strömen Schaaren heraus aus den Fabriken; sie haben geschafft und erzeugt die herrlichsten Stoffe, — sie selbst und ihre Kinder sind nackt, sie frieren und hungern, denn nicht *ihnen* gehört die Frucht ihrer Arbeit, dem Reichen und Mächtigen gehört sie, der die Menschen und die Erde sein *eigen* nennt. Sieh, dort ziehen sie heran, von den Dörfern und Gehöften; sie haben die Erde bebaut, und zum freundlichen Garten umgeschaffen, und Fülle der Früchte, genügend für Alle, die da leben, lohnte ihr Mühen, — doch sind sie arm und nackt und hungern, denn nicht ihnen und den Andern, die da bedürftig sind, gehört der Segen der Erde, allein dem Reichen und Mächtigen gehört er, der die Menschen und die Erde sein *eigen* nennt. Sie Alle, die Hunderttausende, die Millionen, sie lagern auf den Höhen und blicken hinaus in die Ferne, wo die wachsende Wolke das Nahen der befreienden Revolution verkündet, und sie Alle, denen Nichts zu bedauern bleibt, denen man selbst die Söhne raubt, um sie zu tapfern Kerkermeistern ihrer Väter zu erziehen, deren Töchter mit Schande beladen die Straßen der Städte durchwandeln, ein Opfer der niedrigen Lüste des Reichen und Mächtigen, sie Alle mit den bleichen, gramdurchfurchten Gesichtern, den von Hunger und Frost verzehrten Gliedern, sie Alle, die *nie* die Freude kannten, sie lagern dort auf den Höhen, und bebend vor wonnevoller Erwartung schauen sie mit angestrengtem Blicke der nahenden Erscheinung entgegen, und lauschen in lautloser Entzückung dem Brausen des anschwellenden Sturmes, der ihrem Ohre entgegenträgt den Gruß der Revolution: „Ich bin das ewig verjüngende, das ewig schaffende Leben! wo *ich* nicht bin, da ist der Tod! Ich bin der Traum, der Trost, die Hoffnung des Leidenden! Ich vernichte was besteht, und wohin ich wandle, da entquillt neues Leben dem todten Gestein. Ich komme zu Euch, um zu zerbrechen alle Ketten, die Euch bedrücken, um Euch zu erlösen aus der Umarmung des Todes, und ein junges Leben durch euere Glieder zu ergießen. Alles, was besteht, muß untergehen, das ist das ewige Gesetz der Natur, das ist die Bedingung des Lebens, und ich, die ewig Zerstörende, vollführe das Gesetz, und schaffe das ewig junge Leben. Ich will zerstören von Grund aus die Ordnung der Dinge, in der Ihr lebt, denn sie ist entsprossen der Sünde, ihre Blüthe ist das Elend und ihre Frucht das Verbrechen; die Saat aber ist gereift und der Schnitter bin ich. Ich will zerstören jeden Wahn, der Gewalt hat über den Menschen. Ich will zerstören die Herrschaft des Einen über die Andern, der Todten über die Lebendigen, des Stoffes über den Geist; ich will zerbrechen die Gewalt der Mächtigen, des Gesetzes und des Eigenthums. Der *eigne* Wille sei der Herr des Menschen, die *eigne* Lust sein einzig Gesetz, die *eigne* Kraft sein ganzes Eigenthum, *denn das Heilige ist allein der freie Mensch, und nichts Höheres ist denn Er.* Vernichtet sei der Wahn, der Einem Gewalt giebt über Millionen, der Millionen unterthan macht dem Willen eines Einzigen, der Wahn, der da lehrt: der Eine habe die Kraft die Andern alle zu beglücken. Das Gleiche darf nicht herrschen über das Gleiche, das Gleiche hat nicht höhere Kraft denn das Gleiche, *und da Ihr Alle gleich, so will ich zerstören jegliche Herrschaft des Einen über den Andern.*

Vernichtet sei der Wahn, der dem Tode Gewalt giebt über das Leben, der Vergangenheit über die Zukunft. Das Gesetz der Todten, das ist ihr *eigen* Gesetz, es theilt ihr Loos und stirbt mit ihnen, es darf nicht herrschen über das Leben. *Das Leben ist sich selbst sein Gesetz.* Und weil das Gesetz für die Lebendigen ist und nicht für die Todten, und weil *Ihr* lebendig seid und Keiner ist, der über Euch wäre, *so seid Ihr selbst das Gesetz, so ist Euer eigner freier Wille das einzige höchste Gesetz, und ich will zerstören die Herrschaft des Todes über das Leben.*

Vernichtet sei der Wahn, der den Menschen unterthan macht seinem eignen Werke, dem Eigenthume. Das höchste Gut des Menschen ist seine schaffende Kraft, das ist der Quell, dem ewig alles Glück entspringt, und nicht im *Erzeugten,* im *Erzeugen selbst,* im *Bethätigen eurer Kraft* liegt euer wahrer höchster Genuß. Des Menschen Werk, es ist leblos, das Lebendige darf sich nicht dem Leblosen verbinden, darf sich nicht ihm unterthan machen. Darum sei vernichtet der Wahn, der den Genuß beschränkt, die freie Kraft hemmt, der das Eigenthum schafft außer dem Menschen und ihn zum Knechte macht seines eignen Werkes.

Blickt hin, ihr Unglücklichen, auf jene gesegneten Fluren, die Ihr jetzt als Knechte, als Fremdlinge durchstreift. *Frei* sollt Ihr auf ihnen wandeln, frei vom Joche der Lebendigen, frei von den Fesseln der Todten. Was die Natur geschaffen, die Menschen bebaut und zu fruchttragenden Gärten umgewandelt, es gehört den *Menschen,* den *Bedürftigen,* und Keiner darf kommen und sagen: „*Mir* allein gehört dies Alles, und ihr Andern Alle seid nur Gäste, die ich dulde, so lange es mir gefällt und sie mir zinsen, und die ich verjage, sobald mich die Lust treibt. *Mir* gehört, was die Natur geschaffen, der Mensch gewirkt und der Lebendige bedarf." Vernichtet sei diese Lüge, nur dem *Bedürfnisse allein gehört, was es befriedigt,* und im Ueberfluß bietet solches die Natur und Euere eigne Kraft. Seht dort die Häuser in den Städten, und Alles was den Menschen vergnügt und erfreut, woran Ihr als Fremdlinge vorüberwandeln müßt; des Menschen Geist und Kraft hat es geschaffen, und darum gehört es den *Menschen,* den *Lebendigen,* und nicht *Einer* darf da kommen und sagen: „*Mir* gehört Alles, was die Menschen geschaffen mit ihrem Fleiße. *Ich* allein habe ein Recht darauf und die Andern genießen nur, so weit es mir beliebt und sie mir zinsen." Zerstört sei diese Lüge mit den andern; denn was der Menschheit Kraft geschaffen, das gehört der Menschheit zum freien unbeschränkten Genusse, wie alles Andere auch was da ist auf Erden.

Zerstören will ich die bestehende Ordnung der Dinge, welche die einige Menschheit in feindliche Völker, in Mächtige und Schwache, in Berechtigte und Rechtlose, in Reiche und Arme theilt, denn sie macht aus Allen nur *Unglückliche.* Zerstören will ich die Ordnung der Dinge, die Millionen zu Sclaven von Wenigen, und diese Wenigen zu Sclaven ihrer eignen Macht, ihres eignen Reichthumes macht. Zerstören will ich diese Ordnung der Dinge, die den Genuß trennt von der Arbeit, die aus der Arbeit eine Last, aus dem Genusse ein Laster macht, die *einen* Menschen elend macht durch den Mangel, und den *andern* durch den Ueberfluß. Zerstören will ich diese Ordnung der Dinge, welche die Kräfte der Menschen verzehrt im Dienste der

Herrschaft der Todten, des leblosen Stoffes, welche die Hälfte der Menschen in Thatlosigkeit oder nutzloser Thätigkeit erhält, die Hunderttausende zwingt, ihre kräftige Jugend in geschäftigem Müssiggange als Soldaten, Beamte, Spekulanten und Geldfabrikanten der Erhaltung dieser verworfenen Zustände zu weihen, während die andere Hälfte durch übermäßige Anstrengung ihrer Kräfte und Aufopferung jedes Lebensgenusses das ganze Schandgebäude erhalten muß. Zerstören bis auf die Erinnerung daran will ich jede Spur dieser wahnwitzigen Ordnung der Dinge, die zusammengefügt ist aus Gewalt, Lüge, Sorge, Heuchelei, Noth, Jammer, Leiden, Thränen, Betrug und Verbrechen, und der nur selten zuweilen ein Strom unreiner Lust, fast nie aber ein Strahl reiner Freude entquillt. Zerstört sei Alles, was Euch bedrückt und leiden macht, und aus den Trümmern dieser alten Welt erstehe eine *neue,* voll nie geahnten Glückes. Nicht Haß, nicht Neid, nicht Mißgunst und Feindschaft sei fortan unter Euch, als *Brüder* sollt Ihr *Alle*, die Ihr da lebt, Euch erkennen, und *frei, frei* im Wollen, *frei* im Thun, *frei* im Genießen, sollt Ihr den Werth des Lebens erkennen. Darum auf, ihr Völker der Erde! auf, ihr Klagenden, ihr Gedrückten, ihr Armen! auf, auch Ihr Andern, die Ihr mit eitlem Glanze der Macht und des Reichthumes vergeblich die innere Trostlosigkeit Eures Herzens zu umkleiden strebt! auf! folgt in buntem Gemische meiner Spur, denn keinen Unterschied weiß ich zu machen unter denen, so mir folgen. Nur *zwei* Völker noch giebt es von jetzt an: Das Eine, welches mir folgt, das Andere, welches mir widerstrebt. Das Eine führe ich zum Glücke, über das Andere schreite ich zermalmend hinweg, denn ich bin die *Revolution*, ich bin das ewig schaffende Leben, ich bin der einige *Gott*, den alle Wesen erkennen, der Alles, was ist, umfaßt, belebt und beglückt!“ Und seht, die Schaaren auf den Hügeln, sie liegen lautlos auf den Knieen, sie lauschen in stummer Verzückung, und wie der sonnverbrannte Boden die kühlenden Tropfen des Regens, so saugt ihr vom heißen Jammer verdorrtes Herz die Laute des brausenden Sturmes ein, und neues Leben quillt durch ihre Adern. Näher und näher wälzt sich der Sturm, auf seinen Flügeln die Revolution; weit öffnen sich die wiedererweckten Herzen der zum Leben Erwachten, und siegreich zieht ein die Revolution in ihr Gehirn, in ihr Gebein, in ihr Fleisch, und erfüllt sie ganz und gar. In göttlicher Verzückung springen sie auf von der Erde,

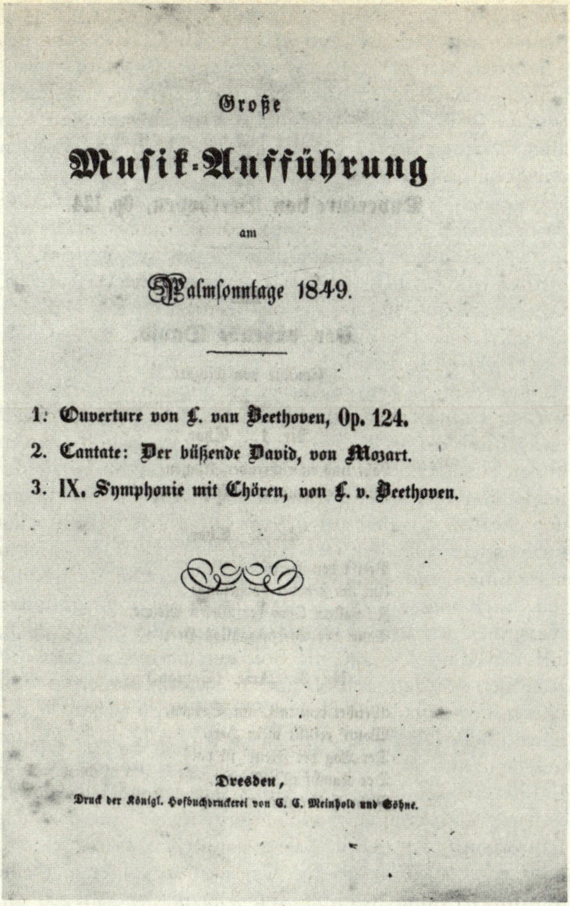

Große

Musik-Aufführung

am

Palmsonntage 1849.

1. Ouverture von L. van Beethoven, Op. 124.
2. Cantate: Der büßende David, von Mozart.
3. IX. Symphonie mit Chören, von L. v. Beethoven.

Dresden,
Druck der Königl. Hofbuchdruckerei von C. C. Meinhold und Söhne.

Programmzettel 1. 4. 1849. Wagners 3. Aufführung der IX. Sinfonie, die vielfach als politische Demonstration empfunden wurde (vgl. Bilderläuterung 90).

nicht die Armen, die Hungernden, die vom Elende Gebeugten sind sie mehr, stolz erhebt sich ihre Gestalt, Begeisterung strahlt von ihrem veredelten Antlitz, ein leuchtender Glanz entströmt ihrem Auge und mit dem himmelerschütternden Rufe: *ich bin ein Mensch!* stürzen sich die Millionen, die lebendige Revolution, der Mensch gewordene Gott, hinab in die Thäler und Ebenen, und verkünden der ganzen Welt das neue Evangelium des Glückes!

Volksblätter, Dresden, 8. April 1849

Clara Schumann in ihrem Tagebuch über den Dresdener Maiaufstand 1849

Donnerstag, den 3., gingen wir zu Tisch auf die Villa im Plauenschen Grunde und schwelgten so recht in der herrlichen Natur — wie es unterdes in der Stadt aussah, ahnten wir freilich nicht. Kaum waren wir eine halbe Stunde zu Haus, als Generalmarsch geschlagen und von allen Türmen Sturm geläutet wurde, bald auch hörten wir Schüsse. Der König hatte die Reichsverfassung nicht anerkennen wollen, bevor es nicht Preußen getan, und da hatte man denn die Stränge seines Wagens, in dem er fliehen wollte, zerschnitten, ihn somit gezwungen, zu bleiben, und versucht, sich des Zeughauses zu bemächtigen, von wo aus aber unter das Volk gefeuert wurde. Daß dies die größte Erbitterung hervorrief, läßt sich denken. Die Nacht verlief so ziemlich ruhig, doch am *Freitag, den 4.*, fanden wir, als wir in die Stadt gingen, alle Straßen verbarrikadiert, auf den Barrikaden standen Sensenmänner und Republikaner, die die Barrikaden immer höher bauen ließen, überall herrschte die größte Gesetzlosigkeit, die Schleußen und das Straßenpflaster sowie die Steine auf den Straßen wurden aufgerissen und zu den Barrikaden verwendet; auf dem Rathaus saßen die Demokraten beisammen und wählten eine provisorische Regierung (da der König des Nachts auf den Königstein geflohen war), die auch alsbald Proklamationen aller Art erließen, alle den Kampf gegen die Soldaten betreffend, die mit Kanonen vor dem Schloß und in Neustadt lagerten. Auf unsrer Promenade durch die Stadt wurde uns auch der schreckliche Anblick von 14 Toten, die tags vorher gefallen und schrecklich zugerichtet zur Schau des Publikums im Hofe des Klinikums lagen. Ich konnte diesen Anblick lange nicht vergessen, und nur die viele Aufregung, die noch folgen sollte, verwischte den schrecklichen Eindruck. Der Tag und die folgende Nacht vergingen ohne Kampf, die Barrikaden stiegen zu förmlichen Festungen auf, die Spannung war furchtbar, wie sollte das enden, unter welchem Blutvergießen!

Sonnabend, den 5., schrecklicher Vormittag! es bildete sich auf unsrer Straße eine Sicherheitswache, und man wollte Robert dazu haben; nachdem ich ihn zweimal verleugnet, die Leute aber drohten, ihn suchen zu wollen, flüchteten wir mit Marien zur Gartentür hinaus auf den böhmischen Bahnhof. Hier trafen wir u. a. Oberländer, der auf den Königstein zum König wollte, um noch einen Versuch zur Nachgiebigkeit zu machen. Hier standen Sensenmänner, welche achtgaben, daß niemand mit Gewehr abfahren sollte. [. . .]

Meine Angst den ganzen Tag über war fürchterlich, denn fortwährend hörte man den Kanonendonner, und dazu die Kinder in der Stadt. Schon am Abend wollte ich in die Stadt, um sie zu holen, doch wurde es zu spät, und ich fand niemand, der mich so spät noch begleiten wollte. Robert konnte nicht mit mir, denn man hatte ausgesprengt, die Insurgenten suchten alle waffenfähigen Männer in den nächsten Umgebungen auf und zwängen sie, am Kampfe teilzunehmen. Ich machte mich nun am

Montag, den 7., morgens 3 Uhr nach der Stadt auf, begleitet von der Tochter des Verwalters auf dem Gute. [. . .] Das Volk hält sich bewundernswürdig, und nie hätte ich den Sachsen solchen Mut zugetraut. Die Zuzüge nach der Stadt dauern unaufhörlich, und besonders sind viel Erzgebirger gekommen. Aber auch das Militär erhält fortwährend Zuwachs von Preußen, was die Erbitterung des Volkes aufs höchste steigert.

Dienstag, der 8., verging ohne Entscheidung. Der Kampf in der Stadt dauert ununterbrochen fort. [. . .]

Mittwoch, den 9., sahen wir den ganzen Morgen von der Räcknitzer Höhe Rauchwolken aufsteigen und bildeten uns ein, man bombardiere die Stadt von da aus. [. . .]

Donnerstag, den 10., hörten wir von schrecklichen Greueltaten, die das Militär verübte; alles schossen sie nieder, was sie an Insurgenten fanden, unsre Wirtin in der Stadt erzählte uns später, daß ihr Bruder, Besitzer des goldnen Hirsches in der Scheffelgasse, zusehen mußte, wie die Soldaten 26 Studenten, einen nach dem andern, erschossen, die sie dort in einem Zimmer gefunden hatten. Dann sollen sie die Menschen zu Dutzenden von den dritten und vierten Stockwerken herab auf die Straße geworfen haben. Es ist zu schrecklich, solche Dinge erleben zu müssen! So müssen sich die Menschen das bißchen Freiheit erkämpfen! wann wird einmal die Zeit kommen, wo die Menschen alle gleiche Rechte haben werden? wie ist es möglich, daß der Glaube unter den Adligen, als seien sie andre Menschen als wir Bürgerlichen, so eingewurzelt durch so lange Zeiten hindurch sein konnte! [. . .]
Bald kam der Vater, der von allen Greueln, von denen

ich gehört, nichts wissen wollte. Nachdem er fort war, kam Robert, dem es draußen keine Ruhe mehr gelassen hatte. Wir gingen nun zusammen durch die Hauptstraßen der Stadt, um uns die Hauptkampfplätze anzusehen. Es ist kaum möglich, ein Bild zu geben von dieser Verwüstung. Tausende von Löchern von den Kugeln sieht man an den Häusern, ganze Stücke Wand herausgebrochen, das
93 alte Opernhaus total niedergebrannt, desgl. 3 schöne Häuser in der Zwingerstraße, auch in der kleinen Brüdergasse, kurz, es ist schrecklich anzusehen, und wie mögen die Häuser erst im Innern aussehen! Die Wände durchgebrochen, so daß die Insurgenten durch viele Häuser hindurch miteinander korrespondierten. Wie viele unschuldige Opfer sind gefallen, in ihren Zimmern von Kugeln getroffen worden usw. usw. Die Frauenkirche steckt voll von Gefangenen, und die Zahl beläuft sich schon auf 500. Kapellmeister Wagner soll auch eine Rolle bei den Republikanern gespielt haben, Reden vom Rathaus herunter gehalten, Barrikaden nach seiner Angabe haben bauen lassen und manches andre noch! — Die Straßen sind meist noch aufgerissen, die Trottoirs liegen noch umher, nur die Barrikaden sind hinweggeräumt. Die Stadt ist in Belagerungszustand erklärt — es wimmelt von Preußen — auf dem Altmarkt liegen sie auf Stroh umher. Es ist ein entsetzliches, aber interessantes Bild, die Straßen jetzt!

Berthold Litzmann, *Clara Schumann*, Bd. 2, 3. Auflage, Leipzig 1907, S. 185–190

Hans von Bülow in einem Brief an seine Mutter, Leipzig, Mai 1849

Ueber Wagner weiß ich nun viel mehr als Du. Hier erzählte Rietz* im Conservatorium, Wagner sei als Schriftführer der provisor. Regierung thätig gewesen; Meser**, den ich gestern an der Buchhändlerbörse traf, wußte nicht gerade, daß er Schriftführer, aber versicherte, er sei bedeutend betheiligt gewesen. Ritter's Mutter*** hat diesem heute geschrieben, er sei mit seiner Frau verreist — wohin, wisse man nicht in seiner Wohnung, oder wolle es nicht sagen. Ein Student hat ihn vom Balkone zu dem Volk sprechen hören — die Opern des

*Kapellmeister am Leipziger Stadttheater und Kompositionslehrer am Konservatorium

**Verleger; verlegte *Rienzi*, *Der fliegende Holländer* und *Tannhäuser*

***Karl Ritter, Komponist und Kapellmeister, war mit Wagner befreundet; seine Mutter, Julie Ritter, protegierte Wagner

Hochverräthers sind nun also — zu *seiner* Strafe — auf ewig vom königl. Repertoir verbannt, und er selbst vielleicht nichts weniger als außer Gefahr.

Hans von Bülow, *Briefe*, hg. v. Marie von Bülow, Bd. 1, Leipzig 1895, S. 167

90, 91
„Acta wider den vormaligen Capellmeister Richard Wagner, wegen Betheiligung am hiesigen Maiaufstande i.J. 1849," zusammengestellt von der Dresdener Polizei

1. Der vormalige Capellmeister Wagner war mit den Häuptern des Aufstandes, namentlich mit Bakunin, Heubner, Röckel genau bekannt.
2. Bereits einige Zeit — etwa 6 Wochen — vor Ausbruch des Aufstandes haben verschiedentlich heimliche Zusammenkünfte bei dem Rechtscandidaten Neumann, der im sogenannten Menagerie-Garten wohnte, stattgefunden; bei Neumann hatte sich damals Bakunin, der sich Dr. Schwarz nannte, eingemiethet. Der Zweck dieser Zusammenkünfte ist nicht ermittelt worden. Man vermuthet aber, daß dieselben mit dem Aufstande in Verbindung gestanden. Es soll sogar in Neumanns Behausung ein Depot von Schießvorräthen, Munition. . . . befindlich gewesen sein. Wagner wird bezüchtiget, an diesen Zusammenkünften sich betheiligt zu haben.
3. Wagner wird ferner beschuldiget, seinen Garten hergegeben zu haben, um dort Besprechungen über Volksbewaffnung zu halten. An diesen Besprechungen nahmen Theil: Röckel, die Oberleutnants Schreiber und Müller, Professor Semper u. A. 92
4. Der berüchtigte Gelbgießer Oehme, einer der am meisten gravirten Theilnehmer am Aufstande und namentlich bekannt wegen seiner Versuche, das Prinzen-Palais in Brand zu stecken, beschuldigt Wagnern, daß derselbe und Röckel vor Ostern 1849 eine bedeutende Anzahl Handgranaten bei ihm bestellt und anfertigen lassen. Diese Handgranaten sollen nach Prag bestimmt gewesen und in die Expedition der Dresdener Zeitung geschickt worden sein. Sie scheinen jedoch nicht nach Prag abgesendet worden zu sein, denn Oehme behauptet, daß ihn Wagner am 4. Mai 1849 beauftragt habe, dieselben, die damals immer noch in der Expedition der Dresdener Zeitung gelegen, zu füllen.
5. Kurz vor Ausbruch des Aufstandes war Röckel nach Prag gereist, woselbst er für das Zustandekommen einer allgemeinen Schilderhebung gegen die Regierungen wirkte. Als immittelst der Aufstand in Dresden

ausgebrochen war, meldete Wagner dieß Röckeln und forderte denselben zur Rückkehr auf. Der desfalls von Wagnern an Röckeln geschriebene Brief compromittirt ersteren auf das Äußerste.

6. Während des Aufstandes soll Wagner
   a) an dem Tage, wo die sogenannte provisorische Regierung gewählt worden, auf hiesigem Rathhause gewesen sein und auch den Bakunin eingeladen haben, dorthin zu gehen;
   b) auf dem Kreuzthurme „observirt" und
   c) einen Zuzug aus Zittau begleitet haben.
7. Er soll ferner am 9. Mai 1849 auf dem Rückzuge der Insurgenten mit Heubner und Bakunin in Tharandt zusammengetroffen sein und dieselben nach Freiberg begleitet haben. Es scheint, als ob Wagner während des Aufstandes einige Zeit von Dresden abwesend gewesen sei und im Lande für Verstärkung der Aufständischen durch Zuzüge gewirkt habe.

Lippert, S. 17ff.

Wagner erklärt in einem Brief an den Schauspieler Eduard Devrient, Weimar, 17. Mai 1849, sein Verhalten während des Dresdener Aufstandes

So lange ich die Dresdener erhebung zu verfolgen vermochte, war ich von vorn herein mit voller sympathie bei ihr, die ich zwar in keiner that — aber in der gesinnung gegen manchen einzelnen — nie gegen die menge (etwa als redner!) unverholen zu erkennen gab. Ich gewahrte nichts von den fabeln der rothen republik, sondern sah mit klaren offenen augen unter dem banner der „deutschen verfassung" (von dem ich gern zugeben will, daß die masse grade nicht um seinetwillen sich todtschießen ließ!) die ganz natürliche entrüstung des bürgers und des volkes gegen einen fürsten, der fremde truppen in sein land rufe zur bezwingung der öffentlichen meinung, sowie die ganz lokal patriotische wuth darüber, daß gerade „Preußen", an die Sachsen schon so viel verloren — jetzt den rest des landes besetzen sollten. Kein vernünftiger wird glauben, daß die revolution conspirirt war, da sonst jedenfalls die wichtigsten posten des platzes nicht von vornherein dem militär überlassen worden wären. Der zeughaussturm war der ungestüme akt eines waffenlosen volkes, welches sich nach der verhinderten parade der bürgerwehr für verrathen hielt. Mit ungeheurer spannung verfolgte ich in der nähe alle die öffentlichen akte, namentlich die einsetzung des sicherheitsausschusses auf dem rathause, von denen ich mir nach abscheulichen vorfällen eine zweckmäßige conzentration der bewegung versprach, und zwar in dem sinne, daß die größte einmüthigkeit sämmtlicher behörden und des volkes nicht nur weiteres blutvergießen unmöglich machen, sondern auch ein rechtzeitiges nachgeben des königs endlich herbeiführen sollte. In diesem sinne war mein vereinzeltes bestreben am zweiten tage, nachdem bereits die stadt verbarrikadirt war, darauf gerichtet, was mir einzelnen möglich war — ohne mich laut hinzustellen — zu thun, um einem ferneren conflikte zwischen volk und militär vorzubeugen. Zweien soldaten, die ich an der kaserne beim zeughause traf, stellte ich vor, daß — bei erneutem zusammentreffen mit dem volke — sie diesem nur zu erklären hätten, wie sie mit ihm vereint sein würden, wenn es gegen fremde truppen gelte; bei den barrikaden, die ich passirte, sprach ich eben so mit einzelnen und machte sie darauf aufmerksam, sie sollten das militär nicht reitzen, dagegen ihnen die einfache frage vorlegen, ob es mit ihnen gegen fremde truppen sein würde. Diese frage wurde sogar auf einem zettel an den barrikaden angeheftet, und über alles wichtig erschien es mir, daß auf diese oder eine andere weise eine vereinigung der truppen und des volkes zu stande kommen möchte, nicht nur um der preußischen invasion gehörig entgegnen zu können, sondern namentlich auch um dadurch die heimische bewegung selbst im ursprünglichen richtigen geleise zu erhalten. Eine wirkliche vereinigung der sächsischen truppen mit dem sächsischen volke hätte nämlich jedenfalls nur zu dem einzigen zwecke des gemeinsamen widerstandes gegen die preußische invasion und für die deutsche verfassung zu stande kommen können: eine darauf ersprießende gemeinsame vorstellung des militärs und des volkes an den könig von Sachsen hätte nothwendig den ersehnten erfolg haben müssen, diesen aus dem erdrückenden preußischen einflusse zu befreien, und somit war die ganze bewegung vor jeder abschweifung nach andren gebieten hinüber auf das energischeste bewahrt. Einem der stadträthe, den ich von lange her genauer kenne, äußerte ich auch meinen inständigsten wunsch, man möge mit dem militärgouverneur dahin verhandeln, daß in den sicherheitsausschuß eine anzahl militärischer mitglieder eintreten möchten. Die wahl einer provisorischen regierung machte mich noch nicht irre, da Heubner und Todt in ihr garantien boten die bewegung von ihrem wahren ziele nicht abkommen zu lassen und unterhandlungen mit dem könig zweckmäßig zu leiten. Ganz beseligt fühlte ich mich, als ich erfuhr, daß das zeughaus zur hälfte der bürgerwehr mit eingeräumt worden war, und schon hoffte ich, die preußische kabinetsverschwörung würde von Sachsen aus — vielleicht selbst unblutig — zurückgewiesen werden. — Der dritte tag sollte meine hoffnungen allerdings zu nicht machen: der waffenstillstand war gekündigt, preußische truppen langten an, und im *verein mit ihnen* schlugen sich unsre truppen gegen das volk. Die erbitterung hierüber war grenzenlos, und so wenig von da ab ich noch in der nähe der bewegung blieb, kann ich Ihnen doch mit gewißheit versichern, daß nicht rothe nicht blaue republik, nicht Polen, nicht Russen von da ab den antrieb zu dem erbittertsten und schonungslosesten widerstande der barrikadenkämpfer abgaben, sondern lediglich die ganz subjective, persönliche wuth der bürger und des volkes gegen das militär, die ihre nahrung noch in dem besondern hasse gegen die aus Leipzig eingetroffenen schützen erhielt, in deren corps eine alte persönliche rancune, gegen die Dresdener bürger, vor denen sie 1830 einmal hatten weichen müssen, von ihren befehlshabern unnatürlich genug genährt worden war. Als ruhiger beobachter des kampfes verhielt ich mich sonnabend und sonntag in der objectivsten stellung von der welt — auf dem thurme der kreuzkirche, da es mir — trotz der bitten meiner frau — unmöglich war, es ruhig zu hause auszuhalten. Montag früh suchte ich nochmals auf dem rathhause erkundigungen über den stand der dinge einzuziehen, und sah da allerdings manches sehr geändert: der drang der umstände, die nothwendigkeit in der vertheidigung völlig militärisch zu verfahren, hatte erkundigungen nach strategen herbeigeführt, da dem commandanten der bürgerwehr an einsicht und energie es zu fehlen schien: ein strategisch gebildeter Pole war empfohlen und dringend um übernahme der anfertigung eines militärischen vertheidigungsplanes angegangen worden. Daß Polen von anfang an sich betheiligt hätte, ist unwahr. Schwankend und unsicher über meine jetzige subjective Stellung zu der bewegung, verließ ich die stadt montag früh um 8 Uhr, und brachte meine frau, die bereits vorher schon gepackt hatte, nach Chemnitz, zu einer meiner dort verheiratheten schwestern. Auf dem wege begegneten uns zahlreiche scharen von zuzüglern aus den fernsten punkten des landes: diese große theilnahme, der muth und die ausdauer, auf die ich überall stieß, machten auf mich einen hinreißenden eindruck: ich theilte ihnen auf ihre erkundigungen mit, was ich vom stande des kampfes in Dresden wußte, und die bestätigung der nackten wahrheit reichte hin, sie zu eiligem marsche anzufeuern. Gegen abend begegnete ich in Oederan der ganzen Chemnitzer communalgarde: man umringte unsren wagen und verlangte nach neuigkeiten aus Dresden; auf meine mittheilungen versetzten mir einige, sie haben andere nachrichten, nämlich die, daß Dresden bereits an die Preußen über sei. Man nöthigte mich auf das rathhaus, dort meine aussagen zu berichtigen: dort erkannte ich denn, daß ich mit leuten zu thun hatte, welche zum zuge nach Dresden *gezwungen* worden waren und jetzt begierig jede falsche nachricht aufgegriffen hatten als vorwand zur augenblicklichen umkehr nach der heimath. Meine nachrichten störten ihr vorhaben, und man hatte lust, mich zu verhaften, da ich ihnen als ausreißer verdächtig vorkam: ich konnte mich hiervon nur dadurch lösen, daß ich versprach, morgen früh, nachdem ich meine frau nach Chemnitz gebracht haben würde, wieder nach Dresden zurück zu kehren; mein ehrenwort hierauf ward mir abgefordert, und ich hielt es für nöthig es nicht zu versagen. Zu meiner umkehr nach Dresden bestimmte mich außerdem noch die sorge um einige zurückgelassene verwandte, sowie auch der wunsch, genau zu wissen wie es dort stehe. Der postwagen führte mich bis an das feldschlößchen und von da aus erfuhr ich daß man wohl mit größter sicherheit nach dem rathhause, nicht aber in andere stadttheile gelangen könnte. Auf dem rathhause angelangt, hatte ich gelegenheit den stand der dinge genauer kennen zu lernen: der ängstliche Todt und der feige Tzschirner waren geflohen, und der mann des linken centrums, Heubner, war der einzige, der mit würde, ausdauer und besonnenheit auf dem platze verblieben war. Eine ergreifende veranlassung schaffte mir gelegenheit, Heubner etwas näher kennen zu lernen: ein dem theaterpersonal angehöriger communalgardist wandte sich an mich mit der bitte, mich für den jungen Fürstenau zu verwenden, der, im verdachte vom fenster aus auf das volk geschossen zu haben, von diesem ergriffen und zur haft gebracht worden sei. Sogleich bat ich Heubner um gehör, und suchte ihn aus vielen vorliegenden gründen meiner eigenen überzeugung theilhaftig zu machen, daß der gefangene unschuldig sei: Heubner beruhigte mich und versicherte mich der befriedigenden lösung dieser angelegenheit. Nach dem aufenthalte einer

stunde suchte ich, zumal da der weg zu den meinigen mir doch versperrt war, nach einer gelegenheit zur rückkehr nach Chemnitz: allein, wie in der nacht und bei der unmöglichkeit wagen oder post zu bekommen, dies bewerkstelligen? Ein mir von der universität her bekannter, jetzt adjutant beim bürgerwehrcommando, erhielt den auftrag schleunigst nach Freiberg als courier zu gehen, um die Chemnitzer communalgarde zum eiligsten marsche aufzufordern; hierzu erhielt er eine anweisung auf postwagen und pferde, und ich benutzte diese gelegenheit zum fortkommen. Andern tages benutzte ich den von Freiberg leer nach Tharand zurückgehenden postwagen, noch einmal bis dahin zurückzukehren, um etwas genaueres zu erfahren über den verlauf der nacht: auf halbem wege begegnete mir plötzlich der vollkommen geordnete rückzug von ungefähr 2000 barrikadenkämpfern: ich steige aus, gelange an Heubners wagen und erfahre daß man beabsichtige, Freiberg zum sitz der provisorischen regierung zu bestimmen. Vor Freiberg begegnet *Heubner* ein abgesandter der Chemnitzer bürgerwehr, welcher ihn einlädt, den sitz der provisorischen regierung in Chemnitz aufzuschlagen: von reichen Freibergern bestürmt, ihre stadt nicht ruiniren zu wollen, giebt Heubner nach, läßt die freischaaren nach kurzer rast nach Chemnitz abziehen, er selbst — um endlich ruhig sich auf einige stunden in ein bett legen zu können, reist schnell voraus nach Chemnitz, nennt sich am thore — denn es erschien ihm theils unnöthig, theils niederträchtig, sich zu verläugnen — und legt sich mit einigen begleitern im gasthof schlafen. Die reichen fabrikherren von Chemnitz halten es für gut Heubner durch gensd'armes wecken, nach Altenburg bringen und dem preußischen militär ausliefern zu lassen.
An Heubner fesselte mich bei so flüchtig angeknüpfter bekanntschaft das höchste persönliche interesse: er war der edelste, festeste, ehrlichste — und unglücklichste held der revolution. Mein schmerz um ihn ist groß. Bakunin mit seiner furchtbaren energie, war ihm vom drange der umstände, indem alles feig um ihn wurde, aufgedrungen: er konnte ihn, dessen ziel allerdings über das seinige weit hinaus lag, in augenblicken nicht von sich weisen, wo energie und nur energie an der zeit war. Wäre Heubner aber der — in der zukunft einzig siegreiche! — blanke, nackte revolutionär gewesen, der den sieg, und nur den sieg will, — hätte er nichts nach dem wimmern der Freiberger oder Chemnitzer reichen bürgerschaft gefragt,

sondern nur die furchtbare klugheit der revolution walten lassen, — er wäre nicht gefallen und die sache nicht verloren. Aber hier habe ich ersehen, daß wir alle keine revolutionäre sind, und ich am wenigsten: wir wollen die revolution um schnell auf ihr etwas gutes aufbauen zu können, — und diese rücksicht läßt sie uns vollkommen verkennen: der ächte, siegreiche revolutionär kann nur zerstören wollen, und seine einzige kraft wird der *haß*, nicht die *liebe* sein, die uns leitet. —
Ich habe diese genaue darstellung vorausgesandt, um Sie genau in kenntniß meiner theilnahme an dem vorgefallenen zu setzen. Mit voller sympathie war ich anfänglich bei der erhebung, mit erbitterung die zwei mittelsten tage, mit höchst aufgeregter spannung und neugierde die beiden letzten tage. Nirgends bin ich aber thätig gewesen, weder mit den waffen noch mit öffentlicher rede: nie habe ich zu der provisorischen regierung irgend eine officielle stellung eingenommen. Welcher niederträchtigkeit und gemeinheit aber die reaction unter dem schutze preußischer bayonette in Sachsen fähig sein wird, bleibt mir nicht schwer zu errathen: bereits fühlte ich mich in Chemnitz bei meinen verwandten nicht sicher, meine begegnung mit der bürgerwehr dieser stadt war mir von dem jetzt lauten theile derselben als hochverrath ausgelegt worden. Nachrichten meiner Leipziger verwandten lassen mich schließen, daß ich auch von Dresden aus verklatscht und denuncirt werde. Schon aus sicherheitsgründen wäre daher an eine rückkehr nach Dresden jetzt und unter den vermutlich lange dauernden gegenwärtigen umständen für mich nicht zu denken. Aber auch andere rücksichten drängen mich jetzt zu einem entscheidenden entschlusse für mein zukünftiges leben. Sie kennen das dornenvolle wesen der künstlerischen bahn, die ich eingeschlagen habe: der wunden würde ich nicht achten, aber der zerbröckelung meiner ganzen künstlerischen natur kann ich endlich nicht mehr gleichgültig zusehen. Das grauen an meiner amtlichen stellung, der druck unter dem ich in ihr schmachte, das nichtswürdige alles beginnens in dem kreise dieses amtlichen wesens — hat mich schon seit jahren in den tiefsten mißmuth gebracht, der von jahr zu jahr nur wachsen konnte. Das einzige, was mich wahrhaft lebendig erhielt, war — allerdings der zweck meines lebens — mein künstlerisches produciren: auch dieß haben mir nun die zeit und die umstände verleidet: seit zwei jahren bin ich mit einer neuen oper [*Lohengrin*] fertig: nirgends her

erhalte ich die aufmunterung, sie an den tag treten zu lassen, und seit zwei jahren zersplittere ich denn meine künstlerischen kräfte ohne lust und freude. So bin ich denn endlich revolutionär geworden — wenn nicht mit der that doch mit der gesinnung —, und kann zu keiner freude am schaffen mehr kommen. Die letzte katastrophe hat mich hierin in soweit zu mir selbst gebracht, als ich mir dieses traurigen, zerstörten zustandes vollkommen gewiß ward, und bereits hatte ich keine andere hoffnung oder sehnsucht mehr, als mit meiner armen vielgeprüften frau in stiller abgeschiedenheit irgendwo grade nur mein leben fristen zu können, ohne that, aber auch ohne schuld.

Sämtliche Briefe, Bd. 2, S. 660–667

90
Der russische Anarchist Michael Bakunin urteilt bei seiner Vernehmung (19. September 1849) über Wagner

Wagner habe ich sofort als Phantasten erkannt und obwohl mit demselben und auch über Politik gesprochen, doch nie mich mit demselben zu einem gemeinsamen Handeln verbunden.

Lippert, S. 214

Wortlaut des Reisepasses, der Wagner am 30. Mai 1849 in Zürich für eine Paris-Reise ausgestellt wird

Herr Richard Wagner aus Leipzig, *compositeur de musique*
Alter: 36
Größe: 5 Fuß 5 1/2 Zoll
Haare: braun
Augenbrauen: braun
Augen: blau
Nase: mittler
Mund: mittler
Kinn: rund
Ziel: nach Frankreich
Dauer des Passes: 1 Jahr.

Max Fehr, *Richard Wagners Schweizer Zeit*, Bd. 1, Aarau und Leipzig o.J., S. 6

Der deutsch-amerikanische Politiker Carl Schurz (1829-1906) über seine Bekanntschaft mit Wagner im Herbst 1849

Meine merkwürdigste Bekanntschaft in jenen Tagen (Herbst 1849) war die von Richard Wagner, der in Folge seiner Beteiligung an den revolutionären Ereignissen in Dresden auch in Zürich als Flüchtling lebte. Er hatte schon einige seiner bedeutendsten Werke geschaffen, aber seine Größe war nur in einem engen Kreise erkannt worden. Unter seinen damaligen Schicksalsgenossen war er keineswegs beliebt. Er galt als äußerst anmaßender, herrischer Geselle, mit dem Niemand umgehen könne, und der seine Gattin, eine recht stattliche, gutmütige, aber geistig nicht hervorragende Frau, sehr schnöde behandelte. Wer uns damals seine großartige Laufbahn prophezeit hätte, würde wenig Glauben gefunden haben.

Carl Schurz, *Denkwürdigkeiten,* Bd. 1, Berlin 1906, S. 253

Während Wagner im Schweizer Exil lebt, bemüht sich sein Freund Franz Liszt um die Aufführung und Anerkennung seiner Werke in Deutschland. Am 28. August 1850 dirigiert er in Weimar die Uraufführung des *Lohengrin.* Er verfaßt Abhandlungen über *Tannhäuser* (1849), *Lohengrin* (1850), *Das Rheingold* (1855) und *Der fliegende Holländer* (1854) und veranstaltet 1853 in Weimar einen Wagner-Zyklus mit Aufführungen von *Der fliegende Holländer*, *Tannhäuser* und *Lohengrin.*

103
Franz Liszt in einem Brief an Wagner, Weimar, Anfang August 1850, über die Vorbereitungen zur Uraufführung des Lohengrin
84–86

Wir schwimmen ganz im *Aether* Deines Lohengrin, und ich schmeichle mir, daß es uns gelingen wird, ihn Deinen Absichten gemäß zu geben. Wir machen täglich 3- bis 4stündige Proben und bis jetzt sind die Rollen und das Quartett so ziemlich in Ordnung. Von morgen an werde ich mit den einzelnen Blasinstrumenten, welche den Anforderungen der Partitur gemäß vollzählig sein werden, Probe halten. Wir haben eine Baßclarinette kommen lassen, [...] Auch unsere Violoncelli werden verstärkt, [...] — kurzum, sei versichert, daß wir alles, was im Gnadenjahr 1850 in Weimar zu verwirklichen menschenmöglich ist, für Deinen Lohengrin in's Werk setzen, welcher ungeachtet aller dummen Hin- und Herreden, der falschen Aengstlichkeiten und der all' zu wirklichen Verkrustungen, sehr anständig — ich bürge dafür — am 28. des laufenden Monats aufgeführt werden wird.

Briefwechsel zwischen Wagner und Liszt, Leipzig 1910, Bd. 1, S. 313 *(Original französisch)*

104–108
Über die Uraufführung des Lohengrin *1850*

Endlich ist die Oper "Lohengrin", von Richard Wagner, in Weimar gegeben worden. Der Erfolg ist, wie vorauszusehen war, ungefähr derselbe gewesen, wie bei der Aufführung des „Rienzi" in Berlin und Königsberg, d.h. ein gelindes FIASCO. Der Legationsrath Dingelstedt, der einen Prolog dazu gedichtet hatte, drückt sich über die Geschmacklosigkeit des Herrn Franz Liszt (der die

Aufführung eifrig befördert hat) sehr stark aus; Wagner hat sich in diesem Werke (um nicht von seinen frühern zu reden) als gänzlich *unmusikalisch* gezeigt; er hat keine Musik, sondern nur Lärm geliefert, und zwar einen so entsetzlichen, daß nur das Abfeuern von Kanonen auf der Bühne zum höllischen Getöse gefehlt hätte. Herr Liszt wird wohl, nach dieser Erfahrung, einsehen: daß der verderbte Geschmack eines Einzelnen es doch nicht erwirken kann, den Geschmack eines ganzen Publicums zu verderben. Uebrigens wundern wir uns, wie es Herr Liszt wagen konnte, den rohen Product eines Aftergenies, wie Wagner, einem so gebildeten Publicum vorzuführen; in der Stadt, wo Göthe, Schiller, Wieland und Herder so lange herrschten, müßten nur die Auserwählten der Gegenwart ihre Werke auf das Theater bringen dürfen.

Kleine Musikzeitung, Hamburg, [15.] September 1850, S. 128

103
Franz Liszt über Lohengrin

Die Musik dieser Oper hat als Hauptcharakter eine solche Einheit der Conception und des Styls, daß es in derselben keine melodische Phrase, und noch viel weniger ein Ensemble-Stück oder irgend eine Passage gibt, welche, wenn man sie vom Ganzen trennt, nach ihrer Eigenthümlichkeit und ihrem wahren Sinne verstanden werden kann. Alles verbindet, verkettet und steigert sich; Alles ist mit dem Sujet auf's engste verwachsen und könnte nicht von demselben getrennt werden. Es würde selbst schwer werden, einzelne, der Tondichtung, in der nichts musivisch angebracht, eingeschaltet, überflüssig eingeschoben ist, entnommene Bruchstücke richtig zu beurtheilen, da Alles in derselben sich verkettet und in einander greift, wie die Maschen eines Netzes, da Alles genau erwogen und folgerichtig bestimmt ist, jeder Progression der Harmonie ein entsprechender Gedanke vorhergeht oder folgt; eine durch ihre systematische Strenge ganz und gar deutsche Prämeditation, welche uns von diesem großen Werke sagen lassen kann, daß es die durchdachteste aller Inspirationen ist. Leicht ist es übrigens, sich Rechenschaft zu geben, weshalb jede Episode, einzeln herausgerissen gehört, an Reiz verlieren muß, wenn man nur an das Prinzip denkt, nach welchem Wagner durch die Musik Rollen und Ideen personifizirt hat. Die Rückkehr von fünf Sätzen, deren Windungen wir zu folgen versucht haben, der der Introduktion, der, welchen man bei Verkündigung des Gottes-Urtheils vernimmt, der, welcher

Figurinen: Elsa, Lohengrin (Quelle wie 106–108).

mit Lohengrin erscheint und der, welcher die unheilschwangern Drohungen Ortrudens begleitet, so wie die weniger häufige, aber stets gerechtfertigte Wiederholung der untergeordneten Motive, erlaubt natürlich nur dann dem ganzen dramatischen Gedanken zu folgen, und die ganze Aufregung, die das Ergebniß dieser so neuen, so bestimmten und in allen beständigen Wendungen so klaren Zusammenstellung sein muß, zu empfinden, wenn man dahin gelangt ist, in alle die entwickelten Nüancen eindringen zu können, so wie in alle die in der allgemeinen Anlage des Planes dieses schönen Monumentes verborgenen Intentionen.

Es gibt Menschen, die mit Hülfe einer einzigen Idee, einer einzigen Erfindung, einer dem Scheine nach kleinlichen Entdeckung, ungeheuere Veränderungen in der Sphäre hervorrufen, welcher diese Entdeckungen angehören. Andere fügen zur Wissenschaft ihrer Vorgänger weder die Kenntniß einer neuen Thatsache, noch die Einführung eines bisher unbekannten Elementes, aber sie vergrößern das Gebiet, wo ihr Gedanke schafft, durch eine, bis dahin ungebräuchliche Zusammenstellung alter, bekannter Dinge. Wagner ist ein Neuerer, wie diese

Letztern; sein System knüpft sich an die Ueberlieferung Gluck's durch die Wichtigkeit, welche er der Beredtsamkeit der dramatischen Deklamation gibt und an die Weber's durch die deklamirende Beredtsamkeit und das tiefe Empfinden der Instrumentation. Wagner würde sicher die Zueignung der „Alceste" geschrieben haben, hätte es Gluck nicht schon gethan. Aber er geht weiter als Gluck und Weber in der praktischen Anwendung ihrer Theorien. Mit seltenem Glücke und dem kühnsten Verstande sich aller Errungenschaften, welche die Musik seit dem Tode dieser großen Männer gemacht hat, bemächtigend, alle Hülfsmittel, welche die neuen Instrumente und ihre schöne, durch *Meyerbeer* und besonders durch *Berlioz* versuchte Anwendung bieten, sich zu Nutzen machend, läßt er seinem Zwecke alle Mittel, die wir den Fortschritten der neueren Zeit verdanken, dienen, und versucht, in einem großartigeren Systeme, als das Gluck's, durch ein absoluteres Prinzip als das Weber's, das Vorherrschen des dichterischen Sinnes zu sichern, welchem Beide Gesang und Orchester unterordneten. So lange man Wagner's Partituren nicht gesehen und gehört hat, so lange man ihr gelehrtes Machwerk und ihre scenischen Wirkungen nicht studirt hat, ist es nicht leicht, sich eine richtige Vorstellung von dem Resultate zu machen, das er durch die vollständige Vereinigung, welche er zu diesen beiden Quellen, oder besser zu sagen, diesen beiden Strömen der Aufregung macht, erlangt hat. Es ist ihm gelungen, zu gleicher Zeit ein eben so außergewöhnlicher Symphonist, als großer Dramaturge zu sein. Durch diese Concentrirung so seltener und verschiedenartiger Eigenschaften, gelangt er dahin, ein Ensemble zu schaffen, das gefallen oder mißfallen kann, welches aber, was man nie wird läugnen können, in seiner kolossallen Conception sowohl, als im geringsten seiner Details ein eben logisches und vollkommenes Ensemble bildet. Wenn Frau von Stael die Musik eine Architektur von Tönen nennt, sei es uns erlaubt, die Struktur der herrlichen Bauten Wagner's mit einer architektonischen Ordnung zu vergleichen, an welches weder ihre Anhänger, noch ihre Verlästerer das Mindeste ändern oder modeln können, ohne ihr sofort den ganzen Charakter ihres Styles zu rauben. [. . .]

Wagner hat schon in seinen ersten Opern, aber vorzüglich in seinem Lohengrin stets für jede seiner Hauptpersonen eine andere Palette gemischt. Je aufmerksamer man diese letzte Partitur untersucht, um so mehr gewahrt man, welche innige Verbindung er zwischen seinem Gedichte und seinem Orchester hervorgebracht. Nicht allein hat er, wie wir schon bemerkten, in seinen Melodieen die Gefühle und die Leidenschaften, die er in Bewegung setzt, personifizirt, sondern er wollte sogar, daß ihre Umrisse durch ein ihrem Charakter entsprechendes Colorit belebt würden, und so wie er dem Charakter der Personen, die er schafft, entsprechende Rythmen und Melodieen bildet, so wählt er auch denselben entsprechende Klänge. So ist das in der ersten Introduktion leicht gezeichnete Motiv, dann stets angedeutet, wo Rede vom h. Graal, oder ganz entwickelt, wie in der Erzählung, in welcher Lohengrin am Schlusse sein erhabenes Geheimniß enthüllt, unveränderlich den Violinen anvertraut. Elsa's Motive sind fast ausschließlich von Blas-Instrumenten begleitet, wodurch die glücklichsten Contraste entspringen in den Momenten, wo sie den Blech-Instrumenten folgen. Besonders ergriffen fühlt man sich, wenn in der ersten Scene der langen Erzählung des Königs, dessen Rolle beständig von Posaunen und Trompeten begleitet, die dann das Orchester beherrschen, ein langes Schweigen folgt, und man dieses sanfte und luftige Säuseln nahen hört, wie das Gemurmel einer von himmlischem Hauche bewegten Woge, um uns selbst, ehe Elsa erscheint, vom vollen Glanze ihrer jungfräulichen Reinheit zu überzeugen. Dieselbe Instrumentation tritt wie erquickender Thau ein, um die schaurigen Flammen des Duo zwischen Friedrich und Ortrude zu löschen, sobald Elsa auf dem Balkon erscheint; sie dient auch wieder zum Brautmarsche des zweiten Aktes und schildert diese fromme Aufregung, diese Wollust der Unschuld so mächtig, daß sie aus diesem Stücke eines der herrlichsten, wenn nicht der glänzendsten der Oper macht.

Die Schwierigkeiten, Wagner's Opern in Scene zu setzen und befriedigend zur Aufführung zu bringen, die ihren Grund in der so ernsten Natur ihrer Vorwürfe, in ihrem so erhabenen Style haben, so wie in der Aufmerksamkeit, die sie vom Publikum fordern, werden leider noch lange verhindern, daß sie Popularität erlangen. Der Ernst ihrer Vollendung läßt sie keinen Anspruch machen auf den gewöhnlichen Beifall, den man Werken von kurzer Lebensdauer spendet, oder auf jenen unmittelbaren Enthusiasmus, welchen das Genie eines Rossini, eines Meyerbeer hervorgerufen hat, indem sie in blitzenden Zügen aufflammen, oder in üppigen Akkorden alle menschlichen Leidenschaften aussprechen ließen. Sollen wir also warten, bis daß der Staub der Zeit mit einer anständigen Lage Wagner's Partituren bedeckt hat, bis die Eingeweihten, sie durchblätternd, darin die Wunder genialer Geheimnisse entdecken, welche sie enthalten, und bis die Dichter in ihrer für die Vergangenheit leicht erregbaren Bewunderung sich begeistern für diese Helden, die hundertfach unsere gewöhnlichen elenden Conceptionen überragen?

Franz Liszt, *Richard Wagners Lohengrin und Tannhäuser* (aus dem Französischen), Köln 1852, S. 76–79, 81–83

Friedrich Wilhelm IV., König von Preußen, an Franz Liszt, Charlottenburg, 3. Dezember 1851

An den Großherzoglich Weimarischen Kapellmeister
F. Liszt in Weimar.

Ich habe mit Interesse Ihre Schrift über die letzten musikalischen Schöpfungen des Kapellmeisters Wagner zu Dresden, eines Mannes, welchen sein Talent eben so bewundern läßt, als leider sein Verbrechen ihn herabsetzt, entgegengenommen und sage Ihnen dafür Meinen Dank.

Briefe hervorragender Zeitgenossen an Franz Liszt, hg. v. La Mara, Bd. 3, Leipzig 1904, S. 18

Wagner in einem Brief an den Regisseur Eduard Genast, Zürich, 23. September 1850, über Striche im Lohengrin

Meine Oper hat, wie ich erkennen muß, den entschiedenen Fehler, in der Zeitdauer ihrer Aufführung zu lang zu sein; glauben Sie nun, daß dieser Fehler in Wahrheit der Grund davon sein würde, wenn die Oper keine weitere Verbreitung fände? Ich entsinne mich, überall, wo ich die „Hugenotten" aufführen sah, während des letzten Acts nur schläfrige und gähnende Gesichter angetroffen zu haben; hat dieser Umstand verhindert, daß die „Hugenotten" auf allen Theatern der Welt jahraus jahrein gegeben werden? Mein „Rienzi", der außer seiner enormen Länge den grossen Fehler einer betäubend starken Instrumentation hatte, hat das Dresdner Publikum stets in Masse herbeigezogen, während mein „Tannhäuser", der von diesem Fehler frei ist, sich nur durch die besonderste Fürsorge von oben in nöthiger Anziehungskraft erhalten konnte. Sie wollen nun durch eine Kürzung von zehn bis zwölf Minuten in der Zeitdauer meines „Lohengrin" diesem Werke bei dem Theaterpublikum Verbreitung verschaffen, das in die „Hugenotten" und meinen „Rienzi" strömte, trotzdem es darin schlaftodt geschlagen wurde? Verehrtester, die Leute, die nach dem zweiten Acte des „Lohengrin" das Theater verlassen, sind nicht durch die Dauer ermüdet und auch nicht durch Lärmen betäubt, sondern sie erliegen, je besser sie intentionirt sind, der ungewohnten Anstrengung, die ihnen das aufgedrungene Erfassen und Verfolgen einer dramatischen Darstellung verursacht, die sich nicht an den Viertel- oder halben, sondern an den ganzen Menschen wendet. Untersuchen Sie genau, so werden Sie mir Recht geben müssen. Wollen Sie nun dies Publikum wirklich erziehen, so müssen Sie es vor allen Dingen zur Kraft erziehen, ihm die Feigheit und Schlaffheit aus den philisterhaften Gliedern treiben, es dahin bestimmen, im Theater sich nicht zerstreuen, sondern sammeln zu wollen. Erziehen Sie das Publikum nicht zu solcher Kraftübung im Kunstgenuß, so verschafft Ihr Freundeseifer weder meinen Werken noch meinen Intentionen Verbreitung. Die Athener saßen von Mittag bis in die Nacht vor der Aufführung ihrer Trilogien, und sie waren ganz gewiß nichts Anderes als Menschen; allerdings waren sie aber namentlich auch im Genusse thätig.

Dies, verehrtester Freund, erwidere ich Ihnen im Allgemeinen als meine Ansicht über die Sache. Ueberzeuge ich Sie nicht, so muß ich es Ihnen allerdings überlassen, Ihrer Sorge für mein Werk nach Ihrem Dafürhalten sich zu entäußern; mir aber mögen Sie es nicht verargen, durch Ihre Maßregeln höchstens einen Erfolg bei den ehrenwerthen Philistern Weimars, keineswegs dadurch aber eine Verbreitung meiner Oper mir versichert zu sehen. Was mir an jenem Erfolge liegt, ist nicht übermäßig.

Aber kommen wir zu dem eigentlichen Grunde meines Widerstandes! Ich hätte gewünscht, die von Ihnen beabsichtigten Kürzungen nicht kennen zu lernen. An jeder von ihnen wüßte ich Ihnen und wahrscheinlich überzeugend darzulegen, wie schmerzlich Sie mein künstlerisches Ehrgefühl verletzt. Ich frage Sie, mit welchem Gefühle, mit welcher im voraus geknickten Begeisterung soll ich mich nächstens wieder an die Composition eines musikalischen Dramas machen, wenn ich bei Ausführung der wohlempfundensten und als nothwendigst erachteten Motive mich der Stellen aus „Lohengrin" entsinnen muß, die meine besten Freunde für auslassungsmöglich gehalten haben? [. . .]

Nun, kürzen Sie ganz nach Ihrem Ermessen, denn um des mir sehr verhaßten Fehlers ihrer zu großen Länge willen und namentlich auch, weil es nicht nur nöthig, sondern auch möglich war, Auslassungen vorzunehmen, gebe ich die Oper auf.

Eduard Genast, *Aus dem Tagebuch eines alten Schauspielers*, 4. Teil, Leipzig 1866, S. 139ff.

Wagner lebt von 1849 bis 1858 in Zürich. Er ist ohne festes Einkommen und wird von Freunden unterstützt. In drei Hauptschriften „Die Kunst und die Revolution" (1849), „Das Kunstwerk der Zukunft" (1849) und „Oper und Drama" (1851) begründet er seine Kunsttheorie.

95
Ungedrucktes Titelblatt zu dem Manuskript „Die Kunst und die Revolution"

I. Die kunst und die revolution.
II. Das künstlerthum der zukunft.
III. Das kunstwerk der zukunft.

I. Sonst lebte der reiche nach dem grundsatze „geben ist seliger denn nehmen" — er genoß ein glück, das er leider eben nur dem armen vorenthielt. Der moderne reiche sagt aber: „nehmen ist seliger denn geben".

II. (mensch zum thiere. (Fleischer — jäger.) unkünstlerische lieblosigkeit gegen die thiere, in denen wir nur waaren für die industrie erblicken. (reiten = liebe zum rosse. — fahren = dampf.)

III. geschichte der musik: = christlicher Ausdruck: „wo das wort nicht mehr weiter kann, da fängt die musik an:" = *Beethoven*, 9te Symfonie: beweist dagegen: „wo die musik nicht mehr weiter kann, da kommt das wort." — (das wort steht höher als der ton.)

Richard Wagner, *Nachgelassene Schriften und Dichtungen*, Leipzig 1895, S. 135

69
Wagner an seinen Dresdener Freund Theodor Uhlig, Zürich, Dezember 1850

Ich tue Unrecht, Dir gerade jetzt zu schreiben, wo ich etwas abgespannt bin: ich hätte mich Dir, wenn auch kurz, doch lieber in einem erregteren Zustande mitgeteilt. Daß Du einen großen Eindruck auf mich machst, habe ich Dir nicht erst zu sagen: daß ich durch die Rolle, die Du mir zuteilst, mich aber weniger zu sanftem Behagen belohnt, als befeuert und zur Tätigkeit angeregt sehe, das sage ich Dir besonders, um Dich über mich zu beruhigen. Wenn einem der Spiegel seines Wollens so vorgehalten wird, fühlt man sich immer mehr angetrieben, auch das Können sich anzueignen: und wahrlich — ich glaube nur

einzig dadurch mich dem Können nähern zu dürfen, daß ich mir Genossen mache, um vereint mit ihnen zur wahren Kunst zu gelangen, zu der der Einzelne ganz gewiß nicht kommen kann. — Du glaubst nicht, welche undenkliche Mühe ich mir jetzt in diesem Sinne gebe, bei allen denen, die nur erst halb verstehen, das ganze Verständnis hervorzurufen: ja selbst meine Feinde, die noch gar nicht verstehen, oder verstehen wollen, möchte ich zum Verständnis bringen: — und endlich freue ich mich doch nur darüber, selbst immer mehr zum Verständnis zu kommen. Mein
Buch — das nun „Oper und Drama" heißen soll, ist noch 102
nicht fertig: es wird mindestens doppelt so stark als das Kunstwerk der Zukunft; noch habe ich wenigstens den vollen Dezember bis zum Schluß zu verwenden, und dann zur Abschrift und Durchsicht gewiß noch den ganzen Januar. Ich kann Dir im voraus nichts mitteilen, als den Gang:

I. Darstellung des Wesens der Oper bis auf unsre Tage, mit dem Resultate, „die Musik ist ein gebärender Organismus (Beethoven hat ihn gleichsam zum Gebären der Melodie geübt) — also ein weiblicher." —

II. Darstellung des Wesens des Dramas von Shakespeare bis auf unsere Tage: Resultat, „ der dichterische Verstand ist ein zeugender Organismus, die dichterische Absicht der befruchtende Same, der nur in der Liebeserregung entsteht und der Drang zur Befruchtung eines weiblichen

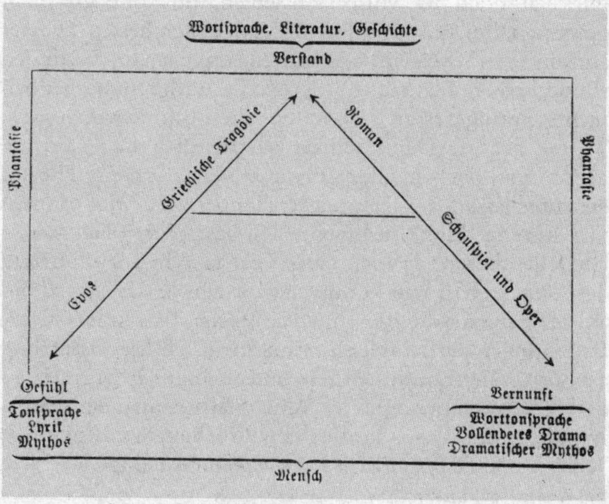

Illustration Wagners zum nebenstehenden Brief.

Organismus ist, der den Samen — in der Liebe empfangen — gebären muß."
III. (Hier fange ich jetzt erst an) „Darstellung des Gebärungsaktes der dichterischen Absicht durch die vollendete Tonsprache." — Ach, ich wollte ich hätte Dir nichts gesagt, — denn ich sehe, daß ich Dir wirklich nichts gesagt habe. — Nur noch so viel: ich habe keine Mühe gescheut, um genau und ausführlich zu sein: deshalb nahm ich mir auch sogleich vor, mich mit der Zeit nicht drängen zu lassen, um nirgends flüchtig zu werden. Eine Figur will ich Dir noch mitteilen, von der ich nicht weiß, ob ich sie in meine Schrift aufnehmen werde.

Schriften-Volksausgabe, Bd. 16, S. 93 ff.

Bereits 1848 hatte Wagner in der Überzeugung, daß nicht die Geschichte, sondern der Mythos Gegenstand des musikalischen Dramas sein müsse, den Text zu der großen heroischen Oper *Siegfrieds Tod* geschrieben. Für dieses Werk entwickelt er im Exil die Festspielidee. Er versteht sie als Protest gegen die bestehenden gesellschaftlichen und künstlerischen Zustände.

Brief Wagners an den Maler Ernst Benedikt Kietz, Paris, 14. September 1850
87

Da ich nun einmal aber lebe, und zwar mit dem besten Willen nicht anders als gerade eben *jetzt* leben kann, so muß ich dennoch etwas thun, was meinem Zeuge entspricht. Ich denke daran, den *Siegfried* [*Siegfrieds Tod*] wirklich noch in Musik zu setzen, nur bin ich nicht gesonnen, ihn aufs Geradewohl vom ersten besten Theater aufführen zu lassen: im Gegentheile trage ich mich mit den allerkühnsten Plänen, zu deren Verwirklichung jedoch nichts Geringeres als mindestens die Summe von 10,000 Thaler gehört. Dann würde ich nämlich hier, wo ich gerade bin, nach meinem Plane aus Brettern ein Theater errichten lassen, die geeignetsten Sänger dazu mir kommen und Alles nöthige für diesen einen besonderen Fall mir so herstellen lassen, daß ich einer vortrefflichen Aufführung der Oper gewiß sein könnte. Dann würde ich überall hin an diejenigen, die für meine Werke sich interessiren, Einladungen ausschreiben, für eine tüchtige Besetzung der Zuschauerräume sorgen und — natürlich gratis — drei Vorstellungen in einer Woche hintereinander geben, worauf dann das Theater abgebrochen wird und die Sache ihr Ende hat. Nur so etwas kann mich noch reizen.

Burrell-Briefe, S. 415.

Aber diese Gründe sind es ja gerade, gegen die sich der wirkliche Geist der Revolution empört: und zu ihrer Erkenntniß bedarf es ja gar keiner metaphysischen Bildung, sondern der Vernichtung dieser beirrenden Bildung zu Gunsten eines ganz einfachen natürlichen Bedürfnisses. Was ist denn aber der Inhalt des Socialismus? Die ihn predigen, verstehen ihn schon nicht mehr, weil sie organisiren wollen. Sein einziger Inhalt ist: Überfluß und Entbehrung unmöglich zu machen. Dem Volke braucht somit nichts gelehrt, sondern nur gesagt zu werden: Du hast recht! Und wahrlich, das sagt es sich immer bewußter selbst, seitdem es gesehen hat, daß es zu seinem Unglück *Führern* vertraut hat. Braucht es nicht bloß dem *politischen* Unfuge zuzusehen, um zu wissen, was ihm an der Politik zu liegen hat? Wenn je eine Geschichtsperiode förderlich war, mit Blitzesschnelle einen Irrthum zu heilen, so ist es die der heutigen Reaction! Glaubst Du, daß sich ein Mensch noch um die *Politik* schlagen wird? Wahrlich, Du glaubst es, denn Du äußerst, daß Du Dir einen Sieg der Revolution nur durch eine nothgedrungene neue Verbindung der Constitutionellen mit den Demokraten denken kannst. Ich sage Dir — nicht eine Hand rührt sich für die Demokratie, weil jede politische Revolution überhaupt unmöglich geworden ist. In der Politik haben ja keinem Menschen erst die Augen aufzugehen: alle *wissen* ja die Ehrlosigkeit unserer politischen Zustände: nur daß hinter ihnen sich die sociale Frage verbirgt, giebt allen den feigen Muth, auszuhalten. Wir haben gar keine Bewegung mehr, als die ganz entschieden sociale, aber diese in einem ganz anderen Sinne, als unsre Socialisten sie sich träumen lassen: alles Übrige bleibt schwach und unvermögend bis dahin. — Du fragst mich nun: „ja wo stecken denn diese Menschen, die diesen nothwendigen Umsturz vollführen werden? Ich sehe nichts als die erbärmlichsten Menschen, Philister und Feige um mich, und selbst in den niedern Regionen sehe ich nur Stumpfheit und Lastthiernaturen!"
Liebster Uhlig, entsinne Dich des Tages während des Dresdener Aufstandes, wo Du mich an der Zwingerpromenade trafest: mit Bangigkeit und Besorgniß frugest Du mich, ob ich nicht fürchte, daß im günstigen Falle es zu einer Pöbelherrschaft führen müßte? — Dich hatte der Anblick der Menschen erschreckt, die Du jetzt vergeblich zu suchen scheinst! Daß diese Menschen noch am Bande der Politik gegängelt wurden, daß sie noch

Wagner an Theodor Uhlig, Zürich, 22. Oktober 1850
69

so respektvoll vor den höheren politischen Zwecken standen, die sie in ihren Führern verkörpert sahen, daß sie noch nicht das waren und thaten, was sie eigentlich sind und thun werden, daß sie gehorchten, wo sie handeln sollten, das drückte sie einzig zu dem herab, wie sie Dir erschienen, zu Kerlen, die sich in politischem Schnapse besoffen und durch die Straßen brüllten, — die sie vielleicht in Brand gesteckt hätten mit all der justiziellen Herrlichkeit des schönen Dresdens, wenn sie nach ihrem Herzensgrimme hätten handeln dürfen. Ich habe diese Leute in Paris und Lyon wiedergesehen, und kenne jetzt die Zukunft der Welt. — Bis jetzt kennen wir die Äußerung der geknechteten menschlichen Natur nur im *Verbrechen*, das uns anwidert und erschreckt: — wenn jetzt Raubmörder ein Haus anstecken, so muß uns dies mit Recht gemein und ekelhaft vorkommen: — wie wird es uns aber erscheinen, wenn das ungeheure Paris in Schutt gebrannt ist, wenn der Brand von Stadt zu Stadt hinzieht, wir selbst endlich in wilder Begeisterung diese unausmistbaren Augeasställe anzünden, um gesunde Luft zu gewinnen? — Mit völligster Besonnenheit und ohne allen Schwindel versichere ich Dir, daß ich an keine andere Revolution mehr glaube, als an die, die mit dem Niederbrande von Paris beginnt: — eine Junischlacht wird man dort nicht wieder schlagen, — denn der Mensch ist sich heilig geworden; nicht aber sind diess mehr die Mauerlöcher, in denen sie zu Bestien werden. — Erschrickst Du? — Denke redlich und besonnen nach, — Du kommst zu keinem anderen Schluß! Starker Nerven wird es bedürfen, und nur wirkliche Menschen werden es überleben, d.h. solche, die durch die Noth und das großartigste Entsetzen erst zu Menschen geworden sind. — „Ob etwas Gedeihliches dabei herauskommen werde?" — Laß einmal sehen, wie wir uns nach dieser Feuerkur wiederfinden: ich könnte es mir zur Noth ausmalen, ich könnte mir sogar vorstellen, wie da oder dort ein begeisterter Mann die lebendigen Überreste unsrer alten Kunst zusammenruft, und ihnen sagt — wer hat Lust, mir ein Drama aufführen zu helfen? Nur die werden antworten, die wirklich Lust dazu haben, denn jetzt setzt es kein Geld mehr dafür, und die so sich einfinden, werden in einem schnell hergerichteten Holzbauwerke plötzlich den Leuten zeigen, was Kunst ist. — Jedenfalls wird es sehr schnell gehen, — denn Du siehst, vom allmäligen Fortschritt ist hier nicht die Rede: unser Erlöser zerstört rasend schnell, was uns im Wege steht! — Wann? — das weiß ich nicht, denn hier wird nichts gemacht, — nur das weiß ich, daß der nächste Sturm die früheren ganz in dem progressiven Grade überbieten wird, als die Februarrevolutionen unsere Erwartungen anno 1847 überboten. — Es ist nur noch ein Schritt zu thun, und der ist gebieterisch nothwendig.

RWA.

118

Hans von Bülow – in Zürich Wagners Schüler – in einem Brief an seine Schwester, St. Gallen, 26. Januar 1851

Die Verehrung und Liebe, welche ich für Wagner seit langer Zeit hege, kennst auch Du. Ich weiß nicht, ob Du sie verstehst, aber durch diese Verehrung, die auch ein Verständniß seiner Werke bedingt, bin ich erst recht zu mir selber gekommen. [. . .]
Daß ich die größte künstlerische Erscheinung unseres Jahrhunderts und vielleicht noch von hoher welthistorischer Bedeutung erkannt habe, wie es bis jetzt nur Wenigen zu Theil wurde, hat in mir Ambition, Selbstgefühl, Lebenstrieb geweckt. Es wurde mir klar, daß ich ein *Geisteigner* dieses Mannes sein könnte, sein Schüler, sein Apostel zu werden vermöchte, und mit einem solchen Streben, einem solchen Ziele schien mir das Leben lebenswerth. Für ihn empfand ich wahrhaften Enthusiasmus wie sonst für nichts.

Hans von Bülow, *Briefe,* Bd. 1, a.a.O., S. 297f.

Aus *Siegfrieds Tod* entwickelt Wagner ein vierteiliges Werk, die „Ring"-Tetralogie. Nacheinander entstehen *Der junge Siegfried, Die Walküre* und *Das Rheingold.* Den gesamten „Ring"-Text publiziert Wagner 1853 in einem Privatdruck und liest ihn im Februar im Zürcher Hotel Baur au lac geladenen Gästen vor. Am 1. November beginnt er die Kompositionsskizze zum *Rheingold.* Es ist die erste größere 111
Kompositionsarbeit seit dem *Lohengrin.*

Wagner in einem Brief an August Röckel, Zürich, 24. August 1851, über die Gestalt des Siegfried

Das fernere Theoretisiren widert mich jetzt an: Liszt hat bei mir eine neue künstlerische Arbeit angeregt. So habe ich einen „jungen Siegfried" gedichtet, der allerdings im Stande war, mir noch große Freude zu machen. Mein Held ist wild im Walde aufgewachsen und ward von einem Zwerge (dem Nibelungen „Mime") aufgezogen, um ihm den Riesenwurm zu erlegen, der den Hort bewacht. Dieser Nibelungenhort bildet ein ungemein bedeutsames

Moment: Verbrechen aller Art haften an ihm. Siegfried ist nun ungefähr derselbe junge Bursche, der im Märchen vorkommt, und auszieht, „um das Fürchten" zu lernen, — was ihm nie gelingen will, weil er mit kräftigen Natursinnen immer Alles so sieht, wie es ist. Er erlegt den Riesenwurm und erschlägt seinen Erzieher, den Zwerg, — der ihn um des Hortes willen heimlich umbringen will. Siegfried, sehnsuchtsvoll aus der Einsamkeit herausverlangend, vernimmt nun — die Gabe dazu hat er vom zufälligen Genusse des Drachenblutes gewonnen — die Stimme eines Waldvogels, der ihn auf Brünhilde verweist, die auf einem Felsen — von Feuer umgeben — schläft. Siegfried durchdringt das Feuer und erweckt Brünhilde — das *Weib* zur wonnigsten Liebesumarmung. — Ich kann Dir hier nicht mehr andeuten: vielleicht darf ich Dir die Dichtung selbst zuschicken. — Nur noch Eines: — in unseren feurigen Gesprächen geriethen wir schon darauf: — nicht eher sind wir das, was wir sein können und sollen, bis — das *Weib* nicht *erweckt* ist.

Röckel-Briefe, S. 7f.

Einladung zur Vorlesung der „Ring"-Dichtung

Zu einer Vorlesung meiner kürzlich vollendeten dramatischen Dichtung „Der Ring des Nibelungen", deren einzelne Teile ich an vier aufeinanderfolgenden Abenden, (nämlich am 16., 17., 18. und 19. dieses Monats) jedesmal um 6 Uhr, im unteren Saale des Dépendance-Gebäudes des Hotel de Baur vorzutragen gedenke, lade ich Sie hierdurch freundschaftlichst ein.
Sehr gern werde ich auch den Herrn oder die Dame meinen Vorlesungen zugegen wissen, die Sie in der Voraussetzung näherer Teilnahme für den Gegenstand auch uneingeladen mir zuführen sollten.
Zürich, 12. Februar 1853. Richard Wagner.

Schriften-Volksausgabe, Bd. 16, S. 21

Wagner in einem Brief an August Röckel, Zürich, 25./26. Januar 1854, über den Sinn seiner Tetralogie „Der Ring des Nibelungen"

Wir müssen *sterben* lernen, und zwar *sterben*, im vollständigsten Sinne des Wortes; die Furcht vor dem Ende ist der Quell aller Lieblosigkeit, und sie erzeugt sich nur da, wo selbst bereits die Liebe erbleicht. Wie ging es zu, daß diese höchste Beseligerin alles Lebenden dem menschlichen Geschlechte so weit entschwand, daß dieses endlich alles was es that, einrichtete und gründete, nur noch aus

Furcht vor dem Ende erfand? Mein Gedicht zeigt es. Es zeigt die Natur in ihrer unentstellten Wahrheit mit all ihren vorhandenen Gegensätzen, die in ihren unendlich mannigfachen Begegnungen auch das gegenseitig sich Abstoßende enthalten. Nicht aber daß Alberich von den Rheintöchtern abgestoßen wurde — was diesen ganz natürlich war — ist der entscheidende Quell des Unheils; Alberich und sein Ring konnten den Göttern nichts schaden, wenn diese nicht bereits für das Unheil empfänglich waren. Wo liegt nun der Keim dieses Unheils? Siehe die erste Scene zwischen Wodan und Fricka — die endlich bis zu der Scene im 2. Acte der Walküre führt. Das feste Band, das beide bindet, entsprungen dem unwillkürlichen Irrthume der Liebe, über den nothwendigen Wechsel hinaus sich zu verlängern, sich gegenseitig zu gewährleisten, dieses Entgegentreten dem ewig Neuen und Wechselvollen der Erscheinungswelt — bringt beide Verbundene bis zur gegenseitigen Qual der Lieblosigkeit. Der Fortgang des ganzen Gedichtes zeigt demnach die Nothwendigkeit, den Wechsel, die Mannigfaltigkeit, die Vielheit, die ewige Neuheit der Wirklichkeit und des Lebens anzuerkennen und ihr zu weichen. Wodan schwingt sich bis zu der tragischen Höhe, seinen Untergang — zu *wollen.* Dieß ist Alles, was wir aus der Geschichte der Menschheit zu lernen haben: das *Nothwendige zu wollen* und selbst zu vollbringen. Das Schöpfungswerk dieses höchsten, selbstvernichtenden Willens ist der endlich gewonnene *furchtlose,* stets liebende Mensch: *Siegfried.* — Das ist Alles. — Des Näheren verdichtet sich die unheilstiftende Macht, das eigentliche Gift der Liebe, in dem, der Natur entwendeten und gemißbrauchten *Golde,* dem Nibelungen-Ringe: nicht eher ist der auf ihm haftende Fluch gelöst, als bis es der Natur wiedergegeben, das Gold in den Rhein zurückversenkt ist. Auch dieß lernt Wodan erst ganz am Schlusse, am letzten Ziele seiner tragischen Laufbahn erkennen: das, was *Loge* ihm im Anfang wiederholt und rührend vorhielt, übersah der Machtgierige am meisten; zunächst lernte er — an Fafner's That — nur die Macht des Fluches erkennen; erst als der Ring auch Siegfried verderben muß, begreift er, daß einzig diese Wiedererstattung des Geraubten das Unheil tilgt, und knüpft daher die Bedingung seines gewünschten eignen Unterganges an diese Tilgung eines ältesten Unrechtes. *Erfahrung* ist Alles. Auch Siegfried allein (der Mann allein) ist nicht der vollkommene „Mensch": er ist nur die Hälfte, erst mit *Brünhilde* wird er zum Erlöser; nicht *Einer* kann Alles; es bedarf Vieler, und das leidende, sich opfernde Weib wird endlich die wahre wissende Erlöserin: denn die Liebe ist eigentlich „das ewig Weibliche“ selbst. — So viel von den allgemeinsten und größten Zügen: sie enthalten alle einzelnen, bestimmteren in sich. [. . .]

Wodan ist nach dem Abschied von Brünhilde in Wahrheit nur noch ein abgeschiedener Geist: seiner höchsten Absicht nach kann er nur noch *gewähren* lassen, es gehen lassen wie es geht, nirgends aber mehr bestimmt eingreifen; deswegen ist er nun auch „Wanderer“ geworden: sieh Dir ihn recht an: er gleicht *uns* auf's Haar; er ist die Summe der Intelligenz der Gegenwart, wogegen Siegfried der von uns gewünschte, gewollte Mensch der Zukunft ist, der aber nicht durch uns gemacht werden kann, und der sich selbst schaffen muß durch *unsre Vernichtung*. In solcher Gestalt — mußt Du zugestehen — ist uns Wodan höchst interessant, wogegen er uns unwürdig erscheinen müßte als subtiler Intriguant, denn das wäre er, wenn er Rathschläge gäbe, die *scheinbar* gegen Siegfried, in Wahrheit aber für ihn, und namentlich für sich gelten: das wäre ein Betrug, würdig unsrer politischen Helden, nicht aber meines untergangsbedürftigen jovialen Gottes. Sieh, wie er dem Siegfried im dritten Acte gegenüber steht! Er ist hier vor seinem Untergange so unwillkürlicher Mensch endlich, daß sich — gegen seine höchste Absicht — noch einmal der alte Stolz rührt, und zwar (wohlgemerkt!) aufgereizt durch — Eifersucht um Brünhilde; denn diese ist sein empfindlichster Fleck geworden. Er will sich gleichsam nicht nur so bei Seite schieben lassen, sondern fallen — besiegt werden: aber auch dieß ist ihm so wenig absichtliches Spiel, daß er in schnell entflammter Leidenschaft sogar auf Sieg ausgeht, auf einen Sieg, der — wie er sagt — ihn nur noch elender machen müßte. — Für die Kundgebung der Absichten mußte ich meinem Gefühle nach ein unendlich feines Maaß einhalten: allerdings soll mein Held nicht den Eindruck eines gänzlich Bewußtlosen machen: im Siegfried habe ich vielmehr den mir begreiflichen vollkommensten Menschen darzustellen gesucht, dessen höchstes Bewußtsein darin sich äußert, daß alles Bewußtsein immer nur in gegenwärtigstem Leben und Handeln sich kundgiebt: wie ungeheuer ich dieses Bewußtsein, *das fast nie ausgesprochen werden darf,* erhebe, wird Dir aus der Scene Siegfried's mit den Rheintöchtern

klar werden; hier erfahren wir, daß Siegfried unendlich wissend ist, denn er weiß das Höchste, daß Tod besser ist, als Leben in Furcht: er kennt auch den Ring, aber er achtet seiner Macht nicht, weil er was Besseres zu thun hat; er wahrt ihn nur als Zeugniß dessen, daß er — das Fürchten nicht gelernt hat. Gestehe, vor diesem Menschen muß alle Götterpracht erbleichen! [. . .]
Laß mich Dir noch etwas von *Brünhilde* sagen. Auch sie verkennst Du doch, wenn Du ihre Weigerung, den Ring Wodan zu überlassen, hart und eigensinnig findest. Erlebtest Du nicht, daß Brünhilde sich von Wodan und allen Göttern geschieden um — der *Liebe* willen, weil sie — wo Wodan Plänen nachhing — nur — liebte? Seit vollends *Siegfried* sie erweckt, hat sie kein andres Wissen mehr als das Wissen der Liebe. Nun — das Symbol dieser Liebe ist — da Siegfried von ihr zog — dieser *Ring:* da ihn Wodan von ihr fordert, tritt ihr nur noch der Grund ihrer Trennung von Wodan entgegen (weil sie aus Liebe handelte), und nur eines weiß sie jetzt noch, daß sie allem Götterthume entsagt hat um der Liebe willen. Sie weiß aber, daß die Liebe das einzig Göttliche ist: so möge denn Walhall's Pracht zu Grunde gehen, aber den Ring — (die Liebe —) opfert sie nicht. Ich bitte Dich, wie erbärmlich, geizig und gemein stünde sie nun da, wenn sie den Ring deshalb verweigerte, weil sie (etwa durch Siegfried) um seinen Zauber, um seine Goldmacht wüßte? Das wirst Du doch diesem herrlichen Weibe nicht im Ernste zumuthen? — Schauert es Dich aber, daß dieses Weib gerade in diesem *verfluchten Ringe* das Symbol der Liebe bewahrt, so wirst Du ganz nach meiner Absicht empfinden, und hierin die Macht des Nibelungen-Fluches auf seiner furchtbarsten, tragischsten Höhe erkennen: dann wirst Du überhaupt die Nothwendigkeit des ganzen letzten Drama's „Siegfried's Tod" erkennen. Das mußten wir noch erleben, um vollkommen das Unheil des Goldes inne zu werden.

Röckel-Briefe, S. 35–41

97
Vertraulicher Bericht der Wiener Polizei vom 23. März 1854

Uiber Richard Wagner cirkuliren wieder sonderbare Gerüchte. Er lebt in Zürich nicht nur im luxuriösesten Glanze, sondern kauft auch die werthvollsten Dinge, wie goldene Uhren etc., zu enormen Preisen. Seine Wohnung ist mit den schönsten Möbeln, Teppichen, seidenen Vorhängen und Kronleuchtern dekorirt, was die einfachen

Republikaner in bedenkliches Staunen und Neugierde versetzt, so daß man sich veranlaßt gesehen, überall nachzufragen, woher dieser Mann, der so arm nach Zürich kam, es nehme. Er selbst streut aus, daß er so viel für die Aufführung seiner Opern aus Deutschland beziehe. Nach den genauesten Erkundigungen ist dieß aber nicht wahr. Die wenigen Theater, welche seine Opern aufführen dürfen, zahlen ihm nichts. Auch seine Schriftstellerei bringt nichts ein, weil er meistens nur 50–100 Exemplare auf eigene Kosten drucken läßt. In Zürich bezieht er für seine Aufführungen nicht nur nichts, sondern bringt noch Opfer, um die Theilnahme im Schwung zu erhalten. Man vermuthet daher mit großer Wahrscheinlichkeit, daß er von irgend einem fürstlichen Hause Deutschlands im Geheimen unterstützt werde, was aber umso mehr in Erstaunen setzt, als es von ihm nicht nur bekannt ist, daß er in der Dresdner Revolution die ganze Theatergarderobe
93 in Brand gesteckt hat, sondern daß er auch jetzt noch in Wort und Schrift eine revolutionäre Wirkung durch die Kunst einzuleiten sucht, und zu diesem Ende mit allen literarisch-künstlerischen Größen der Propaganda in Verbindung steht. Der Glaube an seine Musik der Zukunft ist bedeutend im Sinken. Man überzeugt sich immer mehr, daß seine Sachen nur den Werth einer glänzenden Instrumentation, aber weder Seele, noch Melodie haben. Was von letzterer darin gefunden werde, habe er gestohlen.

Lippert, S. 45f.

Wagner über seine Lebenssituation an seinen Schwager Eduard Avenarius, Zürich, 2. September 1854

Mit mir wird's nun einmal ewig eine verrückte Bewandtniss haben: wäre ich — recht glücklich — so brauchte ich fast gar kein Geld: so schwanke ich immer zwischen oft ganz excentrischem Verlangen nach Lebensannehmlichkeiten, und — Lebensekel, während ich als Künstler und Mensch doch wiederum immer unfähiger werde, der heute lohnbringenden Welt die mindesten Zugeständnisse zu machen!

Familienbriefe, S. 215

Wagner in einem Brief an Franz Liszt, Dezember 1854, über Arthur Schopenhauer, dessen Philosophie er im Herbst 1854 kennengelernt hat

Neben dem — langsamen — Vorrücken meiner Musik habe ich mich jetzt ausschließlich mit einem Menschen beschäftigt, der mir — wenn auch nur literarisch — wie ein Himmelsgeschenk in meine Einsamkeit gekommen ist. Es ist *Arthur Schopenhauer*, der größte Philosoph seit *Kant*,
116 dessen Gedanken er — wie er sich ausdrückt — vollständig

erst zu Ende gedacht hat. Die deutschen Professoren haben ihn — wohlweislich — 40 Jahre lang ignorirt: neulich wurde er aber — zur Schmach Deutschland's — von einem englischen Kritiker entdeckt. Was sind vor diesem alle Hegel's etc. für Charlatan's! Sein Hauptgedanke, die endliche Verneinung des Willens zum Leben, ist von furchtbarem Ernste, aber einzig erlösend. Mir kam er natürlich nicht neu, und Niemand kann ihn überhaupt denken, in dem er nicht bereits lebte. Aber zu dieser Klarheit erweckt hat mir ihn erst dieser Philosoph. Wenn ich auf die Stürme meines Herzens den furchtbaren Krampf, mit dem es sich — wider Willen — an die Lebenshoffnung anklammerte, zurückdenke, ja, wenn sie noch jetzt oft zum Orkan anschwellen, — so habe ich dagegen doch nun ein Quietiv gefunden, das mir endlich in wachen Nächten einzig zu Schlaf verhilft; es ist die herzliche und innige Sehnsucht nach dem Tod: volle Bewußtlosigkeit, gänzliches Nichtsein, Verschwinden aller Träume — einzigste endliche Erlösung! —

Wunderbar habe ich nun oft Deine Gedanken wiedergefunden: drückst Du sie auch anders aus, weil Du religiös bist, so weiß ich doch, daß Du ganz dasselbe meinst. Wie tief bist Du! In Deinem Aufsatz über den Holländer trafst Du mich oft mit Blitzeskraft. Als ich Schopenhauer las, war ich meistens bei Dir: Du hast's nur nicht gemerkt. — So werde ich immer reifer: nur zum Zeitvertreib spiele ich noch mit der Kunst. Wie ich mich zu unterhalten suche, siehst Du aus dem beiliegenden Blatte. —

Dem schönsten meiner Lebensträume, dem jungen Siegfried zu lieb, muß ich wohl schon noch die Nibelungenstücke fertig machen: die Walküre hat mich zu sehr angegriffen, als daß ich mir diese Erheiterung nicht noch gönnen soll; ich bin damit in der zweiten Hälfte des letzten Actes. Mit dem Ganzen werde ich doch erst 1856 fertig — 1858, im zehnten Jahre meiner Hegira kann ich's dann aufführen, — wenn's sein soll. Da ich nun aber doch im Leben nie das eigentliche Glück der Liebe genossen habe, so will ich diesem schönsten aller Träume noch ein Denkmal setzen, in dem vom Anfang bis zum Ende diese Liebe sich einmal so recht sättigen soll: ich habe im Kopfe einen *Tristan und Isolde* entworfen, die einfachste, aber 125 – 127
vollblutigste musikalische Conception; mit der „schwarzen Flagge", die am Ende weht, will ich mich dann zudecken, um — zu sterben. —

Briefwechsel zwischen Wagner und Liszt, Leipzig 1910, Bd. 2, S. 42f.

Zu Wagners Züricher Freundeskreis gehören der Schriftsteller
117 Georg Herwegh und der Dresdener Architekt Gottfried
Semper, Emigranten wie Wagner, aber auch Gottfried Keller und das Ehepaar Wesendonck. Otto Wesendonck, Teilhaber einer New Yorker Seidenfirma, unterstützt Wagner und stellt ihm 1857 ein kleines Haus neben seiner Villa auf dem grünen Hügel zur Verfügung. Dieses Asyl bewohnt Wagner ein Jahr lang.

115
Gottfried Keller in einem Brief an Lina Duncker, Zürich, 13. Januar 1856

Hier in Zürich geht es mir bis dato gut, ich habe die beste Gesellschaft und sehe vielerlei Leute, wie sie in Berlin nicht so hübsch beisammen sind. Auch eine rheinische Familie
121, 124 Wesendonck ist hier, ursprünglich aus Düsseldorf, die aber eine Zeitlang in Neuyork waren. Sie ist eine sehr hübsche Frau, namens Mathilde Luckemeier, und machen diese Leute ein elegantes Haus, bauen auch eine prächtige Villa in der Nähe der Stadt, diese haben mich freundlich aufgenommen. Dann gibt es bei einem eleganten Regie-
92 rungsrat feine Soupers, wo Richard Wagner, Semper, der das Dresdner Theater und Museum baute, der Tübinger Vischer und einige Züricher zusammenkommen und wo man morgens zwei Uhr nach genugsamem Schwelgen eine Tasse heißen Tee und eine Havannazigarre bekommt. Wagner selbst verabreicht zuweilen einen soliden Mittagstisch, wo tapfer pokuliert wird, so daß ich, der ich glaubte aus dem Berliner Materialismus heraus zu sein, vom Regen in die Traufe gekommen bin.

Gottfried Kellers Briefe und Tagebücher 1830–1861, hg. v. Emil Ermatinger, Stuttgart und Berlin 1924, S. 393

115
Gottfried Keller in einem Brief an Hermann Hettner, Zürich, 16. April 1856
113

Ich gehe viel mit Richard Wagner um, welches ein genialer und auch guter Mensch ist. Wenn Sie Gelegenheit finden, seine Nibelungentrilogie zu lesen, welche er für Freunde hat drucken lassen, so tun Sie es doch. Sie werden finden, daß eine gewaltige Poesie urdeutsch, aber von antik-tragischem Geiste geläutert, darin weht. Auf mich hat es wenigstens diesen Eindruck gemacht.

Gottfried Kellers Briefe und Tagebücher, a.a.O., S. 407

Wagner berichtet Julie Ritter, die ihn zeitweise finanziell unterstützt, über den Einzug in das „Asyl auf dem grünen Hügel" in einem Brief, Zürich, 6. Mai 1857

Meine Gesundheit, nach der Sie mich so teilnehmend fragen, unterstützt mich natürlich auch nie, wenn es darauf ankommt, das Gemüt freizumachen. Wohl danke ich meinem vortrefflichen Arzte, Dr. Vaillant, der mich vorigen Sommer in Mornex behandelte, Befreiung von der widerlichen Gesichtrose und die richtige Anweisung zu fernerem Besserbefinden; doch war ich unbesonnen

genug, während der Befolgung seiner — übrigens einzig ersprießlichen — Vorschriften, unausgesetzt, und zwar besonders eifrig, zu arbeiten, wodurch ich mir endlich große Schwäche und Angegriffenheit zuzog. Dazu wuchsen die Leiden, die mir das musikalische Geräusch meiner unzähligen Hausnachbarschaften verursachten, bis ins Unerträgliche, so daß ich auf gut Glück meine Wohnung kündigte, um mich in die Lage zu bringen, um jeden Preis ein ruhigeres Logis aufsuchen zu müssen. Da teilte mir der Ihnen gewiß auch bekannte Freund Wesendonk mit, daß er, in unmittelbarer Nachbarschaft seines noch nicht ganz fertigen, prachtvollen Landgutes,
ein wunderhübsches Landhäuschen mit allerliebstem, 120
ebenfalls herrlich gelegenem Garten gekauft habe, eigens in der Absicht, es mir lebenslang — gegen sehr billige Miete — zu überlassen. Das hat mir nun einen großen Aufschwung gegeben; denn hiermit war mein längst gehegter sehnsüchtiger Wunsch nach einer ruhigen, ländlichen Wohnung auf das Allervollkommenste erfüllt. Das Häuschen ist nun höchst sauber und freundlich her- und eingerichtet worden, und — seit acht Tagen sitze ich drin.

Richard Wagners Briefe an Frau Julie Ritter, hg. v. Siegmund von Hausegger, München 1920, S. 118f.

Im August 1857 unterbricht Wagner nach Vollendung der Orchesterskizze des 2. Aktes *Siegfried* die Arbeit am *Ring des Nibelungen.* Im gleichen Monat schreibt er den Prosaentwurf zu *Tristan und Isolde.* Im September vollendet er die Dichtung, und am 6. August 1859 liegt die Partitur fertig vor. Besonderen Anteil an Wagners Arbeit nimmt Otto Wesendoncks Frau Mathilde. Zwischen Wagner und ihr entwickelt sich eine von Minna Wagner beargwöhnte Zuneigung. Am 7. April 1858 fängt sie einen heimlichen Brief Wagners an Mathilde ab.

124
Wagners „Morgenbeichte" an Mathilde Wesendonck, 7. April 1858

Madame Mathilde Wesendonck

Soeben aus dem Bett. —

Morgenbeichte.

Ach, nein! nein! nicht den De Sanctis hasse ich, sondern *mich,* daß ich mein armes Herz immer wieder in solcher Schwäche überraschte! — Soll ich mich mit meinem Unwohlsein, meiner daraus genährten Empfindlichkeit und Gereiztheit entschuldigen? Wollen versuchen, wie es geht. Vorgestern Mittag trat ein Engel zu mir, segnete und labte mich; das machte mich so wohl und heiter, daß ich am Abend ein herzliches Bedürfniß nach Freunden empfand, um ihnen an meinem inneren Glücke Antheil zu gönnen; ich wußte, ich wäre recht lieb und freundlich gewesen. Da höre ich, daß man in Deinem Hause meinen Brief sich nicht an Dich abzugeben getraute, weil De Sanctis bei Dir sei. Dein Mann blieb derselben Ansicht. Ich wartete vergebens, und hatte endlich das Vergnügen, Herrn v. Marschall zu empfangen, der sich den Abend bei uns niederließ, und mich durch jedes seiner Worte mit einem schrecklichen Haß auf alle De Sanctis's der Welt erfüllte. Der Glückliche — der hat sie jetzt mir fern gehalten! Und durch welche Gabe? Nur durch ihre Geduld. Ich konnt' es ihm nicht verdenken, es mit Dir so ernst zu nehmen; ein jeder nimmt es ja so ernst, der mit Dir zu thun hat! Wie ernst nehm' ich's doch! bis zur Qual für Dich! Aber warum pflegt sie diese pedantische Fessel? Was bedeutet ihr das Italienische? Nun, darauf konnt' ich mir bald antworten. Aber je besser ich's konnte, desto verdrießlicher ward ich auf den Lästigen; er verschwamm mir im Traum mit Marschall, und hieraus bildete sich für mich eine Gestalt, in der ich alles Elend der Welt für mich erkannte. — So ging's die Nacht fort. Am Morgen ward ich nun wieder vernünftig, und konnte recht herzinnig zu meinem Engel beten; und dieß Gebet ist Liebe! Liebe! Tiefste Seelenfreude an dieser Liebe, der Quelle meiner Erlösung! Nun kam der Tag mit seinem üblen Wetter, die Freude auf Deinen Garten war mir versagt; mit der Arbeit wollt' es noch nicht gehen. So war mein ganzer Tag ein Kampf zwischen Mismuth und Sehnsucht nach Dir; und wenn ich mich so recht herzlich nach Dir sehnte, kam mir immer unser langweiliger Pedant dazwischen, der Dich mir raubte, und ich konnte mir nicht anders gestehen, als daß ich ihn haßte. Ach, ich Armer! Ich mußt' es Dir sagen; das ging nun einmal nicht anders. Aber recht kleinlich war es doch, und ich verdiente dafür eine gehörige Strafe. Welche soll es sein? — Nächsten Montag komm' ich nach der Stunde zum Thee, und will den ganzen Abend recht liebenswürdig mit De Sanctis sein, und französisch sprechen, daß alle ihre Freude dran haben sollen. —

Was war das gestern einmal wieder für ein dummer Göthestreit? Daß Göthe für die philisterhafte Accomodation an die Welt hergerichtet werden konnte, beruht zwar schließlich auf dem Misverständnisse des Dichters; daß es aber doch geschehen *konnte*, hält mich in wachsamer Bedenklichkeit gegen ihn, und namentlich gegen seine Ausleger und Zurechtmacher. Nun, weißt Du, ließ ich auch gestern alles gelten, und namentlich Deine große Freude am *Faust;* aber endlich immer wieder hören zu müssen, der *Faust* selbst sei der bedeutendste Menschentypus, der bisher von einem Dichter geschaffen, das machte mich — (sehr thörichter Weise!) — bös. Ich kann hierüber bei den meinigen keine Täuschung bestehen lassen. Faust's Weltverzweiflung beruht im Anfange entweder auf Welterkenntniß, — dann ist er erbärmlich, wenn er sich beim Wechsel in die verachtete Welt mit großem Aufwand hineinstürzt, und zählt in meinen Augen zu jenen Menschenverächtern, die dennoch ihr ganzes Leben über keinen Ehrgeiz kennen, als die Menschen zu täuschen und sich von ihnen bewundern zu lassen; — oder aber, und so wird's sein, — Faust ist eben nur phantastischer Gelehrter, und die eigentliche Welt hat er noch gar nicht durchgefühlt; dann ist er eben nur krüppelhaft unentwickelt, und man mag es gut heißen, daß er in die Lehre der Welt geschickt wird. Da wäre es denn nun aber besser, er lernte wirklich, was zu lernen ist, und zwar bei der ersten, so schönen Gelegenheit, der Liebe Gretchens. Ach, wie glücklich ist da aber der Dichter, als er ihn aus der Seelentiefe dieser Liebe heraus hat, um ihn eines schönen Morgens die ganze Geschichte spurlos vergessen zu lassen, damit er nun die eigentliche große Welt, die antike Kunstwelt, die praktisch-industrielle Welt, mit möglichst Behagen vor seiner recht objectiven Betrachtung *abspielen* lassen könne. So heißt dieser Faust für mich eigentlich nur die versäumte Gelegenheit; und diese Gelegenheit war keine geringere, als die einzige des Heiles und der Erlösung. Das fühlt auch der graue Sünder schließlich, und sucht das Versäumte recht ersichtlich durch ein Schlußtableau nachzuholen, — so außerhalbliegend, nach dem Tode, wo's ihn nicht mehr genirt, sondern nur recht angenehm sein kann, von dem Engel an die Brust genommen, und gar wohl zu neuem Leben geweckt zu werden. — Das heiß' ich nun Alles recht gut, und Göthe bleibt mir immer gleich groß als Dichter, denn er bleibt immer wahrhaftig, und kann nicht anders; auch mögen die Leute das Objectiv nennen, nämlich wenn das Subject nie dazu kommt, das Object, die Welt, in sich aufzunehmen (was nur durch thätigstes

*Mit*leiden geschehen kann), sondern dafür sich einzig das Object vorführt, betrachtend sich darin versenkt, durch Anschauung, nicht durch Mitgefühl (denn dadurch würde er die Welt selbst — und dieses Weltwerden des Subjects ist eben Sache des Heiligen, nicht des endlich zum Philistervorbild gewordenen Faustdichters); endlich freut mich auch immer wieder an Göthe, daß er das Mißliche seines Treibens immer fühlte, und doch kein Behagen dabei fand, daß er sich das große Mitleiden so angelegentlich vom Halse hält, — und, wie gesagt, mir ist Göthe ein Naturgeschenk, durch welches ich die Welt erkennen lerne, wie durch wenig andre. Er that was er konnte, und — Ehre ihm! — Aber aus seinem jämmerlichen Faust einen edelsten Menschentypus machen zu wollen? Das kommt daher, daß es der Welt Angst wird, wenn es an die Tiefe des großen Problemes des Daseins geht; wie lieb ist's nun den Leuten, daß der Faust da endlich abspringt, und sich entschließt, da er nun doch einmal von der Welt nicht lassen will, sie zu nehmen wie sie ist. Ja, wüßtet ihr nur, daß er von da an auch nur noch den Mephistopheles zum Führer hat, und macht euch darauf gefaßt, ewig von dem Lügengeiste gequält zu werden, nachdem euch die holde Erlöserin, das herrliche Gretchen, schmerzlich erhoben den Rücken gewandt hat. Das wußte Göthe wohl; aber Ihr sollt's auch wissen! —
Was fasle ich da für dummes Zeug! Ist's die Lust, allein zu reden, oder die Freude, zu Dir zu reden? — Ja, zu Dir! Aber sehe ich Dein Auge, dann kann ich doch nicht mehr reden; dann wird doch Alles nichtig, was ich sagen könnte! Sieh, dann ist mir Alles so unbestreitbar wahr, dann bin ich meiner so sicher, wenn dieses wunderbare, heilige Auge auf mir ruht, und ich mich hinein versenke! Dann giebt es eben kein Object und kein Subject mehr; da ist Alles Eines und Einig, tiefe, unermeßliche Harmonie! O, da ist Ruhe, und in der Ruhe höchstes, vollendetes Leben! O Thor, wer sich die Welt und Ruhe von da draußen gewinnen wollte! Der Blinde, so hätte er Dein Auge nicht erkannt, und seine Seele nicht in ihm gefunden! Nur Innen, im Innern, nur in der Tiefe wohnt das Heil! — Sprechen und mich erklären kann ich auch gegen Dich nur noch, wenn ich Dich nicht sehe, oder Dich nicht sehen — darf. —
Sei mir gut, und vergieb mir mein kindisches Wesen von gestern: Du hast es ganz richtig so genannt! —
Das Wetter scheint mild. Heut' komm' ich in den Garten;

sobald ich Dich sehe, hoffe ich einen Augenblick Dich ungestört zu finden! — —
Nimm meine ganze Seele zum Morgengruße! — —

Burrell-Briefe, S. 490–493

110
Minna Wagner in einem Brief an einen unbekannten Adressaten, Dresden, 23. April 1859, über die Beziehungen zwischen Wagner und Mathilde Wesendonck
124

Vielleicht lachen Sie, wie ich es gethan, als mir gestern mein Herr Gemahl schrieb, daß er vorigen Sonn- und Montag in Zürich war, weil ihn Herr Wesendonck dringend eingeladen hatte, bei ihm zu wohnen und ihn vom Bahnhof mit seiner Equipage abholen ließ. Nachdem Hr. W. meinem Gemahl verboten, sein Haus ferner zu betreten, hatte man ihn diesmal veranlaßt, dem Gerede durch den Besuch entgegenzusteuern. Der gute Mann! Ich fürchte aber, daß sie auf diese Weise die Rechnung ohne Wirth gemacht haben, dazu war meine Gegenwart ihr nothwendig, ich hätte mit Mad. W. einen persönlichen Verkehr eingehen müssen, wovor mich Gott stets behüten möge! Ich bin fest überzeugt, Herr Wesendonck wäre keinen so schwachen Versuch eingegangen, wenn ihm bekannt gewesen wäre, daß mir mein eigener Mann gesagt, wie er mich in sein Zimmer rief: „Du, wir müssen uns trennen, die Wesendonck, für die ich einmal eine Leidenschaft habe, leidet es nicht, daß wir noch ferner zusammen sind, sie kann Dich nicht ausstehen, ist eifersüchtig auf Dich, u.s.w.“ (Dies sind Äußerungen, die nur aus dem rohesten Gemüthe entspringen können.) Ferner besuchte Mad. W. meinen Mann heimlich und umgekehrt, verbat meinem Knecht, als er ihr die Thüre aufmachte, daß er mir nicht sagen sollte, daß sie oben sei; ich habe dies alles ruhig geschehen lassen. Es ist ja so häufig der Fall, daß Männer ein Verhältnis haben, warum sollte ich es nicht auch von dem Meinigen dulden? Eifersucht kannte ich ja nicht. Nur die Gemeinheiten, diese Kränkungen hätten mir erspart werden sollen und es mir mein lächerlich eitler Mann verbergen müssen. Den Brief, der noch in meinen Händen sich befindet und der ein offenes, zärtliches Liebesverhältnis an den Tag legt, will ich noch gar nicht erwähnen, allein recht sehr bedauern kann ich die gar zu große Harmlosigkeit dieses guten Menschen.

Burrell-Briefe, S. 499

124 *Mathilde Wesendonck in einem Brief an Wagner, 16. Januar 1862, über ihre Beziehung zu ihm*

Ich las in Schopenhauer's Biographie, und fühlte mich unbeschreiblich angezogen von seinem Wesen, das mit dem Ihrigen so viel Verwandtes hat. Eine alte Sehnsucht überfiel mich, einmal in dies begeistert schöne Auge zu blicken, in den tiefen Spiegel der Natur, der dem Genius gemeinsam ist. Unser persönlicher Verkehr trat mir in's Gedächtniss zurück, ich sah die ganze reiche Welt vor mir, die Sie dem Kindergeist erschlossen, mein Auge hing mit Entzücken an dem Wunderbau, höher und höher schlug das Herz vor innigem Dankgefühl, und ich fühlte, dass mir nichts davon verloren gehen könne! So lange ich athme, werde ich nun streben, das ist Ihr Theil.

Wesendonck-Briefe, S. 347

124 *Erinnerungen Mathilde Wesendoncks an Wagners Züricher Zeit*

Die persönliche Bekanntschaft Richard Wagners machten wir im Jahre 1852. [. . .]
Aber erst 1853 wurde der Verkehr freundschaftlicher und vertrauter. Alsdann begann er, mich in seine Intentionen näher einzuweihen. Zunächst las er die „Drei Opern-Dichtungen", die mich entzückten, hierauf die Einleitung dazu und allmählig eine seiner Prosa-Schriften nach der andern.
Da ich Beethoven liebte, spielte er mir die Sonaten; war ein Konzert in Sicht, wo er eine Beethoven'sche Symphonie zu leiten hatte, so war er unermüdlich und spielte vor und nach der Probe die betreffenden Sätze so lang, bis ich mich ganz heimisch darin fühlte. Es freute ihn, wenn ich ihm zu folgen vermochte und an seiner Begeisterung die meinige entzündete. [. . .]
1854 (von Juni 28 bis Dezember 27) schrieb und vollendete er die Skizzen zur „Walküre". Das kurze Vorspiel trägt die Buchstaben: G[esegnet] S[ei] M[athilde]!
Wesendonck verehrte ihm um diese Zeit eine amerikanische Goldfeder. Sie waren damals noch selten, aber auch unendlich viel besser als die heutigen! Mit dieser Goldfeder hat er die ganze Orchester-Partitur der Walküre geschrieben, die, abgesehen von ihrem unschätzbaren sonstigen hohen Werthe, ein wahres Meisterwerk der Kalligraphie ist. [. . .]
Was er am Vormittage komponirte, das pflegte er am Nachmittage auf meinem Flügel vorzutragen und zu prüfen. Es war die Stunde zwischen 5 und 6 Uhr; er selbst nannte sich: „den Dämmermann".
Da kam es denn auch vor, daß Etwas ihn nicht befriedigte

und er nach einem andern Ausdruck suchte. Einmal war das der Fall beim Aufbau des Walhall-Motivs. Ich sagte: „Meister, das ist gut!“ Er aber: „Nein, nein, es muß noch besser werden“. — Er ging eine Weile ungeduldig im Salon auf und ab, rannte dann endlich hinaus. Am folgenden Nachmittag erschien er nicht, auch am zweiten und dritten blieb er fern. Endlich kommt er ganz still und unbemerkt herein, setzt sich an den Flügel und spielt das herrliche Motiv ganz wie früher. „Nun“? — frage ich. — „Ja, ja! Sie hat Recht, ich kann's nicht besser machen“! [. . .]

Die schöne und geräumige Wohnung in den Escherhäusern war ihm durch die vielen Klaviere in den Nachbarwohnungen unleidlich geworden. Mit einem ihm gegenüber wohnenden Schmied hatte er einen Vertrag gemacht, wonach dieser nicht am Vormittage (Wagners Arbeitsstunden) hämmern durfte, weil er „Siegfrieds Schmiedelied“ komponirte. Daher die Sehnsucht nach einem eigenen Heim, die im April 1857 endlich befriedigt werden sollte. [. . .]

Richard Wagner liebte sein „Asyl“, wie er sein neues 120
Heim in der Enge bei Zürich nannte. Mit Schmerz und Trauer hat er es verlassen, — freiwillig verlassen! Warum? Müßige Frage! Wir haben aus dieser Zeit das Werk: „Tristan und Isolde“! „Der Rest ist Schweigen und sich neigen in Ehrfurcht!“ —

Allgemeine Musik-Zeitung, Berlin, 14. Februar 1896

152
Die Schriftstellerin Malvida von Meysenbug über Wagners Ehe mit Minna

Leider verstand ich es immer tiefer, daß der Freund in seinen häuslichen Verhältnissen nicht glücklich war. Es war mir schon im vergangenen Winter klar geworden, daß seine Frau so wenig zu ihm passe, daß sie nicht im Stande war, ihn über die vielen Mißverhältnisse und die Ungunst seiner Lebenslage zu erheben, oder sie mit Seelengröße und weiblicher Anmuth versöhnend zu mildern. Dem so ganz von seinem Dämon Beherrschten hätte von jeher ein hochgesinntes, verständnißvolles Weib zur Seite stehen müssen — ein Weib, die es verstanden hätte, zwischen dem Genius und der Welt zu vermitteln, indem sie begriffen hätte, daß diese Beiden sich ewig feindlich zu einander verhalten. Frau Wagner hatte dies nie erkannt. Sie wollte vermitteln, indem sie von dem Genius Concessionen an die Welt verlangte, welche dieser nicht bringen konnte, nicht bringen durfte. Aus dieser gänzlichen

Unfähigkeit, das Wesen des Genius und die daraus entspringenden Folgen in seinem Verhältniß zur Welt zu begreifen, entstand nun fast tägliche Pein und Qual im Zusammenleben, das durch die Kinderlosigkeit der Ehe auch noch des letzten versöhnenden und mildernden Elements entbehrte. Dennoch war Frau Wagner eine gute Frau und in den Augen der Welt entschieden der bessere und der leidende Theil von den Beiden. Ich unterschied anders und empfand ein grenzenloses Mitleid mit Wagner, dem die Liebe hätte die Brücke bauen müssen, über die er zu den andern Menschen hinüberschritt, und dem sie statt dessen den bittern Kelch des Lebens noch bitterer machte. Ich stand übrigens recht gut mit Frau Wagner, sie war freundlich und vertrauensvoll mit mir und kam oft, mir ihr häusliches Leid zu klagen. Ich that dann, was ich konnte, um sie zu einem bessern Verständniß ihrer Lebensaufgabe zu bringen, allein natürlich vergeblich. Es war ihr in fünfundzwanzigjähriger Ehe nicht aufgegangen und konnte es auch nicht, eben ihrer innersten Natur nach.

Meysenbug, Bd. 3, S. 286f.

118, 125–127
Hans von Bülow in einem Brief an den Redakteur der Neuen Zeitschrift für Musik *Franz Brendel vom August 1859 über* Tristan und Isolde

Mit dem Erscheinen von „Tristan und Isolde“ tritt die äußerliche Situation der neu-deutschen Schule in eine ganz neue Phase. Da die „Nibelungen“ vor der Hand in *Wagner's* Pulte ruhen bleiben, so tritt diese einabendige Oper an die Stelle. Hier ist die Verwirklichung von W.'s Tendenzen, und zwar in ganz ungeahnter Weise. Solche Musik hat Niemand von W. erwartet. Das knüpft direct an den letzten *Beethoven* an, — keine Analogie mehr zu *Weber* oder *Gluck*. Zum „Lohengrin“ verhält sich „Tristan“ wie „Fidelio“ zur „Entführung aus dem Serail“, wie das Cis moll-Quartett zum ersten in F dur, Op. 18. Ich gestehe, aus einer Ueberraschung des Entzückens in die andere gerathen zu sein. Welcher Musiker hier noch nicht an den Fortschritt glauben will, der hat keine Ohren. Auf jeder Seite schlägt W. durch sein gewaltiges reinmusikalisches Wissen. Von dieser Architektonik, dieser musikalischen Detailarbeit können Sie sich keinen zu hohen Begriff machen. An Erfindung ist „Tristan“ W.'s potentestes Werk. Nichts ist so erhaben, als z. B. dieser zweite Act. An verschiedenen, speciell nicht zu unserer Partei gehörigen, Musikern, denen ich Fragmente mittheilte, habe ich Erfahrungen gemacht. Einer z. B. war sprachlos vor Erstaunen: „Nie hätte ich so etwas von W. erwartet — das ist beiweitem das Schönste, was er geschrieben — er

erreicht hier das Höchste im Idealen, was die Gegenwart denken kann." — Nach „Tristan" giebt es nur noch zwei Parteien — die Leute, die etwas gelernt, und die, welche nichts gelernt haben. Wen diese Oper nicht bekehrt, der hat keine Musik im Leibe. So reiche, klare und originale Polyphonie giebts in nicht allzuvielen früheren Partituren.

„Tristan und Isolde", Beginn des Vorspiels, Partitur-Erstdruck, Januar 1860.

Sie kennen mich zu gut, als daß Sie meinen sollten, ich wäre in überspannte Schwärmerei verfallen: Sie wissen, daß mein Herz erst bei der Behörde des Kopfes um Erlaubniß fragt, sich zu begeistern. Nun, mein Kopf hat hier unbedingte Genehmigung ertheilt. Populär kann „Tristan und Isolde" kaum werden, aber jeder einigermaßen poetisch begabte Laie wird gepackt werden müssen von der Erhabenheit und Gewalt des Genies, die sich in diesem Werke offenbaren. Abgesehen von allem Uebrigen: — ich versichere Ihnen, die Oper ist der Gipfelpunct bisheriger Tonkunst! —

Neue Zeitschrift für Musik, Leipzig, 9. September 1859

124
„Die Kunst des Überganges". Wagner zum Stil des Tristan. *Brief an Mathilde Wesendonck, Paris, 29. Oktober 1859*

Einer Eigenschaft, die ich mir in meiner Kunst erworben, werde ich mir jetzt immer deutlicher bewußt, da sie auch für das Leben mich bestimmt. In meiner Natur liegt es ursprünglich, schnell und stark in den Extremen der Stimmung zu wechseln: die höchsten Spannungen können fast kaum auch anders, als nah sich berühren; darin liegt oft sogar die Rettung des Lebens. Im Grunde hat auch die wahre Kunst keine andren Vorwürfe, als diese höchsten Stimmungen in ihrem äussersten Verhalten zu einander zu zeigen: das, worauf es hier einzig ankommen kann, die wichtige Entscheidung, gewinnt sich ja nur aus diesen äussersten Gegensätzen. Für die Kunst entsteht aus der materiellen Verwendung dieser Extremitäten leicht aber eine verderbliche Manier, die bis zum Haschen nach äusserlichen Effecten sich verderben kann. Hierin sah ich namentlich die neuere französische Schule, mit Victor Hugo an der Spitze, befangen. . . .
Ich erkenne nun, dass das besondere Gewebe meiner Musik (natürlich immer im genauesten Zusammenhang mit der dichterischen Anlage), was meine Freunde jetzt als so neu und bedeutend betrachten, seine Fügung namentlich dem äusserst empfindlichen Gefühle verdankt, welches mich auf Vermittelung und innige Verbindung aller Momente des Ueberganges der äussersten Stimmungen ineinander hinweist. Meine feinste und tiefste Kunst möchte ich jetzt die Kunst des Ueberganges nennen, denn mein ganzes Kunstgewebe besteht aus solchen Uebergängen: das Schroffe und Jähe ist mir zuwider geworden; es ist oft unumgänglich und nöthig, aber auch dann darf es nicht eintreten, ohne dass die Stimmung auf den plötzlichen Uebergang so bestimmt vorbereitet war, dass

sie diesen von selbst forderte. Mein grösstes Meisterstück in der Kunst des feinsten allmählichsten Ueberganges ist gewiss die grosse Scene des zweiten Actes von Tristan und 127
Isolde. Der Anfang dieser Scene bietet das überströmendste Leben in seinen allerheftigsten Affecten, — der Schluss das weihevollste, innigste Todesverlangen, Das sind die Pfeiler: nun sehen Sie einmal, Kind, wie ich diese Pfeiler verbunden habe, wie sich das vom einen zum andern hinüberleitet! Das ist denn nun auch das Geheimniss meiner musikalischen Form, von der ich kühn behaupte, dass sie in solcher Uebereinstimmung und jedes Détail umfassenden klaren Ausdehnung noch nie auch nur geahnt worden ist. Wenn Sie wüssten, wie hier jenes leitende Gefühl mir musikalische Erfindungen — für Rhythmus, harmonische und melodische Entwickelung eingegeben hat, auf die ich früher nie verfallen konnte, so würden Sie recht inne werden, wie auch in den speziellsten Zweigen der Kunst sich nichts Wahres erfinden lässt, wenn es nicht aus solchen grossen Hauptmotiven kommt. — Das ist nun die Kunst! Aber diese Kunst hängt sehr mit dem Leben bei mir zusammen.

Wesendonck-Briefe, S. 188f.

Wagner verläßt am 17. August 1858 das „Asyl“ und trennt sich von seiner Frau. Er reist nach Venedig, wo er im Palazzo Giustiniani im Winter 1858/59 den 2. Akt des *Tristan* komponiert. Da seine Aufenthaltsbewilligung nicht verlängert wird, kehrt er im März in die Schweiz zurück. In Luzern, Hotel Schweizerhof, entsteht die Komposition des 3. Aktes. In der Hoffnung, den *Tannhäuser* in Paris aufführen zu können, übersiedelt Wagner im September 1859 nach Paris. Drei Konzerte im Italienischen Theater (25. Januar, 1. und 8. Februar 1860) sollen das Unternehmen vorbereiten. Sie bringen Wagner bedeutende Anhänger, unter ihnen die Dichter Charles Baudelaire und Jules Champfleury, der Maler Gustave Doré und die Komponisten Charles Gounod und Camille Saint-Saëns. Auf Betreiben der Fürstin Pauline Metternich befiehlt Napoléon III. die Aufführung des *Tannhäuser* an der Großen Oper. Wagner bearbeitet das Werk und schreibt mit Rücksicht auf die Gepflogenheiten der Pariser Oper ein Ballett: das Venusberg-Bacchanal. Nach 164 Proben findet am 13. März 1861 die Aufführung statt. Sie endet mit einem Skandal. Wagner zieht das Werk nach der dritten Aufführung zurück.

46, 132
Hector Berlioz über die Wagner-Konzerte 1860 in Paris – „Zukunftsmusik“

Er [Wagner] hat es gewagt, das Programm seines ersten Abends ausschließlich aus Ensemblestücken, Chören oder Orchesterwerken zusammenzusetzen. Schon das bedeutete

eine Kriegserklärung gegen die Gewohnheiten unseres Publikums, welches, unter dem Vorwande, die Abwechselung zu lieben, sich stets bereit zeigt, den lärmendsten Enthusiasmus für ein gut vorgetragenes Liedchen, eine gut vokalisierte, fade Kavatine, ein gutes Tanzkunststück auf der E-Saite einer Violine, oder für gut gepfiffene Variationen auf irgend einem Blasinstrumente zur Schau zu tragen, nachdem es irgend einem großen Meisterwerke eine anständige, aber kalte Aufnahme bereitet hat. Dieses Publikum denkt, daß König und Schäfer schon bei Lebzeiten gleich sind.
Ausführbares kühn ausführen hat nicht seinesgleichen. Wagner hat es jetzt bewiesen; obwohl sein Programm gar nichts von dem Zuckerwerk enthielt, welches bei den musikalischen Festgelagen die Kinder jeden Alters anlockt, so hat man es trotzdem mit dauernder Aufmerksamkeit und einem sehr lebhaften Interesse angehört.
Es begann mit der Ouvertüre zum „*Fliegenden Holländer*", einer Oper in zwei Akten, welche ich im Jahre 1841 [richtig: 2. 1. 1843] in Dresden unter Leitung des Komponisten und mit Frau *Schroeder-Devrient* in der Hauptrolle, gesehen habe. Dieses Stück machte mir damals denselben Eindruck wie jetzt neuerdings wieder. Es setzt mit einem gewaltigen Orchesterausbruch ein, worin man sogleich das Heulen des Sturmes, die Rufe der Matrosen, das Pfeifen des Takelwerks und das Gewittertosen des wilden Meeres zu vernehmen glaubt. Dieser Anfang ist großartig; gewaltsam nimmt er den Hörer gefangen und reißt ihn mit fort; aber wenn nun dasselbe Verfahren in der Folge dauernd angewandt wird, ein Tremolo auf das andere folgt, die chromatischen Tonleitern nur zu anderen chromatischen Tonleitern führen, ohne daß auch nur ein einziger Sonnenstrahl diese finsteren, gewitterschwangeren, endlose Regengüsse aussendenden Wolken durchdringt, ohne daß auch nur die kleinste melodische Figur diesen düsteren Harmonien ein wenig Farbe gibt, so ermattet die Aufmerksamkeit des Zuhörers, verliert den Mut und unterliegt schließlich. Schon in dieser Ouvertüre, die mir außerdem übermäßig in die Breite zu gehen scheint, offenbart sich die Neigung Wagners und seiner Schule, der „*Empfindung*" nicht Rechnung zu tragen, nur die auszudrückende poetische oder dramatische Idee im Auge zu haben, ohne sich darum zu kümmern, ob der Ausdruck dieser Idee den Komponisten zwingt, die Grenzen des musikalisch Zulässigen zu überschreiten oder nicht. Die

Ouvertüre zum *„Fliegenden Holländer“* ist kraftvoll instrumentiert und der Komponist hat am Anfang die leere Quinte in außerordentlicher Weise zur Geltung gebracht. Diese Klangwirkung ruft bei solcher Verwendung einen eigentümlichen Schauder hervor. [. . .]
Die Ouvertüre zu *„Tannhäuser“* ist in Deutschland das populärste unter den Orchesterstücken Wagners. Kraft und Größe herrschen auch hier; aber die eigensinnige Haltung, welche der Komponist in diesem Werke bewahrt, führt [. . .] zu äußerster Ermüdung. [. . .]
Die Bruchstücke aus *„Lohengrin“* glänzen durch auffallendere Vorzüge, als die vorhergehenden Werke. Es scheint mir mehr Neues darin zu stecken, als im *„Tannhäuser“*; die Einleitung, welche die Stelle einer Ouvertüre zu dieser Oper vertritt, ist eine Erfindung Wagners von höchst ergreifender Wirkung. Man könnte sie dem Auge versinnlichen durch das Zeichen <>. Wir haben hier in der Tat ein gewaltiges langsames *crescendo*, welches, auf dem höchsten Grade der Klangfülle angelangt, im umgekehrten Sinne sich zu seinem Ausgangspunkte zurückwendet und in einem fast unhörbaren harmonischen Säuseln endigt. Ich weiß nicht, welche Beziehungen zwischen dieser Ouvertürenform und der dramatischen Idee der Oper bestehen; aber ohne mich mit dieser Frage zu befassen, finde ich das Stück, als symphonisches Werk an sich betrachtet, in jeder Hinsicht bewundernswert. Ein eigentlicher Melodiesatz ist darin allerdings nicht vorhanden, aber die harmonischen Übergänge sind selbst melodisch, entzückend, und trotz der Langsamkeit des Anschwellens und Wiederabschwellens erlahmt das Interesse nicht einen Augenblick. Fügen wir noch hinzu, daß hier ein Wunder der Instrumentationskunst vorliegt in den zarten Färbungen ebensowohl wie im leuchtenden Kolorit, und daß sich gegen Ende ein höchst genial erdachter, fortwährend diatonisch aufstrebender Baß bemerkbar macht, während die anderen Stimmen nach abwärts gehen. Das schöne Stück enthält überdies keinerlei Härte; es ist ebenso sanft und wohllautend als kraft- und klangvoll: für mich ist es ein Meisterwerk. [. . .]
Ich habe noch nicht gesprochen von der Orchestereinleitung zu Wagners letzter Oper *„Tristan und Isolde“*. Es ist eigentümlich, daß der Komponist sie in demselben Konzert hat spielen lassen, wie die Einleitung zu *„Lohengrin“*, denn er hat in beiden denselben Plan befolgt.

Wieder handelt es sich um ein langsames, *pianissimo* beginnendes, allmählich bis zum *fortissimo* ansteigendes, dann wieder in die Tonstärke des Anfanges zurücksinkendes Stück, ohne anderes Thema als eine Art chromatischen Stöhnens, aber voll dissonierender Akkorde, deren grausame Wirkung durch lange, an die Stelle der wirklichen Harmonienote tretende Vorhalte noch verstärkt wird.
Ich habe dieses seltsame Stück gelesen und wieder gelesen; ich habe es mit der tiefsten Aufmerksamkeit und mit dem lebhaften Wunsche, seinen Sinn zu ergründen, angehört; nun, ich muß gestehen, daß ich noch nicht den geringsten Begriff davon habe, was der Komponist damit gewollt hat. [. . .]
Sehen wir uns jetzt die Theorien näher an, welche als die seiner Schule gelten; diese Schule bezeichnet man heute allgemein als Schule der Zukunftsmusik, weil man annimmt, daß sie dem musikalischen Zeitgeschmack direkt zuwiderläuft, aber sicher darauf rechnen darf, mit dem Geschmack einer künftigen Epoche vollkommen zusammenzutreffen. [. . .]
Wenn die Schule der Zukunft sagt:

„Die Musik, heute in der Kraft der Jugend stehend, hat sich frei gemacht; sie tut, was sie will.

Viele alte Regeln sind ungültig geworden; sie waren von unaufmerksamen Beobachtern oder vom Handwerksgeiste für den Handwerksgeist aufgestellt.

Neue Bedürfnisse des Geistes, des Gemütes und des Gehörsinns treiben zu neuen Versuchen, ja selbst in gewissen Fällen zur Übertretung der alten Gesetze.

Verschiedene Formen sind zu häufig angewandt worden, um noch zulässig zu sein.

Übrigens ist *alles gut oder alles schlecht,* je nach dem Gebrauche, den man davon macht und der Begründung des Gebrauches.

In Verbindung mit dem Drama oder auch nur mit dem gesungenen Worte muß die Musik immer eine unmittelbare Beziehung zu der durch das Wort ausgedrückten Empfindung, zu dem Charakter der singenden Person, häufig sogar auch zu Betonung und Tonfall aufweisen, wie sie sich dem Gefühle am natürlichsten aus der gesprochenen Rede ergeben.

Die Opern dürfen nicht für die Sänger geschrieben werden; vielmehr sind die Sänger nach den Opern zu bilden.

Kompositionen, welche einzig und allein gewissen Virtuosen Gelegenheit zur Entfaltung ihrer Künste bieten sollen, sind als untergeordnet und ziemlich wertlos anzusehen.

Die Ausführenden sind nur mehr oder minder geistbegabte Instrumente, mit der Bestimmung, die Form und den inneren Sinn der Werke ans Licht zu fördern: ihr Despotismus ist zu Ende.

Der Meister bleibt Meister; er hat zu befehlen. Ton und Klang stehen unter der Idee.

Die Idee steht unter der Empfindung und der Leidenschaft.

Lange Koloraturen in raschem Tempo, Gesangsverzierungen, Gesangstriller und viele Rhythmen sind unverträglich mit dem Ausdruck der meisten ernsten, edlen und tiefen Gefühle.

Folglich ist es unsinnig für ein „Kyrie eleison" (das demütigste Gebet der katholischen Kirche) Figuren zu schreiben, welche dem Gebrüll einer im Wirtshause versammelten Schar von Trunkenbolden zum Verwechseln ähnlich sind.

Es ist vielleicht nicht weniger unsinnig, dieselbe Musik für eine Anrufung des Baal von seiten der Götzendiener und für ein von den Kindern Israels an Jehova gerichtetes Gebet zu verwenden.

Noch unausstehlicher ist es, wenn einer ein ideales Wesen, ein Kind des größten aller Dichter, einen Engel an Reinheit und Liebe, hernimmt und singen läßt gleich einem Freudenmädchen usw. usw.". . . . .

Wenn dies der musikalische Kodex der Zukunftsschule ist, so gehören auch wir ihr an, mit Leib und Seele, mit der tiefsten Überzeugung und den wärmsten Sympathien. Aber dann gehört ihr alles an; jedermann bekennt sich heutzutage mehr oder weniger offen, gänzlich oder teilweise zu dieser Lehre. Gibt es einen großen Meister, der nicht schreibt, *was er will?* Wer also glaubt noch an die Unfehlbarkeit der scholastischen Regeln, als höchstens einige schüchterne Biedermänner, welche vor dem Schatten ihrer Nase erschrecken würden, wenn sie eine hätten? [. . .] Also gehören wir alle, in diesem Sinne, der Schule der Zukunft an.

Wenn sie uns aber so kommt:

„Man muß das Gegenteil von dem tun, was die Regeln lehren.

Man ist der Melodie müde; man ist der melodischen Figuren müde; man ist der Arien, Duette, Terzette, der Stücke mit regelrecht durchgeführtem Thema müde; man hat die konsonierenden Harmonien, sowie die einfachen, vorbereiteten und aufgelösten Dissonanzen, die natürlichen und mit künstlerischer Beschränkung verwandten Modulationen satt.

Man darf nur der Idee Rechnung tragen, und sich aus der sinnlichen Empfindung gar nichts machen.

Man muß das lumpige Ohr verachten, durch brutale Behandlung zähmen; die Musik ist nicht dazu da, um ihm gefällig zu sein. Es muß sich an alles gewöhnen; an aufsteigende und absteigende Folgen von verminderten Septimenakkorden, vergleichbar einer Schar von Schlangen, welche sich winden und mit Zischen gegenseitig zerreißen; an unvorbereitete und unaufgelöste dreifache Dissonanzen; an Mittelstimmen, welche man zusammenzwingt, ohne daß sie in Harmonie und Rhythmus zueinander passen, so daß sie sich gegenseitig zerfleischen; an gräuliche Modulationen, welche eine Tonart in eine Ecke des Orchesters einführen, ehe noch die vorhergehende Tonart aus der anderen Ecke verschwunden ist.

Man darf der Gesangskunst keinerlei Zugeständnisse machen, weder an ihre Natur noch an ihre Forderungen denken.

In einer Oper muß man sich darauf beschränken, die Deklamation durch Noten zu bezeichnen, müßten dazu auch die unsangbarsten, verrücktesten, häßlichsten Intervalle herhalten.

Man hat keinen Unterschied zu machen zwischen der Musik, welche von einem ruhig an seinem Pulte sitzenden Musiker abgelesen werden soll, und zwischen der, welche auf der Bühne von einem gleichzeitig mit seinem eigenen Spiel und dem der anderen Mitwirkenden beschäftigten Sänger auswendig gesungen werden muß. Man darf sich niemals um die Ausführbarkeit sorgen.

Wenn die Sänger, bis sie eine Rolle im Kopfe und in der Stimme haben, ebensoviel durchmachen müssen, als um eine Seite Sanskrit auswendig zu lernen oder eine Handvoll Nußschalen zu verschlucken, so ist das ihre Sache; sie werden für ihre Arbeit bezahlt: sie sind Sklaven.

Die Hexen Macbeths haben recht: *‚Schön ist häßlich, häßlich schön‘.“* . . . .

Wenn das die neue Religion ist, sehr neu in der Tat, so bin ich weit davon entfernt, mich zu ihr zu bekennen; ich habe ihr niemals angehört, gehöre ihr nicht an, und werde ihr niemals angehören.

„Musikalische Streifzüge", übersetzt von Elly Ellès, *Literarische Werke*, Bd. 6, Leipzig 1912, S. 263–270

Brief Wagners an Hector Berlioz, Paris, Februar 1860

Lieber Berlioz!

Als ein gemeinsames Schicksal vor fünf Jahren in London uns in nähere Berührung brachte, rühmte ich mich eines Vortheiles über Sie, des Vortheiles, im Stande zu sein Ihre Werke vollkommen zu verstehen und zu würdigen, während die meinigen in einem sehr wesentlichen Punkte Ihnen immer fremd und unverständlich bleiben würden. Ich hatte dabei hauptsächlich den instrumentalen Charakter Ihrer Werke im Sinne, und, durch die Erfahrung belehrt, wie vollendet Orchesterstücke unter günstigen Umständen zur Aufführung zu bringen sind, während dramatische Musikwerke, sobald sie den herkömmlichen Rahmen des eigentlichen frivolen Operngenre's verlassen, im besten Fall nur sehr fern annähernd von unseren Opern-Personalen wiedergegeben werden können, ließ ich das Haupthinderniß, welches Ihnen für das Verständniß meiner Intentionen entgegensteht, nämlich Ihre Unkenntniß der deutschen Sprache, mit der meine dramatischen Konzeptionen so innig zusammenhängen, fast noch aus dem Auge.[...]

Durch Ihren letzten, meinen Konzerten gewidmeten Artikel, der so viel des Schmeichelhaften und Anerkennenden für mich enthielt, haben Sie mir aber noch einen anderen Vortheil überlassen, dessen ich mich jetzt bedienen will, um in Kürze Sie und das Publikum, vor welches Sie die Frage einer „*musique de l'avenir*" ganz ernstlich brachten, über dieses wunderliche Ding aufzuklären. Da auch Sie der Meinung zu sein scheinen, es handele sich hier um eine „Schule", die sich jenen Titel gäbe und deren Meister ich sei, so erkenne ich, daß auch Sie zu Denen gehören, welche wirklich nicht bezweifeln zu dürfen glauben, ich habe es mir einfallen lassen, irgendwie und irgend einmal Thesen aufzustellen, welche Sie in zwei Reihen gliedern, von denen die erste, zu deren Annahme Sie sich bereit erklären, sich durch längst und zu jeder Zeit anerkannte Giltigkeit auszeichnet, während die zweite, gegen die Sie protestiren zu müssen glauben, vollkommenen Unsinn enthält. Sehr bestimmt drücken Sie sich nicht darüber aus, ob Sie mir nur die thörichte

Eitelkeit, etwas längst Anerkanntes für etwas Neues ausgeben zu wollen, oder die Hirnverrücktheit, etwas durchaus Unsinniges aufrecht halten zu wollen, zuzusprechen gesonnen sind. Bei Ihren freundschaftlichen Gesinnungen für mich kann ich nicht anders glauben, als daß es Ihnen lieb sein muß, prompt aus diesem Zweifel gerissen zu werden. Erfahren Sie daher, daß nicht ich der Erfinder der *„musique de l'avenir"* bin, sondern ein deutscher Musik-Rezensent, Herr Professor Bischoff in Köln, Freund Ferdinand Hiller's, der Ihnen wiederum als Freund Rossini's bekannt geworden sein wird. Veranlassung aber zur Erfindung jenes tollen Wortes scheint ihm ein ebenso blödes als böswilliges Misverständniß einer schriftstellerischen Arbeit gegeben zu haben, die ich vor zehn Jahren unter dem Titel „das Kunstwerk der Zukunft" veröffentlichte. Ich verfaßte diese Schrift zu einer Zeit, wo erschütternde Lebensvorfälle mich für länger von der Ausübung meiner Kunst entfernt hatten, wo nach vielen und reichen Erfahrungen mein Geist sich sammelte zu einer gründlicheren Untersuchung von Problemen der Kunst und des Lebens, welche bis dahin mich räthselvoll eingenommen hatten. Ich hatte die Revolution erlebt und erkannt, mit welch' unglaublicher Verachtung unsere öffentliche Kunst und deren Institute von ihr angesehen wurden, so daß bei vollkommenem Siege namentlich der sozialen Revolution eine gänzliche Zerstörung jener Institute in Aussicht zu stehen schien. Ich untersuchte die Gründe dieser Verachtung, und mußte zu meinem Erstaunen beinahe die ganz gleichen erkennen, die Sie, lieber Berlioz, z. B. bestimmen, bei jeder Gelegenheit mit Eifer und Bitterkeit über den Geist jener öffentlichen Kunstinstitute sich zu ergießen; nämlich das Bewußtsein davon, daß diese Institute, also hauptsächlich das Theater, und namentlich das Operntheater, in ihrem Verhalten zum Publikum Tendenzen verfolgen, die mit denen der wahren Kunst und des ächten Künstlers nicht das Mindeste gemein haben, dagegen diese nur zum Vorwande nehmen, um mit einigem guten Anscheine im Grunde nur den frivolsten Neigungen des Publikums großer Städte zu dienen. Ich frug mich nun weiter, welches die Stellung der Kunst zur Öffentlichkeit sein müßte, um dieser eine unentweihbare Ehrfurcht für sich einzuflößen, und, um die Lösung dieser Frage nicht ganz nur in die Luft zu konstruiren, nahm ich mir die Stellung zum Anhalte, die einst die Kunst zum öffentlichen Leben der

Griechen einnahm. Hier traf ich denn auch sofort auf das *Kunstwerk,* welches allen Zeiten als das vollendetste gelten muß, nämlich das *Drama,* weil hierin die höchste und tiefste künstlerische Absicht sich am deutlichsten und allgemein-verständlichsten kundgeben kann. [. . .]
Ermessen Sie, lieber Berlioz, wie es mir nun vorkommen muß, wenn ich nach zehn Jahren nicht nur aus der Feder obskurer Skribenten, aus dem Haufen halb oder ganz unsinniger Witzbolde, aus dem Geschwätz der ewig nur nachschwatzenden blinden Masse, sondern selbst von einem so ernsten Manne, einem so ungemein begabten Künstler, einem so redlichen Kritiker, einem mir so innig werthen Freunde, dieses albernste aller Misverständnisse einer, wenn irrigen, doch jedenfalls tief gehenden Idee, mit der Phrase einer „*musique de l'avenir*" mir zugeworfen sehe, und zwar unter Annahmen, die mich, sobald ich irgendwie bei der Abfassung der von Ihnen angezogenen Thesen betheiligt wäre, geradeweges unter die albernsten Menschen selbst einreihen müßten. Glauben Sie mir nun, da mein Buch Ihnen doch wohl fremd bleiben wird, daß darin speziell von der Musik und ihrem grammatischen Theile, ob man darin Unsinn oder Thorheit schreiben solle, gar nicht nur die Rede gewesen ist; bei der Größe meines Vorhabens, und da ich nicht Theoretiker von Fach bin, mußte ich dieß füglich Anderen überlassen. Ich selbst aber bereue herzlich, meine damals aufgezeichneten Ideen veröffentlicht zu haben, denn, wenn selbst der Künstler wiederum vom Künstler so schwer verstanden wird, wie mir dieß neuerdings wieder vorgekommen ist, wenn selbst der gebildetste Kritiker oft so stark im Vorurtheil des halb gebildeten Dilettanten befangen ist, daß er im vorgeführten Kunstwerke Dinge hört und sieht, die faktisch darin gar nicht vorkommen, und dagegen das darin Wesentliche gar nicht herausfindet, — wie soll dann endlich der Kunstphilosoph vom Publikum anders verstanden werden, als ungefähr so, wie meine Schrift vom Professor Bischoff in Köln verstanden worden ist? —

Schriften-Erstausgabe, Bd. 7, S. 115–119

146
Der Dichter Charles Baudelaire an Wagner, Paris, 17. Februar 1860

Als ich zum ersten Male in das Théâtre des Italiens ging, um Ihre Werke zu hören, war ich sehr schlecht aufgelegt und, ich gestehe es, auch voller schlechter Vorurteile. Aber ich hatte dafür Entschuldigungsgründe: ich war ja so oft gefoppt worden; ich hatte so oft Musik von Scharlatanen mit großen Pretentionen erleben müssen. Von Ihnen wurde ich sogleich besiegt. Was ich empfand, ist nicht zu beschreiben, und — bitte, lachen Sie mich nicht aus! — ich versuche dies zu erklären. Zunächst schien es mir, als ob ich diese Musik kannte; doch später, als ich darüber nachdachte, verstand ich, wie ich zu dieser Täuschung gekommen war: es war mir so, als ob diese Musik meine Musik wäre, und ich erkannte sie so wieder, wie jeder Mensch die Dinge wiedererkennt, die er zu lieben bestimmt ist. Für einen ganz andern als einen Mann von Geist wäre diese Phrase unglaublich lächerlich, besonders wenn sie einer schreibt, der, wie ich, nichts von der Musik versteht und dessen ganze Erziehung sich darauf beschränkt (tatsächlich mit großem Vergnügen), einige schöne Stücke von Weber und Beethoven gehört zu haben.

Das, was mich sodann hauptsächlich betroffen hat, war die Größe. Dies stellt das Große dar, und es zielt auf das Große hin. Überall in Ihren Werken habe ich die Feierlichkeit der großen Klänge, der großen Naturaspekte gefunden und die Feierlichkeit der großen menschlichen Leidenschaften. Man fühlt sich sogleich fortgetragen und in Bann geschlagen. Eine der sonderbarsten Erscheinungen, die mir eine neue musikalische Sensation vermittelt hat, war die, eine religiöse Ekstase wiederzugeben. Die Wirkung, die durch den Einzug der Gäste und das Hochzeitsfest hervorgerufen wird, ist ungeheuer. Ich empfand dabei die Majestät eines viel weiter gespannten Lebens, als es das unsre ist. Dann noch etwas anderes: ich habe oft ein Gefühl ganz seltsamer Natur erlebt: den Stolz und die Freude, zu verstehen, mich durchdringen, forttragen zu lassen, eine wahrhaft sinnliche Wollust, die jener gleicht, in die Lüfte zu steigen oder auf dem Meere gewiegt zu werden. Und gleichzeitig atmete die Musik zuweilen Lebensstolz. Ganz allgemein schienen mir diese tiefgründigen Harmonien jenen Reizmitteln zu ähneln, welche den Puls der Phantasie beschleunigen. Endlich habe ich auch — bitte, lachen Sie nicht darüber! — Erlebnisse empfunden, die wahrscheinlich meiner Geisteshaltung und meinen häufigen Voreingenommenheiten entspringen. Überall ist etwas Entrücktes, Entrückendes, etwas, das höher hinaus geht, etwas Äußerstes, Superlatives. So zum Beispiel, um einen Vergleich mit der Malerei zu wagen, entsteht vor meinen Augen eine weite Ebene aus dunklem Rot. Wenn dieses Rot Leidenschaft darstellt, sehe ich es gradweise übergehen in alle Tönungen

von Rot zu Rosa bis zur Weißglut im Schmelzofen. Es erschiene schwierig, ja unmöglich, zu etwas noch Lohenderem zu steigern; und doch: eine letzte Rakete wird einen noch weißeren Lichtstrahl über das Weiß werfen, das ihm als Untergrund dient. Das wäre, wie man sagen könnte, der äußerste Schrei der zu ihrem Paroxysmus gesteigerten Seele.
Ich habe einige Bemerkungen über das, was wir von Tannhäuser und Lohengrin gehört haben, zu schreiben begonnen; aber ich habe dabei die Unmöglichkeit erkannt, alles zu sagen. Ich könnte auf diese Weise diesen Brief endlos fortsetzen. Wenn Sie hier dies zu lesen vermochten, danke ich Ihnen. Nur noch einige Worte möchte ich hinzufügen. Seit dem Tage, da ich Ihre Musik gehört habe, sage ich mir unaufhörlich, besonders in trüben Stunden: wenn ich doch wenigstens heute abend etwas Wagner hören könnte. Ohne Zweifel gibt es noch andere, die so beschaffen sind wie ich. Alles in allem haben Sie mit dem Publikum zufrieden sein können, dessen Instinkt über das mangelhafte Wissen der Journalisten hinausgeht. Weshalb wollen Sie nicht einige weitere Konzerte geben mit zusätzlichen neuen Stücken? Sie haben uns einen Vorgeschmack für neue Erlebnisse vermittelt; haben Sie das Recht, uns das Übrige vorzuenthalten? — Nochmals Dank, verehrter Herr; Sie haben mich in schlechten Stunden an mich und an das Große zurückerinnern lassen.

Ch. Baudelaire

Ich füge nicht meine Anschrift an, da Sie sonst vielleicht glauben möchten, ich wolle Sie um etwas bitten.

Neue Zeitschrift für Musik, Mainz 1963, S. 170ff.
(Übersetzung: Franz von Rexroth)

Wagner in einem Brief an Mathilde Wesendonck, Paris, 10. April 1860, über das Tannhäuser-*Bacchanal*

Einstweilen muss ich gute Laune sammeln, um — ein grosses Ballet zu schreiben. Was sagen Sie dazu? Zweifeln Sie an mir? Nun, Sie sollen mir das abbitten, wenn Sie's einmal hören und sehen. Jetzt nur so viel: nicht eine Note, nicht ein Wort wird am Tannhäuser geändert. Aber ein „Ballet" sollte gebieterisch drin sein, und diess Ballet sollte im zweiten Acte vorkommen, weil die Abonnés der Oper immer erst etwas später vom starken Diner in's Theater kämen, nie zu Anfang. Nun, da erklärte ich denn, dass ich vom Jockeyclub keine Gesetze annehmen könnte, und mein Werk zurückziehen würde. Nun will ich ihnen aber aus der Noth helfen: die Oper braucht erst um 8 Uhr zu beginnen, und dann will ich den unheiligen Venusberg nachträglich noch einmal ordentlich ausführen.

Dieser Hof der Frau Venus war offenbar die schwache Partie in meinem Werke: ohne gutes Ballet half ich mir seiner Zeit hier nur mit einigen groben Pinselstrichen, und verdarb dadurch viel: ich liess nämlich den Eindruck dieses Venusberges gänzlich matt und unentschieden, was zur Folge hatte, dass dadurch der wichtige Hintergrund verloren ging, auf welchem sich die nachfolgende Tragödie erschütternd aufbauen soll. Alle späteren, so entscheidenden Rückerinnerungen und Mahnungen, die uns mit starkem Grauen erfüllen sollen (weil dadurch auch erst die Handlung sich erklärt), verloren fast ganz ihre Wirkung und Bedeutung: Angst und stete Beklemmung blieben uns aus. Ich erkenne nun aber auch, dass ich damals, als ich den Tannhäuser schrieb, so etwas, wie es hier nöthig ist, noch nicht machen konnte: dazu gehörte eine bei Weitem grössere Meisterschaft, die ich erst jetzt gewonnen habe: jetzt, wo ich Isolde's letzte Verklärung geschrieben, konnte ich sowohl erst den rechten Schluss zur Fliegenden-Holländer-Ouvertüre, als auch — das Grauen dieses Venusberges finden. Man wird eben allmächtig, wenn man mit der Welt nur noch spielt. Natürlich muss ich hier alles selbst erfinden, um dem Balletmeister die kleinste Nüance vorschreiben zu können: gewiss ist aber, dass nur der Tanz hier wirken und ausführen kann: aber welcher Tanz! Die Leute sollen staunen, was ich da Alles ausgebrütet haben werde. Ich bin noch nicht dazu gekommen, etwas aufzuzeichnen: mit wenigen Andeutungen will ich's hier zum ersten Male versuchen. Wundern Sie sich nicht, dass diess in einem Briefe an Elisabeth geschieht.

Venus und *Tannhäuser* verweilen so, wie es ursprünglich angegeben ist: nur sind zu ihren Füssen die drei *Grazien* gelagert, anmuthig verschlungen. Ein ganzer, engverwachsener Kneuel kindischer Glieder umgiebt das Lager: das sind schlafende Amoretten, die, wie im kindischen Spiel, balgend über einander gestürzt und eingeschlummert sind.

Ringsum auf den Vorsprüngen der Grotte sind liebende Paare ruhig gelagert. Nur in der Mitte tanzen Nymphen, von Faunen geneckt, denen sie sich zu entziehen suchen. Diese Gruppe steigert ihre Bewegung: die Faunen werden ungestümer, die neckende Flucht der Nymphen fordert die

Männer der gelagerten Paare zur Vertheidigung auf. Eifersucht der verlassenen Frauen: wachsende Frechheit der Faunen. Tumult. Die Grazien erheben sich und schreiten ein, zur Anmuth und Gemessenheit auffordernd: auch sie werden geneckt, aber die Faunen werden von den Jünglingen verjagt: die Grazien versöhnen die Paare. — Sirenen lassen sich hören. — Da hört man aus der Ferne Tumult. Die Faunen, auf Rache bedacht, haben die Bachantinnen herbei gerufen. Brausend kommt die wilde Jagd daher, nachdem die Grazien sich wieder vor Venus gelagert. Der jauchzende Zug bringt allerhand thierische Ungethüme mit sich: unter andern suchen sie einen schwarzen Widder aus, der sorgfältig untersucht wird, ob er keinen weissen Fleck habe: unter Jubel wird er nach einem Wasserfall geschleppt; ein Priester stösst ihn nieder und opfert ihn unter grauenvollen Gebärden.
Plötzlich entsteigt, unter wildem Jauchzen der Menge, der (Ihnen bekannte) nordische Strömkarl dem Wasserstrudel mit seiner wunderbaren grossen Geige. Der spielt nun zum Tanze auf, und Sie können sich denken, was ich alles zu erfinden habe, um diesem Tanze seinen gehörigen Charakter zu geben; immer mehr mythologisches Gesindel wird herbeigezogen. Alle den Göttern heilige Thiere. Endlich Kentauren, die sich unter den Wüthenden herumtummeln. Die Grazien sind verzagt, dem Taumel wehren zu sollen. Sie werfen sich voll Verzweiflung unter die Wüthenden; vergebens! Sie blicken sich, auf Venus gerichtet, nach Hülfe um: mit einem Wink erweckt die da die Amoretten, welche nun einen ganzen Hagel von Pfeilen auf die Wüthenden abschiessen, mehr und immer mehr; die Köcher füllen sich immer wieder. Nun paart sich Alles deutlicher; die Verwundeten taumeln sich in die Arme: eine wüthende Sehnsucht ergreift Alles. Die wild herumschwirrenden Pfeile haben selbst die Grazien getroffen. Sie bleiben ihrer nicht mehr mächtig.
Faunen und Bachantinnen gepaart stürmen fort: die Grazien werden von den Kentauren auf ihren Rücken entführt; Alles taumelt nach dem Hintergrunde zu fort: die Paare lagern sich: die Amoretten sind, immer schiessend, den Wilden nachgejagt. Eintretende Ermattung. Die Nebel senken sich. In immer weiterer Ferne hört man die Sirenen. Alles wird geborgen. Ruhe. —
Endlich — — fährt Tannhäuser aus dem Traume auf. — So ungefähr. Was meinen Sie dazu? — Mir macht's Spass, dass ich meinen Strömkarl mit der eilften Variation

verwendet habe. Das erklärt auch, warum sich Venus mit ihrem Hof nach Norden gewendet hat: nur da konnte man den Geiger finden, der den alten Göttern aufspielen sollte. Der schwarze Widder gefällt mir auch. Doch könnte ich ihn auch anders ersetzen. Die Mänaden müssten den gemordeten *Orpheus* jauchzend getragen bringen: sein Haupt würfen sie in den Wasserfall, — und darauf tauchte der Strömkarl auf. Nur ist diess weniger verständlich ohne Worte. Was meinen Sie dazu? —

Wesendonck-Briefe, S. 223–226

Minna Wagner in einem Brief an den Maler Ernst Benedikt Kietz, Paris, 1. Februar 1861, über die Proben zur Pariser Tannhäuser-*Aufführung*

Gestern Abend war ich auch in eine Probe mitgegangen, die mich sehr befriedigte. Hätte ich Sie an meiner Seite gehabt, wäre mir der Genuß verdoppelt gewesen und wie gerne hätte ich Sie auf all die Schönheiten der Musik aufmerksam gemacht. Es ist ein großes, edles, originelles Werk! ich kann mir es nicht anders denken als daß es den oberflächlichen Franzosen gefällt d. h. dem unpartheiischen unbefangenen Publicum. Die Presse ist eine andere Frage, diese erregt mir ein Grauen — und dieses Gesindel a la Meyerbeer zu bestechen, dazu haben wir kein Geld und wäre etwas unwürdig für Richard. — Soviel ist gewiß, daß das darin beschäftigte Personal allmählig dahinter kommt was an der Sache ist, auch die Orchestermitglieder sind schon davon enthusiasmirt und applaudirten gestern Abend rasend und spielten schon ganz respecktabel. Die Sänger sind recht gut, zum Theil unübertrefflich, und mit Liebe bei der Sache.

Burrell-Briefe, S. 508

152
Erinnerungen der Schriftstellerin Malvida von Meysenbug an Wagners Pariser Zeit 1860 bis 1861

Inzwischen gingen die Proben des Tannhäuser vorwärts und Wagner forderte mich auf, in die erste vollständige Orchesterprobe zu kommen. Es waren nur wenige Bevorzugte im großen Opernhause gegenwärtig, von Damen nur Wagner's Frau und ich. So hörte ich denn zum ersten Mal vollständig vom Orchester diese Musik, die so lange das Ziel meiner Sehnsucht gewesen war, und ich war davon ergriffen wie von etwas Heiligem, davon berührt wie von dem Hauch der Wahrheit. Es ging auch Alles wunderschön, und nach dem herrlichen Sextett, wo die Minnesänger den wiedergefundnen Tannhäuser begrüßen, erhob sich das Orchester wie ein Mann und brachte Wagner ein freudiges Hoch der Begeisterung aus. Es war 1 Uhr in der Nacht, als die Probe zu Ende

war. Wagner war freudig erregt, weil Alles so Herrliches
zu versprechen schien. [. . .]
Indeß kurz nach dieser schönen Probe trübten sich leider
die Aussichten auf ein schönes Gelingen. Die schaden-
frohen Kobolde, die so gern einen idealen Moment im
Menschenleben vereiteln, waren geschäftig und bliesen
von allen Seiten Wolken des Mißmuths, des Neids, der
Ungunst auf. Politische Grübler waren unzufrieden, daß es
die Fürstin Metternich war, welche zunächst die Ein- 137
führung des dem französischen Temperament so ganz
fremden Kunstwerks veranlaßt hatte. Die Presse war
unzufrieden, weil Wagner nicht wie Meyerbeer u.A.
gethan, den Recensenten diners fins gab, um ihren
Geschmack im Voraus zu bestechen. Die Claque, die
sonst von jedem Componisten förmlich engagirt wurde,
war von Wagner geradezu verbannt und schäumte
natürlich vor Wuth. Auch im Orchester entstanden
Parteien, besonders war der sehr unfähige Dirigent
feindlichen Sinnes geworden. Wir, die Freunde und
Anhänger, beklagten es tief, daß Wagner anfangs abgelehnt
hatte, selbst zu dirigiren, wie wir Alle es sehnlich wünsch-
ten. Endlich aber — und dies war die Hauptsache — waren
die jungen Pariser Löwen, die Herrn des Jockey-Clubs,
empört, daß kein Ballet in der gewöhnlichen Form und
zu der gewöhnlichen Zeit, d.h. im zweiten Akt, stattfinde.
Es war notorisch, daß die Balletdamen eine Erhöhung
ihrer Gage von diesen Herrn erhielten, und daß die
Letzteren gewohnt waren, nach beendigtem Diner in die
Oper zu gehen, nicht um Harmonien zu hören, sondern
um die unnatürlichste und scheußlichste Ausgeburt der
modernen Kunst, das Ballet, zu sehen, nach dessen
Beendigung sie sich hinter die Coulissen zu näherem
Verkehr mit den springenden Nymphen begaben. Was
lag diesen vornehmen Wüstlingen an der Aufführung
eines keuschen Kunstwerks, welches den Sieg der heiligen
Liebe über den Sinnenrausch feiert? Oder vielmehr es lag
ihnen nicht nur nichts daran, sondern sie mußten es von
vornherein, noch ehe sie es gehört hatten, hassen und
verdammen. Es war ja das Gottesurtheil ihrer inneren
Gemeinheit, ihrer maßlosen Verdorbenheit. Von diesen
ging denn auch die Hauptintrigue unter denen, die sich
zum Falle der Aufführung vorbereiteten, aus. Sie hatten
die Gemeinheit, sich im Voraus kleine Pfeifen zu kaufen,
mittelst deren sie ihr Kunsturtheil abgeben wollten. [. . .]
dann kam der Tag der Aufführung. Ich war mit befreun-

deten Damen und Czermak in einer Loge. Die Ouvertüre und der erste Akt verliefen ohne Störung, und obwohl die Anordnung des gespenstischen Götterreigens im Venusberg weit hinter Wagner's Idee zurückblieb und die drei Grazien im rosa Balletkleid erschienen, so war es doch so, daß ich aufathmete und hoffte, die Befürchtungen würden zu Schanden werden. Aber bei der Wandlung der Scene, bei dem hinreißend poetischen Wechsel aus dem wüsten Bacchanal da unten in die Morgenstille des Thüringer Waldthals, bei den Klängen der Schalmei und des Hirtenliedes, brach plötzlich der lang vorbereitete Angriff aus und ein gewaltiges Pfeifen und Lärmen unterbrach die Musik. Natürlich blieb auch die Gegenpartei nicht unthätig, d.h. die Freunde und der Theil des Publikums, welcher ruhig hören und dann entscheiden wollte. Da sie numerisch doch die stärkere war, behielt sie auch den Sieg, die Aufführung ging weiter, die Sänger blieben unerschrocken und thaten ihr Bestes. Allein es dauerte nicht lange, so fing auch der Lärm wieder an. Ebenso der Protest der Gutgesinnten, die auch schließlich immer den Sieg behielten, so daß die Aufführung völlig zu Ende kam. Aber freilich, sie war so grausam gestört und zerstückelt, daß auch den Wohlwollendsten nicht die Möglichkeit geworden war, sich eine richtige Vorstellung des Ganzen zu bilden. [...]

Am folgenden Tag ging ich zu Wagners. Ich fand ihn männlich gefaßt, und so sehr war dies der Fall, daß auch die wüthendsten Journale in dem Kampf, der gleichzeitig in der Presse entbrannte, es bekannten, daß er sich am Abend der Aufführung dem Sturm gegenüber auf das Würdevollste verhalten habe. Er hatte von Anfang an den Vorsatz, die Partitur zurückzuziehn und eine weitere Aufführung unmöglich zu machen. Er hatte mit richtigem Blick erkannt, daß mit diesem Publikum der großen Pariser Oper an keinen wahren Erfolg zu denken sei. Wir Alle, die näheren Freunde, die ihn umgaben, stimmten dagegen und für die Wiederholung, da wir bestimmt hofften, daß die Sache durchdringen müsse. Wir gaben uns in unserer leidenschaftlichen Erregung keine Rechenschaft darüber, daß dies jetzt eigentlich geradezu eine Unmöglichkeit war.

So kam die zweite Aufführung heran. Die feindliche Partei hatte sich noch entschiedner gerüstet, aber ebenso auch die der Freunde. Der Kampf wurde ein noch viel erbitterterer als das erste Mal. [...]

Wagner war nun noch mehr geneigt, fernerem Scandal Einhalt zu thun, aber wir Andern Alle stimmten für die dritte Wiederholung. Sie sollte mit aufgehobnem Abonnement stattfinden, und wir hofften nun gewiß, die Ruhestörer würden fern bleiben, und nur das Publikum, welches wirklich hören wollte, würde kommen. Wagner hatte jedoch beschlossen, diesmal nicht hineinzugehen, um sich die unnütze Aufregung zu ersparen. [. . .] Die Ruhestörer hatten sich noch zahlreicher eingefunden, um ihr Werk fortzusetzen, und waren sogar von Anfang an da, was sie ihren Gewohnheiten nach sonst nie waren. Die Sänger benahmen sich wirklich heldenmüthig, sie mußten oft fünfzehn Minuten lang und noch länger anhalten, um den Sturm, der im Publikum tobte, vorüberzulassen. Aber sie standen ruhig, sahen unerschüttert in das Publikum hinein, und sowie es still wurde, nahmen sie ihren Gesang wieder auf und führten auch diesmal die Vorstellung zu Ende, obgleich das wahnsinnige Toben natürlich jede Freude an den einzelnen guten Leistungen und schönen scenischen Effekten verdarb.

Meysenbug, Bd. 3, S. 290–298

Nach vergeblichen Bemühungen, *Tristan und Isolde* in Karlsruhe uraufzuführen, versucht Wagner, das Werk an der Wiener Hofoper einzustudieren. Bis zum Winter 1863/64 finden zahlreiche Proben statt, in denen aber die Schwierigkeiten der Partitur nicht bewältigt werden. Die Aufführung kommt nicht zustande.

Wagner in einem Brief an seine Frau Minna, Wien, 19. Oktober 1861, über seine Situation

Jetzt aber, meine gute Frau! — jetzt hilf mir das *Elend* tragen! Fasse meine Lage klar in's Auge, und sieh', wie zu all den schrecklichen Sorgen und Bekümmernissen, denen ich fast erliege, Du sehr Unrecht thust, auch noch so peinigende und unnütze Qualen für Dich und mich heraufzubeschwören, wie Du's — wenn auch in guter Absicht — doch eben wieder thatest. Bedenke, wie es mit mir steht! Keine meiner Bemühungen um eine feste Stellung findet bis jetzt nur irgend eine Beachtung: eine gewöhnliche Kapellmeisterstelle wäre mein Tod. Meine älteren Opern sind überall herum: mit meinen neuen Werken stoße ich auf fast — unüberwindliche Schwierigkeiten. Ich bin mit meinen neuen Arbeiten meiner Zeit und demjenigen was unsre Theater leisten können, weit —

weit vorausgeeilt. Bereits ist mir Karlsruhe für den Tristan schädlich gewesen: meine Feinde sprengen mit Schadenfreude aus „das sei zwar meine beste Partitur, aber unaufführbar“. Ich komme nach Wien. Ander* krank; es stellt sich endlich heraus, daß für diesen ganzen Winter schwerlich auf ihn zu rechnen sein wird. Dieses Unglück wird wieder benutzt, die Unausführbarkeit der Oper auf's Tapet zu bringen. Der neue Tenor Morini, dessen Debüts ich entgegen sehe, hat alle Opern erst neu mit dem deutschen Text zu lernen: soll er dem Repertoir nützen, so ist es schwierig ihn 2 Monate mitten im Winter für eine neue Oper herzugeben. Ich habe mich an den Gedanken zu gewöhnen, wohl erst im Herbst des nächsten Jahres die Aufführung mir zu erwarten. Unter solchen Umständen herrscht auch in der Direction Unentschlossenheit: es fällt mir schwer, ein großes Honorar anzusprechen; vergeben will ich mir aber auch nichts. Tannhäuser, Lohengrin hier neu einzustudiren, und dadurch die Aufmerksamkeit auf meine Leistungen als Dirigent zu wenden, (wodurch eine Anstellung als General-Musik-Director leicht anzuregen gewesen wäre) war auch unmöglich. So daß ich im Augenblicke nichts — nichts für mich in Wien thun kann. Wie steht's nun anderswo? Kein Mensch frägt nach mir. Ich habe ganz und gar wieder von vorne anzufangen. Nach meiner Kunst ist nirgends ein Bedürfniß, und überhaupt die Zeit den Kunstinteressen sehr nachtheilig.

Richard Wagner an Minna Wagner, 3. Auflage, Berlin und Leipzig 1908, Bd. 2, S. 218f.

Minna Wagner in einem Brief an eine unbekannte Freundin, 15. Dezember 1861, über ihre Situation

Am 24. vor. Mon. war der Tag unserer sogenannten silbernen Hochzeit, den ich sehr traurig (solo) verbrachte. Könnte ich diese 25 Jahre aus meinem Leben streichen, dann vielleicht würde ich auch wieder lustig. Aber man muss sich nicht versündigen und immer noch froh sein, dass einem das Fell nicht lebendig über die Ohren gezogen worden ist. Am Tage meiner 25jährigen Verheirathung also erhielt ich von meinem Mann als Geschenk ein goldenes Armband und den Congé auf ein ganzes Jahr. Dann, sagte er, würden wir uns vielleicht in München oder am Rhein einmal sehen, einstweilen sollte ich mich hier fest niederlassen, wozu ich aber von der

*Der Wiener Tristan-Darsteller

hiesigen Behörde nicht einmal die Bewilligung bekam. Man macht mir, als der Frau eines Beteiligten von 49 schon für einen kürzeren Aufenthalt Schwierigkeiten. So steht es im Königreich Sachsen! Bis künftigen April bleibe ich hier, wohin ich dann meinen Wanderstab lenke, wissen die Götter. *Das alles dankt man den Tristans!* Von dem Misslingen des Tristan in Wien hast du vielleicht direkte Nachrichten. *Ander** hat die Stimme bis auf einige Ruinen verloren. Isolde muss sich also noch gedulden, bis sich der geeignete Held für sie findet. Es ist und bleibt auch ein gar zu verliebtes und ekliges Paar.

Wilhelm Tappert, „Minna Wagner, geb. Planer"; *Die Musik*, Berlin 1902, S. 1408

Wagner begründet in einem Brief an Hans von Bülow, Paris, 17. Dezember 1861, die Notwendigkeit eines eigenen Theaters

Ein Blick auf unsre Theater hat mir wieder deutlich gezeigt, was einzig Noth thut, wenn meine Kunst irgend Wurzel schlagen soll, und nicht gänzlich mißverstanden als Ephemere verwehen soll. Ich brauche ein Theater, wie ich es einzig selbst herstellen kann. Es ist *nicht möglich*, daß auf denselben Theatern, in welchen unser Opernunsinn — selbst den Klassischen mit eingerechnet — gegeben wird, und wo Alles, Darstellung, Auffassung und geforderte Wirkung im Grunde genommen schnurstracks dem zuwiderläuft, was ich für mich und meine Arbeiten fordere, diese zu gleicher Zeit einen wirklichen Boden finden könnten. Stell' mir das Wiener und Berliner Hoftheater zur Disposition, mach' mich zum Herren Alles dessen, was ich brauche: ich kann es mir gar nicht stellen, und — glückte es rasenden Anstrengungen einmal etwas Rechtes zu Stande zu bringen, Alles bräche schnell wieder wie ein Kartenhaus zusammen, sobald morgen wieder der Prophet, oder selbst Zauberflöte, oder gar selbst Fidelio gegeben würde. Ich kann die „Oper" nicht in meiner Nähe dulden, wenn mein Musikdrama gepflanzt werden soll. Somit sehe jetzt mehr wie je wieder ein: ich brauche ein Theater für mich, welches *ich* dann Andren ebenfalls erschließe. Dieß *kann* ich in drei Städten nur haben: Paris — Wien — Berlin. Denn es bedarf der größten Städte, um genug Publikum für eine (anfangs so anzusehende) Specialität zu haben. Da ich nicht mehr Franzose werden kann, bleiben mir nur die beiden deutschen Hauptstädte. Obwohl Wien sehr musikalisch ist, halte ich doch Berlin, auch wie Du es neulich mir schilderst, für wichtiger und förderlicher.

Richard Wagner, *Briefe an Hans von Bülow*, Jena 1916, S. 170f.

Bereits im Juli 1860 erfährt Wagner von seiner Amnestierung. Er kann Deutschland mit Ausnahme Sachsens wieder betreten. Im Hause seines neuen Verlegers Franz Schott in Mainz liest er am 5. Februar 1862 die Dichtung der *Meistersinger von Nürnberg* vor, die er am 25. Januar in Paris abgeschlossen hatte. Noch im Februar bezieht er in unmittelbarer Nähe seines Verlegers, in Biebrich, eine Wohnung und beginnt im März die Komposition der *Meistersinger*. Wagner hofft, das Werk schnell vollenden zu können, um dadurch seine finanzielle Notlage zu überwinden.

Der mit Wagner befreundete Komponist und Kapellmeister Wendelin Weißheimer erinnert sich an einen Abend bei Wagner in Biebrich im Juli 1862

Als wir eines Abends wieder um Wagner versammelt waren, und er sich in sehr mitteilsamer Stimmung befand, kam er auch auf die nach Bewältigung der „Meistersinger" und der „Nibelungen" geplanten Werke zu sprechen und entwickelte sehr ausführlich und schon sehr ins einzelne gehend seine Ideen über „Parsifal". Dann sprach er noch über einen ihn sehr fesselnden indischen Stoff; doch meinte er, daß es dazu wohl schwerlich kommen werde, denn er habe immer die Ahnung, als würde „Parsifal" sein letztes Werk. Er hatte sich dabei sichtlich in eine gewisse Rührung gesprochen. In Frau von Bülows Antlitz zeigten sich Thränen — es entstand eine Pause. Ich schlich auf den Balkon und Hans v. Bülow* kam leise nach, mir die prophetischen Worte zuflüsternd: „So gering auch die Hoffnung und so wenig Aussicht auf Verwirklichung seiner Pläne besteht — *Sie werden sehen, er erreicht sein Ziel und bringt auch noch den ‚Parsifal' zu stande.*"

Wendelin Weißheimer, *Erlebnisse mit Richard Wagner, Franz Liszt und vielen anderen Zeitgenossen,* 2. Auflage, Stuttgart und Leipzig 1898, S. 126

---

10 Jahre nach dem Privatdruck der *Ring*-Dichtung veröffentlicht Wagner 1863 den Text seiner Nibelungen-Tetralogie erneut. In einem eigens dafür geschriebenen Vorwort erläutert er die Idee des Bühnenfestspiels und die Möglichkeiten seiner Verwirklichung.

Wagners „Vorwort zur Herausgabe der Dichtung des Bühnenfestspieles ‚Der Ring des Nibelungen' "

Meinen näheren Freunden, denen ich bereits vor längerer Zeit die Dichtung meines Bühnenfestspieles mittheilte, blieb zugleich nicht unbekannt, welche Vorstellung ich mir von der Möglichkeit einer vollständigen musikalisch-dramatischen Aufführung derselben machte. Da ich sie noch fest halte, und ein wirkliches Gelingen des Unter-

*Hans von Bülow war im Juli 1862 zu musikalischen Studien (*Tristan und Isolde*) mit seiner Frau Cosima, geb. Liszt, bei Wagner in Biebrich.

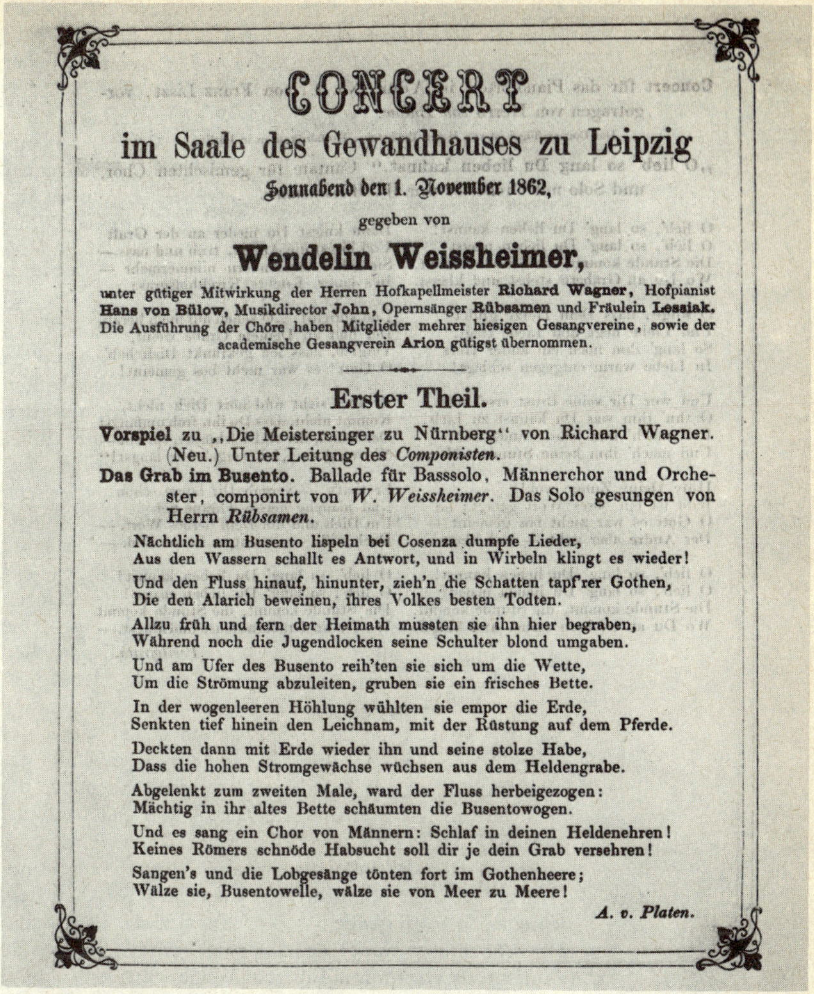

CONCERT

im Saale des Gewandhauses zu Leipzig

Sonnabend den 1. November 1862,

gegeben von

Wendelin Weissheimer,

unter gütiger Mitwirkung der Herren Hofkapellmeister **Richard Wagner**, Hofpianist **Hans von Bülow**, Musikdirector **John**, Opernsänger **Rübsamen** und Fräulein **Lessiak.** Die Ausführung der Chöre haben Mitglieder mehrer hiesigen Gesangvereine, sowie der academische Gesangverein **Arion** gütigst übernommen.

Erster Theil.

Vorspiel zu „Die Meistersinger zu Nürnberg" von Richard Wagner. (Neu.) Unter Leitung des *Componisten.*

Das Grab im Busento. Ballade für Basssolo, Männerchor und Orchester, componirt von *W. Weissheimer.* Das Solo gesungen von Herrn *Rübsamen.*

Nächtlich am Busento lispeln bei Cosenza dumpfe Lieder,
Aus den Wassern schallt es Antwort, und in Wirbeln klingt es wieder!

Und den Fluss hinauf, hinunter, zieh'n die Schatten tapf'rer Gothen,
Die den Alarich beweinen, ihres Volkes besten Todten.

Allzu früh und fern der Heimath mussten sie ihn hier begraben,
Während noch die Jugendlocken seine Schulter blond umgaben.

Und am Ufer des Busento reih'ten sie sich um die Wette,
Um die Strömung abzuleiten, gruben sie ein frisches Bette.

In der wogenleeren Höhlung wühlten sie empor die Erde,
Senkten tief hinein den Leichnam, mit der Rüstung auf dem Pferde.

Deckten dann mit Erde wieder ihn und seine stolze Habe,
Dass die hohen Stromgewächse wüchsen aus dem Heldengrabe.

Abgelenkt zum zweiten Male, ward der Fluss herbeigezogen:
Mächtig in ihr altes Bette schäumten die Busentowogen.

Und es sang ein Chor von Männern: Schlaf in deinen Heldenehren!
Keines Römers schnöde Habsucht soll dir je dein Grab versehren!

Sangen's und die Lobgesänge tönten fort im Gothenheere;
Wälze sie, Busentowelle, wälze sie von Meer zu Meere!

A. v. Platen.

Programmzettel Gewandhaus 1. 11. 1862, Uraufführung des „Meistersinger"-Vorspiels unter Wagner (vgl. Bild 26).

nehmens, sobald es durch ausreichende materielle Unterstützung in das Werk zu setzen wäre, zu bezweifeln noch nicht gelernt habe, sei mein Plan, mit der Veröffentlichung des Gedichtes, nun auch weiteren Kreisen mitgetheilt. —

Es kam hierbei vor Allem mir darauf an, eine solche Aufführung als frei von den Einwirkungen des Repertoirganges unserer stehenden Theater mir zu denken. Demnach hatte ich eine der minder großen Städte Deutschlands, günstig gelegen, und zur Aufnahme außerordentlicher Gäste geeignet, anzunehmen, namentlich eine solche, in welcher mit einem größeren stehenden Theater nicht zu kollidiren, somit auch einem großstädtischen eigentlichen Theaterpublikum und seinen Gewohnheiten nicht gegenüber zu treten wäre. Hier sollte nun ein provisorisches Theater, so einfach wie möglich, vielleicht bloß aus Holz, und nur auf künstlerische Zweckmäßigkeit des Inneren berechnet, aufgerichtet werden; einen Plan hierzu, mit amphitheatralischer Einrichtung für das Publikum, und dem großen Vortheile der Unsichtbarmachung des Orchesters, hatte ich mit einem erfahrenen, geistvollen Architekten in Besprechung gezogen. — Hierher sollten nun, etwa in den ersten Frühlingsmonaten, aus den Personalen der deutschen Operntheater ausgewählte, vorzüglichste dramatische Sänger berufen werden, um, ununterbrochen durch jede anderartige künstlerische Beschäftigung, das von mir verfaßte mehrtheilige Bühnenwerk sich einzuüben. — Das deutsche Publikum aber sollte eingeladen werden, zu den festgesetzten Tagen der Aufführungen, von denen ich etwa drei im Ganzen annahm, sich einzufinden, indem diese Aufführungen, wie bereits unsere großen Musikfeste, nicht einem partiellen städtischen Publikum, sondern allen Freunden der Kunst, nah' und fern, geboten sein sollten. Eine vollständige Aufführung des vorliegenden dramatischen Gedichtes sollte, im vollen Sommer, an einem Vorabende das „Rheingold", und an drei folgenden Abenden die Hauptstücke „Walküre" „Siegfried" und „Götterdämmerung", zur Darstellung bringen.

Die Vortheile, welche sich aus einer solchen Veranstaltung erstlich für die Aufführung selbst ergeben würden, schienen mir folgende. — In künstlerisch praktischer Hinsicht dünkte mich zunächst eine wirklich gelingende Aufführung eben nur auf diesem Wege selbst *möglich*. Bei der vollkommenen Styllosigkeit der deutschen Oper, und der fast grotesken Inkorrektheit ihrer Leistungen, ist die Hoffnung, an einem Haupttheater für höhere Aufgabe geübte Kunstmittel korporativ anzutreffen, nicht zu fassen: der Autor, der auf diesem verwahrlosten öffentlichen Kunstgebiete eine ernstlich gemeinte, höhere Aufgabe zu stellen gedenkt, trifft zu seiner Unterstützung nichts an, als das wirkliche Talent *einzelner* Sänger, welche in keiner Schule unterrichtet, durch keinen Styl für die Darstellung geleitet, hie und da, selten — denn das Talent der Deutschen hierfür ist im Ganzen gering — und gänzlich sich selbst überlassen, vorkommen. Was daher kein einzelnes Theater bieten kann, vermöchte, glücklichen Falles, nur eine Vereinigung zerstreuter Kräfte, welche für eine gewisse Zeit, auf einen bestimmten Punkt zusammengerufen würden. — Hier würde diesen Künstlern zunächst es von Nutzen sein, daß sie eine Zeitlang nur mit Einer Aufgabe sich zu befassen hätten, deren Eigenthümlichkeit ihnen um so schneller und bestimmter aufgehen würde, als sie durch keine hiervon abziehende Ausübung ihrer gewohnten Opernarbeit in diesem Studium unterbrochen wären. Der Erfolg dieser Zusammenfassung ihrer geistigen Kräfte auf Einen Styl und Eine Aufgabe, ist allein nicht hoch genug anzuschlagen, wenn man erwägt, wie wenig Erfolg von solchem Studium unter den gewöhnlichen Verhältnissen zu erwarten wäre, wo z. B. derselbe Sänger, der Abends zuvor in einer schlecht übersetzten neueren italienischen Oper sang, Tags darauf den „Wotan" oder „Siegfried" sich einüben soll. Außerdem führte diese Methode aber auch zu dem praktischen Ergebnisse, daß auf das Einüben eine verhältnißmäßig weit kürzere Zeit, als dieß im Geleise einer gemeinen Repertoirthätigkeit möglich sein könnte, zu verwenden wäre: was wiederum dem Flusse des Studiums sehr zu Statten käme. [. . .]

Zur Vollendung des Eindruckes einer solchermaaßen vorbereiteten Aufführung, würde ich dann noch besonders die Unsichtbarkeit des Orchesters, wie sie durch eine, bei amphitheatralischer Anlage des Zuschauerraumes mögliche, architektonische Täuschung zu bewerkstelligen wäre, von großem Werthe halten. Jedem wird die Wichtigkeit hiervon einleuchten, der mit der Absicht, den wirklichen Eindruck einer dramatischen Kunstleistung zu gewinnen, unseren Opernaufführungen beiwohnt, und durch den unerläßlichen Anblick der mechanischen Hilfsbewegungen beim Vortrage der Musiker und ihrer Leitung unwillkürlich zum Augenzeugen technischer Evolutionen gemacht wird, die ihm durchaus verborgen bleiben sollten, fast ebenso sorgsam, als die Fäden, Schnüre, Leisten und Bretter der Theaterdekorationen, welche, aus den Coulissen betrachtet, einen bekanntlich alle Täuschung störenden Eindruck machen. Hat man nun je erfahren, welchen verklärten, reinen, von jeder Beimischung des, zur Hervorbringung des Tones den Instrumentisten unerläßlichen, außermusikalischen Geräusches befreiten Klang ein Orchester bietet, welches man durch eine akustische Schallwand hindurch hört, und vergegenwärtigt man sich nun, in welche vortheilhafte Stellung der Sänger zum Zuhörer tritt, wenn er diesem gleichsam unmittelbar gegenüber steht, so hätten wir hieraus nur noch auf das leichtere Verständniß auch seiner Aussprache zu schließen, um zu der vortheilhaftesten Ansicht über den Erfolg der von mir gemeinten akustisch-architektonischen Anordnung zu gelangen. Nur aber in dem von mir gedachten Falle eines eigens hierzu konstruirten provisorischen Theatergebäudes würde diese Vorrichtung zu ermöglichen sein.

Ebenso wichtig, wie für die Aufführung selbst, müßte, meinem Erachten nach, nun aber der Erfolg einer solchen Aufführung hinsichtlich ihres Eindruckes auf das Publikum sein. — Bisher gewohnt, als Glied des stehenden Opernpublikums einer Stadt in den höchst bedenklichen Vorführungen dieses zweideutigen Kunstgenre's eine gedankenlose Zerstreuung zu suchen, und Dasjenige, was ihm diesen Dienst nicht leistete, anforderungsvoll zurückzuweisen, würde der Zuhörer unserer Festaufführung plötzlich in ein ganz anderes Verhältniß zu dem ihm Gebotenen treten. Klar und bestimmt davon unterrichtet, was es sich dießmal und hier zu erwarten habe, würde unser Publikum aus von näher und ferner her öffentlich Eingeladenen bestehen, welche nach dem gastlichen Ort der Aufführung reisen und hier zusammenkommen, eben um den Eindruck unserer Aufführung zu empfangen. [. . .]

Mir stellen sich zwei Wege dar.

Eine Vereinigung kunstliebender vermögender Männer und Frauen, zunächst zur Aufbringung der für eine erste Aufführung meines Werkes nöthigen Geldmittel. — Bedenke ich, wie kleinlich die Deutschen gewöhnlich in solchen Dingen verfahren, so habe ich nicht den Muth, von einem hierfür zu erlassenden Aufrufe mir Erfolg zu versprechen.

Sehr leicht fiele es dagegen einem deutschen Fürsten, der hierfür keinen neuen Satz auf seinem Budget zu beschaffen, sondern einfach nur denjenigen zu verwenden hätte, welchen er bisher zur Unterhaltung des schlechtesten öffentlichen Kunstinstitutes, seines, den Musiksinn der Deutschen so tief bloßstellenden und verderbenden, Operntheaters bestimmte. [. . .]

Nachdem ich ihm dagegen gezeigt habe, welcher ganz ungemeine Einfluß auf die Moralität eines bisher uns herabwürdigenden Kunstgenre's, welche Schöpfung eigenthümlichster deutscher Art ihm hierdurch ermöglicht werden müßte, würde er von seinem jährlichen Budget nur die auf Unterhaltung der Oper in seiner Residenz verwandte Summe bei Seite legen, und sie, wenn ausreichend, zu alljährlichen, wenn nicht, sie kombinirend, zu zwei- oder dreijährig sich wiederholenden Festaufführungen der bezeichneten Art bestimmen, und somit eine Stiftung gründen, die ihm einen unberechenbaren Einfluß auf den deutschen Kunstgeschmack, auf die Entwickelung des deutschen Kunstgenie's, auf die Bildung eines wahrhaften, nicht dünkelhaften nationalen Geistes, seinem Namen aber unvergänglichen Ruhm gewinnen müßte. —

Wird dieser Fürst sich finden? —

„Im Anfang war die That.“

In Erwartung dieser That fühlt der Autor sich gedrungen, auf einen Anfang durch das „Wort“, und zwar recht eigentlich durch das Wort, ohne Ton, ja ohne Klang, eben nur das durch Typen hervorgebrachte Wort zu denken, indem er sich entschließt, sein Gedicht, als solches, dem größeren Publikum zu übergeben. Gerathe ich hiermit allerdings in Widerspruch mit meinem früheren Wunsche, nur das vollendete Ganze, wozu die Musik und die scenische Aufführung eben unerläßlich, vorzuführen, so bekenne ich gern, durch Geduld und Erwartung endlich ermüdet zu sein. Ich hoffe *nicht* mehr, die Aufführung meines Bühnenfestspieles zu erleben: darf ich ja kaum hoffen, noch Muße und Lust zur Vollendung der musikalischen Komposition zu finden. Somit übergebe ich wirklich ein bloßes dramatisches Gedicht, ein poetisches Litteraturprodukt der bücherlesenden Öffentlichkeit. Schon von dieser es beachtet zu sehen, dürfte mir nicht leicht fallen, da es keinen eigentlichen Markt hat. Der Litterat legt den „Operntext“ bei Seite, weil er nur den Musiker angehe; der Musiker, weil er nicht begreift, wie dieser Operntext komponirt werden solle. Das eigentliche Publikum, das sich so gern und willig für mich entschied, verlangt die „That“.

Die steht leider nicht in meiner Macht!

Schriften-Erstausgabe, Bd. 6, S. 385–389, 393ff.

Vom Dezember 1862 bis zum Dezember 1863 dirigiert Wagner zahlreiche Konzerte in Wien, Prag, Budapest, Petersburg, Moskau, Karlsruhe, Löwenberg und Breslau. Erstmals führt er dabei Fragmente aus dem *Ring des Nibelungen* auf. Während die Konzerte in Wien (26. Dezember 1862/1. und 11. Januar 1863) mit einem Defizit enden, bringen die Konzerte in Petersburg und Moskau (März/April 1863) große Einnahmen. Am 12. Mai 1863 bezieht Wagner in Penzing bei Wien eine neue Wohnung. Die kostspielige Einrichtung bringt ihn erneut in finanzielle Schwierigkeiten. Im Frühjahr 1864 droht Wagner die Schuldhaft. Er flieht aus Wien. Die Schriftstellerin Eliza Wille, seit 1852 mit Wagner bekannt, nimmt ihn vorübergehend in ihrem Landhaus Mariafeld am Zürichsee auf.

Der Dichter Friedrich Hebbel über Wagners Wiener Konzerte 1863

Der Held des Tages ist hier jetzt *Richard Wagner*, der in Concerten, die er selbst dirigirt, Fragmente aus seinen unvollendeten Opern zum Besten giebt. Jedoch hat er sich keineswegs eines ungetheilten oder auch nur großen Beifalls zu erfreuen, so lärmend es auch im Theater an der Wien, wo das Experiment stattfindet, hergeht, und so oft er auch gerufen wird. Seine Anhänger, meistens persönliche Schüler, sagen über den „Walküren-Ritt", es sei eine Musik von Blut und Eisen, die Händel und Gluck, Mozart und Beethoven weit hinter sich lasse. Seine Gegner behaupten, er habe die Trompeten von Jericho wieder entdeckt, und es sei nur zu beklagen, daß er nicht etwas früher in Wien eingetroffen sei; dann hätte der Magistrat viel Geld sparen können, denn die Basteien wären gewiß von selbst zusammen gestürzt. Das unbefangene Publicum, dem in musicalischen Dingen ohne Zweifel die erste Stimme in Deutschland zusteht, urtheilt weniger excentrisch. Es verkennt nicht, daß der Walküren-Ritt ein höchst characteristisches Musikstück ist, welchem der Eindruck nirgends fehlen kann, es übersieht aber auch nicht, daß die materiellen Mittel darin auf eine Weise verwerthet sind, die noch weit über Spontini hinaus geht. Ich selbst wage nicht zu entscheiden, ob die Musik mehr die Seele ergreift oder das Rückenmark schüttelt. Dem Auge wird die Oper, der dieser Walküren-Ritt angehört, Erstaunliches bieten, viel mehr, als irgend eine von Meyerbeer, was einigermaßen befremdet, da Wagner es dem Verfasser des „Propheten" so bitter vorwarf, daß er nicht einmal die Effecte von Schlittschuhbahnen und Sonnenaufgängen verschmähe. Aber was sind Schlittschuhbahnen und Sonnenaufgänge gegen die theatralischen

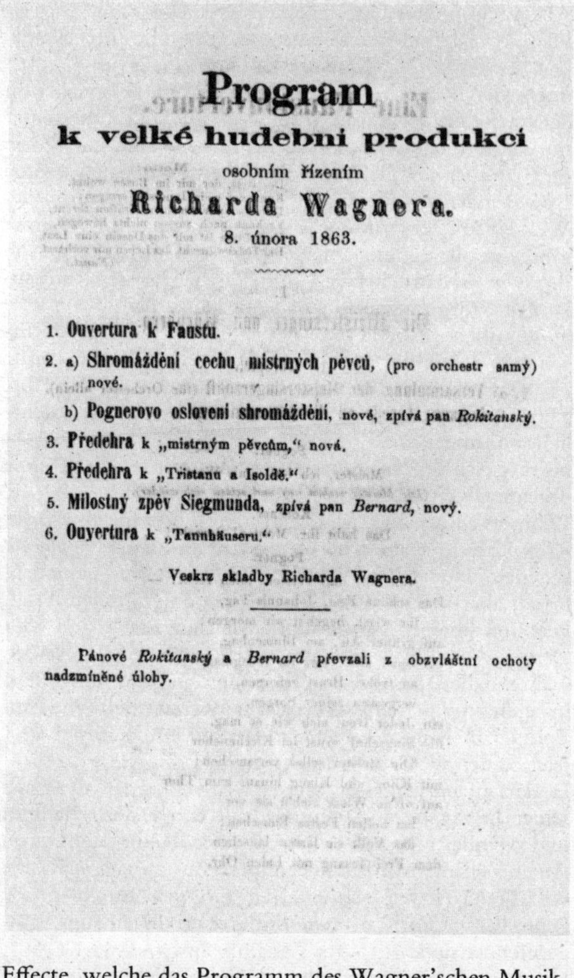

Program
k velké hudební produkci
osobním řízením
Richarda Wagnera.
8. února 1863.

1. **Ouvertura k Faustu.**
2. a) **Shromáždění cechu mistrných pěvců,** (pro orchestr samý) nové.
   b) **Pognerovo oslovení shromáždění,** nové, zpívá pan *Rokitanský*.
3. **Předehra** k „mistrným pěvcům," nová.
4. **Předehra** k „Tristanu a Isoldě."
5. **Milostný zpěv Siegmunda,** zpívá pan *Bernard*, nový.
6. **Ouvertura** k „Tannhäuseru."

Veskrz skladby Richarda Wagnera.

Pánové *Rokitanský* a *Bernard* převzali z obzvláštní ochoty nadzmíněné úlohy.

Programmzettel von Wagners Konzert in Prag, 8. Februar 1863. Dietrich Mack, Thurnau.

Effecte, welche das Programm des Wagner'schen Musikstücks in Aussicht stellt! Immerhin ist der Walküren-Ritt eine vortreffliche Ouvertüre zum Wiener Carneval. Das pfeift, zischt, klingelt, rauscht, stürmt, als ob der Moment gekommen wäre, wo auch die Steine Ton und Stimme erhalten sollen, und man wundert sich nur noch, daß man bei'm letzten Tactstrich nicht sammt dem Componisten und dem ganzen Theater in die Luft fliegt.

Friedrich Hebbel Säkular-Ausgabe 1813–1913, Berlin o.J., Bd. 10, S. 317f.

Der Kritiker Alexander Nikolajewitsch Serow schreibt in seinem Bericht „Richard Wagner in Petersburg"

Allein schon diese Überschrift als *Feststellung* eines augenblicklich stattfindenden Ereignisses muß die Aufmerksamkeit desjenigen Teiles des Publikums, der musikalisch interessiert ist, in hohem Grade erregen. Selbst viele von denen, die sich zwar um Musik weiter nicht kümmern und nur in die italienische Oper gehen, weil es zum guten Ton gehört, aber beispielsweise um Beethoven einen weiten Bogen machen, wissen ja wohl, daß es irgendwo in der Welt einen „Reformator" in der Musik namens Wagner gibt, der alle möglichen Gerüchte und Streitigkeiten in den wissenschaftlichen und musikalischen Kreisen Deutschlands hervorgerufen hat und in Paris mit seinem *Tannhäuser* ausgepfiffen worden ist. Denen aber, welche die Erscheinungen in der Musik und Literatur verfolgen, dürfte es genauer bekannt sein, daß Wagner schon seit dem Jahre 1842, als er in Dresden seine fünfaktige und außerordentlich wirkungsvolle, im Geschmack Spontinis und Meyerbeers geschriebene Oper *Cola Rienzi* auf die Bühne brachte, als Musiker von Bedeutung galt. [. . .]

Wagners Musik kann wegen der Tiefe ihrer Ideen und der Kompliziertheit ihrer Formen niemals auf eine *Popularität* rechnen, wie sie die Opern Verdis und Flotows genießen, bringt aber heute sowohl in Berlin wie in Dresden, Prag, Pest und überall, wo *Rienzi*, *Tannhäuser*, *Lohengrin* oder *Der fliegende Holländer* gespielt werden, *volle Häuser*, während die Opernbühnen, die noch keine Wagner-Opern bringen oder sich in konservativer Verbohrtheit (wie zum Beispiel in München) *noch nicht dazu entschlossen haben*, jetzt zu den wenigen Ausnahmen gehören. [. . .]

Es darf nicht vergessen werden, daß Wagner, der nach seiner literarischen Bedeutung mit den ersten Dichtern und Denkern unserer Zeit in einer Reihe steht, von Anfang an die Musik seiner Opern nur zu *von ihm selbst* verfaßten Texten schrieb, die sämtlich durch große Schönheiten auch in rein literarischer Beziehung ausgezeichnet sind.

Um aber die ganze künstlerische Persönlichkeit in ihrem diametralen Gegensatz zu dem von den Wagner-Gegnern in Paris (und sogar in Deutschland) in die Welt gesetzten Bilde von einem Halbdichter richtig zu begreifen, muß man sich vorstellen, daß bei ihm das Literarische, die ungeheure Belesenheit und geistige Verarbeitung Hand in Hand mit dem eigentlich Musikalischen geht, sowohl in bezug auf das Schöpferische als auch auf alles Technische, mit dessen Erlernung allein andere ein ganzes Leben verbringen, um sich danach *im Rechte* zu glauben, Geschichte, Literatur und alle übrigen Geistesgebiete zu ignorieren und über ihr Notenpult nicht hinwegzusehen.

Mit seiner Beherrschung aller Geheimnisse des Kontrapunkts und der Orchestrierung, womit er zum Beispiel oft Meyerbeer überlegen ist, sowie als *Dirigent* hat Wagner nur in den beiden ersten *Virtuosen* auf diesem Gebiet, in Hector Berlioz und Franz Liszt, seinesgleichen (alle übrigen Orchesterbefehlshaber ohne Ausnahme können neben diesen überhaupt nicht erwähnt werden).

Wagner hatte wiederholt Sinfonien von Beethoven zu dirigieren, darunter sogar die *Neunte,* zu einer Zeit, wo er keine Möglichkeit hatte, vorher einen Blick in die Partitur zu tun, aber alle Sinfonien Beethovens hat er *ständig genau im Gedächtnis* und in der Vorstellung genau wie seine eigene Musik, so daß er auch die Neunte Sinfonie auf den Proben und vor dem Publikum *ohne Partitur, auswendig* dirigierte. Er leitet das Orchester sehr eigenwillig und schlägt *keineswegs den Takt* so, wie das so eifrig die Handwerker unter den Dirigenten tun; er gestaltet nur die *Schattierungen und den Charakter* der Musik. Es ist klar, daß *ohne* diese Feinheiten, *ohne* diese Herausarbeitung ihres Charakters eine jede Musik nur eine Folge von mehr oder weniger schönen Tönen ist und noch keineswegs eine Ausschöpfung der Idee des Komponisten, und ebenso klar, daß zum wirklichen *Ausdruck* der Instrumentalmusik, der unmittelbar vom Dirigenten abhängt, dieser voll und ganz *den Sinn und die Idee* des Werkes *verstehen* muß. Von einem handwerklichen, auf Grund seines *Amtes* oder irgendwelcher *Umstände* oder unangebrachter *Eitelkeit* an der Spitze eines Orchesters stehenden Durchschnittsmusiker ein *wirkliches* Verständnis der Beethovenschen Sinfonien, in denen er nur *Noten* und *Akkorde* sieht, zu verlangen, wäre ebensowenig am Platze, wie von einem Schneidergesellen, der knapp lesen und schreiben kann und in seinem Leben nichts als Märchen vom Franzle Venezian gelesen hat, einen sinngemäßen Vortrag Puschkinscher oder Lermontowscher Gedichte zu erwarten.

Alexander N. Serow, *Aufsätze zur Musikgeschichte,* deutsch von Felix Loesch, Berlin 1955, S. 327–330

Der Kapellmeister Heinrich Esser, Leiter der Wiener „Tristan"-Proben, urteilt in einem Brief an den Verleger Franz Schott, Wien, 28. März 1863, über Wagner
174

Wagner scheint mir nach dem, was Sie von ihm schreiben, seines Verstandes nicht recht mächtig zu sein. Wenn er in jeder Stadt, wo er sich gerade aufhält, eine Liebschaft anfängt, so ist dies seine Privatsache, die mich nichts angeht. Vielleicht ist es seinem empfindsamen Herzen nicht möglich, die excentrischen, enthusiastischen Damen, welche sich ihm an den Hals werfen, zurückzustossen, und ich gönne ihm von Herzen die Wonne, von so vielen zarten Armen sanft umfangen zu werden. Dass er aber, nachdem er bei seinen hiesigen Konzerten ein Defizit erzielte, welches ihm ein hiesiger Freund gedeckt haben sollte, die tausend Gulden, welche er, wie er mir sagte, in Prag verdient hat, dazu verwendet, sich einen Bauplatz in Biebrich zu kaufen, und ganz großartig anfangen will, von seinem in Petersburg gewonnenen Gelde ein Haus zu bauen, während er nichts zum Leben hat, dies scheint mir doch bereits an die Grenze von „Unbesonnenheit" — um mich eines zarten Ausdruckes zu bedienen — zu grenzen (sic).
Vollständig lächerlich scheint es mir, wenn er über Sie deshalb beleidigt sein sollte, weil Sie auch andere Sachen stechen, als Wagnersche Werke. Auch kann ich mir nicht denken, dass dies wirklich der wahre Grund sein sollte, weshalb er gegen Sie den Beleidigten spielt. Da scheint es mir schon wahrscheinlicher, dass er Sie deshalb vernachlässigte, weil er einsieht, daß sich aus Ihnen weiter kein Geld herauspressen lässt. Wagner hat die fatale Eigenschaft, dass er die Leute, so lange er glaubt, dass sie ihm nützlich sein können, mit seiner Freundschaft beehrt, die aber nur so lange dauert, bis die Citrone ausgepresst ist. Übrigens finde ich es doch sehr unklug von ihm, dass er Ihnen gegenüber, der Sie ihm doch sehr nützlich sein können, einen solchen faux-pas macht.

Edgar Istel, „Richard Wagner im Lichte eines zeitgenössischen Briefwechsels", *Die Musik*, Berlin 1902, S. 1371

Heinrich Esser in einem Brief an Franz Schott, Wien, 10. Mai 1863, über Wagners finanzielle Lage

Vor acht Tagen erhielt ich, wie ich Ihnen in meinem letzten Briefe mitteilte, eine schriftliche Einladung zu einem Diner bei Richard Wagner, welches auch wirklich stattfand. Wir waren nur wenige Personen: Dr. Standhartner, Primararzt am allgemeinen Krankenhaus und grosser Verehrer des berühmten Komponisten, unser erster Geiger Hellmesberger und meine Wenigkeit. Das Diner liess nichts zu wünschen übrig. [. . .]

5

II.

Die Walküre.

(Erstes Hauptstück des grossen Bühnen-Festspieles: „Der Ring des Nibelungen".)

1. **Der Ritt der Walküren** (für Orchester allein).

Die Scene stellt den Gipfel eines Felsenberges dar. Züge finst'rer Wolken jagen wie vom Sturme getrieben, am Felsensaume vorbei; abwechselnd bricht in ihnen Blitzesglanz aus: eine **Walküre** *zu Ross wird darin sichtbar, über ihrem Sattel hängt ein erschlagener Krieger. Immer mehre der* **Walküren** *kommen auf diese Weise angezogen, mit wildjauchzenden Zurufen begrüssen sie sich von ferner und näher. Endlich sind sie Alle auf dem Gipfel dieses, von der Sage später so benannten Brünnhildensteines angelangt, stellen die Luftrosse zur Weide und rühmen sich gegenseitig ihrer Beute. (Diese Beute sind die Leichen im Kampf erschlagener Helden, die sie auf der Walstatt erkoren, um von ihnen nach Walhall geleitet zu werden, wo sie von* **Wotan**, *dem Schlachtenvater neu erweckt und von den Walküren, als „Wunschmädchen" herrlich bewirthet werden.)*

2. **Siegmund's Liebesgesang.**

Siegmund, *von übermächtigen Feinden verfolgt, ist todtmüde und waffenlos in* **Hundings** *Haus gelangt, und von dessen jungem Weibe* **Sieglinde** *gepflegt und erquickt worden. Zwischen beiden treten alsbald ahnungsvolle Beziehungen hervor.* **Siegmund** *ist von seiner Zwillingsschwester in frühester Kindheit getrennt worden; in seiner wildeinsamen Jugend fand er nie, was ihm tiefinnig, heimisch verwandt gewesen wäre.* **Sieglinde**, *ebenfalls in zartem Alter der Heimat entrissen, ist, kaum heran gereift, einem finst'ren, feindseligen Manne zum Weibe gegeben worden. Die Begegnung* **Siegmunds** *weckt ihr fernschlummernde Erinnerungen;* **Siegmund** *ersieht in ihr nur das lang ersehnte Innig-verwandte. Ihre Ahnung zu vergewissern, wagt* **Sieglinde** *in nächtlicher Weile den Gast aufzusuchen; hingerissen von ihrem Nahen, zieht sie der Sehnsüchtige an seine Brust. Da springt mit einem Krach die Thüre des Saales weit auf:* **Sieglinde** *reisst sich erschreckt los und ruft:*

„Ha wer gieng? wer kam herein?"

Siegmund

(mit leiser Entzückung auf die herrliche Frühlingsnacht aussen, und den Vollmond, welcher sein helles Licht auf das jugendliche Paar hereinwirft, deutend, antwortet:)

„Keiner gieng —
doch Einer kam:

Erläuterung zum Konzert, Wien, 26. Dezember 1862. Dietrich Mack, Thurnau.

Natürlich erzählte Wagner sehr viel von seinen russischen Erfolgen und zeigte uns mehrere Geschenke, welche ihm von den Mitgliedern der Orchester in Petersburg und Moskau verehrt worden waren, ein silbernes Trinkhorn und eine goldene Tabaksdose. Ausser diesen Geschenken muss übrigens der pekuniäre Erfolg in Russland ziemlich bedeutend gewesen sein, denn Wagner, der in sehr trübseligen Stimmungen von hier abgereist war, befindet

sich jetzt in ziemlich gehobener Stimmung, und ich neige mich sehr zur Vermutung, dass dieser Trübsinn und die Aufheiterung in sehr genauem Zusammenhang und Verhältnis mit dem Zustand seiner Existenzmittel oder seiner Geldbörse stehen.
Dass Richard Wagner eine Summe von 25000 Francs von Petersburg mit zurückgebracht habe, wie eine hiesige Zeitung meldete, das scheint mir eine Übertreibung zu sein, doch mag er wohl jetzt über eine Summe von 7–8000 Gulden zu disponieren haben, und ich will wünschen, dass dies hinreichend sein möge, um ihn zwei Jahre lang ausser Sorgen zu setzen und ihm die Musse zu verschaffen, seinen „Hans Sachs" [*Meistersinger*] zu vollenden. Übrigens ist Wagner, wenn er Geld in der Tasche hat, wie ein kleines Kind, und scheint gar nicht daran zu denken, dass dies Alles einmal ein Ende nehmen könne. Hierzu kommt dass er behauptet, er könne gar nicht arbeiten, wenn er sich nicht in behaglichen Räumen bewege, wenn er nicht einen grossen Garten zu seiner eigenen, alleinigen Benutzung zur Verfügung habe, kurz, wenn er nicht als Grandseigneur lebe.

Edgar Istel, a.a.O., S. 1372f.

151
Wagner an seine Mainzer Freundin Mathilde Maier, Wien, 4. Januar 1863

Wenn ich so ganz ernst zu mir komme und ich mich frage, wie es weiter werden soll, kommt mir nur Eine Rettung entgegen. Mir fehlt eine Heimath: — nicht die örtliche, sondern die persönliche. Nächsten Mai werde ich 50 Jahr. Ich kann nicht heirathen, solange meine Frau lebt: von ihr mich jetzt noch zu scheiden, bei dem Zustand ihrer Gesundheit (einer Herzerweiterung im höchsten Stadium) wo ihr Leben mit einem leichten Stoß zu enden ist, kann ich diesen möglichen Todesstoß ihr nicht geben. Sie wird andererseits Alles ertragen, wenn ihr der rechtliche Anschein bleibt. Sieh! an diesem Verhältnisse, dieser Lage der Dinge gehe ich zu Grunde! Mir fehlt ein weibliches Wesen, das sich entschlösse trotz allem u. jedem mir das zu sein, was unter so jämmerlichen Umständen ein Weib mir sein kann, und — muß, sage ich, wenn ich ferner gedeihen soll. Nun verblendet mich vielleicht die Selbstüberschätzung, wenn ich mich so weit überhebe, daß ich annehme, ein Weib, das sich entschlösse, sich mir selbst unter so mißlichen Umständen zu weihen, träte hierdurch aus allen Beziehungen zu menschlichen Verhältnissen, die auf das Dasein und das Wirken eines Menschen, wie ich, gar keine vernünftige Anwendung finden. Es hätte sich nicht einmal nöthig damit zu beruhigen, daß in andren Ländern und in andren gesellschaftlichen Kreisen die Lage, in die sie sich begäbe, durchaus nicht als anstößig gilt, sondern sie hätte zu begreifen, daß sie hoch erhaben über alles rings Gepflegte und Gewöhnte steht — : Das sind so Dinge, die ich mir dann sage! Gott! wie vielen wären sie garnicht erst zu sagen? Nur kann mich das nicht beruhigen. Dann aber wächst mein Verlangen: kein anderer Ausweg will sich finden: jeder läßt die klaffende Lücke offen. Nicht Rhein, nicht Biebrich, nicht da, nicht dort! — Ich will ein liebes Weib zur Seite, und sei's ein Kind zugleich! Da denke ich denn: diejenige die dich genug dazu liebt, müßte sich wohl finden. Gut; aber wie würdest du für sie sorgen? Das fand ich nun auch.

Richard Wagner an Mathilde Maier, hg. v. Hans Scholz, Leipzig 1930, S. 49f.

Die Schriftstellerin Eliza Wille erinnert sich an Wagners Aufenthalt in ihrem Hause Mariafeld im März und April 1864

Ich sehe ihn noch in dem Sessel sitzen, der an meinem Fenster steht, wie damals, und ungeduldig zuhören, als ich ihm eines Abends von der Herrlichkeit einer Zukunft sprach, die doch ganz gewiß vor ihm liege. Die Sonne war eben in Glorie untergegangen, Erde und Himmel leuchteten und strahlten.

Wagner sagte: „Was reden Sie von der Zukunft, wenn meine Manuskripte im Schrein verschlossen liegen! Wer soll das Kunstwerk aufführen, das ich, nur *ich* unter Mitwirkung *glücklicher* Dämonen zur Erscheinung bringen kann, daß alle Welt wisse, so ist es, *so* hat der Meister sein Werk geschaut und gewollt?" — —

In Erregung ging er in der Stube auf und ab. Plötzlich vor mir stillestehend, sagte er: „Ich bin anders organisiert, habe reizbare Nerven, Schönheit, Glanz und Licht muß ich haben! Die Welt ist mir schuldig, was ich brauche! Ich kann nicht leben auf einer elenden Organistenstelle, wie Ihr Meister Bach! — Ist es denn eine unerhörte Forderung, wenn ich meine, das bißchen Luxus, das ich leiden mag, komme mir zu? Ich, der ich der Welt und Tausenden Genuß bereite!"

So redend hob er wie im Trotz das Haupt. Dann saß er wieder im Sessel am Fenster und sah vor sich hin. Was ging die Herrlichkeit der Aussicht ihn an und der Frieden der Natur? Es war nicht alles Freude, während Wagner in Mariafeld weilte.

Wille-Briefe, S. 64

Am 3. Mai 1864 beruft Ludwig II., seit dem 10. März König von Bayern, Wagner nach München. Schon am folgenden Tag stehen sich der König und Wagner in der Münchener Residenz zum ersten Mal gegenüber. Die legendenumwobene Königsfreundschaft besteht trotz zahlreicher Intrigen und Mißverständnisse ein Leben lang. Der König tilgt Wagners Schulden und gewährt ihm großzügige Unterstützung. Insgesamt erhält Wagner 500.000 Mark. Er schenkt dem König mehrere Handschriften: sieben Partituren und fünf Textmanuskripte. Das Bayreuther Festspielunternehmen wird der König später mit einem Kredit von insgesamt 400.000 Mark unterstützen, den Wagners Erben — unter Verrechnung von Tantiemen — zurückzahlen. Am 7. Oktober 1864 gibt der König Wagner offiziell den Auftrag, den *Ring des Nibelungen* zu vollenden. Für dessen Aufführung soll Gottfried Semper in München ein großes Festtheater erbauen. Dieser Plan scheitert.

Erster Briefwechsel zwischen Wagner und König Ludwig II.
153

Theurer huldvoller König!

Diese Thränen himmlischester Rührung sende ich Ihnen, um Ihnen zu sagen, dass nun die Wunder der Poesie wie eine göttliche Wirklichkeit in mein armes, liebebedürftiges Leben getreten sind! — Und dieses Leben, sein letztes Dichten und Tönen gehört nun Ihnen, mein gnadenreicher junger König: verfügen Sie darüber als über Ihr Eigenthum!

Im höchsten Entzücken, treu und wahr

Ihr
Unterthan
Richard Wagner.

Stuttgart.
3 Mai 1864.

Verehrter Herr!

Ich beauftragte Hofrath Pfistermeister, mit Ihnen eine entsprechende Wohnung zu besprechen. — Seien Sie überzeugt, ich will Alles thun, was irgend in meinen Kräften steht, um Sie für vergangene Leiden zu entschädigen. — Die niedern Sorgen des Alltagslebens will ich von Ihrem Haupte auf *immer* verscheuchen, die ersehnte Ruhe will ich Ihnen bereiten, damit Sie im reinen Aether Ihrer wonnevollen Kunst die mächtigen Schwingen Ihres Genius ungestört entfalten können! —

Unbewußt waren Sie der *einzige Quell meiner Freuden* von meinem zarten Jünglingsalter an, mein Freund, der mir wie *keiner* zum Herzen sprach, mein bester Lehrer und Erzieher. —

Ich will Ihnen Alles nach Kräften vergelten! — O, wie habe ich mich auf die Zeit gefreut, dieß thun zu können! —

Ich wagte kaum die Hoffnung zu nähren, schon so bald im Stande sein zu können, Ihnen meine Liebe zu beweisen. —
Mit den herzlichsten Grüßen

Ihr
Freund Ludwig
König v. Bayern

den 5. Mai
1864.

Königsbriefe, Bd. 1, S. 11

Wagner schildert Eliza Wille seine erste Begegnung mit dem König, München, 4. Mai 1864

Teuerste Freundin!

Ich wäre der undankbarste Mensch, wollte ich Ihnen nicht sofort mein grenzenloses Glück melden!

Sie wissen, daß mich der junge König von Bayern aufsuchen ließ. Heute wurde ich zu ihm geführt. Er ist leider so schön und geistvoll, seelenvoll und herrlich, daß ich fürchte, sein Leben müsse wie ein flüchtiger Göttertraum in dieser gemeinen Welt zerrinnen. Er liebt mich mit der Innigkeit und Glut der ersten Liebe: er kennt und weiß alles von mir, und versteht mich wie meine Seele. Er will, ich soll immerdar bei ihm bleiben, arbeiten, ausruhen, meine Werke aufführen; er will mir alles geben, was ich dazu brauche; ich soll die Nibelungen fertig machen, und er will sie aufführen, wie ich will. Ich soll mein unumschränkter Herr sein, nicht Kapellmeister, nichts als ich und sein Freund. Und dies versteht er alles ernst und genau, wie wenn wir beide, ich und Sie, miteinander sprächen. Alle Not soll von mir genommen sein, ich soll haben was ich brauche — nur bei ihm soll ich bleiben.

Was sagen Sie dazu? — Was sagen Sie? — Ist es nicht unerhört? — Kann das anders als ein Traum sein? — Denken Sie sich, wie ergriffen ich bin!

Tausend herzliche Grüße! Mein Glück ist so groß, daß ich ganz zerschmettert davon bin. Von dem Zauber seines Auges können Sie sich keinen Begriff machen: wenn er nur leben bleibt; es ist ein zu unerhörtes Wunder!

Herzliche Freundschaft an Wille und die Jünglinge!

Stets Ihr dankbarer
Richard Wagner

Nichts verbreiten!

Nichts in die Zeitungen! Alles ist intim und soll es bleiben. —

Wille-Briefe, S. 75

Ludwig II. berichtet seiner Cousine und späteren Braut Herzogin Sophie Charlotte in Bayern, über seine erste Begegnung mit Wagner
153

Hättest Du Zeuge sein können, wie sein Dank mich beschämte, als ich ihm mit der Versicherung die Hand reichte: daß sein großes Nibelungenwerk nicht nur seine Vollendung, sondern auch eine Aufführung nach seinem Sinne finden werde, daß ich dafür treu Sorge tragen würde. Da beugte er sich tief auf meine Hand und schien gerührt von dem, was so natürlich war, denn er verblieb längere Zeit in der Stellung, ohne ein Wort zu sagen. Ich hatte die Empfindung, als hätten wir die Rollen getauscht. Ich bückte mich zu ihm nieder und zog ihn mit dem Gefühl ans Herz, als spräche ich für mich die Eidesformel: ihm in Treue allzeit verbunden zu bleiben.

Königsbriefe, Bd. 1, S. xxxv

169
Der Maler Friedrich Pecht in seinen Lebenserinnerungen über die Freundschaft Wagners und Ludwig II.

Die Schwärmerei des jungen Königs für den Tondichter hatte zuerst etwas fast Kindliches, er behandelte ihn durchweg als Ratgeber und Freund, während Wagner wieder die väterlichste Zärtlichkeit für ihn zur Schau trug, aber zugleich auch in Gedanken gleich das ganze Königreich Bayern mitregierte. So bekam ich denn auch viele Briefe und Billete des Königs an Wagner zu lesen, die mir schon damals weit mehr als durch ihren Geist, durch ihre Überschwenglichkeit auffielen. Daß dieselbe durch den Umgang mit dem genialen, aber zugleich unglaublich aufgeregten Meister nicht vermindert werden konnte, lag auf der Hand, umsomehr, als derselbe sehr geneigt war, die ganze Menschheit, mit einigen kleinen Ausnahmen, zu verachten und für bloßes Material zum Verbrauchtwerden durch die Auserwählten zu halten. Wagner hat daher ganz sicher keinen guten Einfluß auf den jungen König ausgeübt, jedenfalls dessen Neigung, sich in eine phantastische Traumwelt einzuspinnen, nur gesteigert. War er doch selber nur zu sehr disponiert, diese Welt nur dazu vorhanden zu glauben, Wagnersche Musik zu hören und alles andere daneben gering zu schätzen. Solch natürlicher Egoismus des Genies war aber alles eher, als von günstigem Einfluß für einen Charakter wie der junge König, da es den seinigen nur steigern konnte. Da Wagner überdies eine Menge Schulden und große Bedürfnisse hatte, so war er genötigt, die Kasse des Königs übermäßig in Anspruch zu nehmen, was ihm jedenfalls die stille Feindschaft aller Hofbeamten zuzog.

Friedrich Pecht, *Aus meiner Zeit,* München 1894, Bd. 2, S. 134f.

Wagner an Ludwig II., Starnberg, 26. September 1864

Eurer Majestät gänzlich unerwarteter, wie unverdienter Gnade verdanke ich es, in eine neue hoffnungsvolle Lebenslage versetzt worden zu sein. Die Entschlüsse, welche unter so günstiger Einwirkung in mir reifen mussten, gedenke ich soeben meinem huldvollen Beschützer vorzulegen, und in Folge dessen ein wirkliches unterthänigstes Gesuch an Eure Majestät zu richten.

In der höchsten Reife meiner Kraft, stehe ich in meinem zwei und fünfzigsten Lebensjahr: ist mir erlaubt, gerade jetzt die Summe meiner Leistungen von mir zu erwarten, so darf ich doch auch nicht zögern, gerade hierauf meine Kräfte zu richten.

Ich habe beschlossen, jede andere Arbeit, so vortheilbringend sie mir ihrer leichteren Ausführbarkeit wegen sein könnte, für jetzt zur Seite zu legen, um dagegen einzig und sofort die Vollendung der Composition meines grossen Nibelungenwerkes in Angriff zu nehmen.

Hiermit glaube ich zugleich dem erhabenen Sinne meines, für das Höchste begeisterten huldvollen Beschützers zu entsprechen, und in dieser Voraussetzung ersuche ich Eure Majestät, mir den völligen Auftrag zur Vollendung meiner Tetralogie „Der Ring des Nibelungen“, sowie zur planmässigen Vorbereitung und endlichen Aufführung dieses Werkes in München, allergnädigst ertheilen zu wollen. Eure Majestät würden zu diesem Zwecke mir eine geeignete Niederlassung in München, sowie die Mittel, in der hierfür erforderlichen Zeit, ohne Nöthigung anderem Erwerbe nachzugehen, frei und unabhängig leben zu können, anzuweisen geruhen.

Durch diesen bestimmten Auftrag, welchem Eure Majestät mit Beziehung auf meine bei der Herausgabe des betreffenden Gedichtes ausgesprochenen Tendenzen, nach höherer Einsicht die grosse und weitreichende nationale Bedeutung beizulegen geruhen möchten, würde, nach meinem unmaassgeblichen Erachten, aller Welt ein edler, eigenthümlicher Zweck, ein Werk, dessen Aufführung Niemand beeinträchtigen, und dem Vaterlande Ehre bringen würde, klar und deutlich angekündigt; meine so sehr beneidete Stellung würde begreiflich, und nicht mehr ihrer vollen Schönheit nach zu verheimlichen sein, und Eurer Majestät würde es erwünschter Maassen leicht fallen, die mir zum Gewinn meiner völligen Arbeitsruhe noch nöthigen Vergünstigungen in Huld und Gnade mir angedeihen zu lassen.

Königsbriefe, Bd. 1, S. 25

Wagner an Ludwig II., München, 6. November 1864

Es ist ein Geheimniss, welches meinem erhabenen, holden Freunde erst in meiner Sterbestunde eröffnet werden kann: dann aber wird es Ihm deutlich werden, was heute Ihm dunkel lauten muss — dass nur Er der Schöpfer und Wirker alles dessen ist, was von jetzt an die Welt noch meinem Namen zuschreiben wird. Der einzige wirkliche Grund, zu leben, ist für mich die wunderbare Liebe, welche aus dem Herzen meines königlichen Freundes — wie aus dem Schoosse Gottes — auf mich herniederthaut, und neue Lebenskeime in mir befruchtet! Am letzten Allerseelentag war es mir, als schmückte ich mit den wonnevollen Blumen dieser Liebe mein eignes Grab. Wahrlich, ich — bin nicht mehr! Zu viel hab' ich erlebt und gelitten; zu tief und störend war endlich diese Zerstreuung, zu der mich ewig das Leben und das immer Fremdere des Lebens von meinem eigenen Inneren dahinzog. Wenn ich mich jetzt endlich noch einmal sammle, — und nur der Zaubergewalt Ihrer Liebe und Begeisterung konnte diess gelingen, — so ist es wie, über dem Grabe meiner Vergangenheit, zu einem neuen, zweiten Leben! Und dieses Lebens Schöpfer ist einzig mein gnadenreicher Freund, der Heiland, der mich zu einer neuen Religion führt, welche tief aus meinem Innersten ein zweites, neues Leben gebiert, — das Leben, das keinen Tod erwartet! —

Die ersten Kräfte des Wiedergenesenden widme ich mit diesen schwachen Zeilen meinem königlichen Freunde. Ich darf hoffen, durch die schmerzvolle Katastrophe, zu welcher ein älteres chronisches Leiden sich anliess, dieses selbst für längere Zeit weniger störend, als bisher es war, gemacht zu haben; so dass es mir als ein gutes Zeichen gilt, eben jetzt, mit der Vollendung meiner wirklichen Niederlassung in meinem letzten Asyle, auch für meine Gesundheit tröstliche Aussicht gewonnen zu haben. Bald, ja allernächstens, werde ich somit wieder, als Neugeborener, bei meiner Arbeit sein, um sie vor ihrer gänzlichen Vollendung nicht wieder zu verlassen. Wunderbar ist die Stelle, wo ich, nach Beendigung einiger Nacharbeiten, nun wieder neu mit der Musik fortzufahren haben werde! Es ist die erhabenste Scene des tragischesten meiner Helden; Wotan, das ist: der allgewaltige Lebenswille, hat sein Selbstopfer beschlossen; grösser jetzt im Entsagen, als je da er begehrte, fühlt er sich jetzt allmächtig und der irdischen Urweisheit, der Naturmutter „Erda", welche ihn einst die Furcht vor seinem Ende lehrte, ruft er zu, dass kein Bangen ihn mehr fesseln könne, da er mit demselben Willen, mit dem er einst nur das Leben begehrte, jetzt sein Ende will. Sein Ende? Er weiss, was Erda's Urweisheit nicht weiss: dass er in *Siegfried* fortlebt. In Siegfried lebt Wotan fort, wie der Künstler in seinem Kunstwerk: je freier und selbstlebender dieses, ganz wie von sich allein, besteht [und je mehr es] keine Spur des bildenden Künstlers mehr an sich trägt, so dass über ihm, dem Kunstwerk, der Künstler selbst vergessen wird, — desto vollkommener findet der Künstler selbst sich befriedigt: So ist, in einem gewissen hohen Sinne, *sein* Vergessenwerden, sein Verschwinden, sein Tod — das Leben des Kunstwerkes. — Diess ist *meine* Stimmung, in welcher ich mich nun zur Vollendung meines Werkes zurückwende: ich will mich — um ewig zu leben — von meinem Siegfried vernichten lassen! O, schöner Tod! —

Mit welcher Weihe werde ich nun *Brünnhilde* erwecken aus ihrem langen Schlafe! Sie schlief, während Siegfried zum Jüngling heranwuchs. Wie bedeutungsvoll muss mir diess jetzt alles dünken! Meine letzte Musik war die Verkündigung des Waldvogels an Siegfried, dass er Brünnhilde erwecken könne, wenn er das Fürchten nicht gelernt habe: er lief lachend dem Vogel nach, der davonflatternd ihm den Weg zu dem Zauberfelsen zeigte. — Dieser Weg, mein holder, königlicher Freund! — mir ward er lang und beschwerlich. Ich glaubte nie, nie an den Felsen zu gelangen. Doch, bin ich Wotan, so gelingt es mir nun durch Siegfried: Er weckt die Jungfrau, das Theuerste der Welt. Mein Kunstwerk wird leben, — es lebt! [. . .]

Aus den bisherigen Leistungen unserer Sänger im gewöhnlichen Opernrepertoire kann ich mir nur sehr unzuverlässige, allgemeine Notizen entnehmen: in wie weit sie *bildungsfähig* sind, ist die Hauptsache, — und hierüber kann ich mir erst eine Meinung bilden, wenn ich einige Versuche mit ihnen angestellt habe. Ich erwarte mit wahrer Sehnsucht hierzu die Veranlassung durch die endlich zu Stande kommende Aufführung des „fliegenden Holländers". Hoffentlich ist es nun nicht mehr lange bis dahin: es wird diess der *Anfang* sein. Sehr wichtig ist und bleibt es, dass es den grossherzigen Bemühungen meines königlichen Gönners gelinge, uns den Sänger *Schnorr* gänzlich zu gewinnen. Den Weg dazu werden wir bei dem von mir erhofften baldigen Besuch dieses begabten, liebenswürdigen Künstlers genau ermitteln und beschreiten müssen. Mit ihm ist dann soviel gewonnen, dass ich daran gehen kann, meinem erhabenen Freunde mustergültige Aufführungen des *Lohengrin* und *Tannhäuser*, sowie von *Tristan u. Isolde* vorzuführen.

Königsbriefe, Bd. 1, S. 30ff.

Ludwig II. an Wagner, Hohenschwangau, 26. November 1864

Ich habe den Entschluß gefaßt, ein großes, steinernes Theater erbauen zu lassen, damit die Aufführung des „Ringes des Nibelungen" eine vollkommene werde; dieses unvergleichliche Werk muß einen würdigen Raum für seine Darstellung erhalten; mögen Ihre Bemühungen in Betreff tüchtiger, dramatischer Sänger von schönem Erfolge gekrönt werden! — Das Nähere über dieses Theater gedenke ich mündlich mit Ihnen zu besprechen; kurz, der Satz, welchen Sie in der Vorrede zum Gedichte „Der Ring des Nibelungen" anführen, soll in das Leben treten; ich rufe aus: „Im Anfange sei die *That!*"

Königsbriefe, Bd. 1, S. 39

92
Der Architekt Gottfried Semper erläutert die Idee des nach Wagners Vorstellungen in München zu errichtenden Festtheaters

Der Kern des Gebäudes, um den sich alles andere als ihm dienend ordnet, ist der große Hörsaal mit der ihm zugehörigen Bühne. Die Einrichtung beider Theile weicht in wichtigen Punkten von der herkömmlichen Theatereinrichtung ab.
Folgende dem Architekten gestellte Bedingungen waren dabei maßgebend:
1. Vollständige Trennung der idealen Bühnenwelt von der durch den Zuschauerkreis vertretenen Realität.
2. dieser Trennung entsprechend ein nicht sichtbares, nur durch das Ohr wirksames Orchester.
Von diesen beiden Bedingungen ist besonders die letztere für die Einrichtung des Hörsaales, wie für die Gestaltung des ganzen Werkes entscheidend. Denn um die Orchestra den Augen aller Zuhörer zu entziehen, ohne durch deren zu tiefes Versenken unter den Boden des Hörsaales und unter die Bühne den durchaus nothwendigen Zusammenhang zwischen dem Bühnenspiele und dem Orchesterspiele zu stören oder ganz zu verhindern, bleibt nur die einzige Auskunft, das Auditorium nach antiker Weise anzulegen, als ansteigenden Sitzstufenbau (Cavea) und von der modernen Logeneinrichtung vollständig abzusehen.
Nicht also aus antiquarischer Vorliebe für diese Form des Zuschauerraumes, sondern in nächster und nothwendigster Folge der dem Architekten gestellten Vorbedingungen

mußte letztere gewählt werden. Sie empfiehlt sich aber auch in akustischer sowohl, wie in optischer Beziehung, indem sie der Bühnenkunst in allen ihren Verzweigungen die Mittel des Wirkens, besonders des gleichmäßigen Wirkens für alle Plätze der Zuhörer erleichtert.
Die vertiefte Lage der Orchestra erfüllt zugleich den wichtigen Nebenzweck, die verlangte entschiedene Trennung der Cavea von der Bühne zu bewerkstelligen.
Es entsteht zwischen beiden ein gleichsam neutraler Zwischenraum, dessen Abschluß nach allen Seiten hin, nach oben, unten und seitwärts vom Auge des Zuschauers verfolgt werden kann, so daß die wahre Entfernung der Einfassung der Bühne, die sich jenseits dieses Zwischenraumes erhebt, für das abschätzende Auge aus Mangel an Haltepunkten nicht mehr meßbar ist, besonders wenn letzteres noch außerdem durch passend angewandte perspektivische und optische Mittel über diese Entfernung getäuscht wird.

Manfred Semper, *Das Münchener Festspielhaus. Gottfried Semper und Richard Wagner*, Hamburg 1906, S. 107f.

Ende 1864 nimmt Wagner die Arbeit am *Ring* wieder auf: er skizziert musikalische Themen zum 3. Akt des *Siegfried* und instrumentiert bis zum 2. Dezember 1865 den 2. Akt dieses Werkes. Gleichzeitig bereitet er die Uraufführung von *Tristan und Isolde* vor, intensiv unterstützt von Hans von Bülow, den Ludwig II. auf Wagners Wunsch engagiert hat. Am 10. Juni 1865 dirigiert Bülow die Uraufführung. Ludwig Schnorr von Carolsfeld, dessen Darstellung des Tristan Wagners Intentionen in besonderem Maße entspricht, stirbt überraschend wenige Wochen nach der letzten Aufführung des Werkes.
Am 10. April 1865 wird Isolde — das erste Kind Wagners und Cosima von Bülows — in München geboren. Bülow, der von der Verbindung zunächst nichts weiß, duldet sie später und willigt schließlich auch in die Scheidung ein. Am 17. Februar 1867 kommt Eva, Wagners und Cosimas zweite Tochter, zur Welt, und am 6. Juni 1869 wird Wagners einziger Sohn Siegfried geboren.

Der Komponist Peter Cornelius in einem Brief an seinen und Wagners Wiener Freund Josef Standhartner, München, 24. Januar 1865, über Wagner
114

Mein Verhältnis zu Wagner ist der Welt gegenüber nicht haltbar, und ich selber komme auch dabei um. Wagner weiß und glaubt es nicht, *wie er anstrengt — in dieser ewigen Hitze*, diesem Verschmachten seit dem „unseligen Trank". Zum Beispiel! Neulich sind wir bei Frau von Bülow! Wagner nimmt alsbald den Firdusi von Schack zur Hand und liest eine Anzahl Gesänge von Rostem und

Suhrab vor. Unterdes wird Bülow mit seiner Stunde fertig — es dauert keine 12 Minuten — so sind wir tief in Tristan und Isolde drin — der erste Akt wird ganz gesungen. Unterdes wird der Tee serviert — wir haben kaum eine halbe Tasse getrunken, so ist Wagner tief im Erzählen seines Parzival drin — und das geht den ganzen Abend, bis wir uns trennen. Nun denke Dir dabei die arme kleine Heintz, eine recht talentvolle Berliner Schülerin von Bülow. Sie hört (ein Mädchen von 16–17 Jahren) zum erstenmal Tristan — dann die Erzählung von Parzival — dann gibt ihr Bülow die Meistersinger und Tristan mit, und sie liest noch bis zwischen 3 und 4 Uhr morgens die beiden Texte hintereinander, wobei glücklicherweise in den Meistersingern 14 Seiten fehlen, wodurch doch die Arbeit etwas erleichtert wird. Aber so geht's nicht *einmal,* sondern fast immer. Von *sich* sprechen, lesen, singen muß unser großer Freund, sonst ist ihm nicht wohl. Deswegen begehrt er auch immer nur nach einem intimen Kreis, weil es mit andern Leuten nicht so geht. — Von dem Moment an, wo ich — nachmittags um 2 Uhr — bei ihm esse — ist an kein Loskommen mehr zu denken, das gelingt nur ausnahmsweise, und das ist ein Zustand, der mich umbringt. Und sagen *kann* ich ihm das nicht. Es wäre ungerecht, grausam — er versteht es nicht — ahnt nicht, wie mir solches Zusammensein Mark aus der Seele saugt, wie ich die Einsamkeit, vor allem aber die Freiheit brauche. —
Daß er uns aus Siegfried singt, wie dankbar muß man ihm dafür sein. Aber daß er mit derselben Salbung die ganze große Szene des Fliegenden Holländer vorträgt!!
Nun darüber sind wir ja einig!!
Aber auch mit den Bülows bin ich über das alles einig. Das sind vortreffliche Menschen! Die Cosima ist ein seltenes Wesen, das echte Kind Liszts, ein liebes Weib; voll Güte und Verstand; nicht allein Esprit, sondern auch Humor hat sie. Wagner schätzt auch beide sehr hoch — und weiß, was er an ihnen hat.

Peter Cornelius, *Ausgewählte Briefe,* Bd. 2, Leipzig 1905, S. 25f.

158
Wagners Einladung zur Uraufführung des Tristan *an seinen Wiener Freund Friedrich Uhl, München, 18. April 1865*
163

Die Aufführungen von „Tristan und Isolde", von denen drei wohl vollständig gesichert sind, werden gänzlich ausnahmsvolle und mustergültige sein. Hierzu sind vor allem die Darsteller der beiden ungemein schwierigen Hauptrollen, in den Personen meiner teueren Freunde, Ludwig und Malvina *Schnorr v. Carolsfeld,* besonders nach

München berufen; sie begleitet mein altvertrauter Kunst-
kampfgenosse, Anton *Mitterwurzer*, als „Kurwenal", treu
und ächt wie Einer. Soweit wie irgend die Umstände es
ermöglichten, ist für die Besetzung der übrigen Partien in
zweckmäßigster Weise auf das Großmütigste gesorgt
worden: Jeder der Mitwirkenden ist mir freundlich
ergeben. Um von jeden störenden Einflüssen eines täg-
lich arbeitenden Theaterbetriebs freigehalten zu werden,
ist mir das trauliche königliche Residenztheater zur
ausschließlichen Benützung überlassen: alles wird in ihm
sorgsam für die Bedürfnisse einer innigen, klaren und
trautverständlichen Aufführung nach meinen Angaben
hergerichtet. Hier steht uns fast täglich das herrliche
königliche Hof-Orchester, Franz Lachners musterhafte
Schöpfung, für zahlreiche Proben zur Verfügung, bei
welchen wir, nur auf die Erreichung der höchsten
künstlerischen Feinheit und Korrektheit des Vortrages
achtend, volle Muße und Zeit haben, dies ohne Anstren-
gung zu bewerkstelligen. Um mir den fördernden
Überblick über die Leistungen der Gesamtheit zu er-
leichtern, ist mir mein lieber Freund *Hans von Bülow* für 118, 168
die Leitung des Orchesters beigegeben — gerade Er, der
einst das Unmögliche leistete, indem er einen spielbaren
Klavierauszug dieser Partitur zustande brachte, von dem
noch keiner begreift, wie er dies angefangen hat. Ihn,
der mit dieser, so vielen Musikern noch rätselhaft dünken-
den Partitur bis zum Auswendigwissen jedes kleinsten
Bruchteiles derselben vertraut ist und meine Intentionen
bis in ihre zartesten Nüancen in sich aufgenommen hat, —
dieses zweite Ich zur Seite, kann ich mit jeder Einzelheit
der musikalischen wie szenischen Darstellung mich in der
ruhig traulichen künstlerischen Stimmung befassen, wie
sie nur der liebevolle Verkehr mit innig befreundeten
Künstlern selbst ermöglicht. Für schöne Dekorationen und 165, 166
höchst feine künstlerische Kostüme ist mit Eifer gesorgt 161, 162
worden, als gälte es nicht mehr einer Theateraufführung,
sondern einer monumentalen Ausstellung.

Auf diese Weise wie aus der Wüste unseres theatralischen Markttreibens in die erfrischende Oase eines anmutigen Kunstateliers entrückt, bereiten wir das Werk einer dramatischen Aufführung vor, die, rein als solche, bei allen, die ihr anwohnen werden, Epoche machen muß.

Diese Aufführungen, für jetzt — wie gemeldet — vielleicht nur drei an der Zahl, sollen als Kunstfeste betrachtet werden, zu welchen ich von nah und fern die Freunde meiner Kunst einladen darf: sie werden demnach dem Charakter der gewöhnlichen Theateraufführungen entrückt, und treten aus der üblichen Beziehung zwischen dem Theater und dem Publikum unserer Zeit heraus. Mein huldreicher Beschützer will, daß diese bedeutungsvollen Aufführungen nicht der gewöhnlichen Neugier, sondern lediglich dem ernsteren Interesse an meiner Kunst geboten werden sollen; somit bin ich ermächtigt, in alle Ferne hin, soweit meine Kunst sich Herzen gewann, die Einladung zu diesen Aufführungen ergehen zu lassen.

Sie werden etwa in der *zweiten Hälfte dieses Mai* stattfinden, und es sollen die Tage, soweit sie sich mit Sicherheit vorausbestimmen lassen, durch die verbreitetsten Blätter zur rechten Zeit noch genau angezeigt werden. Wir nehmen an, daß, wer sich eine Reise nach München eigens für diesen Zweck nicht verdrießen läßt, hiermit keine oberflächliche Absicht verbindet, sondern dadurch seine ernste Anteilnahme am Gelingen der Lösung einer bedeutenden und edlen künstlerischen Aufgabe bezeugt; und jeder, der sich in diesem wohlverstandenen Sinne bei der königlichen Intendanz des Hof- und Nationaltheaters in München anmeldet, wird sicher sein können, zu der von ihm bezeichneten Aufführung einen Platz im Theater sich aufbewahrt zu finden. — Wie an Fremde, wird an die hier einheimischen Freunde meiner Kunst eine gleichlautende und auf den gleichen Zweck gerichtete Einladung ergehen.

Dem etwaigen Spott darüber, daß durch solche Maßnahmen eben nur für ein besonders befreundetes Publikum gesorgt zu werden scheine, welchem zu gefallen es allerdings dann keiner großen Kunst bedürfe, werden wir ruhig entgegnen, daß es sich diesmal nicht um Gefallen oder Nichtgefallen, dieses wunderliche moderne Theaterhazardspiel, handelt, sondern einzig darum, ob künstlerische Aufgaben, wie die von mir in diesem Werke gestellten, zu lösen sind, auf welche Weise sie zu lösen sind, und ob es sich der Mühe verlohne, sie zu lösen? Daß mit der letzten Frage nicht gemeint sein kann, zu erfahren, ob mit dergleichen Aufführungen viel Geld zu machen sein könnte (denn dies ist der Sinn des heutigen Gefallens oder Nichtgefallens im Theater), sondern lediglich, ob mit Werken der vorliegenden Art, durch vorzügliche Aufführungen, die erwartete richtige Wirkung auf das gebildete menschliche Gemüt überhaupt zu ermöglichen ist, dies wäre hier zu betonen: daß es sich also zunächst um die Lösung reiner Kunstprobleme handle, und zur Mitwirkung bei ihrer Lösung somit nur diejenigen herbeizuziehen seien, welche durch ernsten Anteil an der Sache wirklich vorbereitet und befähigt hierzu sind. Ist das Problem gelöst, so wird die Frage sich erweitern, und in welcher Weise wir dem eigentlichen Volke Anteil an dem Höchsten und Tiefsten auch der Kunst gönnen und zu bereiten bestrebt sind, wird sich dann ebenfalls zeigen, wenngleich wir für jetzt das eigentliche stehende Theaterpublikum unserer Tage noch nicht unmittelbar hierbei in das Auge fassen zu dürfen glauben.

Schriften-Volksausgabe, Bd. 16, S. 39ff.

Ludwig II. an Wagner, unmittelbar nach der Uraufführung von Tristan und Isolde, *10. Juni 1865*

Einziger! — Heiliger! —
Wie wonnevoll! — *Vollkommen.* So angegriffen von Entzücken! — ... Ertrinken... versinken — unbewußt — höchste Lust. —
Göttliches Werk! —
Ewig
treu — bis über den Tod hinaus! —

Königsbriefe, Bd. 1, S. 105

Notiz in der Münchener Zeitung Der Volksbote *vom 15. Juni 1865*

München, 14. Juni. Es ist wahrlich ein ebenso einfältiger wie boshafter und obendrein *lächerlicher* Kunstgriff, die Abneigung gegen Richard Wagners „Tristan und Isolde" und das was drum und dran hängt, den „*Ultramontanen*" in die Schuhe schieben zu wollen, wie man gewisser Orten sogar mit Erfolg versucht haben soll; und nicht minder lächerlich ist es, den durch augenfällige, in München bisher noch nicht dagewesene Manöver und eine massenhafte Clacque in's Werk gerichteten Applaus dem *unbefangenen Publikum* oktroyiren zu wollen.

Der Volksbote, München, 15. Juni 1865

Zur Uraufführung von Tristan und Isolde

Was in der hysterischen Senta mit einem geheimnisvollen Nimbus verschleiert, [...] tritt in dem neuen musikalischen Drama „Tristan und Isolde" unzweifelhaft zu Tage — es ist, um endlich das Kind beim rechten Namen zu nennen — *die Verherrlichung der sinnlichen Lust* mit allem aufregenden Apparat, es ist der trostloseste *Materialismus,* dem gemäß die Menschen kein höheres Ziel haben, als nach einem Leben nach Art der Sommervögel „sich in süsse Düfte zu verhauchen"! Diesem Zweck zu dienen, wurde also die Musik dem Wort unterjocht; die idealste unter den Schwesterkünsten ist zur Farbenreiberin für unsittliche Malerei geworden! —

Unsittlich ist unseres Bedünkens vor Allem schon die Uebertragung des Gedichts „Tristan und Isolde" auf die heutige Bühne. Wagner führt uns hier nicht ein Stück nordischen Heldenlebens vor Augen, an dem sich der deutsche Sinn erbauen und kräftigen könnte, er zeigt uns das Heldenthum im Augenblick des Verkommens durch die Sinnlichkeit, er huldigt, was doch längst ein überwundener Standpunkt sein sollte, der französisch-schlüpfrigen Lebensanschauung Gottfried's von Strassburg, des Gegners Wolfram's von Eschenbach, indem er die *Sinnlichkeit selbst* zum eigentlichen Vorwurf seines Dramas macht.

Allgemeine Musikalische Zeitung, Leipzig, 5. Juli 1865

163

Wagners Erinnerungen an Ludwig Schnorr von Carolsfeld

In Wahrheit bleibt auch jetzt, wo ich diese Erinnerungen nach drei Jahren aufzeichne, es mir noch unmöglich, über diese Leistung *Schnorr's* als Tristan, wie sie im dritten Akte meines Drama's ihren Höhepunkt erreichte, mich auszusprechen, vielleicht schon aus dem Grunde, weil sie sich jeder Vergleichung entzieht. In völliger Rathlosigkeit darüber, wie ich nur einen annähernden Begriff davon geben sollte, glaube ich dieses so furchtbar flüchtige Wunderwerk der musikalisch-mimischen Darstellungskunst für das spätere Gedenken einzig dadurch festhalten zu können, daß ich den mir und meinem Werke wahrhaft gewogenen Freunden für alle Zukunft anempfehle, vor Allem die Partitur dieses dritten Aktes zur Hand zu nehmen. Sie würden zunächst nur das Orchester genauer zu untersuchen haben, dort, vom Beginn des Aktes bis zu Tristan's Tode, die rastlos auftauchenden, sich entwickelnden, verbindenden, trennenden, dann neu sich verschmelzenden, wachsenden, abnehmenden, endlich sich bekämpfenden, sich umschlingenden, gegenseitig fast sich verschlingenden musikalischen Motive verfolgen; dann hätten sie dessen inne zu werden, daß diese Motive, welche um ihres bedeutenden Ausdruckes willen der ausführlichsten Harmonisation, wie der selbständigst bewegten orchestralen Behandlung bedurften, ein zwischen äußerstem Wonneverlangen und allerentschiedenster Todessehnsucht wechselndes Gefühlsleben ausdrücken, wie es bisher in keinem rein symphonischen Satze mit gleicher

Kombinationsfülle entworfen werden konnte, und somit hier wiederum nur durch Instrumentalkombinationen zu versinnlichen war, wie sie mit gleichem Reichthum kaum noch reine Instrumentalkomponisten in das Spiel zu setzen sich genöthigt sehen durften. Nun sage man sich, daß dieses ganze ungeheuere Orchester zu der monologischen Ergießung des dort auf einem Lager ausgestreckten Sängers sich, im Sinne der eigentlichen Oper betrachtet, doch nur wie die Begleitung zu einem sogenannten Sologesange verhalte, und schließe demnach auf die Bedeutung der Leistung Schnorr's, wenn ich jeden wahrhaften Zuhörer jener Münchener Aufführungen zum Zeugen dafür anrufen darf, daß vom ersten bis zum letzten Takte alle Aufmerksamkeit und aller Antheil einzig auf den Darsteller, den Sänger gerichtet war, an ihn gefesselt blieb und nie einen Augenblick auch nur gegen ein Textwort Zerstreutheit oder Abwendung eintrat, vielmehr das Orchester gegen den Sänger völlig verschwand, oder — richtiger gesagt — in seinem Vortrage selbst mit enthalten zu sein schien. Gewiß ist aber nun Alles zur Bezeichnung der unvergleichlichen Größe der künstlerischen Leistung meines Freundes Demjenigen, welcher die Partitur dieses Aktes genau studirt hat, gesagt, wenn ich berichte, daß bereits nach der Generalprobe von unbefangenen Zuhörern gerade diesem Akte die populärste Wirkung zugesprochen, und der allgemeinste Erfolg davon vorausgesagt wurde. —

In mir selbst steigerte sich, während ich den Vorstellungen, welche wir vom „Tristan" erlebten, beiwohnte, ein anfänglich ehrfurchtsvolles Staunen über diese ungeheuere That meines Freundes bis zu einem wahrhaften Entsetzen. Mir erschien es endlich als ein Frevel, diese That als eine wiederholt zu fordernde Leistung etwa in unser Opernrepertoire eingereiht wissen zu sollen, und ich fühlte mich in der vierten Aufführung nach dem Liebesfluche Tristan's zu der bestimmten Erklärung an meine Umgebung gedrängt, diese solle die letzte Aufführung des „Tristan" sein; ich würde keine weitere mehr zugeben.

Schriften-Erstausgabe, Bd. 8, S. 232ff.

Auf Wunsch des Königs beginnt Wagner am 17. Juli 1865, Cosima von Bülow seine Autobiographie *Mein Leben* zu diktieren. Das Diktat, immer wieder unterbrochen, beendet Wagner erst 1880. Er läßt einen vierteiligen Privatdruck von wenigen Exemplaren herstellen. Den ersten Band kann er dem König zu Weihnachten 1870 überreichen.

183
Der österreichische Gesandte Graf Blome in einem Situationsbericht aus München, Mai 1865

Im Publikum zirkulieren bedauerlicherweise eine Menge von Geschichten, die wenig geeignet sind, Vertrauen für die neue Regierung zu wecken. Am traurigsten hat die schwärmerische Vorliebe, welche der König für Richard Wagner an den Tag legt, in der Bevölkerung gewirkt. Daß Seine Majestät bereits über 80000 Gulden den Launen dieses Künstlers geopfert hat, will ich als geringfügig übergehen, ebenso die verschiedenen Skandale, welche die Vorbereitungen zur Aufführung der Oper „Tristan und Isolde" begleiteten und alle Zeitungen seit einigen Wochen füllen. Was soll man aber dazu sagen, daß Wagner Briefe des Königs vorweist, worin er mit „Du" angeredet und in den überschwenglichsten Ausdrücken gelobt wird? Daß die Musiker während der Krankheit Seiner Majestät an des Königs Bett zitiert wurden, während die dringendsten Staatsgeschäfte liegenblieben und kein Minister eine Audienz erlangen konnte? Daß Wagner vor zwei Tagen an seinem Geburtstage nach Schloß Berg geladen, daselbst vom König mit einem Blumenstrauße empfangen wurde und die Hofdienerschaft aus Anlaß dieses Freudenfestes außerordentliche Gratifikationen erhielt? [. . .]
Im Volke nennt man Richard Wagner nur mehr den Lolus* und König Ludwig I. soll gestern jemandem gesagt haben: „Sehr traurig, die Verirrung meines Enkels."

Ludwig II. von Bayern in Augenzeugenberichten, hg. v. Rupert Hacker, 2. Auflage, Düsseldorf 1966, S. 84f.

Friedrich Pecht über das Verhältnis des Königs zu Wagner

Der biedere Philister nicht allein, sondern auch die Hofkreise würden es ganz natürlich gefunden haben, wenn der König an eine hübsche Maitresse zehnmal so viel gewendet hätte, aber an einen großen Künstler — das war unerträglich! — Man verstand es denn auch von gewisser Seite vortrefflich, die über eine angebliche Günstlings-Herrschaft entstandene Aufregung noch zu steigern. In

*Der Name „Lolus" ist eine Anspielung auf Lola Montez, deren Affäre mit Ludwig I. 1848 zur Abdankung des Königs führte

Wahrheit existierte dieselbe aber gar nie — Denn es zeigte sich sehr bald, daß der König zwar wohl Wagners Umgang gelegentlich liebte, aber nicht im geringsten geneigt war, sich durch ihn oder irgend jemand anderen übermäßig beeinflussen zu lassen. [. . .] ich erhielt bald ausreichende Beweise dafür, wie wenig die poetische Phrase, daß der Künstler mit dem König Hand in Hand gehen solle oder jemals gehen könne, der Wirklichkeit irgend entspreche. [. . .]
Obwohl jung und schön wie ein Antinous und deshalb von den Frauen vergöttert, hatte der Fürst aber doch bereits jene Abneigung vor seinen getreuen Münchenern und deren mehr oder weniger liebevollen Anstarren gefaßt, die ihn bekanntlich bewog, sich die Stücke, die er liebte, allein für sich aufführen zu lassen. So hatte er sich eines Tages auch eine Vorstellung von Tristan und Isolde bestellt. Um nun der Frau v. Bülow und mir eine solche, unter so besonderen Umständen vor sich gehende Aufführung zu zeigen, hatte Wagner im Einverständnis mit dem Kabinetsrat und Vertrauten des Königs, dem Staatsrat v. Pfistermeister, Frau Cosima und mich mit meiner Frau in die Loge unmittelbar unter derjenigen plaziert, in welcher der König der Aufführung beiwohnte, wo er uns also durchaus nicht sehen konnte. Die Aufführung in dem ganz verdunkelten, gespenstisch stillen Raum, dessen Riesengröße man nur ahnte, wirkte mit fast dämonischer Gewalt, umsomehr als Wagner selbst dirigirte. Da aber die Wechselwirkung zwischen Künstlern und Publikum durchaus fehlte, die ersteren so notwendig ist, war der Eindruck mehr unheimlich als erhebend. Nach dem zweiten Akte entfernte sich der König, um zu soupieren. Da er gleich wiederkehren sollte, so hatten Dirigent und Orchester wie Sänger, am Platze zu warten, um sofort bei seiner Rückkehr wieder anfangen zu können. Es verging aber eine volle Stunde und dann noch eine, kurz, eine tödlich lange Zeit, bis es der Majestät gefiel, wiederzukehren, um sich den letzten Akt vorspielen zu lassen. Diese Rücksichtslosigkeit gegen den angeblichen Busenfreund und einige Dutzend Künstler ward dann nicht einmal durch eine Entschuldigung gemildert und gab mir den richtigen Begriff, was es mit dem Hand in Hand gehen eigentlich auf sich habe.

Friedrich Pecht, *Aus meiner Zeit*, München 1894, Bd. 2, S. 135ff.

Vom 27. bis 30. August 1865 schreibt Wagner den ersten Prosaentwurf zum *Parsifal* und schickt dem König eine Reinschrift des Textes.

Ludwig II. an Wagner, Hohenschwangau, 5. September 1865

Mein Einziger! mein göttlicher Freund!
Endlich finde ich einen freien Augenblick, endlich komme ich dazu, dem Geliebten für den übersandten Entwurf zum „Parcival" aus tiefster Seele zu danken; die Flammen der Begeisterung erfassen mich; mit jedem Tage wird sie glühender, meine Liebe zu dem, den ich einzig liebe auf dieser Welt, der meine höchste Freude, mein Trost, meine Zuversicht, mein Alles ist! — O Parcival, wann wirst Du geboren werden!? — Ich bete sie an, diese höchste Liebe, das Versenken, das Aufgehen in den qualvollen Leiden des Mitmenschen! — Wie hat mich dieser Stoff ergriffen! — Ja diese Kunst ist heilig, ist reinste, erhabenste Religion. —

Königsbriefe, Bd. 1, S. 169

Das Verhältnis zwischen dem König und Wagner wird von konservativen Hof-und Regierungskreisen beargwöhnt. Die Spannungen, die auf eine Auseinandersetzung zwischen Wagner und dem königlichen Kabinettssekretär Franz von Pfistermeister hinauslaufen, erreichen in den letzten Monaten des Jahres 1865 ihren Höhepunkt. Der König sieht sich schließlich gezwungen, Wagner zum Verlassen Bayerns aufzufordern.

Peter Cornelius in einem Brief an seine Braut, München, 15. November 1865, über Wagners Einfluß auf Ludwig II.

Am Sonntag war nichts bei Wagner, weil er — beim König war und vermutlich *noch* ist. Es wurde Regimentsmusik hinausbeordert, um Wagner ein Ständchen zu bringen. Da wird denn nun gründlich einmal alles besprochen werden; *vielleicht,* vielleicht auch nicht, wenn beide wieder nur schwärmen. Möglich aber, daß Wagner einmal diese Gelegenheit benutzt, seine Stellung, das Konservatorium usw. zu besprechen. Worüber ich Dir bis jetzt nie gesprochen habe, ist, daß Wagner auch in politische Beziehung zum König getreten, eine Art Marquis Posa geworden ist. Der König soll ihn ersucht haben, ihm seine Meinung über die deutschen Angelegenheiten zu sagen, und Wagner hat ihm seitdem in regelmäßigen Briefen seine Anschauungen auseinandergesetzt. [. . .]
Nun und nimmer wird das glatt abgehen, daß ein Künstler

entscheidenden Einfluß auf das Gesamtleben des Staates bekommt. Jedoch — man kanns nicht sagen! Die Verhältnisse sind eben außerordentlich. Es sieht eben überall in Deutschland so trostlos aus — Bayern ist der bedeutendste unter den Mittelstaaten — es könnte ja kommen, daß einmal ein erregter allseitiger Geist, wie Wagner, der doch immer im großen ganzen nur eine edle ideale Richtung verfolgt, einen guten Anstoß zu günstiger Entwicklung gäbe. Aber solange man nicht tiefer in die Verhältnisse hineinsehen und sich eine Meinung bilden kann, solange bleibt einem immer der Anschein der Sache ein gefährlicher, drohender, es fällt einem das alte Wort ein: Schuster bleib' bei Deinem Leisten — und bei Wagner in Ansehung seiner für Schott angefangnen Meistersinger — könnte man es so wenden: Dichter bleib' bei Deinem Schuster!

Peter Cornelius, *Ausgewählte Briefe*, Bd. 2, a.a.O., S. 295f.

Anonymer Artikel der Münchener Neuesten Nachrichten *vom 29. November 1865, gegen das königliche Kabinettssekretariat, insbesondere gegen den Kabinettssekretär Franz von Pfistermeister gerichtet. (Es wird vermutet, daß Wagner selbst an diesem Artikel mitgewirkt hat, der den König veranlassen sollte, von Pfistermeister zu entlassen.)*

Sie wünschen von mir über *Wagners hiesige Stellung* und Verhältnisse zu hören. [. . .]
Als der König vor anderthalb Jahren Wagner aufsuchen ließ und zu sich beschied, hat es sich einzig darum gehandelt, dem lange Heimatlosen ein dauerndes Asyl und Arbeitsmuße zu schaffen. Wagner hatte dem König offen mitgeteilt, daß mit einem ruhigen Häuschen mit Garten und den nötigen Mitteln, die ihn vom Arbeiten fürs Geld dispensieren sollten, allen seinen Wünschen gedient sei. Aus der hierdurch herbeigeführten angenehmen Niederlassung Wagners würden noch keine eigentlichen Mißhelligkeiten für ihn erwachsen sein, wenn nicht der leicht aufzuregende Neid auch gegen solche Vergünstigungen absichtlich in das Spiel geführt worden wäre, als es sich im persönlichen Interesse der Glieder des k. Kabinetts gelegen zeigte, Wagner schnell und gewaltsam von München zu entfernen, dessen vermeintlicher übermäßiger Einfluß auf den König gewissen Herrn über den Kopf zu wachsen schien.
[. . .] keinem ist es deutlicher wie Wagner, daß seine Kunsttendenzen nur durch einen allgemeinen blühenderen Zustand der deutschen Kunst überhaupt zu verwirklichen sind. [. . .]
Er glaubte sich deshalb beruhigend und belehrend vernehmen lassen zu müssen, und tat dieses in einem Bericht an den König über eine in München zu errichtende

deutsche Musikschule: nicht eine einzige kritische Stimme irgendwelcher Bedeutung ließ sich über diesen veröffentlichten Bericht hören. Dagegen zeigten sich von nun an die Merkmale einer noch weiter verbreiteten Verschwörung, deren Ziel es offenbar war, Wagner das Verbleiben in München durch künstliche Herbeiführung und Häufung von Unannehmlichkeiten aller Art gänzlich zu verleiden. Da man gegen Wagners gut belegte Ansichten über den Wert unserer künstlerischen Zustände nichts vorzubringen vermochte, griff man einfach wieder dazu, ihn beim Volk zu verleumden, um durch den Erfolg dieser Verleumdung wiederum abschreckend auf den König zu wirken. [. . .]
Diese Leute, die ich nicht zu nennen brauche, weil sie zur Zeit der Gegenstand einer allgemeinen verachtungsvollen Entrüstung in Bayern sind, finden es somit nicht nur dienlich, sondern ersehen ihr letztes Rettungsmittel darin, daß sie des Königs unerschütterliche Freundschaft für Wagner nach jeder Seite hin und den Interessen jeder Partei schmeichelnd, als verderblich hinstellen, [. . .]
ich wage Sie zu versichern, daß mit der Entfernung zweier oder dreier Personen, welche nicht die mindeste Achtung im bayerischen Volke genießen, der König und das bayerische Volk mit einem Male von diesen lästigen Beunruhigungen befreit wären. —

Neueste Nachrichten, München, 29. November 1865

Der bayerische Staatsminister Ludwig Freiherr von der Pfordten – während Wagners Dresdener Zeit sächsischer Minister – schildert Ludwig II. in einem Brief vom 1. Dezember 1865 die Lage

Was Rich. Wagner betrifft, so ist hier allerdings die Stimmung sehr erregt, zumal seit dem offenbar von Wagner selbst ausgegangenen Artikel in Num. 333 der Neuesten Nachrichten, in welchem in einer bisher von niemand gewagten Weise die „unerschütterliche Freundschaft“ Euerer Majestät in Anspruch genommen und die Entfernung der Umgebung Allerhöchstderselben gefordert wird. Daß dabei manche Übertreibungen und Unrichtigkeiten unterlaufen mögen, will der treu gehorsamst Unterzeichnete nicht bezweifeln. Aber unbestreitbare Tatsachen sind der Aufenthalt Wagners in Hohenschwangau, die Erhebung ganz ungewöhnlicher Summen aus der Kabinettskassa, zuletzt von 40000 fl. durch Frau von Bülow, und die beispiellose Anmaßung und offen kundgegebene Einmischung Wagners in andere als künstlerische Gebiete. [. . .]
Euere Majestät stehen an einem verhängnisvollen Scheidewege und haben zu wählen zwischen der Liebe und Verehrung Ihres treuen Volkes und der ‚Freundschaft‘

Richard Wagners. Dieser Mann, der es wagt zu behaupten, die in Treue erprobten Männer im Kgl. Kabinette genössen nicht die mindeste Achtung im bayerischen Volke, ist vielmehr seinerseits verachtet von allen den Schichten des Volkes, in denen der Thron seine Stütze suchen muß und allein finden kann; verachtet nicht etwa wegen demokratischer Gesinnung, die ihm die Demokraten selbst absprechen, sondern wegen seiner Undankbarkeit und Verräterei an Gönnern und Freunden, wegen seiner übermütigen und liederlichen Schwelgerei und Verschwendung, wegen der Schamlosigkeit, mit der er die unverdiente Gnade Euerer Majestät ausbeutet.

Nicht bloß der Adel und der Klerus denkt so sondern auch der ehrenwerte Bürgerstand und die Arbeiter, die im Schweiße ihres Angesichtes mühsam ihr Brot erwerben, während arrogante Fremdlinge von königlicher Freigebigkeit schwelgen und zum Danke dafür das bayerische Volk und seine Zustände schmähen und höhnen.

Der t. g. Unterzeichnete ist weit entfernt, die Begeisterung Euerer Majestät für die Kunst und Poesie zu mißkennen oder zu unterschätzen. Aber er kann sich nicht von der allgemeinen Überzeugung trennen, daß diese Begeisterung von einem Unwürdigen beispiellos ausgebeutet und mißbraucht wird. Er fühlt sich überdies gedrungen hervorzuheben, daß Pflege der Kunst und der Ideale zwar eine edle Blüte gesunden Staatslebens und fürstlichen Sinnes ist, *nicht aber die erste oder gar einzige Aufgabe, zumal in Zeiten, wie die unsrigen, welche den Bestand der Staaten und Throne vielfach und ernst bedrohen und daher vielmehr ein Handeln in der realen Welt erfordern als ein Schwärmen in der idealen.*

Sebastian Röckl, „Von der Pfordten und Richard Wagner," *Süddeutsche Monatshefte*, München, April 1928, S. 539f.

„Ueber Richard Wagners Stellung in Bayern"

Im Grunde müssen wir Hrn. Richard Wagner in gewisser Beziehung sehr dankbar sein für den Artikel, in welchem er durch das Organ der „Neuesten Nachrichten" sich selbst über seine hiesige Stellung vernehmen läßt. Das bayerische Volk wird jetzt vollkommen erbaut sein von dem plötzlich erhobenen Geschrei gegen das Kabinetssekretariat des Königs. *Ein Zweifel* darüber, von *wem* dieses Geschrei *ausging* und was man eigentlich damit *bezielt*, ist von jetzt an *unmöglich*: Hr. R. *Wagner selbst* gibt uns darüber alle erwünschliche Aufklärung.

Ja der Mann hat Recht, wenn er sagt, es handle sich um

ein Spiel der gemeinsten persönlichen Interessen. Ja darüber kann kein Zweifel mehr bestehen: *aber nur auf seiner Seite walten solch' schmutzige Motive des Eigennutzes ob! Geld,* viel *Geld* und immer wieder von Neuem viel *Geld* braucht der Barrikadenmann von Dresden, der dem edlen König Friedrich August II. von Sachsen die ihm erwiesenen großen Wohlthaten damit vergalt, daß er mit an die Spitze der Mordbrennerbanden trat, die am 7. Mai 1849 desselben Königs Palast in Brand steckten und durch Minen in die Luft sprengen wollten! Geld, viel Geld braucht der gute, intime Freund und Beherberger des Hrn. Eckart, des Mannes, der in der scheuslichen Ermordung und Verstümmelung des greisen Kriegsministers Latour 1848 zu Wien eine *thätige* Rolle gespielt! Da erinnert sich denn der fein calculirende Mann des alten Sprichworts: ein Thor, wer mitten im Rohre sitzt und es versäumt, sich Pfeifen zu schneiden. Die bayerische Civilliste hat Geld, denkt er sich, jetzt bin ich in ihrer nächsten Nähe, also da muß ich mir das Geld holen, das ich brauche. Allerdings versichert er uns, er habe von Sr. Maj. dem König vor anderthalb Jahren, als Se. Majestät ihn zu sich beschied, nichts verlangt, als „ein ruhiges Häuschen mit Garten und den nöthigen Mitteln, die ihn vom Arbeiten für's Geld dispensiren sollten", damit „sei allen seinen Wünschen gedient." Wie das bescheiden und entsagungsvoll klingt! Nur Schade, daß es nicht die volle Wahrheit ist. Von den 23.000 fl. Schulden, die für ihn zu Wien bezahlt werden mußten, um ihn auszulösen und die Hieherkunft ihm möglich zu machen, beliebt Hr. R. Wagner zu schweigen. Von den hier, trotz einer enormen Einnahme, neuerdings und wiederholt kontrahirten und für ihn durch des jugendlichen Monarchen Gnade bezahlten Schulden, sagt er klüglich auch kein Wörtlein. Die neulich erst wieder aus der kgl. Kabinetskassa bezogenen 40,000 fl. werden gleichfalls nicht der Mühe werth erachtet, auch nur erwähnt zu werden! Und man versichert, daß er noch lange nicht genug hat, der Appetit vielmehr unterm Essen ihm wächst!

Neuer Bayerischer Kurier, München, 2. Dezember 1865

Ludwig II. teilt am 7. Dezember 1865 seinem Staatsminister von der Pfordten Wagners Ausweisung mit

Mein lieber Herr Staatsminister!
Mein Entschluß steht fest. — R. Wagner muß Bayern verlassen. Ich will meinem theuren Volke zeigen, daß sein Vertrauen, seine Liebe mir über Alles geht. — Sie

werden ermessen, daß es mir nicht *ganz* leicht wurde; doch ich habe überwunden; — —
Ich wünsche Sie nach 11 Uhr bei mir zu sehen. — Herzliche Grüße von

Ihrem
sehr geneigten Könige u. Freunde
Ludwig.

(Mit der Entfernung Wagners werden, ich hoffe es zuversichtlich, auch jene schändlichen Verläumdungen gegen mich verschwinden.)

Sebastian Röckl, „Von der Pfordten und Richard Wagner", a.a.O., S. 541

Notiz in der Münchener Zeitung Der Volksbote *vom 10. Dezember 1865 über die Stimmung in München vor Wagners Abreise*

München, 9. Dezember. *Wie ein Lauffeuer ging vorgestern* die Kunde von der Fortweisung Richard Wagners durch die Stadt, was an sich schon zeigt, wie groß und wie tief die Erregung ist, welche dieser Mensch durch sein Gebahren hervorgerufen hat. Ueberall gab sich die lebhafteste Befriedigung kund, aber keineswegs „Schadenfreude", wie einem Augsburger Blatte geschrieben wird, sondern eine *patriotische* Freude, die dadurch noch erhöht wird, daß man nun nach und nach immer mehr darüber erfährt, wie Wagner, trotz aller bisherigen Ableugnungen, die Gunst des jugendlichen Monarchen, sogar zu Uebung eines Einflusses in Staatsangelegenheiten auszubeuten gesucht hat.

Der Volksbote, München, 10. Dezember 1865

Peter Cornelius schildert Wagners erzwungene Abreise von München am 10. Dezember 1865

Morgens gingen wir nach 5 Uhr an den Bahnhof, wir erwarteten Wagner längere Zeit. Endlich kam der Wagen. Wagner sah gespenstisch aus; bleiche, verworrene Züge und das lange schlaffe Haar ganz grau schimmernd. Wir gingen mit hinaus an den Waggon, Franz und Pohl reisten mit.* Wagner sprach noch angelegentlich mit Cosima, woraus Heinrich besonders das Wort „Schweigen" unterschied. Cosima war ganz gebrochen. — Als der Waggon hinter den Pfeilern verschwand, war es wie das Zerrinnen einer Vision.

Tagebuchaufzeichnung vom 11. Dezember 1865, *Ausgewählte Briefe*, a.a.O., S. 318

---

*Wagner reist mit seinem Diener Franz und seinem Hunde Pohl. Außer Cornelius ist der Wagner-Jünger Heinrich Porges, Chordirigent und Musikschriftsteller, am Bahnhof zugegen

Wagner reist in die Schweiz und mietet in der Nähe von Genf ein Haus. Dort setzt er die Komposition der *Meister-*
185 *singer* fort. Am 15. April 1866 bezieht er das Landhaus Tribschen bei Luzern, das er bis 1872 bewohnt. Für die Miete kommt Ludwig II. auf, der Wagner am 22. Mai zu seinem 53. Geburtstag besucht.

Ludwig II. in einem Telegramm vom 15. Mai 1866 an Wagner

Stets sich steigernde Sehnsucht nach dem Theuern. Immer mehr verfinstert sich der Horizont, der grelle Schein der friedlichen Tagessonne martert unsäglich.* Ich bitte den Freund um baldige Antwort auf folgende Fragen: Wenn es des Theuren Wunsch und Wille ist, so verzichte ich mit Freuden auf die Krone und den öden Glanz, komme zu ihm, um nimmer mich von ihm zu trennen. Und wenn er am geheimnißvollen Webstuhl sitzt und die wonnigen Werke schafft, so sei es meine Sorge, ihn fern zu halten von der Welt, die Frieden und Ruhe raubt; denn nochmals muß ich es sagen: länger getrennt und *allein* zu sein, kann ich nicht ertragen. Vereint aber und bei ihm, dem irdischen Dasein entrückt, ist das einzige Mittel, mich vor Verzweiflung und Tod zu bewahren. Dieß ist nicht die Eingebung flüchtiger Aufwallung, es ist fürchterlich qualvolle Wahrheit! Ich sehne mich nach Antwort.

Ludwig.

Königsbriefe, Bd. 2, S. 34f.

Der liberale Publizist Julius Fröbel, seit der Dresdener Revolution mit Wagner bekannt und von diesem 1865 als Leiter einer dann allerdings nicht zustandegekommenen Zeitung für die politischen und kulturellen Bestrebungen Ludwig II. ausersehen, charakterisiert Wagners Kunst in seinen Lebenserinnerungen

Wenn Richard Wagner es nicht bis zum Stifter einer neuen Religion gebracht, in welcher das Theater sich an die Stelle der Kirche hätte setzen müssen, so hat er in seinen Anhängern wenigstens einen Sektengeist zu erzeugen gewußt, welcher, wie jede derartige Erscheinung, mir widerwärtig und abstoßend gewesen ist. Emil Ollivier, welcher mit der Schwester der damaligen Frau von Bülow verheiratet gewesen und also als Schwager der nachherigen Frau Wagner Wagners Schwager geworden ist, hat, als ich im Frühling 1869 in Paris war, im Gespräche mit mir und andern Personen, bei aller Hochachtung vor Wagners Kunstwerken, ihn einen „musikalischen Cagliostro" genannt. Ich selbst, während ich die Größe seiner Konzeptionen anerkannt und in einzelnen Partieen die gewaltige Wirkung seiner Ausführungen empfunden, mußte über ihn nur urteilen, daß er neben allen Vorzügen

*Ludwig fürchtet die politische Entwicklung, die am 14. Juni zum Krieg zwischen Österreich und Bayern einerseits und Preußen andererseits führt

auch alle Fehler eines Erzromantikers in sich trage, was mich nicht hindern konnte, ihn als einen genialen Menschen und großen Künstler gelten zu lassen. Immer bestimmter habe ich mir aber sagen müssen, daß die *Verwechselung des epischen Stiles mit dem dramatischen*, die damit zusammenhängende, ins einzelne und kleine gehende Anpassung der Musik an den Gedanken, die sogenannte unendliche Melodie und das gleichfalls der epischen Empfindungsweise angehörige Bedürfnis der Anwendung ungeheurer Mittel zur Hervorbringung einer Kunstwirkung, vier Verirrungen sind, von denen jede allein hinreicht, auf eine *dramatisch*-musikalische Schöpfung einen unglücklichen Einfluß auszuüben, die aber vereint die Werke nur eines mit großen Fähigkeiten begabten Künstlers nicht ganz verderben können.

Julius Fröbel, *Ein Lebenslauf*, Bd. 2, Stuttgart 1891, S. 487

Aufzeichnungen des Bayerischen Ministers Fürst Chlodwig zu Hohenlohe-Schillingsfürst vom 12. März 1867 über einen Besuch Wagners

Nachdem sich Wagner vorgestern bei mir angemeldet, nachher aber wieder entschuldigt hatte, da er krank geworden war, schrieb ich ihm heute, um ihn abends zu mir zu bitten. Er kam um $\frac{1}{2}$ 7. Anfangs war er etwas befangen, sprach von allgemeinen Dingen und entschuldigte sich, daß er überhaupt eigentlich kein Recht habe, zu mir zu kommen. Ich setzte ihn in eine behaglichere Stimmung, indem ich ihm sagte, wir hätten zwei Vereinigungspunkte, wir seien von derselben Partei gehaßt und einig in gleicher Verehrung für den König. Darauf wurde er mitteilender, sprach von der Art, wie man den König behandelt und gequält habe, so daß er zweimal ihm geschrieben habe, er würde abdanken, erzählte unter Beteuerungen, daß er sich damit nicht rühmen wolle, daß *er* mich dem König als Minister empfohlen habe; dann kam er auf die Aufgabe Bayerns als ein deutscher Staat, dessen Bevölkerung die Gewandtheit der Franken mit der Phantasie der Schwaben und der Naturkraft der Bayern vereinige, daß der König ganz der Mann sei, diesen deutschen Staat zu regieren und das Ideal des Deutschtums zu verwirklichen, kam dann auf seine Kunstrichtung zu sprechen, auf seine hiesigen Erfahrungen, auf seine Pläne mit der Einrichtung einer Kunstschule, auf die Hindernisse, die ihm in den Weg gelegt worden seien, und endlich auf das Kabinett. Dazwischen sprach er von der Notwendigkeit, daß ich im Ministerium bleibe. Worauf ich ihm erwiderte, daß dies nicht von mir abhinge. Ich könne nicht dafür einstehen, daß man nicht das Vertrauen des Königs in mich untergrabe, und sei dessen um so weniger sicher, als der König nach der Tradition des Königlichen Hauses nicht direkt, sondern nur durch das Kabinett mit mir verkehre. Er sagte nun, daß dies nicht so bleiben könne, worauf ich ihn darauf aufmerksam machte, daß es sehr gefährlich sei, sich mit dem Kabinett in einen Kampf einzulassen, er wisse das am besten.

Denkwürdigkeiten des Fürsten Chlodwig zu Hohenlohe-Schillingsfürst, Bd. 1, Stuttgart und Leipzig 1906, S. 211

Am 24. Oktober 1867 vollendet Wagner in Tribschen die *Meistersinger*-Partitur. Er studiert das Werk an der Münchener Hofoper selbst ein. Die musikalische Leitung hat Hans von Bülow. Die Uraufführung findet am 21. Juni 1868 in Anwesenheit des Königs statt und wird zu einem großen Erfolg.

118
Probenbericht in der Neuen Freien Presse, *Wien*

Bülow [der die Aufführung leitet] klopft mit der Battuta. „Meine Herren, wenn's beliebt, fangen wir an", ruft er mit dünner, heiserer Stimme in das volle Orchester, das ad hoc durch verschiedene Bläser vermehrt und bis auf 80 Mann gebracht worden. Die Musik beginnt. Bülow deutet mit dem ganzen Körper die wünschenswerthen Nuancen an und arbeitet bei jeder Gelegenheit so fürchterlich, daß es Einem um die nahestehenden Geiger und Lampen angst und bange wird. Der andere Mann, welcher mit Bülow gefahren kam, steht auf der Bühne. Es ist Richard *Wagner* mit seinem in ganz Deutschland bekannten Vogelgesicht. Mit beständiger, nervös machender Aufregung begleitet er jeden Ton, der gesungen wird, durch eine entsprechende Bewegung, die von den Sängern so viel als möglich genau nachgeahmt wird; nur wer den Componisten so arbeiten und gesticuliren sieht, versteht, wie sich derselbe eine Menge von Nuancen gedacht hat. Fast jeder Schritt, jedes Kopfschütteln, jede Handbewegung, jedes Thüröffnen ist „musikalisch illustrirt", und gerade in den „Meistersingern" wird zu dem stummen Spiele der Sänger eine solche Masse Musik gemacht, daß wir es als ein Wunder betrachten würden, wenn dort, wo die Oper nicht unter des Componisten Leitung einstudirt wurde, zu dieser Musik das beabsichtigte Spiel entwickelt würde. Nur wenn Fräulein Mallinger singt, pausirt Wagner zuweilen in seinen Vorschriften, horcht mit sichtbarem Vergnügen, trippelt dann, die eine Hand in der Hosentasche, mit kurzen Schritten auf und ab und setzt sich auf den Stuhl, der neben dem Souffleurkasten steht, befriedigt und vergnügt mit dem Kopfe nickend und mit dem ganzen Gesichte lächelnd. Gefällt ihm aber vom Orchester etwas nicht, was nicht selten vorkommt, so schnellt er wie von einer Schlange gestochen auf, klatscht mit den Händen, Bülow klopft ab und Wagner ruft ins Orchester: „Piano, meine Herren, piano! Das muß leise, leise, leise wie aus einer anderen Welt herüberklingen," und das Orchester beginnt aufs neue. „Noch mehr piano!" ruft Wagner und macht dazu eine entsprechende Handbewegung; „so, so, so — gut, gut, gut — sehr schön!" So geht es den ganzen Abend.

Neue Freie Presse, Wien, 21. Juni 1868

Eduard Hanslick, „Richard Wagner's ‚Meistersinger von Nürnberg'", Juni 1868

Die erste Aufführung der neuesten Wagner'schen Oper hat gestern bei sehr besuchtem, wenn auch nicht gänzlich gefülltem Hause hier stattgefunden und von 6 bis 11 Uhr Nachts gedauert. Ueber den äußeren Erfolg dieser Festvorstellung bedarf es wohl keiner Meldung; derselbe war von vornherein gewiß, wo die Freunde und Verehrer des Componisten aus allen Weltgegenden zusammenströmten und an ihrer Spitze der König selbst eine begeisterte Protection übte. Ueberdies war das Publicum längst nach der wunderbaren Ausstattung lüstern und durch eigene, stark instrumentirte Zeitungsartikel in eine zweckmäßige Stimmung gebracht. [. . .]
Der junge, schlanke König mit dem schwärmerischen Blicke lauschte der Oper vom Anfange bis zum Schlusse, anscheinend allein, in der großen Hofloge. Als aber nach dem zweiten Acte nebst den Sängern auch Richard Wagner anhaltend gerufen wurde, trat dieser aus dem Hintergrunde der königlichen Loge an deren Brüstung vor und verbeugte sich von hier gegen das Publicum. Dieser wohlaffectionirte Gruß, welcher sich nach dem dritten Acte genau so wiederholte, wirkte etwas überraschend auf die Fremden, von denen Einige erwarteten, es werde nun auch der König herausgerufen werden.
Als theatralische Vorstellung sind die „Meistersinger" 176–180
eine Sehenswürdigkeit, vortrefflich im musikalischen Teil, unvergleichlich im scenischen. Bilder von blendender Farbenpracht und Neuheit, Gruppen voll Leben und Charakteristik entfalten sich vor den Augen des Zuschauers der kaum zum Nachdenken kommt, wie viel oder wie

wenig von diesem Effecte der eigentlich musikalischen Schöpfung zuzuschreiben sei. Erzählen wir Jemandem die Handlung der „Meistersinger", was mit wenigen Worten gethan ist, so wird er kaum begreifen, wie daraus eine Oper von größerem Umfange als der „Prophet" und die „Hugenotten" entstehen konnte. Diese gewaltsame Dehnung und Zerrung einer kleinen, ärmlichen Handlung, die ohne spannende Verwicklung und Intrigue fortwährend stillesteht und kaum hinreichenden Stoff für ein bescheidenes, zweiactiges Singspiel bietet, ist der größte praktische Fehler der „Meistersinger". [. . .]
Wagner ist in den „Meistersingern" seinem musikalischen Principe, wie es schon im „Lohengrin" vorherrscht und in strengster Consequenz „Tristan und Isolde" durchdringt, vollkommen treu geblieben. Es macht immer einen respectablen Eindruck, wenn ein Künstler mit Ernst und unbeugsamer Ueberzeugung an den Grundsätzen festhält, die er einmal für die richtigen, allein wahren ansieht. Diese von keiner Anfechtung beirrte Consequenz gibt auch den „Meistersingern" den überall imponirenden Charakterzug der Sicherheit und Festigkeit. Wagner weiß vollkommen, was er will; die bewußte Absicht spricht aus jeder Note dieser Partitur, kein Zufall findet Raum darin, aber auch nicht jene schöne Zufälligkeit, welche den Schöpfungen der künstlerischen Phantasie wie jenen der Natur den letzten Reiz gibt. Die Consequenz, mit welcher Wagner bei seinem eigenthümlichen Principe verharrt, müssen wir achten; zu dem Principe selbst haben uns auch die „Meistersinger" nicht bekehrt. Es ist das bewußte Auflösen aller festen Form in ein gestaltloses, sinnlich berauschendes Klingen, das Ersetzen selbständiger, gegliederter Melodien durch ein unförmlich vages Melodisiren. Man kann dafür Wagner's schiefes Wort „unendliche Melodie" getrost als technischen Ausdruck gebrauchen, da bereits Jedermann weiß, was er sich darunter vorzustellen hat. Die „unendliche Melodie" ist die herrschende, d.h. die musikalisch unterwühlende Macht in den „Meistersingern" wie im „Tristan". Ein kleines Motiv beginnt, es wird, ehe es zur eigentlichen Melodie, zum Thema sich gestaltet, gleichsam umgebogen, geknickt, durch fortwährendes Moduliren und unharmonisches Rücken höher oder tiefer gestellt, durch Rosalien fortgesetzt, dann angestückelt und wieder verkürzt, bald von diesem, bald von jenem Instrument wiederholt oder nachgebildet. Mit ängstlicher Vermeidung jeder abschließenden Cadenz

fließt diese knochen- und muskellose Gestaltung, sich immer wieder aus sich selbst erneuernd, ins Unabsehbare fort. Ueberschaut man ganze große Partien dieser Art mit Einem Blick, so gewahrt man immer dieselbe Einförmigkeit des Total-Eindruckes, bei fortwährender nervöser Unruhe und Störung des Details. Nur an den wenigen Stellen, wo ein lyrischer Ruhepunkt, eine Art Liedform schon im Texte geboten ist (die Gesänge Walther's, das Schusterlied), concentrirt sich der Gesang wenigstens eine Weile hindurch zur selbständigen, wirklichen Melodie; hingegen ist im ganzen Fortgang des Dramatischen, in den Monologen, Dialogen, Gesammtscenen der Faden der Melodie nicht in die Singstimmen, sondern ins Orchester verlegt, wo er als „unendlicher" sich wie in einer Spinnfabrik gleichförmig abhaspelt. Diese melodienspinnende Orchester-Begleitung bildet eigentlich das zusammenhängende und selbständige Tonbild in den „Meistersingern", die Singstimme accommodirt sich dieser Begleitung, indem sie halb declamirend, halb singend ihre Phrasen einwebt. [. . .]

Chor und Orchester des Münchener Theaters sind aus der Tonschlacht der „Meistersinger" siegreich hervorgegangen, man muß es schon hoch anschlagen, wenn diese unerhört schwierigen Ensembles nicht geradezu auseinanderfallen. Das Hauptverdienst dabei, wie überhaupt
an der präcisen Aufführung der Oper, hat Herr v. *Bülow*, 118
der das Orchester dirigirte. Es gehört Bülow's ganze Energie und Beweglichkeit, sein fabelhaftes Gedächtniß und seine enthusiastische Hingebung an Wagner dazu, um ein solches Resultat zu erzielen. R. *Wagner* selbst, der die Proben auf der Bühne leitete und das Arrangement bis ins kleinste Detail überwachte, hat, ein geborner Opern-Regisseur, seine wahrhaft geniale Begabung für die Mise-en-scène neuerdings glänzend bewährt und verwerthet. Die ruhig und verständig leitende Hand, welche unsichtbar die Zügel des Münchener Phaëton-Gespannes lenkt, dürfen wir nicht vergessen, es ist die Hand des Freiherrn v. *Perfall*, des liebenswürdigen, feingebildeten Künstlers und Intendanten. Er hofft, die „Meistersinger" noch etwa viermal mit der gegenwärtigen Besetzung geben und dann die mitwirkenden Gäste theils durch einheimische, theils durch neu zu engagirende Künstler ersetzen zu können.

Die Münchener Aufführung der „Meistersinger" wird jedem Musikfreunde ein denkwürdiges Kunsterlebniß bleiben, wenn auch keines von jenen, deren echter Schönheitssegen uns beglückend und läuternd weiter durchs Leben begleitet. Wir erblicken in dieser Oper kein Werk von tiefer Ursprünglichkeit, von bleibender Wahrheit und Schönheit, sondern ein interessantes Experiment, das durch die zähe Energie seiner Durchführung und die unleugbare Neuheit, nicht sowol des Erfundenen als der Methode des Erfindens, frappirt. Nicht die Schöpfung eines echten Musik-Genies haben wir kennen gelernt, sondern die Arbeit eines geistreichen Grüblers, welcher — ein schillerndes Amalgam von Halb-Poet und Halb-Musiker — sich aus der Specialität seines in der Hauptsache lückenhaften, in Nebendingen blendenden Talentes ein neues System geschaffen hat, ein System, das in seinen Grundsätzen irrig, in seiner consequenten Durchführung unschön und unmusikalisch ist. Wir zählen die „Meistersinger" mit Einem Worte zu den interessanten musikalischen Ausnahms- oder Krankheits-Erscheinungen. Als Regel gedacht würden sie das Ende der Kunst bedeuten, während sie als Specialitäten uns immerhin bedeutender und nachhaltiger anregen, als ein Dutzend Alltags-Opern jener zahlreichen gesunden Componisten, denen man um die Hälfte zu viel Ehre erweist, wenn man sie Halbtalente nennt.

Neue Freie Presse, Wien, 24.–26. Juni 1868

Am 8. November 1868 lernt Wagner im Hause seines Schwagers Hermann Brockhaus in Leipzig Friedrich Nietzsche (1844–1900) kennen. Nietzsche, im Februar 1869 zum außerordentlichen Professor für klassische Philologie an der Universität Basel ernannt, ist bis zum April 1872 insgesamt 23 Mal zu Gast bei Wagner in Tribschen. Unter dem Eindruck der Persönlichkeit und des Werks Richard Wagners verfaßt Nietzsche die Schriften „Die Geburt der Tragödie aus dem Geiste der Musik" (1872) und „Richard Wagner in Bayreuth" (1876). Die Bewunderung ist gegenseitig, weicht später jedoch einer zunächst kritischen und dann ablehnenden Haltung.

201

Friedrich Nietzsche in einem Brief an seine Mutter, Juni 1869, über seine Besuche bei Wagner in Tribschen

Von äußerster Wichtigkeit ist aber, daß ich ja den ersehntesten Freund und Nachbar in Luzern habe, zwar nicht nahe genug, aber doch immer nur so weit, daß jeder freie Tag zu einer Zusammenkunft benutzt werden kann. Dies ist *Richard Wagner,* der als Mensch durchaus von gleicher Größe und Singularität ist, wie als Künstler.

Mit ihm und der genialen Frau *von Bülow* (Tochter *Liszt's*) zusammen habe ich nun schon mehrere glückliche Tage verlebt, z.B. die letzten wieder, Sonnabend und Sonntag. *Wagner*'s Villa, am Vierwaldstätter See gelegen, 185
am Fuße des Pilatus, in einer bezaubernden See- und Gebirgseinsamkeit, ist wie Du Dir denken kannst, vortrefflich eingerichtet: wir leben dort zusammen in der angeregtesten Unterhaltung, im liebenswürdigsten Familienkreise und ganz entrückt von der gewöhnlichen gesellschaftlichen Trivialität. Dies ist für mich ein großer Fund.

Friedrich Nietzsche, Werke und Briefe, Historisch-kritische Gesamtausgabe, Briefe, Bd. 2, München 1938, S. 326f.

201
Friedrich Nietzsche an seinen Freund Rohde, 17. August 1869

Dafür will ich Dir noch etwas von meinem Juppiter erzählen, von *R. Wagner,* bei dem ich von Zeit zu Zeit aufathme und mich mehr erquicke, als sich meine ganze Collegenschaft vorstellen kann. Das Menschenkind hat noch keinen Orden und jetzt eben die erste Auszeichnung bekommen, nämlich die Ehrenmitgliedschaft der Berliner Akademie der Künste. Ein fruchtbares, reiches, erschütterndes Leben, ganz abweichend und unerhört unter mittleren Sterblichen! Dafür steht er auch da, festgewurzelt durch eigne Kraft, mit seinem Blick immer drüber hinweg über alles Ephemere, und unzeitgemäß im schönsten Sinne. Da hat er mir kürzlich ein Manuscript gegeben „über Staat und Religion", bestimmt als Memoire an den jungen Baiernkönig, von einer Höhe und Zeitentrücktheit, von einem Edelsinn und *Schopenhauer*ischem Ernst, daß ich König zu sein wünschte, um solche Ermahnungen zu bekommen. Neulich habe ich ihm übrigens ein paar Stellen aus Deinen Briefen zugeschickt, für Frau *von Bülow,* die mich mehrfach drum gebeten hatte. Als ich das vorletzte Mal dort war, kam gerade in der Nacht meines Aufenthaltes ein kleiner Junge zur Welt, „*Siegfried*" zubenannt. Als ich das letzte Mal dort war, wurde *Wagner* gerade fertig mit der Composition seines „*Siegfried*" 189
und war im üppigsten Gefühl seiner Kraft.

Friedrich Nietzsche, Werke und Briefe, a.a.O., S. 353f.

Am 25. Januar 1866 stirbt Minna Wagner in Dresden. Vom Mai an lebt Cosima von Bülow mit ihren Kindern nahezu ständig bei Wagner in Tribschen. Im Juni 1869 bittet sie ihren Mann um seine Einwilligung zur Scheidung, die am 18. Juli 1870 ausgesprochen wird. Wagner und Cosima lassen sich am 25. August in Luzern trauen.

Wagner über die Scheidung Cosimas von Hans von Bülow. Brief an Marie von Muchanoff-Kalergis, Luzern, 24. August 1869

Es handelt sich um die Scheidung Cosima's von Hans v.B. Dass diese unerlässlich geworden, ist Bülow zum vollen Bewusstsein gekommen. [. . .]
Die Nöthigung zu einer definitiven Scheidung von B. stellte sich C. aber dar, als ich ihr im Juli vorigen Jahres eröffnete, dass es mir unmöglich sei je wieder nach München zurückzukehren, und ich hierfür einen unerschütterlichen Entschluss gefasst hätte. Dieser Entschluss ward mir zunächst durch den Erfolg der fortgesetzt von mir gemachten Erfahrungen von der Unmöglichkeit einer segenvollen künstlerischen Wirksamkeit in München eingegeben, da dieser Erfolg, nach meinen, von dem verzehrendsten Aerger über die stets dort mir begegnenden Elendigkeiten begleiteten Anstrengungen bei der Aufführung der Meistersinger, als tödtlich für meine Gesundheit und lähmend für jede fernere Productivität sich herausstellte. Nicht minder jedoch trugen zu diesem meinem Entschlusse die Erfahrungen bei, welche ich in dem hierzu von mir bestimmten Probejahre über die Unmöglichkeit eines ferneren freundschaftlichen Bestehens innerhalb des ehelichen Verhältnisses C.'s u. B.'s gemacht hatte. Die unausbleibliche Aufzehrung und Zerrüttung der geistigen wie leiblichen Gesundheit der hierbei Betheiligten war unläugbar geworden. Die unerhörten früheren Betastungen dieses ehelichen Verhältniss[es] durch die damalige Jesuitencabale, welche auch jetzt bei jeder Gelegenheit, wo eine Beschmutzung dieser Art zu irgend einer Verhinderung dienlich schien, wieder in Bewegung gesetzt wurde, hatten — abgesehen von allen übrigen inneren Gründen — diese Ehe zu einem, jedem Zartfühlenden unerträglichen Verhältnisse gemacht. Hier galt es nur Rettung vor einem jedes Edle untergrabenden Elend. — Den aus allen diesen Wahrnehmungen hervorgehenden Entschluss theilte sofort C., als ich ihn ihr bei ihrem Besuche im vorigen Sommer mittheilte. Sie war nicht der Meinung, welche soviele meiner Freunde zu ihrer eigenen leichten Beruhigung gern über mich unterhielten, nämlich, dass ich ein Mensch sei, dem nicht zu helfen wäre. Sie wusste, wo und wie mir durchaus und

für immer zu helfen sei, und schwankte keinen Augenblick, durch ihren Besitz mir diese Hülfe zu bieten. Nicht das unerhörte Glück, den unermesslichen Segen, welche sie so mir bereitete, darf und will ich zur Geltung rufen, wenn ich dagegen die Bewahrung ihres Besitzes als das einzige Ziel aller meiner ferneren Bestrebungen bezeichne; denn leicht dürfte selbst ein Mensch meiner Art getadelt werden, wenn er um dieses seines höchsten Glückes willen über Andere Leiden brächte. Ich rufe dagegen ein jedem Menschen heiliges Gefühl an, wenn ich als meine Richtschnur die Erhaltung einer unvergleichlich sorgsamen Mutter für ihre, nur durch sie dem Gedeihen zuzuführenden Kinder, anrufe: dass ich diese Aufgabe mir anvertraut weiss, macht mich rücksichtslos für Alles und Jedes, was hieran mich hindern könnte.

Königsbriefe, Bd. 5, S. 93ff.

Gegen Wagners Willen befiehlt Ludwig II. die Aufführung des *Rheingold* in München. Der Dirigent Hans Richter und der Sänger Franz Betz, die Wagner treu ergeben sind, verweigern die Mitwirkung. Die Uraufführung findet am 22. September 1869 unter der musikalischen Leitung von Franz Wüllner statt. Im folgenden Jahr setzt der König auch die Uraufführung von *Die Walküre* entgegen Wagners Willen durch (26. Juni 1870). 190–193

Ludwig II. an Hofrat von Düfflipp, Schloß Berg, 30. August 1869

244

Wahrhaft verbrecherisch und schamlos ist das Gebahren von „Wagner" und dem Theatergesindel; es ist dieß eine offenbare Revolte gegen Meine Befehle, und dieses kann Ich nicht dulden. „Richter" darf keinenfalls mehr dirigiren und ist augenblicklich zu entlassen, es bleibt dabei. Die Theaterleute haben Meinen Befehlen zu gehorchen, und nicht den Launen „Wagners". In mehreren Blättern ist es so hingestellt, als sei von mir die Vorstellung abgesagt worden. Ich sah dieß kommen; es ist sehr leicht, die falschen Gerüchte zu zerstreuen, und es ist Mein Wille, daß Sie sogleich die wahre Sachlage bekannt geben und Alles aufbieten, um die Vorstellung zu ermöglichen; denn wenn diese abscheulichen Intriguen „Wagners" durchginge[n], so würde das ganze Pack immer dreister und unverschämter, und zuletzt gar nicht mehr zu zügeln sein; daher muß das Übel mit der Wurzel ausgerissen werden — „Richter" muß springen, und „Betz" und die Anderen zur Unterwerfung gebracht werden. Eine solche Frechheit ist Mir noch nie vorgekommen.

Königsbriefe, Bd. 5, S. 101

Wagner an den Dirigenten Franz Wüllner, September 1869

Hand weg von meiner Partitur! Das rath' ich Ihnen, Herr; sonst soll Sie der Teufel holen! — Taktiren Sie in Liedertafeln und Singevereinen, oder wenn Sie durchaus Opernpartituren handhaben wollen, so suchen Sie die von Ihrem Freunde Perfall* aus! Diesem schönen Herren sagen Sie auch, [dass,] wenn er dem Könige nicht offen seine persönliche Unfähigkeit mein Werk zu geben bekenne, ich ihm ein Licht anzünden wolle, das ihm alle seine, vom Abfall der Rheingoldkosten bezahlten Winkelblattscribenten nicht ausblasen können sollen. Ihr beiden Herren habt bei einem Manne, wie ich, erst lange in die Schule zu gehen, ehe Ihr lernt, dass Ihr nichts versteht.

Königsbriefe, Bd. 4, S. 201f.

Bericht über die Uraufführung der Walküre

Ein solches Spiel müßte in einfachen, plastisch gerundeten Tableaux vor sich gehen. Es müßte, um zu wirken, ja nur zu fesseln, auf sittlich erhebende Momente gebauet sein, nicht auf die schlüpfrigsten Punkte des geschlechtlichen Lebens, nicht auf Charakterschwäche, Treulosigkeit und Wortbruch der Götter wie der Menschen [. . .] Wir wollen von dem Haschen nach mystischer Unklarheit der Worte so wenig reden, wie die Musiker und Sänger, die überall die schwierigsten und ungeeignetsten Figuren vorgeschrieben finden, von ihrer Noth; wir wollen die gewaltthätigen Zumuthungen und gefährlichen Situationen nicht tadeln, womit Wagner Menschen und Instrumente und Dekorationen behandelt, sondern [. . .] den Gesamteindruck der „Walküre" dahin zusammenfassen, daß im ersten Akte die Gesangsstimmen dem Orchester das Gleichgewicht zu halten vermögen, was nur theilweise im zweiten Akte möglich ist, daß aber in der Hauptparthie des dritten Akts, Walkürenritt, kaum einzelne Schreirufe der Sängerinnen durch den Lärm der Instrumente vernehmbar sind. Einheitlich, wenn auch meist von ermüdender Breite, ist der erste Akt, dessen Schluß eine wunderbar glühende sinnliche Färbung hat; der

*Intendant und Komponist

zweite Akt schleppt sich durch Zersplitterungen, die sich nur zuweilen zu einem erquicklichen Aufschwunge erheben; der dritte Akt ist zu Anfang so betäubend, daß es der nachher folgenden Breite nicht bedurfte, um vollständige Abstumpfung zu finden. Die Gesamtwirkung der Musik ist keine glückliche; es geht, ich möchte sagen ein heidnisch sinnlicher, nach frivolem Naturalismus haschender Charakterzug durch dieselbe, der jegliche zuweilen sich erregende edlere Gefühlswallung niederwirft und eine stumpfe Erschlaffung hinterläßt.

Süddeutsche Presse, München, 28. Juni 1870

188
Der Schriftsteller Gustav Freytag rezensiert Wagners 1869 in Buchform erschienene Abhandlung „Das Judentum in der Musik", die erstmals 1850 in der Neuen Zeitschrift für Musik *veröffentlicht worden war*

Wir haben gar nicht die Absicht, zu untersuchen, ob jüdische Componisten und Virtuosen, welche dem Zuge der Zeit ebenso folgten wie die Christen, der modernen Musik mehr Segen oder Unsegen gebracht haben. Denn wir Nichtjuden haben auch in der Musik das Recht verloren, unseren jüdischen Künstlern Einseitigkeiten vorzuwerfen, und zwar befürchten wir, daß gerade Herr Wagner in seinen eigenen Werken die Eigenthümlichkeiten und Schwächen, welche nicht selten an jüdischen Künstlern getadelt worden sind, in höchst ausgezeichneter Weise an den Tag gelegt hat, wenn er dieselben auch ein wenig anders drapirt zeigt, als seine Vorgänger. Im Sinne seiner Broschüre erscheint er selbst als der größte Jude. Die Effecthascherei, das prätentiöse und kalt überlegte Streben nach Wirkungen, welche nicht durch sicheren Kunstgeschmack regulirt werden, der Mangel an Fähigkeit, musikalischer Empfindung ihren melodischen und harmonischen Ausdruck rein und voll zu geben, die übergroße, nervöse Unruhe, Freude am Seltsamen und Gesuchten, das Bestreben, durch witzigen Einfall und äußerliche Kunstmittel die gelegentliche Schwäche seiner musikalischen Erfindung zu decken, dazu selbst das große Talent für raffinirte Regie der Effecte, endlich hinter Allem statt eines sicheren, starken Künstlergemüths, in welchem die Form mit dem Inhalt mühelos sich ausbildet, unerzogene Prätension eines eigenwilligen Dilettanten, welcher begehrlich über die Grenzen seiner Kunst hinausfährt und Gesetzen der Schönheit auch deshalb widerspricht, weil er ihnen zu folgen außer Stande ist; ein abenteuerlicher Sinn, der im Ungeheuerlichen Befriedigung sucht, unbekümmert darum, ob durch seine Arbeit Sänger, Orchester und der schöne Organismus des musikalischen Drama's verwüstet werden. Solche

Schwäche und Unart finden wir überall in seinen Werken neben Fragmenten von wahrhaft schöner, zuweilen wahrhaft hinreißender Erfindung. Diese Beschaffenheit seines merkwürdigen und für unsere Musik verhängnißvollen Talentes scheint uns gerade eine solche zu sein, welche in seinem Sinne als eine dem Judenthum eigenthümliche aufgefaßt werden müßte. Da nun Herr Wagner keineswegs der Meinung sein wird, daß er selbst zu dem Judenthum in der Musik gehöre, so haben wir Andern zuverlässig alles Recht verloren, von Beschränktheiten der jüdischen Musiker zu sprechen. Und das scheint uns der Humor bei diesem langen Streit um Kaisers Bart.

Gustav Freytag, „Der Streit über das Judenthum in der Musik", *Die Grenzboten* XXVIII, Leipzig 1869, S. 336

Der deutsch-französische Krieg 1870/71 endet mit einer militärischen Niederlage Frankreichs. Im Januar 1871 schickt Wagner an Otto von Bismarck das Gedicht „An das deutsche Heer vor Paris", in dem er den deutschen Sieg feiert. Am 18.
206 Januar wird in Versailles mit der Krönung Wilhelm I. von Preußen zum deutschen Kaiser das Deutsche Reich proklamiert.

Brief Otto von Bismarcks an Richard Wagner, 21. Februar 1871

Versailles 21. Februar 1871

Hochgeehrter Herr

Ich danke Ihnen, daß Sie dem deutschen Heere ein Gedicht gewidmet, und dass Sie mir dasselbe soeben überreichen lassen. So sehr ich mich geehrt fühle, daß Sie dieses vaterländische Gedicht, wie mir gesagt wird, für mich allein bestimmen, so sehr würde ich mich freuen es veröffentlicht zu sehen.

Auch Ihre Werke, denen ich von jeher mein lebhaftes, wenn auch zuweilen mit Neigung zur Opposition gemischtes Interesse zugewandt, haben nach hartem Kampfe den Widerstand der Pariser überwunden, und ich glaube und wünsche, daß denselben noch viele Siege, daheim und draußen, beschieden sein werden.

Genehmigen Sie die Versicherung meiner ausgezeichneten Hochachtung

v. Bismarck

RWA

Georges Bizet über Wagner in einem Brief an seine Schwiegermutter, Paris, 29. Mai 1871

Ich bin kein Freund Wagners und schätze ihn nur mittelmäßig; aber ich kann die unermeßlichen Genüsse nicht vergessen, die ich diesem genialen Neuerer verdanke. Der Reiz seiner Musik ist unbeschreiblich. Sie ist die Wollust, die Zärtlichkeit, die Liebe selbst! — Wenn ich Ihnen eine Woche davon vorspielen würde, so wären Sie vernarrt darin! . . . Übrigens haben die Deutschen, die uns leider in der Musik gut aufwiegen, begriffen, daß Wagner eine ihrer stärksten Stützen ist. Der deutsche Geist des 19. Jahrhunderts ist in diesem Mann verkörpert. Sie wissen gut, gerade Sie, daß Geringschätzung für einen großen Künstler schmerzlich ist. Wagner ist zu seinem Glück so unverschämt hochmütig, daß Kritik sein Herz nicht berühren kann — vorausgesetzt, daß er ein Herz hat, was ich bezweifle.

Zeitschrift für Musik, Mainz 1950, S. 428

Nach dem Scheitern der Münchener Pläne ist Wagner auf der
Suche nach einem geeigneten Festspielort. Im März 1870 wird
er durch verschiedene Berichte und einen Lexikonartikel auf
Bayreuth aufmerksam. Das zunächst in Aussicht genommene
Markgräfliche Opernhaus erweist sich als ungeeignet für eine 210
Ring-Aufführung. Aber Lage und Größe der Stadt
entsprechen Wagners Vorstellungen. Der Bayreuther Stadtrat, an der Spitze Bürgermeister Theodor Muncker und Bankier Friedrich Feustel, unterstützt Wagners Vorhaben. Kostenlos wird ihm ein Bauplatz zur Verfügung gestellt. Am 12. Mai 1871 kündigt Wagner in Leipzig, seiner Geburtsstadt, offiziell die ersten Bayreuther Bühnenfestspiele an.

Wagner an Ludwig II., Luzern, 1. März 1871

Was sind mir nun jene Werke? Waren sie früher bange, erlösungsbedürftige Gespenster, was können sie mir jetzt anderes sein, als besudelte Fratzen? [. . .]
Wie soll es nun aber mit mir werden? Wie mit meinem Werke, für welches Sie mich immer wieder begeistern, wenn Sie es so hoch stellen, ja es für das grösste ansehen, das aus einem menschlichen Geiste hervorgegangen sei? — Gewiss, so kann es nicht bleiben: mir muss eine bestimmte Aussicht für die Erfüllung meiner Anforderungen in Betreff der einzig entsprechenden Aufführung meines Werkes sich eröffnen, soll ich den Muth und die Fähigkeit zu seiner Vollendung wiedergewinnen. Und diess ist es, worüber ich im tiefsten Leiden gesonnen habe, und

worüber ich, wie Sie so huldvoll es wünschen, mich Ihnen nun mittheilen will. —
Sie rufen mir huldvoll zu, mich nicht so ganz von meinen Freunden fern zu halten, mich nicht so selten diesen persönlich zu zeigen? — Wie freut es mich in dieser liebevollen Aufforderung im Voraus Ihre Zustimmung ausgedrückt zu sehen zu einem Vorhaben, zu welchem mich, nach reiflicher Erwägung, die Sorge für das Leben meines grossen Werkes bestimmt hat. — Die königliche Akademie der Künste in Berlin hat mir die Ehre erwiesen, ganz aus freiem Antriebe mich zu ihrem Mitgliede zu ernennen; ich bin dieser ersten mir in Deutschland erwiesenen Auszeichnung dieser Art meinen Dank zu bezeigen gehalten, und will diesen dadurch abtragen, dass ich in einer öffentlichen Sitzung der Akademie einen Vortrag über die „Bestimmung der Oper" halte. An diesen Vortrag gedenke ich zugleich eine Darlegung des Planes für die Aufführung meines grossen Bühnenfestspieles anzuknüpfen, und will nun sehen, wie weit es mir möglich wird, hierdurch zur Bethätigung einer Theilnahme an der Förderung meines Unternehmens anzuregen, für welche verschiedene bedeutende Anzeichen sich als nicht ungünstig herausstellen. Mein Zweck ist, hierdurch — im günstigen Falle — ein deutsches National-Unternehmen hervorzurufen, dessen Leitung natürlich mir gänzlich allein nur in die Hände gelegt werden darf, und welches ich in meinem Vorworte zu dem Bühnenfestspiele genau so vorgezeichnet habe, wie es in Wahrheit einzig erfolgreich auszuführen ist. Sollte mir diess gelingen, so hätte ich Ihnen, mein erhabener Freund, eine hoffentlich grosse Erleichterung zugeführt, wenn Sie selbst noch die frühere Geneigtheit für die, von mir jetzt immer nur noch fester gehaltene, Idee bewahrt haben. Denn natürlich denken Sie wohl, mein huldvoller König, dass mir, namentlich in diesem Punkte, nie ein Unternehmen vorschweben kann, welches nicht mit seinem edelsten und schönsten Gewichte Ihnen zufiele, wie ich ja überhaupt nie ohne das feste Vertrauen auf Ihre erhabene Freundschaft und Gnade mich nur fähig erhalten haben würde, auf Bedeutendes noch zu sinnen.

So hätte ich mir denn bereits auch den Punkt ausgewählt, welcher der Schauplatz Unsrer grossen Kunstthaten werden soll; und, aufrichtig gesagt, das glückliche Auffinden desselben ist es, was meinem ganzen Plane erst den realen Stützpunkt gegeben hat. Der Ort [Bayreuth], den ich im Sinne habe, entspricht in jeder Hinsicht den Anforderungen, welche ich in jenem Vorwort hierfür aufgestellt: er liegt in Bayern und hat somit meinen erhabenen Freund zum Herren.

Königsbriefe, Bd. 2, S. 318ff.

Ankündigung der Festspiele

Das Bühnenfestspiel „Der Ring des Nibelungen“ soll an drei unmittelbar aufeinander folgenden Hauptabenden und einem vorangehenden Vorabende unter meiner besonderen Anleitung vollständig aufgeführt, und in den beiden nächstfolgenden Wochen zweimal ebenso wiederholt werden. Als Ort dieser Aufführung ist Bayreuth bestimmt, als Zeit einer der Sommermonate des Jahres 1873. Hierzu soll ein besonderes Theater errichtet werden, dessen innere Einrichtung vollkommen meinen besonderen Zwecken entsprechen, dessen Solidität und äußere Ausstattung aber den mir hierfür zu Gebote gestellten Mitteln gemäß hergestellt werden soll. Für den Bau, wie für die szenische Einrichtung des Theaters zu dem besonderen Zwecke der Aufführung meines Bühnenfestspiels bestimme ich die Zeit vom Herbst dieses Jahres 1871 bis zum Frühjahr 1873. Dann sollen die bis dahin von mir ausgewählten vorzüglichsten Sänger und Musiker in Bayreuth zusammentreffen, um zwei Monate lang die Teile des Festspieles sich einzuüben.

Fünfzehnhundert bequeme Sitzplätze sollen denjenigen Gönnern und Förderern meiner Unternehmung zur Verfügung gestellt werden, welche durch die Vermittlung eines Vereins von Freunden, in deren Hände ich diesen Teil der nötigen Besorgungen einzig lege, die entsprechenden Geldmittel zur Ermöglichung der Ausführung meines Planes zusammengetragen haben werden. Diese Gönner
werden die Namen und die Rechte von *Patronen des* 211
Bühnenfestspieles in Bayreuth erhalten, während die Ausführung der Unternehmung selbst meinen Kenntnissen und meinen Bemühungen hierfür einzig überlassen bleibt.

Das aus dieser gemeinsamen Unternehmung sich begründende reale Eigentum soll als meiner Verfügung zugehörig betrachtet, und denjenigen Bestimmungen für die Zukunft unterworfen sein, welche ich als dem Sinne und dem idealen Charakter der Unternehmung am geeignetsten dienlich erachten werde.

Die nähere Ausführung in Betreff der Beschaffung der nötigen Geldmittel überlasse ich ganz und gar den näheren

Freunden, welche sich hiermit beschweren wollen, und deren Bemühungen als erfreulichen Beweis ebenso tatkräftigen Eifers im Dienste deutscher Kunst wie eines allseitig in mich gesetzten Vertrauens ich dankbar begrüße.

12. Mai 1871. Richard Wagner.

Schriften-Volksausgabe, Bd. 16, S. 131f.

Ludwig II. an Wagner, Hochkopf, 26. Mai 1871

Gottvoll ist Ihr Plan bezüglich Ihres in Bayreuth aufzuführenden Nibelungen-Werkes; daß diese Aufführung, was himmlisch wäre, schon im nächsten Jahre stattfinden kann, glaube ich nicht, gedenke ich der zahlreichen Schwierigkeiten, welche zu bekämpfen sind, der Aufführung des provisorischen Theaters, der zu diesem Werke zahlreichen Proben etc. etc.; o möchte ich mich irren! — Die Melancholie, die in der mir verhaßten Stadt, inmitten des jetzt so unerquicklichen politischen Getreibes mich stets erfaßt, hat einer gehobeneren, freudigeren Stimmung Platz gemacht, veranlaßt durch Ihren herrlichen Brief und durch den Aufenthalt in meinen geliebten Bergen, entrückt der Welt, mit der ich innerlich stets im Kampfe lag, noch liege und mit der ich mich auch nie versöhnen werde. — Wir aber verstehen Uns, das ist die Hauptsache, Wir bleiben Uns treu; treu bis in den Tod. —

Königsbriefe, Bd. 2, S. 324

Heinrich Esser skizziert in einem Brief an den Verleger Franz Schott vom 28. Dezember 1871 das Mißverhältnis zwischen den seiner Meinung nach notwendigen und den tatsächlich gegebenen Voraussetzungen für die Bayreuther „Ring"-Aufführungen

Wagner reist herum, dirigiert Konzerte, um gute Einnahmen für sein Projekt zu erzielen, und wir wollen annehmen, dass er die 300000 Thaler, die er braucht, wirklich zusammenbringt. Ich verstehe nun allerdings nicht sehr gut zu rechnen, Wagner aber versteht es gar nicht, Sie jedenfalls besser, als wir beide zusammengenommen. Mir ist es nun ganz unbegreiflich, wie Wagner die Idee haben kann, mit der für ein solches Unternehmen, wie er es beabsichtigt, doch höchst bescheidenen Summe von 300000 Thalern die enormen Ausgaben bestreiten zu wollen, die ihm daraus erwachsen. Der Bau seines idealen Theaters, die zum Ring des Nibelungen notwendigen Maschinerieen, die Einrichtung für die höchst komplizierte Beleuchtung, die Dekorationen etc. verschlingen bereits eine sehr bedeutende Summe seines Kapitales, besonders, wenn man bedenkt, welche Arbeitskräfte er lange Zeit zu dieser Einrichtung der Bühne notwendig haben wird. Nun naht die Zeit heran, wenn dies alles zu rechter Zeit glücklich zustande gebracht sein sollte, in welcher die eigentlichen musikalischen Vorbereitungen getroffen werden müssen. Die Sänger der Solopartieen können allerdings zuhause ihre Partieen vorstudieren und auswendig lernen, da ja Ensemble-Sätze nicht vorkommen, aber sie müssen doch einige Wochen vorher am Platze sein, um das Zusammenspiel zu studieren. Männerchor ist keiner notwendig, wohl aber ein Frauenchor, der herbeigeschafft und gleich den Solosängern auf wenigstens 6 Wochen bis zwei Monate in Bayreuth auf Kosten des Komponisten campieren muss. Nun kommt das Orchester, welches einer Masse von Proben bedarf, und bei welchem doch auch für Ersatzmänner Vorbedacht genommen sein muss. Auch das Orchester muss wenigstens 6 Wochen vorher am Platze sein, um die nötigen Proben zu machen. Generalproben von vier solchen Opernwerken sind doch wenigstens 20–24 notwendig, und Sie mögen aus diesen flüchtigen Bemerkungen entnehmen, welche Masse von Personal, Zeit und Arbeit bezahlt werden muss, bis Wagner endlich zum Ziele der ersten Vorstellung gelangt. Da wird nun das vorhandene Geld ausgegeben sein, und Einnahmen werden keine gemacht werden, da ja alles vorausbezahlt ist. Wird sich dann wieder ein freigebiger Fürst finden, um finanzielle Ordnung zu schaffen? Ich weiss natürlich nicht, ob meine geäusserten Bedenklichkeiten begründet sind, — so viel weiss ich aber sicher, dass wenn Wagner nicht einen Mann an der Seite hat, der ihm mit Ehrlichkeit bei Besorgung finanzieller Dinge an die Hand geht, ich wenig Vertrauen auf das Gelingen des grossartigen Unternehmens setze.

Edgar Istel, a.a.O., S. 1864

In einem Brief an Friedrich Feustel, Luzern, 1. November 1871, begründet Wagner die Wahl Bayreuths als Festspielort

Der Ort sollte keine Haupstadt mit stehendem Theater, auch keiner der frequentesten großen Badeörter sein, welche gerade im Sommer mir ein durchaus ungeeignetes Publikum zuführen würden; er sollte dem Mittelpunkte von Deutschland zu gelegen, und ein bayerischer Ort sein, da ich zugleich an eine dauernde Uebersiedelung für mich dabei denke, und diese im Fortgenuß der vom Könige von Bayern mir erwiesenen Wohlthaten, nur in Bayern zu treffen für schlicklich finden muß.

Bayreuther Briefe, S. 14f.

Richard Wagner,
Fotografie von Fritz
Luckhardt, Wien,
9. Mai 1872.

Wagner in einem Brief an Friedrich Feustel über die finanzielle Disposition des Festspielunternehmens, Luzern, 12. April 1872

Mit Ihren Maximen im Betreff der Vertheilung der von uns geforderten finanziellen Kräfte bin ich durchaus einverstanden. Genauer präzisirt heißen sie aber so:

1. Das Theatergebäude durchaus nur als *provisorisches* halten; mir wäre es recht, wenn es ganz nur aus Holz wäre, wie Turner- und Sängerfesthallen; keine andere Solidität, als die welche es vor Einsturz sichert. Deßhalb hier sparen — sparen, keine Verzierung. Wir geben mit diesem Bau nur den Schattenriß der Idee, und übergeben diesen der *Nation zur Ausführung* als monumentales Gebäude.

2. Maschinerie und Decoration, Alles auf das ideale, innere Kunstwerk Bezügliche — ganz *vollkommen.* Hier *nichts* sparen: Alles wie für lange Dauer berechnet, nichts provisorisches. —

3. Sänger und Musiker erhalten von mir *nur* Entschädigungen, keine *„Bezahlungen"*. Wer nicht aus Ehre und Enthusiasmus zu mir kommt, den lasse ich wo er ist. Ein Sänger, eine Sängerin, welche nur gegen eine jener verrückten *Gagen* zu mir kommen würde, könnte mir schön taugen! Nie würde ein solches Wesen meinen künstlerischen Ansprüchen genügen können. Dieß, Liebster, sind *meine* Wunder, die ich hier der Welt zeigen werde, wie man sich zur Lösung einer solchen Aufgabe sein Personal schafft: und hieran müssen meine Freunde glauben. Anders ist das natürlich, wenn solch ein Hoftheater-Intendant mit den Leuten zu thun hat: da bricht der ganze Teufel in den Unglücklichen aus, welchen *ich* eben zu bändigen weiß. Ich brauche etwa 20 Haupt- und Nebenpersonen; diese dürfen mir für die zwei Monate nicht über 30.000 Thaler kosten, sonst — kann ich auch nichts mit ihnen anfangen. 100 Musiker mit 50 Thaler monatlicher Entschädigung, zusammen höchstens 10.000 Thaler. Hierfür *stehe ich* — denn hier ist *mein* Reich.

Bayreuther Briefe, S. 78f.

In der Abhandlung „Das Bühnenfestspielhaus zu Bayreuth" (1873) beschreibt Wagner die Feier der Grundsteinlegung zum Festspielhaus am 22. Mai 1872 und faßt die wichtigsten Merkmale der Architektur des Festspielhauses zusammen

Es dünkte mich nun an der Zeit, die nöthigen Vorbereitungen zur Ausführung meines Unternehmens zu treffen. Bereits im Frühjahr 1871 hatte ich das hierfür von mir erwählte *Bayreuth* still und unbemerkt für meinen Zweck in Augenschein genommen: das berühmte markgräfliche Opernhaus zu benutzen, war beim Gewahrwerden seiner inneren Konstruktion zwar sofort von mir aufgegeben worden; dennoch hatte die Eigenthümlichkeit und die Lage der freundlichen Stadt selbst meinen Wünschen entsprochen, so dass ich jetzt im winterlichen Spätherbste desselben Jahres meinen Besuch daselbst wiederholte, diesmal aber, um mit den bürgerlichen Behörden Bayreuth's selbst in unmittelbaren Verkehr zu treten. Ich habe an dieser Stelle nicht zu wiederholen, welchen ernstlichen Dank ich den werthen, hochgeehrten Männern schulde, deren jede Erwartung übertreffendes gastliches Entgegenkommen meinem kühnen Unternehmen jetzt den heimischen Grund und Boden zuführte, auf dem es fortan mit meinem eigenen Leben gedeihen soll. Ein unvergleichlich schönes und ausgiebiges Grundstück, unweit der Stadt selbst, ward mir zu dem Zweck der Errichtung des von mir gedachten Theaters geschenkt.

Nachdem ich über die Konstruktion desselben mit einem, im Fache der inneren Einrichtung von Theatern ausgezeichnet erfahrenen und als erfindungsreich bewährten Manne mich verständigt hatte, konnten wir einem, des Theaterbaues ebenfalls kundigen Architekten den weiteren Entwurf und die Ausführung des provisorischen Gebäudes übertragen; und trotz grosser Schwierigkeiten, welche die Ordnung des ganzen, so ungewohnt sich darstellenden Geschäftes mit sich führte, gelangten wir so weit, für den 22. Mai des Jahres 1872 unseren Freunden und Patronen die Grundsteinlegung des Bauwerkes anzukündigen.

Hierzu verfiel ich auf den Gedanken, den zusammenberufenen Gönnern zugleich eine möglichst vollendete Aufführung der grossen neunten Symphonie unseres *Beethoven,* als künstlerische Entschädigung für die Bemühung ihrer Zusammenkunft in Bayreuth, zu bieten. Die einfache Aufforderung, welche ich an die vorzüglichsten Orchester, Sängerchöre, sowie an einzelne berühmte Künstler erliess, genügte, mir ein so vortreffliches Ausführungs-Personal zu gewinnen, wie es wohl kaum je zu solchem Zwecke sich vereint fand.

Es war unabweislich, in diesem ersten Gelingen ein hoch ermuthigendes Anzeichen für das spätere Gelingen der grossen theatralischen Aufführungen selbst zu erkennen. Auch war die hieraus entspringende Stimmung aller Theilnehmer so vortrefflich, dass selbst die Ungunst des Wetters, welche die Vornahme des Aktes der Grundsteinlegung belästigte, die heiter erregte Laune nicht einzuschüchtern vermochte. Der in dem Grundsteine zu verschliessenden Kapsel übergaben wir, ausser einem Weihegrusse des erhabenen Beschützer's meines besten Schaffen's und Wirken's, sowie mehreren beziehungsvollen Dokumenten, einen von mir aufgezeichneten Vers:

„Hier schliess' ich ein Geheimniss ein,
da ruh' es viele hundert Jahr':
so lange es verwahrt der Stein,
macht es der Welt sich offenbar."

An die Versammlung selbst aber richtete ich die folgende *Rede.*

„Meine Freunde und werthen Gönner! Durch Sie bin ich heute auf einen Platz gestellt, wie ihn gewiss noch nie vor mir ein Künstler einnahm. Sie glauben meiner Verheissung, den Deutschen ein ihnen eigenes Theater

zu gründen, und geben mir die Mittel, dieses Theater in deutlichem Entwurfe vor Ihnen aufzurichten. Hierzu soll für das Erste das provisorische Gebäude dienen, zu welchem wir heute den Grundstein legen. Wenn wir uns hier zur Stelle wiedersehen, soll Sie dieser Bau begrüssen, in dessen charakteristischer Eigenschaft Sie sofort die Geschichte des Gedankens lesen werden, der in ihm sich verkörpert. Sie werden eine mit dem dürftigsten Materiale ausgeführte äussere Umschalung antreffen, die Ihnen im glücklichsten Falle die flüchtig gezimmerten Festhallen zurückrufen wird, welche in deutschen Städten zu Zeiten für Sänger- und ähnliche genossenschaftliche Festzusammenkünfte hergerichtet, und alsbald nach den Festtagen wieder abgetragen wurden. Was von diesem Gebäude jedoch auf einen dauernden Bestand berechnet ist, soll Ihnen dagegen immer deutlicher werden, sobald Sie in sein Inneres eintreten. Auch hier wird sich Ihnen zunächst noch ein allerdürftigstes Material, eine völlige Schmucklosigkeit darbieten; Sie werden vielleicht verwundert selbst die leichten Zierrathen vermissen, mit welchen jene gewohnten Festhallen in gefälliger Weise ausgeputzt waren. Dagegen werden Sie in den Verhältnissen und den Anordnungen des Raumes und der Zuschauerplätze einen 212, 232
Gedanken ausgedrückt finden, durch dessen Erfassung Sie sofort in eine neue und andere Beziehung zu dem von Ihnen erwarteten Bühnenspiele versetzt werden, als diejenige es war, in welcher Sie bisher beim Besuche unserer Theater befangen waren. Soll diese Wirkung bereits rein und vollkommen sein, so wird nun der geheimnissvolle Eintritt der Musik Sie auf die Enthüllung und deutliche Vorführung von scenischen Bildern vorbereiten, welche, wie Sie aus einer idealen Traumwelt vor Ihnen sich darzustellen scheinen, die ganze Wirklichkeit der sinnvollsten Täuschung einer edlen Kunst vor Ihnen kundgeben sollen. Hier darf nichts mehr in blossen Andeutungen eben nur provisorisch zu Ihnen sprechen; soweit das künstlerische Vermögen der Gegenwart reicht, soll Ihnen im scenischen, wie im mimischen Spiele das Vollendetste geboten werden.“ [. . .]

Wenn ich jetzt noch den Plan des im Aufbau begriffenen Festtheater's in Bayreuth erläutern will, glaube ich hierzu nicht zweckmässiger vorgehen zu können, als indem ich auf die zuerst von mir gefühlte Nöthigung, den technischen Herd der Musik, das Orchester, unsichtbar zu machen, 212 zurückgreife; denn aus dieser *einen* Nöthigung ging allmählich die gänzliche Umgestaltung des Zuschauerraumes unseres neu-europäischen Theaters hervor.

Meine Gedanken über die Unsichtbarmachung des Orchesters kennen meine Leser bereits aus einigen näheren Darlegungen derselben in meinen vorangehenden Abhandlungen, und ich hoffe, dass ein seitdem von ihnen gemachter Besuch einer heutigen Opernaufführung, sollten sie diess nicht schon früher von selbst empfunden haben, sie von der Richtigkeit meines Gefühles in der Beurtheilung der widerwärtigen Störung durch die stets sich aufdrängende Sichtbarkeit des technischen Apparates der Tonhervorbringung überzeugt hat. Habe ich in meiner Schrift über Beethoven den Grund davon erklären können, aus welchem uns schliesslich, durch die Gewalt der Umstimmung des ganzen Sensitoriums bei hinreissenden Aufführungen idealer Musikwerke, der gerügte Uebelstand, wie durch Neutralisation des Sehens, unmerklich gemacht werden kann, so handelt es sich dagegen bei einer dramatischen Darstellung eben darum, das Sehen selbst zur genauen Wahrnehmung eines Bildes zu bestimmen, welches nur durch die gänzliche Ablenkung des Gesichtes von der Wahrnehmung jeder dazwischenliegenden Realität, wie sie dem technischen Apparate zur Hervorbringung des Bildes eigen ist, geschehen kann. Das Orchester war demnach, ohne es zu verdecken, in eine solche Tiefe zu verlegen, dass der Zuschauer über dasselbe hinweg unmittelbar auf die Bühne blickte; hiermit war sofort entschieden, dass die Plätze der Zuschauer nur in einer gleichmässig aufsteigenden Reihe von Sitzen bestehen konnten, deren schliessliche Höhe einzig durch die Möglichkeit, von hier aus das scenische Bild noch deutlich wahrnehmen zu können, seine Bestim-
212 mung erhalten musste. Das ganze System unserer Logenränge war daher ausgeschlossen, weil von ihrer, sogleich an den Seitenwänden beginnenden, Erhöhung aus der Einblick in das Orchester nicht zu versperren gewesen wäre. Somit gewann die Aufstellung unserer Sitzreihen
232 den Charakter der Anordnung des antiken Amphitheater's; nur konnte von einer wirklichen Ausführung der nach den beiden Seiten weit sich vorstreckenden Form des Amphitheater's, wodurch es zu einem, sogar überschrittenen Halbkreise ward, nicht die Rede sein, weil nicht mehr der von ihm grossentheils umschlossene Chor in der Orchestra, sondern die, den griechischen Zuschauern nur

in einer hervorspringenden Fläche gezeigte, von uns aber in ihrer vollen Tiefe benutzte Scene das zur deutlichen Uebersicht darzubietende Object ausmacht.
Demnach waren wir gänzlich den Gesetzen der *Perspektive* unterworfen, welchen gemäss die Reihen der Sitze sich mit dem Aufsteigen erweitern konnten, stets aber die gerade Richtung nach der Scene gewähren mussten. Von dieser aus hatte nun das *Proscenium* alle weitere Anordnung zu bestimmen: der eigentliche Rahmen des Bühnenbildes wurde nothwendig zum maassgebenden Ausgangspunkte dieser Anordnung. Meine Forderung der Unsichtbarmachung des Orchesters gab dem Genie des berühmten Architekten, mit dem es mir vergönnt war zuerst hierüber zu verhandeln, sofort die Bestimmung des hieraus, zwischen dem Proscenium und den Sitzreihen des Publikums entstehenden, leeren Zwischenraumes ein: wir nannten ihn den „mystischen Abgrund", weil er die Realität von der Idealität zu trennen habe, und der Meister schloss ihn nach vorn durch ein erweitertes zweites Proscenium ab, aus dessen Wirkung in seinem Verhältnisse zu dem dahinterliegenden engeren Proscenium er sich alsbald die wundervolle Täuschung eines scheinbaren Fernerrückens der eigentlichen Scene zu versprechen hatte, welche darin besteht, dass der Zuschauer den scenischen Vorgang sich weit entrückt wähnt, ihn nun aber doch mit der Deutlichkeit der wirklichen Nähe wahrnimmt; woraus dann die fernere Täuschung erfolgt, dass ihm die auf der Scene auftretenden Personen in vergrösserter, übermenschlicher Gestalt erscheinen.
Der Erfolg dieser Anordnung dürfte wohl allein genügen, um von der unvergleichlichen Wirkung des nun eingetretenen Verhältnisses des Zuschauers zu dem scenischen Bilde eine Vorstellung zu geben. Jener befindet sich jetzt, sobald er seinen Sitz eingenommen hat, recht eigentlich in einem „Theatron" d.h. einem Raume, der für nichts anderes berechnet ist, als darin zu schauen, und zwar dorthin, wohin seine Stelle ihn weist. Zwischen ihm und dem zu erschauenden Bilde befindet sich nichts deutlich wahrnehmbares, sondern nur eine, zwischen den beiden Proscenien durch architektonische Vermittelung gleichsam im Schweben erhaltene Entfernung, welche das durch sie ihm entrückte Bild in der Unnahbarkeit einer Traumerscheinung zeigt, während die aus dem „mystischen Abgrunde" geisterhaft erklingende Musik, gleich den, unter dem Sitze der Pythia dem heiligen Urschoosse

Gaia's entsteigenden Dämpfen, ihn in jenen begeisterten Zustand des Hellsehens versetzt, in welchem das erschaute scenische Bild ihm jetzt zum wahrhaftigsten Abbilde des Lebens selbst wird. [. . .]
Gerade die spärlich uns zugemessenen Mittel wiesen uns darauf hin, für unseren Bau nur das rein Zweckmässige und für die Erreichung der Absicht Nöthige zur Ausführung zu bringen: Zweck und Absicht lagen hier aber einzig in dem Verhältnisse des inneren Zuschauerraumes zu einer Bühne, welche in den grössten Dimensionen zur Herrichtung einer vollendeten Scenerie bestimmt war.

Richard Wagner, *Das Bühnenfestspielhaus zu Bayreuth. Nebst einem Berichte über die Grundsteinlegung desselben*, Leipzig 1873, S. 8–11, 15f., 21–24, 26

Diese Schrift schickt Wagner mit einem Brief am 24. Juni 1873 an Otto von Bismarck. Die Hoffnung, daß der deutsche Reichskanzler dem Festspielunternehmen Teilnahme und Förderung gewähren würde, erweist sich als trügerisch. Bismarck hält es nicht einmal für nötig, den Brief zu beantworten.

Wagner an Otto von Bismarck, 24. Juni 1873

Hochzuverehrender Fürst! Ew. Durchlaucht würden vielleicht aus der Durchlesung der Schluß-Seiten meiner Schrift die beste Erklärung dafür gewinnen, weshalb ich es für unerläßlich hielt, wenigstens den Versuch zu machen, Sie zur Kenntnißnahme derselben zu bewegen. Niemand wird es besser begreifen als ich, wenn Euere Durchlaucht selbst die soeben angedeutete flüchtige Gunst mir nicht erweisen können; wohl aber würde es manchem als eine bedauerliche Unterlassung meiner Seits erscheinen, wenn ich durch die Befürchtung mich davon abschrecken ließe, irgend einen schicklichen Weg unversucht zu lassen, dem großen Neubegründer deutscher Hoffnungen den Kulturgedanken mitzutheilen, welcher mich beseelt, und welchem ich mit den angestrengtesten Bemühungen meines ganzen Lebens einen der Nation verständlichen Ausdruck zu geben mich angetrieben fühle. Muß mich jeder weitere Versuch, Ew. Durchlaucht durch Ueberredung zu jener Kenntnißnahme zu bewegen, eben so unschicklich als unnütz dünken, so wünsche ich mit diesen Zeilen zunächst einzig nur die mögliche Belästigung durch meine Zusendung selbst entschuldigt zu haben. Immerhin dürfte es mir selbst in Ihren Augen gestattbar erscheinen, mein tief beklommenes Gefühl darüber auszudrücken, daß die Ausführung eines Unternehmens, wie des von mir entworfenen, ohne Theilnehmung von Seiten der einzig im wahren Sinne fördernden und adelnden Autorität, an welcher es mir im tiefsten Grunde gelegen sein muß, sich vollziehen sollte, und ich in diesem Falle mit dem Schicksale der Neugeburt des deutschen Geistes durch unsere großen Dichter der zweiten Hälfte des vorigen Jahrhunderts mich trösten müßte, welcher der große Friedrich, obwohl der wahrhafte Held dieser Neugeburt, fremd und kalt gesinnt blieb.

Mit dem Ausdrucke unbegrenzter Verehrung Ew. Durchlaucht tief ergebener Bewunderer Richard Wagner.

Richard Wagner an Freunde und Zeitgenossen, 2. Auflage, Berlin-Leipzig 1909, S. 560f.

Bereits 1865 hatte Wagner den österreichischen Komponisten Anton Bruckner in München kennengelernt. Anfang September 1873 kommt Bruckner nach Bayreuth und bittet Wagner, die Dedikation einer Symphonie anzunehmen. Auch die Festspiele 1876 und 1882 besucht Bruckner.

218–220
Anton Bruckner über die Dedikation seiner 3. Symphonie in d-Moll in einem Brief an Hans von Wolzogen (undatiert)

Hochgeborner Herr Baron!

Es war circa anfangs Sept. 1873 (Kronprinz Friedrich war eben in Bayreuth), als ich den Meister bath, meine 2. *C-Moll* u. 3. *D-Moll* vorlegen zu dürfen. Der Hochselige weigerte sich wegen Mangel an Zeit (Theaterbau) u. sagte, er könne jetzt die Partituren nicht prüfen, da selbst die Nibelungen auf die Seite gelegt werden mußten. Als ich erwiderte: „Meister ich habe kein Recht, Ihnen auch nur $\frac{1}{4}$ Stunde zu rauben, und glaubte nur bei dem Hohen Scharfblicke des Meisters genüge ein Blick auf die Themen, und der Meister wissen, was an der Sache ist." Darauf sagte der Meister, mich auf die Achsel klopfend: also kommen Sie, ging mit mir in den Salon u. sah die 2. Sinf. an. Recht gut, sagte er, schien ihm aber doch zu zahm gewesen zu sein, [...] und nahm die 3. *(D-Moll)* vor, u. unter den Worten: schau, schau — a was — a was — ging er die ganze 7. Abtheilung durch, (die Trompete hat Hochderselbe besonders erwähnt) und sagte dann: lassen Sie mir dieses Werk hier, ich will es nach Tisch (es war 12 Uhr) noch genauer besichtigen. Darf ich wohl meine Bitte vorbringen, dachte ich mir, wozu mich der Wagner aufforderte. Recht schüchtern u. pochenden Herzens sagte ich dann zu dem heißgeliebten Meister: Meister!

ich habe etwas am Herzen, was ich mir nicht zu sagen getraue! Der Meister sagte: heraus damit, Sie wissen doch, wie lieb ich Sie habe. Darauf brachte ich meine Bitte vor, aber nur für den Fall, als der Meister einiger Maßen zufrieden sein sollte, da ich Seinen Hochberühmten Namen nicht entheiligen wolle. Der Meister sagte: Abends 5 Uhr sind Sie im Wahnfried* geladen, da werden Sie mich treffen, u. nachdem ich die *D-Moll* Sinfonie bis dahin genau angesehen haben werde, wollen wir dann über *diesen Punct sprechen*. Ich kam eben vom Theaterbau um 5 Uhr in den Wahnfried, als der Meister aller Meister mir mit offenen Armen entgegen eilte, mich in seine Arme einschloß und sagte: „Lieber Freund mit der Dedication hat es seine Richtigkeit, Sie bereiten mir mit dem Werke *ein ungemein großes* Vergnügen.“ 2½ Stunden bin ich dann so glücklich gewesen, neben dem Meister zu sitzen, wo er die musik[alischen] Verhältnisse Wiens besprach, mir Bier entgegenbrachte, mich in den Garten führte u. mir sein *Grab!!!* zeigte; dann mußte (vielmehr) durfte ich, der Hochbeglückte, den Meister in sein Haus begleiten. Am anderen Tage ließ er mir noch gute Reise wünschen — „also wo die Trompete das Thema beginnt“, hinzusetzend. In Wien, in Bayreuth sagte Er oft: ist die Sinf. schon aufgeführt; *aufführen, aufführen*. Anno 1882 sagte mir der damals schon leidende Meister, indem er mich bei der Hand hielt: „Verlassen Sie sich, ich selbst werde die Sinfonie u. alle Ihre Werke aufführen.“ Ich sagte: O Meister! darauf erwiderte der Meister: Waren Sie schon im Parsifal? Wie gefällt er Ihnen? Weil mich Hochselber bei der Hand hielt, ließ ich mich auf die Knie, Hochseine Hand an meinen Mund drückend und küssend und sagte: O Meister ich bethe Sie an!!! Der Meister sagte hierauf: Nur ruhig — Bruckner — gute *Nacht!!!* Dieß war das letzte Wort des Meisters zu mir. Am andern Tage erhielt ich noch eine Drohung vom Meister, Hochwelcher im Parsifal hinter mir saß, weil ich so heftig applaudierte.
Hl. Baron bitte dieß wohl zu bewahren! Mein liebstes Vermächtnis!!! — *bis dort oben*!!!

Hl. Baron
Mein Magen!!! dankbarster A. Bruckner

Anton Bruckner, *Gesammelte Briefe, Neue Folge*, hg. v. Max Auer, Regensburg 1924, S. 166ff.

*Bruckner ist ein Irrtum unterlaufen: 1873 wohnte Wagner noch nicht in Wahnfried

Das Festspielunternehmen soll durch 1000 Patronatscheine à 300 Taler finanziert werden. Der erhoffte Erfolg bleibt aus; bereits im Herbst 1873 drohen die Arbeiten zu stocken. Aus diesem Grund wird für den 31. Oktober 1873 eine Delegiertenversammlung des Patronats nach Bayreuth einberufen. Friedrich Nietzsche entwirft auf Wagners Wunsch seinen „Mahnruf an die Deutschen", den die Delegierten, wie Nietzsche in einem Brief an seinen Freund Gersdorff schreibt, „artig, aber bestimmt" ablehnen.

201
Nietzsches „Mahnruf an die Deutschen", Oktober 1873

Wenn ein Mann in Frankreich oder in England oder in Italien, ja selbst in den kleineren unsrer Nachbarstaaten, nachdem er allen öffentlichen Mächten und Meinungen zum Trotz den Theatern fünf Werke eines eigenthümlich großen, mächtigen und durchaus nationalen Stiles geschenkt hätte, die vom Norden bis zum Süden unablässig verlangt und bejubelt werden — wenn ein solcher Mann ausriefe: „die bestehenden Theater entsprechen nicht dem Geiste der Nation, sie sind als öffentliche Kunst eine Schande! Helft mir dem nationalen Geiste eine Stätte bereiten!" würde ihm nicht Alles zu Hilfe kommen und sei es auch nur — aus Ehrgefühl? Und wahrlich! Hier thäte nicht nur Ehrgefühl, nicht nur die blinde Furcht vor der schlechten Nachrede Noth; hier könntet ihr mitfühlen, mitlernen, mitwissen, hier könntet ihr euch aus tiefstem Herzen mitfreuen, indem ihr euch entschlösset, mitzuhelfen. Alle eure Wissenschaften werden von euch freigebig mit kostspieligen Versuchs-Werkstätten ausgerüstet: und ihr wollt unthätig bei Seite stehen, wenn dem wagenden und versuchenden Geiste der deutschen Kunst eine solche Werkstatt aufgebaut werden soll? [. . .]
Wir glauben bemerkt zu haben, daß überall, wo man an Richard Wagner Anstoß genommen hat und zu nehmen pflegt, ein großes und fruchtbares Problem unserer Cultur verborgen liegt; aber wenn man daraus immer nur einen Anstoß zum dünkelhaften Bekritteln und Bespötteln genommen hat und nur so selten einen Anstoß zum Nachdenken, so giebt dies uns bisweilen den beschämenden Argwohn ein, ob vielleicht das berühmte „Volk der Denker" bereits zu Ende gedacht und etwa den Dünkel gegen den Gedanken eingetauscht habe. Welchen mißverständlichen Einreden hat man zu begegnen, nur um zu verhüten, daß das Bayreuther Ereigniß vom Mai 1872 nicht mit der Gründung eines neuen Theaters verwechselt wird, um andererseits zu erklären, warum dem Sinne jener Unternehmung kein bestehendes Theater entsprechen

kann: welche Mühe kostet es, die absichtlich oder unabsichtlich Blinden darüber hellsehend zu machen, daß bei dem Worte „Bayreuth" nicht nur eine Anzahl Menschen, etwa eine Partei mit spezifischen Musikgelüsten, sondern die Nation in Betracht komme, ja daß selbst über die Grenzen der deutschen Nation hinaus alle diejenigen zu ernster und thätiger Betheiligung angerufen sind, denen die Veredlung und Reinigung der dramatischen Kunst am Herzen liegt, und die Schiller's wunderbare Ahnung verstanden haben, daß vielleicht einmal aus der Oper sich das Trauerspiel in einer edleren Gestalt entwickeln werde. Wer nur immer noch nicht verlernt hat nachzudenken — und sei es wiederum auch nur aus Ehrgefühl —, der muß eine künstlerische Unternehmung als *sittlich* denkwürdiges Phänomen empfinden und begünstigen, die in diesem Grade von dem opferbereiten und uneigennützigen Willen aller Betheiligten getragen wird und mit dem ernst ausgesprochenen Bekenntniß derselben geweiht ist, daß sie von der Kunst hoch und streng denken und zumal von der deutschen Musik und ihrer verklärenden Einwirkung auf das volksthümliche Drama die wichtigste Förderung eines originalen deutsch ausgeprägten Lebens erhoffen. Glauben wir doch sogar noch ein Höheres und Allgemeineres: ehrwürdig und heilbringend wird der Deutsche erst dann den anderen Nationen erscheinen, wenn er gezeigt hat, daß er furchtbar ist und es doch *durch Anspannung seiner höchsten und edelsten Kunst- und Culturkräfte vergessen machen will, daß er furchtbar war*.

An diese unsere deutsche Aufgabe in diesem Augenblick zu mahnen hielten wir für unsere Pflicht, gerade jetzt, wo wir auffordern müssen, mit allen Kräften eine große Kunstthat des deutschen Genius zu unterstützen. Wo nur immer Herde ernsten Nachsinnens sich in unserer aufgeregten Zeit erhalten haben, erwarten wir einen freudigen und sympathischen Zuruf zu hören; insbesondere werden die deutschen Universitäten, Akademien und Kunstschulen nicht umsonst aufgerufen sein, sich der geforderten Unterstützung gemäß, einzeln oder zusammen, zu erklären: wie ebenfalls die politischen Vertreter deutscher Wohlfahrt in Reichs- und Landtagen einen wichtigen Anlaß haben zu bedenken, daß das Volk jetzt mehr wie je der Reinigung und der Weihung durch die erhabenen Zauber und Schrecken echter deutscher Kunst bedürfe, wenn nicht die gewaltig erregten Triebe politischer und nationaler Leidenschaft und die der Physionomie unseres Lebens aufgeschriebenen Züge der Jagd nach Glück und Genuß unsere Nachkommen zu dem Geständnisse nöthigen sollen, daß wir Deutsche uns selbst zu verlieren anfingen, als wir uns endlich wiedergefunden hatten.

[*An Wagner gerichteter Nachtrag:*]
Hier, geliebter Meister, ist mein Entwurf. Eigentlich war es mein Wunsch, Ihnen denselben recht pathetisch vorlesen zu können, aber es scheint mir heute besser, dass er möglichst bald in Ihre Hände kommt. Entspricht er ungefähr seinem Zweck (die Bösen zu erzürnen und die Guten durch diesen Zorn zu sammeln und anzufeuern) so läge mir viel an der schnellen Anfertigung einer französischen, italiänischen und auch wohl englischen Übersetzung, aus ersichtlichen Gründen. Zur *Unterschrift* geeignet scheint mir weniger ein Patronats-Ausschuss als vielmehr eine *von uns auszuwählende* kleinere Schaar von Männern aus den verschiedensten Klassen und Ständen (Adel Beamte Politiker Priester Gelehrte Geschäftsleute Künstler). An jeden der ausgewählten wäre ein Exemplar dieses Aufrufs zu versenden, mit der Anfrage, ob er seine Unterschrift hergeben wolle. Ich bringe genug Exemplare mit, um dies zu ermöglichen. Sobald die Antworten zurückgekommen sind, ist dann der definitive Druck so schnell wie möglich vorzunehmen. Ein kurzer geschäftlich-praktischer Nachsatz müsste dem Aufruf, unterhalb des Striches und der Namen, beigefügt werden; wie dies Alles am Freitag zu besprechen ist. Ich komme Donnerstag Nachmittag.

In Treue und Liebe Ihr F. N.

RWA

Am 28. April 1874 bezieht Wagner mit seiner Familie Haus Wahnfried, nachdem er zuvor im Hotel Fantaisie (Donndorf bei Bayreuth) und an der Dammallee gewohnt hat. Das Haus, teilweise durch ein Geschenk König Ludwig II. finanziert (25000 Taler) und von dem Bayreuther Baumeister Carl Wölfel ausgeführt, wird zu einem der bedeutenden Künstlerheime des 19. Jahrhunderts.

217
Wagner über Wahnfried in einem Brief an Ludwig II., Bayreuth, 25. Mai 1874

Mein Haus steht nun: dank dem Gnädigen! Ich sollte ihm einen Namen geben, und suchte lange: endlich fand ich ihn, und ich lasse ihn jetzt in folgendem Verse eingraben:

„Hier wo mein Wähnen Frieden fand —
Wahnfried
sei dieses Haus von mir benannt!“

Im Garten bildet sich vor dem Hause ein freier Hof mit einem eingehegten grünen Rundtheile in der Mitte: in dieses habe ich einen Granitsockel stellen lassen, der jetzt noch nichts trägt. Aber bereits habe ich mich an Meister Zumbusch gewandt und stehe nun mit ihm im Einvernehmen über den Bronzeguss der Büste des Helden meines Lebens, welchem ich vor nun zehn Jahren als dem holden Schirmherren meines Daseins huldigte. Dieser jugendliche Gott, der mir damals in die Nacht zurief, soll es sein, wie ihn der Bildner damals erfasste: aber in doppelter Lebensgrösse soll er aus dem Rosengehege vor dem Hause hervorragen; ich denke, es wird dann die Zuschrift über der Thüre leicht zu verstehen sein. Und wer dann so eingetreten ist, dem werden die Marmorbilder der Halle, der Fries mit dem Nibelungen-Ringe des Weiteren sagen, was es mit dem aussen stehenden Bronze-Gebilde für das „Wahnfried“ für eine weihliche Bewendung habe!

Königsbriefe, Bd. 3, S. 35

217
Die Gouvernante Susanne Weinert, 1875 bis 1876 im Hause Wagner, beschreibt in ihrem Tagebuch Wagners Arbeitszimmer in „Wahnfried“

Der Fußboden des großen, den Blick nach dem Garten gewährenden Zimmers, ist mit einem dunkelrot und schwarz gemusterten Teppich bedeckt, während ein zweiter, in bunten, matten Farben über jenem ausgebreitet liegt. Die rothbekleideten Wände dieses Salons sind mit Bücherregalen bedeckt, auf denen kostbar gebundene Werke in der höchsten Ordnung sich an einanderreihen. Von den Uranfängen der deutschen Literatur bis auf die Gegenwart stehen die Werke der Koryphäen des In- und Auslandes, der geistigen Streiter auf allen Gebieten des menschlichen Wissens friedlich neben einander. . . Gegenüber dem Arbeitstische befindet sich ein kostbarer Flügel. Im Übrigen füllt das Gemach ein reiches Möblement in ungezwungener, geordneter, genialer Unordnung. Hier in einer lauschigen Ecke ein mit gelbem Atlas überzogener Fauteuil. Dort eine carmoisinrote Causeuse, in deren weichem Polster man förmlich versinkt; dem Kamin gegenüber erblicken wir ein reizendes kleines Sofa mit buntgemustertem Seidendamast überzogen, davor ein ovales Tischchen mit lang herabhängender himmelblauer Atlasdecke, in welche silberne Blumen eingewebt sind; dazwischen lugen hervor kleine Tischchen, Puffs und Stühle in mannigfacher Gestalt, ein Blumentisch, reich vergoldet, mit köstlichen exotischen Pflanzen und über dem allen schwebt von dem Plafond herab ein prachtvoller Kronleuchter, welcher abends mit seinem strahlenden Lichte diesem bunten Gemenge einen anheimelnden Glanz verleiht.

Burrell-Briefe, S. 569f.

Am 19. September 1874 bittet Ludwig II. Wagner um eine ausführliche Schilderung seines Lebens in Bayreuth und um einen Bericht über den Stand der Vorbereitungen für die Festspiele.

Wagner an Ludwig II., Bayreuth, 1. Oktober 1874

Mein hauptsächlichster Helfer und Berather für den ganzen praktischen Ausführungstheil der Unternehmung war von Anfang herein der geniale Maschinist *Carl Brandt* in Darmstadt; er hat mir zu dem Architekten für die Ausführung des ausserordentlich schwierigen Baues verholfen, war aber von Anfang an in Verlegenheit, für die Herstellung der Decorationen mir den rechten Mann vorzuschlagen, da es sich hier um wahrhaft künstlerische Erfindungen in einem neuen Style, nicht aber um eine bloss geschickte Bewährung in der gewöhnlichen Theater-Malerei handeln sollte. Eine zufällige Begegnung liess mich den rechten Mann antreffen. Der Maler *J. Hoffmann* in 233–236
Wien hatte, trotzdem er sich zuvor nie mit Bühnen-
Malerei handeln sollte. Eine zufällige Begegnung liess mich
Opernhauses in Wien zwei Decorationen entworfen und gemalt, nämlich zu der „Zauberflöte“ und zum „Freischütz“ (welche von allen Seiten als die vorzüglichsten anerkannt wurden), seitdem aber vom Theater sich gänzlich wieder zurückgezogen. Dieser war nun bereits

anfangs vorigen Jahres von mir aufgefordert worden, zu allen Theilen meines Werkes Skizzen zu entwerfen, welche er bereits im Herbst vollendet und mir vorgezeigt hatte. Nicht nur ich, sondern Alle, — darunter die ersten Kenner, denen er sie in Wien ausgestellt hatte — waren im höchsten Grade erfreut über seine Arbeiten: die allerschwierigste Aufgabe, die Erscheinung der Götterburg Walhall im „Rheingold", mussten wir als eine wahrhaft geniale Erfindung bewundern. Dieser Künstler besitzt nun aber kein Atelier, noch sonstige Hilfsarbeiter für Decorationsmalerei; da er hier für sich Alles erst neu hätte schaffen müssen, kamen wir denn mit ihm dahin überein, die Ausführung der Decorationen unter seiner Anleitung den Brüdern *Brückner*, Hoftheatermalern in Coburg, denen *Brandt* das vorzüglichste Zeugniss geben konnte, zu übertragen. [. . .]

Demgemäss entwarf ich nun für den dramatischen und musikalischen Theil der Aufführung folgenden unweigerlich festzuhaltenden Plan: Die von mir im Laufe dieses Jahres 1874 auszuwählenden Sänger sollen bereits für nächstes Jahr für die zwei Monate Juli und August zusammenkommen, um in dem ersten Monate am Klavier, im zweiten Monate jedoch bereits auf der, mit den wichtigsten Decorationen ausgestatteten Bühne ihre Partien durchzustudiren, um ihre Aufgaben hiermit so genau kennen zu lernen, dass sie im darauf folgenden Jahre sogleich zu den sogenannten Generalproben übergehen können. Keinen Sänger kann ich einreihen, der nicht für die beiden genannten Monate des Jahres 1875, sowie endlich für die drei Monate des Juni, Juli und August 1876 sich mir unbedingt zur Verfügung stellen kann. Denn in diesem Jahre 1876 soll nun unmittelbar mit den vollständigen Hauptproben aller vier Abende begonnen werden; in den zwei ersten Monaten gedenke ich, Tag für Tag mein Personal mit Orchester, Maschinerie und Beleuchtung einübend, so weit zu gelangen, dass ich im Monat August nun die drei verheissenen Gesammtaufführungen vor sich gehen lassen kann. Diese sollen nun in der zweiten, dritten und vierten Woche des Monates aufeinander folgen, indem mit jedem Sonnabend das Vorspiel: „Das Rheingold", und dann mit jedem folgenden Tage die drei Hauptwerke vorgeführt werden. Jede Aufführung soll Nachmittags um 4 Uhr beginnen: der zweite Akt folgt um 6 Uhr, der dritte um 8 Uhr, so dass zwischen jedem der Akte eine bedeutende Erholungspause eintritt, welche die Zuhörerschaft zur Ergehung in den das Theater umgebenden Parkanlagen, zur Einnahme von Erfrischungen in freier Luft und reizender Gegend benutzen soll, um, vollkommen erfrischt, sich im Zuschauerraum, auf das Zeichen der Posaunen von der Höhe des Theaters, mit derselben Empfänglichkeit, wie zum ersten Akte, wieder zu versammeln. Ich denke, dass dann der Sonnenuntergang vor dem letzten Akte eine besonders weihevolle Stimmung geben wird.

Königsbriefe, Bd. 3, S. 40ff.

In Wahrheit hatte meine Frau den vortrefflichen Gedanken, 216
von einem uns befreundeten jüngeren Historienmaler, *Krausse* aus Weimar, welcher diese Kunst vorzüglich erlernt hat, ein „Scrafito" ausführen zu lassen. Dieses stellt in monumentaler Zeichnung das „Kunstwerk der Zukunft" dar. Die Mitte nimmt der germanische Mythos ein; da wir charakteristische Physiognomien haben wollten, bestimmten wir hierzu den Kopf des verstorbenen *Ludwig Schnorr;* 163
ihm fliegen von beiden Seiten die Raben Wotan's zu, und er kündet nun die empfangene Mähre zweien Frauengestalten, von denen die eine die antike Tragödie, mit der Porträtähnlichkeit der Schroeder-Devrient, die 30, 31
andere aber die Musik, mit dem Kopfe und der Gestalt Cosima's, darstellt; ein kleiner Knabe, als Siegfried 259
gewappnet, mit dem Kopfe meines Sohnes, blickt an ihrer Hand mit muthiger Lust zur Mutter Musik auf. Ich glaube, das Ganze wird vortrefflich gerathen.

Im gleichen Brief an den König beschreibt Wagner das Sgraffito an der Vorderseite von Haus Wahnfried

Königsbriefe, Bd. 3, S. 49f.

Im März und Mai 1875 gibt Wagner in Wien fünf Konzerte, die zur Finanzierung des Festspielhauses beitragen sollen. Ihm zu Ehren veranstaltet der österreichische Maler Hans Makart am 3. März eines seiner berühmten Atelierfeste.

Brief Wagners an Hans Makart, Bayreuth, 31. März 1875

Hochgeehrtester Herr und Freund,
Für wen müssen Sie mich halten, da ich seit dem unvergleichlichen Festabende, den Sie mir in Ihrem wunderbaren Atelier bereiteten, noch den Anschein der Unerkenntlichkeit auf mir lasten liess? Natürlich vermuthete ich

damals nicht, dass ich garnicht dazu kommen würde, Sie noch einmal während meines Wiener Aufenthaltes zu besuchen. Dazu kam es aber wirklich nicht, und nun muss ich mich entschliessen, Ihnen brieflich sehr spät die Hand zum Danke für Ihre grosse Freundlichkeit zu drücken. Auch das macht mich nun wieder schwer und gewiss wäre ich übel daran, wenn ich nicht auf Ihre Grossartigkeit, diesen Hauptzug auch Ihrer künstlerischen Natur rechnen zu dürfen glaubte, mit welcher Sie mir gewiss verzeihen, jedenfalls aber meinen Fehler mir nicht als eine Gefühllosigkeit anrechnen werden.
Es war an jenem Abende schön bei Ihnen, denn man konnte durch die Erfolge Ihrer Gastlichkeit wirklich in den Wahn geraten man befinde sich wo ganz anders, in einer ganz andren Zeit, und unter ganz andren Menschen, als denen wir nun einmal stets nur zu begegnen haben. Mit der bereitesten und zugleich herzlichsten Anerkennung begrüsse ich Sie jetzt aus der Ferne hochachtungsvollst als

Ihr sehr verbundener und ergebener Richard Wagner.

RWA

233–246 Im Sommer 1875 finden in Bayreuth Vorproben statt. Das Innere des Festspielhauses ist fertiggestellt, Bestuhlung, Gasbeleuchtung und Teile der Dekoration fehlen noch. Vom 1. bis 31. Juli probt Wagner mit den Solisten am Klavier und auf der Bühne. Vom 1. bis 12. August folgen Proben mit Orchester unter der Leitung Hans Richters, teilweise schon in den fertigen Dekorationen. Adolph von Menzel zeichnet Wagner am Regietisch. Die Begeisterung ist groß. Wagner wirkt, wie Erwin Rohde an Nietzsche schreibt, merkwürdig frisch und elastisch. Unter den anwesenden Freunden ist auch Franz Liszt.

Franz Liszt an den Historiker Carl Hillebrand, Bayreuth, 2. August 1875

Die Zeitungen halten Sie auf dem Laufenden über die Wunder des Wagner-Theaters hier in Bayreuth. Die Aufführungen der Tetralogie „der Ring des Nibelungen" (angekündigt für August 76) werden das Hauptereignis der dramatischen Kunst sein, als Ganzes und als Vereinigung von Dichtung, Musik, mimischer Kunst, Bühnenbild und Inszenierung zum ersten Mal in diesem Jahrhundert so souverän dargestellt.
Es besteht nicht nur die Chance, sondern die Garantie für einen großen und durchschlagenden Erfolg angesichts

der Erhabenheit des Werkes selbst und angesichts auch des Enthusiasmus, den es bereits bei den zahlreichen Künstlern hervorruft, die mit der Interpretation betraut sind. Trotz der Schwierigkeiten dieses neuen herausragenden Stils von Wagner sind die Studien und vorbereitenden Proben das Entzücken der Sänger und der Musiker des Orchesters.

Franz Liszts Briefe, hg. v. La Mara, Bd. 2, Leipzig 1893, S. 224 f. (Original französisch)

Erinnerungen des Bildhauers Gustav Adolph Kietz an die Vorproben 1875

Gegen fünf Uhr kam Wagner vor dem Theater an. Sowie er mit seiner Familie eintrat, wurde er mit dem Gesang begrüßt: „Vollendet das ewige Werk". Und nach Schluß desselben wurde ihm ein begeistertes dreimaliges Hoch gebracht.

Wagner war tief ergriffen, ging in das Orchester und begrüßte die Musiker mit warmen Worten, denen alle mit größter Aufmerksamkeit lauschten. Er sagte unter anderem: „Die Meinungen über unsere große Aufgabe werden wohl sehr verschieden sein, aber ich glaube, davon wird wohl jeder Mitwirkende erfüllt sein, daß es sich hier um ein ‚Kunstwerk' von großer Bedeutung und nicht um ein ‚Schwindelwerk' handelt."

Dann ging er über die Bretter auf die Bühne zu seinem Tischchen dicht am Orchester, auf welchem die schwere Partitur an einer Kiste lehnte, auf der die Petroleumlampe stand.

Hans Richter dirigierte. Wagner las in der Partitur nach, 244
bewegte sich aber dabei in seiner Erregtheit fortwährend nicht nur mit den Armen, sondern auch mit den Beinen.
Meister Menzel hat dieses Bild, trotz der Dunkelheit im 230
Zuschauerraum, in einer sehr charakteristischen Kreidezeichnung festzuhalten vermocht. Mich beunruhigte das improvisierte Dirigentenpult im höchsten Maße; wie leicht konnten bei Wagners lebhaften Bewegungen Tisch, Kiste und Lampe umstürzen und alles in Flammen aufgehen! Während einer Pause suchte ich Brand auf und bat ihn, vor dem Wiederbeginn der Musik den Tisch mit großen Bohrern am Fußboden zu befestigen, damit die Lampe nicht umstürzen könnte. Das geschah auch sofort und nun war es mir möglich, mich dem Genusse der Probe ungestört hinzugeben.

Kietz, S. 216f.

Wagner über die vorgesehenen Aufführungen des Ring des Nibelungen, *Bayreuth 1875*

Das Bühnenfestspiel „Der Ring des Nibelungen" soll nun bestimmt im Sommer des Jahres 1876 in dem besonders hierfür erbauten Theater zu *Bayreuth* aufgeführt werden. Die drei, den Patronen meiner Unternehmung versprochenen Aufführungen des ganzen Werkes werden an folgenden Tagen stattfinden:

Erste Aufführung:

Sonntag,	13.	August:	das Rheingold,
Montag,	14.	„	die Walküre,
Dienstag,	15.	„	Siegfried,
Mittwoch,	16.	„	Götterdämmerung.

Zweite Aufführung:

Sonntag,	20.	August:	das Rheingold,
Montag,	21.	„	die Walküre,
Dienstag,	22.	„	Siegfried,
Mittwoch,	23.	„	Götterdämmerung.

Dritte Aufführung:

Sonntag,	27.	August:	das Rheingold,
Montag,	28.	„	die Walküre,
Dienstag,	29.	„	Siegfried,
Mittwoch,	30.	„	Götterdämmerung.

Die Berechtigung zu dieser bestimmten Ankündigung ist mir hauptsächlich durch die Ergebenheit und den aufopferungsvollen Eifer der von mir berufenen ausgezeichneten Künstler erteilt, welche damit, daß durch ihre Mitwirkung die diesjährigen Vorproben, unter Einhaltung der größten Pünktlichkeit in allen Zusagen, zu einem unerhörten Gelingen abgeschlossen werden konnten, mir jene Berechtigung verliehen. Fühle ich mich durch die innige Teilnehmung meiner künstlerischen Genossen, welche ohne jedes Honorar, ja meistens selbst ohne jede Entschädigung wirklicher Opfer ihre edelsten Leistungen mir zur Verfügung stellten, einzig und wahrhaft gestützt, so glaube ich nun auch der Anteilnahme von außen, soweit sie zur geschäftlichen Durchführung meiner, jeden Gewinn ausschließenden Unternehmung angesprochen werden mußte, vertrauensvoll entgegensehen zu können. Denn auch diesen Erfolg vermeine ich nun dem über alles Lob erhabenen, von jedem Bedenken freien Eifer meiner künstlerischen Genossen verdanken zu dürfen, daß das anderseits unablässig und oft schamlos erweckte, wie genährte Mißtrauen des deutschen Publi-

kums gegen den Charakter einer Unternehmung, welche nur durch Aufopferung von seiten jedes daran Beteiligten durchzuführen war, verschwinden werde.
Demnach lade ich hiermit nochmals zur Förderung dieses Unternehmens ein, welcher Förderung ich, getreu meinem ursprünglichen Gedanken, jedoch nur durch Anmeldung zur Teilnahme am Patronate, unter den nachstehends wiederholt bekannt gemachten Bedingungen, entgegensehe; wogegen ich bei der Ansicht verharre, unvermögenderen Künstlern und Kunstverwandten gänzlich freien Zutritt zu den Aufführungen zu gewähren, dem bloß Neugierigen, an der Förderung des Unternehmens Unbeteiligten aber, selbst gegen noch so hohe Bezahlungsanerbietungen für ein Entree etwa zu dieser oder jener Vorstellung, das Bühnenfesttheater verschlossen zu halten.

Bayreuth, 28. August 1875. Richard Wagner.

Schriften-Volksausgabe, Bd. 16, S. 153f.

228, 229
Vorbericht zu den ersten Bayreuther Festspielen 1876

Auf einem unterhalb der Bürgerreuth gelegenen Grundstück, einem bedeutenden Geschenk der bürgerlichen Behörden der alten Markgrafenstadt, erhebt sich der kühne Bau Richard Wagner's. Wer auch immer der Stätte sich genaht, um das Werk in seinen Anfängen und seinen Fortschritten zu beobachten, konnte sich bei seinem Anschauen eines imponirenden Eindrucks nicht erwehren. Die Dimensionen des Gebäudes sind in der That schon beim ersten Anblick staunenerregend. Bedenkt man, daß die Südfronte eine Länge von 178 Fuß beträgt, während die größte Breite des Gebäudes 236 Fuß und die Tiefe von der Südfronte bis zum Ende der Hinterbühne gleichfalls 236 Fuß mißt, der südliche Theil, welcher den Zuschauerraum enthält, eine Höhe von 82, der nördliche Theil mit dem Bühnenraum bis zum Dachfirst eine Höhe von 120 Fuß erreicht, so sieht selbst der bewandertste Theaterbaukenner von Parallelen zwischen dem Wagner-Theater und andern in Deutschland ab. Die Einrichtung des Innern läßt überdies zweifelhaft, was mehr zu bewundern sei, die Großartigkeit der Dimensionen oder die Eigenthümlichkeit der architektonischen Gesammtauffassung. Vor allem fällt eine Neuerung ins Gewicht, über welche seit Jahren viel gesprochen und geschrieben worden, die Vorrichtung nämlich, vermöge welcher das Orchester dem Zuschauer unsichtbar gemacht wird. Ist auch die Idee keineswegs neu — hat doch schon Goethe in „Wilhelm Meister“ gelegentlich einmal die Vortheile einer Instrumentalmusik berührt, die man nur zu hören, nicht zu sehen brauche — so ist es doch ihre Ausführung, deren Werth dadurch keineswegs geschmälert wird, daß man sie, wie einst das Ei des Columbus, belächelt. Im Vorwort zum „Ring des Nibelungen“ spricht sich R. Wagner über diese Frage eingehender aus; wenn er dem Zuschauer den unerläßlichen Anblick der mechanischen Hülfsbewegungen beim Vortrag der Musiker und ihrer Leitung ebenso sorgfältig ersparen will wie den der Fäden, Schnüre, Leisten und Bretter der Theaterdecorationen, so wird man dem unsichtbaren Orchester, vorausgesetzt, daß keine akustischen Nachtheile die optischen Vortheile überwiegen, nur freudigste Begrüßung widmen. Wo nun faßt das Orchester, dieser technische Herd der Musik, im baireuther Theater Posto? Unter dem vordersten Theil der Bühne zum Theil in einer großen Nische, so zwar, daß letztere nach dem Zuschauerraum hin sich öffnet und die Schallwellen dorthin wirft. Die Plätze der Zuschauer bestehen in einer Reihe von Sitzen, die gleichmäßig aufsteigen, und deren Höhe einzig durch die Möglichkeit, von hier aus das scenische Bild noch deutlich wahrnehmen zu können, seine Bestimmung erhält. Das ganze System der sonst üblichen Logenringe ist daher ausgeschlossen, weil von ihren sogleich an den Seiten wieder beginnenden Erhöhungen aus der Einblick in das Orchester nicht zu ersparen gewesen wäre. In 31 Reihen, deren jede 32 bis 64 Sitze enthalten soll, steigt der Zuschauerraum allmählich an, dem Charakter des antiken Amphitheaters entsprechend. Alles in allem umfaßt er eine Breite von 112, eine Länge von 106, eine Höhe von 54 Fuß; er enthält 2000 Sitzplätze. Das Parquet, aus 1500 Plätzen bestehend, bleibt den Patronen reservirt, welche den einmaligen Besuch des ganzen Festspiels mit 300 Thlr. entschädigen. Wagner rechnet außer auf seine Patrone auch auf fürstlichen Besuch. Für diese Eventualität sind hinter den Parquetsitzen Logen bestimmt und als Quartiere der hohen Herren verschiedene in baireuther Nähe gelegene alterthümliche Schlösser in Aussicht genommen. In noch weiterer Entfernung vom Parquet befinden sich 300 Sitzplätze für die Künstler, Referenten und Familienangehörigen der Mitwirkenden; jedem der letztern nämlich gesteht Wagner ein beliebig zu vergebendes Freibillet zu. Mit Einschluß der 52 Fuß breiten Hinterbühne beträgt die Breite des gesammten Bühnenraums 95 Fuß, er hat eine Tiefe von 126 Fuß und von dem Versenkungsraum bis zum Schnürboden eine Höhe von 135 Fuß. Der Schnürboden hat die doppelte Höhe der Bühne, und ebenso ist die 36 Fuß hohe Versenkung im Stande, die ganzen Prospecte aufzunehmen, sodaß dieselben, ohne aufgerollt zu werden, sofort verschwinden können. Auch gegen Feuersgefahr sind im Gebäude selbst die zweckmäßigsten Vorsichtsmaßregeln getroffen. In der Tiefe des Unterbaus sammeln sich nämlich die Grundwasser und sichern so einestheils seine Trockenheit, anderntheils bilden sie zugleich das Bassin für die Wasservorräthe, welche die nöthig gewordene Dampfmaschine in die eisernen Behälter unter dem Dach des Baus emporhebt, und von hier aus laufen zahlreiche Röhren nach allen Richtungen des Gebäudes. Der ursprüngliche Plan des Theaters rührt von G. Semper her; eine Modification desselben für die bestehenden Verhältnisse hat Architekt O. Brückwald in Leipzig vorgenommen. Man darf wol sagen, selten haben sich zu einem großen Bau so viele vorzügliche Kräfte zu gemeinsamen Wirken vereinigt wie hier in Baireuth; der technische Verstand arbeitet im besten Einvernehmen mit der künstlerischen Absicht; was auf den mannigfachsten Gebieten theoretisch wie praktisch für ausgezeichnet befunden wird, hier wird es verwerthet.

Illustrirte Zeitung, Leipzig, 29. April 1876

201
Brief Friedrich Nietzsches zu Wagners Geburtstag am 22. Mai 1876

An einem solchen Tage, wie Ihr Geburtstag ist, höchst verehrter Mann, hat eigentlich nur die allerpersönlichste Äusserung ein Recht; denn Jeder hat etwas durch Sie erlebt, das ihn ganz allein, in *seinem* tiefsten Innern, angeht. Solche Erlebnisse kann man nicht addiren, und der Glückwunsch im Namen Vieler würde heute weniger sein als das bescheidenste Wort des Einzelnen. Es sind ziemlich genau sieben Jahre her, dass ich Ihnen in Tribschen meinen ersten Besuch machte, und ich weiss Ihnen zu Ihrem Geburtstage nicht mehr zu sagen als dass ich auch, seit jener Zeit, im Mai jedes Jahres meinen geistigen Geburtstag feiere. Denn seitdem leben Sie in mir und wirken unaufhörlich als ein ganz neuer Tropfen Blutes, den ich früher gewiss nicht in mir hatte. Dieses Element, das aus Ihnen seinen Ursprung hat, treibt, beschämt, ermuthigt, stachelt mich und hat mir keine Ruhe mehr gelassen, so dass ich beinahe Lust haben könnte, Ihnen wegen dieser ewigen Beunruhigung zu zürnen, wenn ich nicht ganz bestimmt fühlte, dass diese Unruhe mich gerade zum *Freier-* und *Besser*werden unaufhörlich antreibt. So muss ich dem, welcher sie erregte, mit dem allertiefsten Gefühle des Dankes dankbar sein; und meine schönsten Hoffnungen, die ich auf die Ereignisse dieses Sommer setze, sind die, dass *Viele* in einer ähnlichen Weise durch Sie und Ihr Werk in jene Unruhe versetzt werden und dadurch an der Grösse Ihres Wesens und Lebensganges einen Antheil bekommen. Dass dies geschehen möge, das ist heute mein einziger *Glück*wunsch für Sie (wo gäbe es sonst das Glück, das man Ihnen wünschen könnte?). Nehmen Sie ihn freundlich an aus dem Munde

Ihres wahrhaft getreuen

Friedrich Nietzsche.

Basel 1876.

RWA

Bereits am 6. November 1872 hatte Wagner Heinrich Porges brieflich aufgefordert, die Proben genau zu verfolgen, um alle seine noch so intimen Bemerkungen über die Auffassung und Ausführung des „Ring" aufzuschreiben und damit eine „fixierte Tradition zu redigieren".

158

Heinrich Porges schreibt in der Einleitung zu „Die Bühnenproben zu den Festspielen des Jahres 1876"

„Eine *dauernde Institution* zur Ausbildung einer klassischen Tradition für die *stylreine Wiedergabe original-deutscher musikalischer und musikalisch-dramatischer Werke*" ist es, die geschaffen werden soll. Nur wenn wir dieses Ziel, und zwar in nicht mehr allzuferner Zeit erreichen, könnten wir sagen, dass die Aufführung des Nibelungenringes im Jahre 1876 die ihr wahrhaft entsprechende Folge gehabt habe. Denn bei dieser handelte es sich nicht etwa nur darum, ein neues Werk der Kunst dem Publikum zu vermitteln, sondern hauptsächlich ward erstrebt, dasselbe in seiner echten Gestalt hervortreten zu lassen, ein Beispiel jenes einzig richtigen musikalisch-dramatischen Styles zu geben, der auf unseren modernen Theatern noch so gut wie unbekannt ist. Die Errichtung des Festspielhauses in Bayreuth und die darin erfolgten Aufführungen des Nibelungenringes haben den Beweis geliefert, dass wenigstens in einem Bruchtheile der Volksgesammtheit der Wille zur Erzeugung des idealen Dramas wach — und zur That geworden sei. Hier sind Glieder des Volkes zum ersten Male in jenes einzig richtige Verhältniss zur Kunst getreten, dass sie nicht, wie unser gewöhnliches Publikum, in thatloser Passivität ihre Schöpfungen an sich herankommen liessen, sondern selbst dazu mitwirkten, um sie ins Leben zu rufen. Der unmittelbare Vertreter jener Allgemeinheit, die das Kunstwerk aus sich heraus zu erzeugen strebt, ist aber die künstlerische Genossenschaft. Zur Bildung einer solchen kommt es aber nur dann, wenn in einer grösseren Anzahl einzelner Künstler die Ueberzeugung wach geworden ist, dass in einer bestimmten Persönlichkeit das Walten göttlicher Schöpferkraft zu übermächtigem Durchbruch gekommen sei, und diese es nun als die ihnen gewordene Aufgabe erkennen, die dem Geiste dieses Genius als blosse Möglichkeit vorschwebenden idealen Gebilde in die Wirklichkeit des äusseren sinnlichen Daseins überzuführen. Und wiederum jener einzelne Künstler, dessen Inneres unmittelbar von dem Hauche des göttlichen Geistes berührt worden war, wird von keinem anderen Triebe beherrscht werden, als das, was ihn in einsamen Stunden mit so seligem Entzücken erfüllt hatte, seinen künstlerischen Genossen und durch sie aller Welt zu übergeben; denn nur dadurch vollendet er sein Werk, indem er sich dessen ganz und gar entäussert. Dieser merkwürdige Prozess vollzog sich nun in den für die Entwickelung der neu zu gründenden dramatisch-musikalischen Kunst so bedeutsamen Proben zu dem ersten deutschen Bühnenfestspiele. Bevor ich aber daran gehe den Verlauf dieser Proben in möglichst getreuer Weise zu schildern, will ich versuchen, den eigenthümlichen Charakter des persönlichen Eingreifens des Schöpfers dieses Werkes in diesen Proben im Allgemeinen zu bestimmen. Eine im organischen Verbande stehende Gesammtheit von Künstlern sollte hier zu der gleichen frei schöpferischen Thätigkeit geführt werden, zu der in der Regel nur die einzelne Persönlichkeit gelangen kann. Um diese künstlerische Freiheit zu erreichen, müssen sich ihre Glieder vorerst bedingungslos dem Schöpfer des Werkes unterordnen und jene wunderbare Fähigkeit der *Selbstentäusserung* gewinnen, die R. Wagner in seiner meisterhaften Abhandlung „Ueber Schauspieler und Sänger" mit so tiefer Einsicht als die eigentliche Wurzel alles schauspielerischen Talentes, ja aller künstlerischen Produktionskraft überhaupt bezeichnet. Diese wahrhaft dämonische Gabe sich in alle möglichen Gestalten zu verwandeln, besitzt nun aber unser Meister selbst in einem so hohen Grade, dass er gleich einem Proteus wie mit einem Zauberschlage jeden beliebigen Charakter annehmen, in jede nur denkbare Situation sich versetzen kann; und sie bewährte er eben in den Bühnenproben des Nibelungenringes in einer so erstaunlichen Weise, dass ich keinen treffendern Ausdruck zur Bezeichnung seiner Thätigkeit zu finden vermag, als indem ich sage: er sei da gleichsam als der *Gesammtschauspieler* des ganzen Dramas vor uns gestanden. Diese individuelle Begabung, die theatralische Darstellung durch das unmittelbar gegebene Beispiel zu beeinflussen und zu beleben, bezeugt uns auch R. Wagner's innige Verwandtschaft mit dem Genius Shakespeare's. Ganz besonders wichtig aber ist es, dass auch das von ihm vertretene Prinzip des Styls der dramatischen Darstellung im Wesentlichen mit dem Shakespeare'schen übereinstimmt. Denn alle Vorschriften, welche der Meister den Künstlern gab, was er von ihnen in Betreff der mimischen Aktion, der einzunehmenden Stellungen, der Art der Betonung des gesungenen Wortes verlangte, entsprang aus jenem Grund-Prinzipe, das er selbst als das herrschende in den Shakespeare'schen Werken bezeichnet hat, nämlich dem „der *mimisch-dramatischen Natürlichkeit*". Dennoch würde man irren, wenn man mit dieser Erkenntniss das eigenthümliche Wesen des erstrebten dramatisch-musikalischen Styles für erschöpft hielte. Wie ich bereits in meiner Studie über den „Ring des Nibelungen" ausgeführt habe, besteht der besondere Charakter des Styles dieses Werkes in der vollkommen organischen Verbindung der auf unmittelbare Verkörperung des Ideals zielenden hohen stylisirten Kunst, mit der auf dem Boden der Naturwahrheit erstandenen. Wenn nun so eben darauf hingewiesen ward, dass R. Wagner in den Proben dieses letztere Prinzip in unmittelbarster, persönlichster Weise vertrat, ja es in jeder Bewegung, jeder Miene, jedem Tone und Worte geradezu verkörperte, so darf man nicht vergessen, dass sich ihm gegenüber der ganze vielgestaltige Komplex des dramatisch-musikalischen Apparates befand, den er eben von Innen heraus zu beseelen und in einen lebendigen Organismus umzuschaffen bestrebt war. Der Grund aber, weshalb er überhaupt eines so grossen Reichthums von Kunstmitteln bedarf, ist der, weil er sich die Aufgabe gestellt hat: von der eigensten Sphäre der Kunst aus ein getreues Abbild der Lebenswirklichkeit zu erzeugen. Nur dadurch, dass alle dem Menschen verliehenen künstlerischen Kräfte ins Spiel gesetzt werden, ist eine Gesammtwirkung möglich, die gleichzeitig das Gepräge der Idealität und Naturwahrheit an sich trage. Vollkommen erreicht ist aber dieses Ziel erst dann, wenn in dem Momente des lebendigen Ineinandergreifens und eben durch das einheitliche Zusammenwirken aller Mittel der Kunst wir dazu gezwungen werden selbst ihr Vorhandensein vollkommen zu vergessen, und einzig durch die vor unseren Augen sich entwickelnde Handlung gefesselt werden. Denn weder um eine vornehm thuende innerlich kalte, rein formalistische Kunstspielerei, noch um eine blosse Ueberreizung und Betäubung der Sinne handelt es sich hier, sondern diess würde den höchsten Triumph des Geistes bedeuten, wenn er im Stande wäre, des ganzen wachgewordenen Getriebes aller sinnlichen und dämonischen Lebensmächte Herr zu werden und über sie den Sieg davon zu tragen.

Die entscheidende That R. Wagner's besteht eben darin, dass er uns von dem Hexengebräu der zu einem wahren Pandämonium gewordenen modernen Oper befreite und eine echt deutsche dramatisch-musikalische Kunst geschaffen hat. [. . .]

Mit der Aufführung des „Ring des Nibelungen" sollte das Ziel erreicht werden, den realistischen Styl der Shakespeare'schen mit dem idealistischen der antiken Tragödie zu verschmelzen, eine organische Verbindung der auf unmittelbare Verkörperung des Ideals zielenden hohen stylisirten Kunst mit der auf dem Boden der Naturwahrheit erstandenen zu erreichen. *Eine ideale Natürlichkeit und eine ganz zur Natur gewordene Idealität,* das war es, wozu der Meister die ausführenden Künstler hinzuleiten suchte. —

Bayreuther Blätter, Mai 1880, S. 141–144

Nachdem Wagner vom 3. Juni 1876 an nochmals neun
Wochen lang geprobt hat, beginnen die ersten Bayreuther
Festspiele am 13. August um 19 Uhr mit der Aufführung von
Das Rheingold. Der *Ring*-Zyklus wird bis zum 30. August
dreimal aufgeführt. Anwesend ist der deutsche Kaiser
Wilhelm I., nicht aber König Ludwig II., der nach dem
Besuch der Generalproben direkt nach Hohenschwangau
231 zurückgefahren ist. Wagners „Letzte Bitte" in Form eines
Anschlags an den Türen des Festspielhauses gilt der Deutlich-
keit und Wahrhaftigkeit des Spiels.

Der Berliner Kritiker Isidor Kastan über Publikum und Stimmung im Bayreuther Festspielhaus 1876

Es mochte wohl ungefähr halb sieben Uhr geworden sein, als sich der Zuschauerraum zu füllen begann. Wer die verzwickten Berichte gelesen, die schon durch Monate hindurch über das Innere des Zuschauerraumes in alle Lande verbreitet wurden, der konnte sich eines Gefühls peinlicher Enttäuschung kaum erwehren. Nicht, daß wir den hergerichteten Raum mit seinen ziemlich jäh aufsteigenden Bankreihen, und den korinthischen Säulenreihen, welche das eigentliche Parquet wirksam umrahmen, nicht für hübsch hielten. Allein nach jenen übertriebenen Schilderungen erwartete man irgendwie frappirt zu werden. Und das war durchaus nicht der Fall. Aus dem Enthusiastenschwall in unser nüchternes Deutsch übersetzt, müssen wir sagen, wir befinden uns in einem ganz zweckentsprechend eingerichteten Zuschauerraum, in welchem es, wie in den meisten Theatern, gute und schlechte Sitzplätze giebt und in welchem, wie gleichfalls in den meisten Theatern, eine ziemlich anständige Hitze herrscht. Blicken wir uns nunmehr unter den Zuschauern selber um. Aber beeilen wir uns, die Minuten sind gezählt und mit dem Schlage sieben wird in dem Zuschauerraum eine fast absolute Finsterniß herrschen. Unsere Reichshauptstadt hat ein verhältnißmäßig großes Kontingent von Zuschauern und Notabilitäten aller Art gestellt. Sämmtliche Zukunftsmusik-Amazonen, so zu sagen die Walküren in Civil, sind zur Stelle. Frau Marie v. Schleinitz scheint in einem Meere von Entzücken zu schwimmen, während Se. Exzellenz, der Herr Hausminister und Gatte die Sache doch ein wenig kühler ansehen mag. Ja, auf uns macht es den Eindruck, als umspielte so etwas wie ein leichter Sarkasmus seinen Mund. Nicht minder siegesgewiß schaut die Gräfin Dankelmann drein. Gerade in der Mitte des Zuschauerraumes hat sich eine Gruppe von wirklich imponirend schönen Frauengestalten zusammengefunden. Unser Auge wird unwillkürlich durch die feine Gestalt

und das schöne Antlitz *unserer* Gräfin Dönhoff gebannt. Nicht weit von ihr erblicken wir die stolze statuengleiche Hildegard v. Usedom, eine wahrhaft klassische Erscheinung — junonisch. Dort streift eine Dame unsern Blick, die augenscheinlich am liebsten nicht gesehen sein möchte. Es ist *Marie Seebach*. Unser Heldentenor Niemann und seine zierliche Gattin Frau Hedwig Raabe winken uns gleichfalls als liebe Bekannte aus der Heimathstadt am grünen Strand der Spree entgegen. Doch eigentliche Berliner Luft weht an der einen Ecke, an welcher Dohm, Scholtz, Lindau, Ehrlich und noch manche Andere sich ihr Stelldichein gegeben. An dieser wahrhaft gottverlassenen Stelle werden sogar, man denke, hier in Bayreuth in Gegenwart des „Meisters“ Kalauer gemacht! Es ist ungeheuer. Dort die Gruppe von Malern und schönen Malersgattinnen, Paul Meyerheim, Hans Makart, Angeli, Anton von Werner, der knorrige Menzel, nicht weit von ihnen Bodenstedt — sie Alle verleihen dem Ganzen eine Art von Duft, der in seiner prickelnden Wirkung sich auch nicht annähernd in Worten wiedergeben läßt. Der interessanteste Kopf unter allen, der fesselndste Anblick ist und bleibt *Franz Liszt*. Das seltsame Gemisch von weltmännischer Eleganz und geistlicher Haltung, das lange graue, in Strähnen herabwallende Haar und der schwarze ehrwürdige Rock nach geistlichem Schnitte wirkt eigenthümlich reizvoll an diesem unverwüstlichen Lebensgenie! Doch aus diesen Betrachtungen werden wir durch ein eigenthümliches Signal-Motiv jählings gerissen.
Alle Köpfe wenden sich der Fürsten Loge zu. Der Kaiser 248
ist soeben ins Theater getreten. Kaiser Wilhelm in bürgerlicher Kleidung ist uns Berlinern und wohl auch den meisten Deutschen eine gewiß fremdartige Erscheinung. Wir können ihn uns eigentlich gar nicht anders vorstellen als in der Generalsuniform. Wirklich vergingen auch einige Sekunden, ehe die Menge den Kaiser erkannte. Aber mit einem Male brauste ein Beifallssturm, wie ein gewaltiger Orkan durch den weiten Raum. Hoch Kaiser Wilhelm und nochmals und nochmals — der Jubel schien kein Ende nehmen zu wollen. Der Kaiser trat bis hart an die Logenbrüstung und verneigte sich, freudig lächelnd, nach allen Richtungen gegen die Versammlung. Als gewissenhafter Chronist darf ich anzuführen nicht unterlassen, daß die Gasteiner Quellen unsern Kaiser wirklich verjüngt haben. Kaiser Wilhelm spottet durch sein geradezu jugendliches Aussehen, durch die Sicherheit

seiner Bewegungen seinem hohen Alter. Er ist in diesen beiden Tagen der erklärte Liebling der hiesigen Damenwelt geworden; und Ausrufe wie: „Gott, was ein schöner Mann!" oder: „ich möcht' ihm um den Hals fallen!" kann man auf Schritt und Tritt vernehmen.

Berliner Tageblatt, 16. August 1876

Eduard Hanslick über die „Ring"-Inszenierung in Bayreuth 1876

Niemals zuvor ist in einer Oper solche Häufung scenischer Wunder vorgekommen. Kunststücke, welche man bisher für unmöglich gehalten oder richtiger, an die man überhaupt gar nie gedacht, folgen einander Schlag auf Schlag: die tief im Wasser schwimmenden Rheintöchter, die über einen Regenbogen spacierenden Götter, die Verwandlungen Alberich's in einen Lindwurm, dann in eine Kröte, der feuerspeiende, singende Drache, der Feuerzauber, die Götterdämmerung u. s. w. Damit hat der Dichter dem Componisten den weitesten Spielraum für dessen glänzende Virtuosität, die Tonmalerei, eröffnet. Sollte es aber wirklich der höchste Ehrgeiz des dramatischen Componisten sein, zu einer Reihe von Zaubermaschinerien Musik zu machen? Ein erklärter Anhänger Wagner's, Karl Lemcke, beklagt in seiner überaus wohlwollenden Kritik des „Nibelungenring" den schädlichen Einfluß dieser „nach Bosco's Zaubersaal schmeckenden Kunststücke", welche einfach zum *Zauberpossencultus* führen. In der That hat Wagner's „Nibelungenring" am meisten Aehnlichkeit mit dem Genre der Zauberstücke und „Feerien". Zu der reinen Idealität, welche Wagner seinem Werke nachrühmt, stehen diese sehr materiellen Effecte in seltsamem Widerspruch. Wagner arbeitet überall auf den stärksten sinnlichen Eindruck hin, und das mit allen Mitteln.

Musikalische Stationen, Berlin 1880, S. 247f.

Der Kritiker Wilhelm Mohr über die Bayreuther Aufführungen 1876

So viel, denke ich, steht fest: Ein Werk, das in dem Maße, wie Wagner's Bühnenfestspiel, die Aufmerksamkeit der ganzen gebildeten Welt auf sich zieht, kann nicht das Werk eines unbedeutenden Künstlers sein. Sollte es also nicht der Mühe werth sein, nunmehr auch den Versuch zu wagen, mit klaren und dürren Worten das Facit zu ziehen und die künstlerische Bedeutung des neuen Kunstwerkes oder, was dasselbe ist, seine geschichtliche Stellung in der Entwicklung der Kunst darzulegen? [...]

Rheintöchter, Figurine für die Bayreuther Aufführungen 1876, angefertigt von Carl Emil Doepler.

Wäre Wagner ein Franzose oder Italiener, ich bin überzeugt, daß die dortige Kritik schon aus purem vaterländischen Stolze den Künstler mit mehr Achtung behandelt haben und sich nicht ein so trauriges Zeugniß von Impotenz und dünkelhafter Befangenheit ausgestellt haben würde. Jedenfalls aber stehen die unbedingten und kritiklosen Enthusiasten unendlich höher in meiner sittlichen Werthschätzung, als jene gewiegten Kunstkritiker, die sich nicht bedenken, eine derartige künstlerische Kraft als Brandopfer auf den Altar ihrer persönlichen Eitelkeit zu legen.
Nun bin ich, Gott sei Dank, nicht in der Lage, daß ich zu

befürchten hätte, durch unbefangene Hingabe an einen Künstler, der mich Dinge lehrt, die ich vorher nicht gewußt, die Aureole meines kritischen Ansehens zu beeinträchtigen. Wenn ich also aus meiner unbefangenen Ueberzeugung auf die obige Frage antworten soll, so kann ich nicht anders sagen, als daß, wie die Dinge vorher standen und wie sie jetzt stehen, Wagner die Schlacht *gewonnen* hat. Sein Kunstwerk hat sie gewonnen, auch wenn nicht alle seine Kunstideen sich als richtig herausgestellt haben sollten. Gewonnen, auch wenn der Bau des Theaters eine halbwegs verunglückte und eine zu mindestens drei Vierteln überflüssige Idee war, gewonnen, auch wenn man in Baireuth so stark schwitzt, wie im berliner Opernhause, gewonnen, und wenn noch mehr Guttapercha-Drachen, künstliche Bären, natürliche Widder und ähnlicher nürnberger Zauber Fiasco gemacht hätten. Er ist Sieger geblieben, auch wenn sein „Kunstwerk der Zukunft" unterlegen sein und sich als eine Uebertreibung oder einen verfrühten Gedanken herausgestellt haben sollte. [. . .]
Er hat die Schlacht gewonnen, und zwar curioser Weise auf dem Gebiete, wo er sie nicht gewinnen wollte und wo hinwiederum der Sieg ihm gerade am hartnäckigsten streitig gemacht wurde: auf dem *musicalischen*. An dichterischem Ansehen hat er nicht gewonnen, die alte scenische Virtuosität hat mindestens keine höhere Leistungen erkennen lassen, als im Lohengrin und im Tannhäuser, die neuen decorativen Wunder aber gar stehen im Widerspruch nicht nur mit der Leistungsfähigkeit der Mechanik oder doch der Maschinisten von heutzutage, sondern, was noch schlimmer ist, mit dem Wesen der Kunst überhaupt. Aber der *Musicus* Wagner hat gesiegt. Mit einer Erfindungskraft, die zuweilen ganze Ströme glühenden Goldes auszugießen scheint, mit thematischen Gedanken von schlagender Charakteristik und größter Prägnanz, mit ganz neuen Wendungen des harmonischen, rhythmischen und dynamischen und, wenn auch in geringerem Maße. auch des melodischen Elements, mit einer ganz eigenthümlichen und scharf ausgeprägten Physiognomie und individuellen Art in allem, was er von sich gibt, endlich mit einer Macht und einer Reichhaltigkeit der Orchestersprache, wie sie bis jetzt noch nicht dagewesen ist. [. . .] *Durch* die Principien, *neben* denselben her und *gegen* dieselben ist hier Schönes geschaffen, blühendes Leben, musicalisch-dramatische Organismen

neuer und nie dagewesener Art. Nicht zertrümmert ist in diesen schönen Partieen die alte Form, sondern genau so wie es Siegfried mit dem Schwerte Nothung macht, zerfeilt, geschmolzen, umgegossen und blank geschmiedet.

Wilhelm Mohr, *Richard Wagner und das Kunstwerk der Zukunft im Lichte der Baireuther Aufführung betrachtet*, Köln 1876, S. 63, 65–68

Briefwechsel des Kunsttheoretikers Conrad Fiedler mit dem Bildhauer Adolf von Hildebrand über die Bayreuther „Ring"-Aufführungen 1876

Crostewitz, 27. Aug. 76.

Mein lieber Hildebrand! [. . .]

Daß ich keinen Wert auf die ganze altdeutsche Götter- und Nibelungenwirtschaft, auf Theaterpoesie und die brutalen Effecte scenischer Kunststücke lege, brauche ich nicht zu sagen; aber mich überraschte schon beim Lesen der Texte, daß hinter all dem Willkürlichen und sonderbar Unpoetischen oft eine Potenz in der ursprünglichen Fassung gewisser Vorgänge in Natur und Menschenleben steckt, wie man sie heutzutage selten findet; das Übermenschliche in der Dichtung, wodurch man nur zu oft abgeschreckt wird, ist nicht immer hohle Übertreibung einfacher Dinge, sondern häufig der noch etwas rohe, gewaltsame Ausdruck eines leidenschaftlich gesteigerten Mitlebens der Vorgänge. Aus den Texten allein kann man das freilich nur hie und da erkennen; hört man aber die Musik, so kann man sich nicht mehr darüber täuschen; denn, wenn diese kein selbständiges Dasein hat, wie in den Opern (die Nibelungen kann man eben garnicht Opern nennen), so ist sie doch auch keineswegs auch nur eine berechnete und ausgeklügelte Illustration der Worte und Vorgänge, vielmehr stammt sie unmittelbar aus demselben Bedürfnis, welches zu dem Ausdruck im Wort und zu dem dramatischen Vorgange geführt hat. Es ringt sich bei Wagner oft etwas zum Ausdruck durch, wofür weder Wort noch Musik allein genügt, sondern was, um wenigstens einigermaßen zur Erscheinung zu kommen, den gemeinschaftlichen Ausdruck fordert. Nun würde er freilich, wenn er ein besserer Dichter wäre, mehr von der Fülle des Lebens durch das Wort zum Ausdruck bringen können; immerhin aber muß man ihm Recht geben, daß für das musikalische Organ die Welt auch eine tönende Seite hat und daß das Leben nur dürftig und einseitig zur Erscheinung gelangt, wenn diese musikalische Seite verborgen bleibt. Der Ausgangspunkt für sein Streben und Schaffen scheint mir offenbar darin zu liegen, daß

er ein Mißverhältnis empfand zwischen der Macht und dem Reichtum des Lebens, wie es sich gerade in ihm zur Gestaltung drängte und den bisherigen Ausdrucksmöglichkeiten; der musikalisch-dramatische Ausdruck wurde für ihn ein notwendiger und darin liegt seine künstlerische Berechtigung. Mir hat es gerade bei den Bayreuther Aufführungen an vielen Stellen geschienen, als ob Wagner durch die Musik Tiefen der zur Darstellung gelangenden Empfindungen, Situationen und Vorgänge aufwühlte, die ohne die Musik garnicht in Erscheinung treten würden. Man erhält von diesem Gesichtspunkt aus für Wagners Musik natürlich einen ganz anderen Maßstab als für andere Musik, und wenn ich ihm auch niemals zugeben würde, daß seine Musik nun die einzig wahre, ja daß seine Schöpfung die endlich gefundene wirkliche Kunst sei, wie er und seine Anhänger behaupten, so glaube ich doch, daß er für ein echtes, ursprüngliches Bedürfnis eine eigenthümliche und berechtigte künstlerische Ausdrucksform gefunden hat. [...]
Aus Zeitungsberichten wirst Du wenig Aufrichtiges und Gerechtes erfahren; die Scribenten halten sich immer an Nebendinge und vergessen die Hauptsachen oder verstehen sie nicht. Wenn in den Wagner'schen Musikdramen auch nur ein Funke wirklicher Kunst steckt, so ist das schon so viel wert, daß man an alles Übrige garnicht denken sollte, und die Streitereien und Schimpfereien über Wagners Prätensionen, über den übertriebenen Fanatismus seiner Anhänger, über einzelne Auswüchse seiner Werke, über gewisse Mängel der Aufführungen etc. sind geradezu ekelhaft. [...]

Florenz, 5. Sept. 76.

Liebster Fiedler! Was Du mir von den Aufführungen schreibst, hat mich sehr interessiert, wenn ich [mich] auch nicht damit zurecht finden kann. Da ich den Eindruck nicht erlebt, so kann ich nur auf dem Deinen fußen. Mir ist der große Unterschied zu andern Opern nicht klar. [...] Jede Oper braucht die Mittel des Dramas und der Musik, und wenn Wagner die Texte, Individuen, Situationen etc. ernster und tiefer aus dem Leben holt, als bei früheren Opern der Fall war, so bleibt es noch die Frage, ob das nun einen so großen Unterschied ausmachen soll. Der Hauptunterschied liegt in der Musik, glaube ich, und diese scheint mir eben eine weit unklarere, künstlerisch unbedeutendere zu sein als bei früheren Musikern. Doch darüber können wir hier nicht streiten. Die neue Lebensseite, die, wie Du sagst, Wagner aufgedeckt, und an die Du Hoffnungen knüpfst, kann ich nicht sehn, denn das, worin Du sie erblickst, ist eben schon immer das Element der Musiker gewesen. Daß ich seine geheimnisvolle Wirkung auf das Chaotische, Unpositive seiner Musik schiebe, weißt Du. Und ich meine, daß daraus keine neue Form entspringen kann, wenn auch seine Subjectivität unverändert bliebe. Seine Subjectivität, seine Natur wird originell und, wie's scheint, dämonischer Art sein, deshalb ist sie noch nicht sehr künstlerisch, und wenn er ihr Luft machen muß, so weiß ich nicht, ob es durch bedeutende Kunstwerke geschieht. Wenn Goethe im zweiten Theil vom Faust, Beethoven, Michelangelo etc. eine dämonische Wirkung erreichen und diese Weltseite zum Ausdruck bringen, so ist es durch die Gewalt der Gestaltungskraft, durch die Höhe der Abstraction, die, isoliert vom gewöhnlichen natürlichen Zusammenhang, rein als gewaltige Kraft wirkt. Bei Wagner glaub ich nicht an diese Kunsthöhe. Alle künstlerische Fähigkeit oder Absicht ihm abzusprechen, wird gewiß Unrecht, doch scheint mir vorderhand, daß sein Schwerpunkt durchaus nicht darin liegt. — Wie erloschen ist für das heutige Publicum die klare Form der bildenden Kunstwerke, wie wenig fühlen und erkennen sie die Natur daraus, und wie erregter sind sie durch die brutalen Mittel heutiger Arbeiten; ich traue dem Kunstgefühl sehr wenig. [. . .]

Crostewitz, 20. Sept. 76.

Liebster Hildebrand! [. . .]

Es wäre doch sonderbar, wenn man der gegenwärtigen Generation die künstlerische Potenz abspräche, indem man dasjenige Individuum übersähe, in dem eine bedeutende künstlerische Kraft thätig wäre. Aber freilich gebe ich Dir zu, daß darüber der Streit offen ist, ob die in Wagner wirkenden Kräfte wesentlich künstlerische sind; sind sie es nicht, so ist die Bedeutung seiner Werke nur eine scheinbare, und der Erfolg und die Wirkung derselben beruht auf einer grandiosen Verblendung, deren Möglichkeit ich keineswegs für ausgeschlossen halte. Leider verstehe ich zu wenig von Musik, um darüber eine eigene Ansicht zu haben, ob der Vorwurf der Formlosigkeit, der der Musik Wagners gemacht wird, ein durchaus gerechtfertigter ist; jedenfalls giebt es viele Musiker, die es nicht zugeben, und Leuten wie Michelangelo und Beethoven ist auch Formlosigkeit vorgeworfen. Es ist auch ein eigenthümliches Ding um die Form, sie ist nichts Feststehendes und nichts abgesondert Faßbares; sie erzeugt sich immer neu und in neuer Gestalt, sobald sich ein noch unausgesprochener Inhalt zum Ausdruck drängt. Ist einmal auf diese Weise eine selbständige neue Form entstanden, so gewinnt sie für einige Zeit ein neues Leben, wird aber in den Händen derjenigen, die sich ihrer bemächtigen, allmählich zur Phrase. Unsere gesammte Kunstproduction lebt fast ausschließlich in einem rechten Phrasenthum. Eine vom Inhalt ausgehende, wirkliche Neuproduction wird sich dagegen immer revolutionär verhalten und wird zunächst den Schein der Formlosigkeit haben. Auch wird es vorkommen können, daß derjenige, der durch die Selbständigkeit seiner Individualität von vorneherein außerhalb des Bereiches jener entlehnten, für ihn unbrauchbaren Formen steht, nicht mit einer so bedeutenden Gestaltungskraft ausgestattet ist, daß er bis zu einem vollendeten, selbständigen Formenausdruck gelangte; immerhin wird man im gegebenen Falle schon das Ringen nach einer selbständigen Form als künstlerisch anerkennen müssen. Und ich kann nicht läugnen, daß ich bei den Aufführungen in Bayreuth nicht selten den Eindruck eines solchen Ringens gehabt habe. Wenn Du sagst, daß Du den Unterschied nicht sehen könntest, den ich bei Wagners Werken gegenüber früherer Musik betone, so betrifft dieser Unterschied natürlich nicht das Wesen der Musik, welches immer dasselbe sein und bleiben muß; im Grunde kann Wagner, wenn er ein bedeutender Musiker ist, und alle bedeutenden Musiker, die nach ihm kommen, können nichts anderes thun, als alle bedeutenden Musiker vor ihm gethan haben. Er hat die Musik nicht erfunden, wie uns allerdings manche seiner Anhänger glauben machen wollen. Der Unterschied besteht nur darin, daß für ihn die Musik nicht unabhängig und losgelöst von den Erscheinungen und Vorgängen der Natur und des Lebens existiert. [. . .] Bei Wagner steht sich dramatischer Vorgang und Musik garnicht gegenüber, sondern der dramatische Vorgang gelangt überhaupt erst in der Musik zum Dasein. Die Musik wird niemals vom Vorgang unabhängig und selbständig, sondern läßt gleichsam den Vorgang niemals los und wird nicht von ihm losgelassen, damit er immer intensiver zum Ausdruck gelange. Was Du von der Wirkung der Wagnerschen

Musik sagst, daß dieselbe nicht auf künstlerischen Vorzügen beruhe, ist bei einem sehr großen Teil des Publicums jedenfalls richtig; aber das ist kein Beweis dagegen, daß die Wagnerischen Werke künstlerische Vorzüge besitzen können. [. . .]

Adolf von Hildebrands Briefwechsel mit Conrad Fiedler, hg. v. Günther Jachmann, Dresden 1927, S. 65–67, 69–75

Der französische Komponist und Wagnerfreund Camille Saint-Saëns schreibt in seinem Aufsatz Bayreuth und der Ring des Nibelungen

Abgesehen von der Anlage des Saals und des Orchesters unterscheidet sich das Bayreuther Theater noch in anderen Punkten von den bekannten Opernhäusern. Die Rampe, in ihrem geschickten Übergang von Saal zur Bühne, entschwindet völlig unseren Blicken. Sie entschwindet um so eher, als die Sänger ihr fast niemals nahe kommen. Sie bleiben gewöhnlich in Höhe der zweiten Kulisse, wo sie von den Soffiten und der Rampe aus grell beleuchtet werden und so bei der vollständigen Abdunkelung des Saales die ganze Aufmerksamkeit auf sich konzentrieren. Für den Souffleur ist kein Platz vorgesehen; er hält sich je nach Bedürfnis in der Kulisse oder hinter den aufgestellten Versatzstücken auf. Der Dampf spielt bei den Scenenwirkungen eine grosse Rolle. Ströme weissen Dampfes täuschen Gewölk vor, rot beleuchtet verwandelt er sich in Feuerschein.

Das unsichtbare Orchester bedeutet unbestreitbar einen Gewinn, einen Gewinn, der in Zukunft überall nutzbar gemacht werden sollte und wohl auch werden wird, sobald noch die letzten notwendigen Verbesserungen gefunden sind.

In Bayreuth wird mit der musikalischen Kunst eine grosse Verschwendung getrieben. Viele interessante Details verflüchten sich in dem grossen Orchesterraum, dem Riesenschlund, der wie Fafner die Bühne bewacht. Die scenische Illusion zieht aber unzweifelhaft daraus grossen Gewinn.

Gelegentlich der Erstaufführung des Nibelungenrings hielt Richard Wagner eine Ansprache, in der er im wesentlichen ausführte: Frankreich hat eine Kunst, Italien hat eine Kunst, *Sie* brauchen nur zu wollen, so hat auch Deutschland endlich seine Kunst. Das Wort war nicht nach Jedermanns Geschmack. Selbst seine Bewunderer gaben zu, dass seine Unhöflichkeit seinem Talent die Wage halte und legten solchen Äusserungen gar kein Gewicht bei. Wenn ich Bemerkungen, die er über eine hochgestellte Persönlichkeit äusserte, an die Öffentlichkeit

brächte, so hätten diplomatische Verwicklungen daraus entstehen können.
Er bestritt übrigens, dass ihm jemals in den Sinn gekommen sei, Frankreich zu beleidigen. Was wollte er also? — —
Das weiss niemand, er selbst nicht. Ihn als Nationalfeind unseres Landes hinzustellen, ist einfach absurd. Er war nur denen Feind, die seiner Musik feindlich waren. Sie mögen hierin Recht haben; darin aber thun sie sicher Unrecht, dass sie den Dichter der Werke, die sie verlachen, als ein Ungeheuer von Geburt und Geblüt hinstellen.
Die Wagnermanie ist eine verzeihliche Verirrung, die Wagnerfurcht ist eine Kinderkrankheit.

Die Musik, Berlin 1902, S. 883f.

Der Berliner Kritiker Gustav Engel über Wagner als „deutschen" Musiker

Der Musiker Wagner hat namentlich drei Eigenschaften, die der deutschen Nation zur Ehre gereichen. Er hat es in den Werken seines späteren Styls verstanden, das Triviale zu vermeiden. Das scheint vielleicht manchem nicht viel, ist aber in einer späteren Periode sehr viel. Er hat eine unbedingte Eigenart, einen ganz individuellen Styl sich errungen, und nirgends hat man das lästige Gefühl, sich auf ausgetretenem Geleise zu bewegen, das hundertmal Gehörte noch einmal vernehmen zu müssen. Diese Eigenschaft ist deutsch; denn der Deutsche strebt darnach, eine Persönlichkeit zu besitzen. Zweitens: Es ist Wagner um unbedingte Wahrheit des Ausdruckes zu thun, Schönrednerei, vertuschendes Phrasengewebe ist ihm fern. Schon im Zeitalter der Reformation kann man an dieser Eigenschaft den Deutschen von dem Italiener unterscheiden. In der Periode der Aufklärung ging sie zeitweise verloren, hat sich aber nie ganz unterdrücken lassen. Selbst Meyerbeer, der ein halber Franzose war, hat sie nicht verleugnet. Drittens: Wagner strebt überall nach Vertiefung, nach erschöpfender Darstellung. Sowohl die Schwierigkeit seiner Toncombinationen, als die übergroße Ausdehnung gewisser dramatischer und musikalischer Entwickelungen hängt damit zusammen. Um gegen die oft erschreckenden Langweiligkeiten eines Wagnerschen Musikdrama's nicht ganz ungerecht zu werden, vergesse man das Eine nicht, daß er mit bewußter Absicht dem Kurzweiligen gegenübertreten will — dem Kurzweiligen, das auf dem bloßen Unterhaltungsbedürfniß, also auf einer frivolen Kunstanschauung beruht. Er verlangt von dem Zuhörer eine ernste, gesammelte Stimmung, eine

Art von Kunstandacht — und darin hat er Recht, aber er geht zu weit. [. . .]
Und darum behaupten wir: Wagner's Urdeutschthum ist undeutsch; er vertritt nur eine einzelne Richtung in dem Leben unseres Volkes, die eigensinnig deutsche: das Streben nach Tiefe ohne Klarheit, nach Wahrheit ohne Schönheit, das Geltenlassen der losgebundenen Subjectivität ohne objective Schranke. Mit einem Wort: in Wagner's Schaffen ist etwas Gothisches, Barbarisches — in dem Sinn, wie Göthe diese Ausdrücke einstmals gebrauchte — und von diesem Gothischen, Barbarischen müssen wir frei zu werden suchen.

Vossische Zeitung, Berlin, 9. September 1876

Der Berliner Kritiker Karl Frenzel über das Publikum in Bayreuth 1876

Wer war nun in Bayreuth? Sieht man billig von der Anwesenheit des deutschen Kaisers und einiger fürstlichen Personen ab, die, in die enge, heiße Fürstengalerie des Wagner-Theaters mit ihrem Gefolge zusammengedrängt, nicht entfernt das glänzende und prächtige Schauspiel boten, wie eine Galavorstellung im Berliner Opernhause, so war die Versammlung der übrigen „Patrone, Gönner und Freunde" keine sehr überraschende. Vier Fremdenlisten liegen mir vor, die mit einigen Ausnahmen alle Personen aufführen, welche der ersten Reihe der Festvorstellungen beiwohnten. Von unseren großen Staatsmännern und Feldherren war Niemand zugegen; Oesterreich war durch den Grafen Andrassy vertreten; von unseren diplomatischen Corps waren Herr von Keudell und Herr von Radowitz die hervorragendsten. Drei Parlamentarier führt die Liste auf: Franz Duncker, Marquardsen, Cornelius Heyl. Aber kein Bennigsen und kein Forckenbeck, kein Stauffenberg und kein Völk, kein Lasker und kein Richter wohnten diesem „Abschluß der Weltgeschichte" bei. Nicht ein Mitglied des Centrums, die doch so gern die moderne Götterdämmerung — die Revolution — in den rothen Wolken des Himmels abmalen, gerade wie Wagner, hatte es der Mühe für werth gehalten, sich den Bayreuther Weltuntergang en miniature anzusehen. Die Socialisten konnten selbstverständlich für eine Kunst kein Herz haben, welche als erste und einzige Bedingung zu ihrem Genuß einen Drittel-Patronatsschein im Werthe von dreihundert Reichsmark fordert. Wie anders, sagen sie und ich mit ihnen, war es im violenbekränzten Athen, wo der Bürger umsonst des Aischylos „Eumeniden“ und „Die Ritter“ des Aristophanes zu hören und zu sehen bekam! Aber fehlten die Männer, welche in der harten Welt der Thatsachen arbeiten, vielleicht war es um so besser um die Vertretung der künstlerischen Interessen bestellt? Musiker genug, von Franz Liszt angefangen, waren zugegen: Sänger, Virtuosen, Kapellmeister, Componisten, adelige und unadelige Dilettanten: es genügt, einige Namen anzuführen: Stockhausen, Kapellmeister Eckert, Professor Stern, Minnie Hauck, Marianne Brandt, Kapellmeister Damrosch, Franz Servais, Herr und Frau von Bronsart, Louis Brassin, Kapellmeister Dessoff, Franz Krolop, Eduard Lassen, Kapellmeister Levi, Nikolaus Rubinstein, Dr. Gunz, Director Jauner, Kapellmeister Alois Schmidt aus Schwerin, Wilhelm Taubert; treffliche und in ihrer Weise ausgezeichnete Künstler, aber, wie sie wohl selbst in ihrer Bescheidenheit zugestehen werden, nicht im Stande, uns die Abwesenheit Joachim's, Brahms's, Anton Rubinstein's vergessen zu lassen. Daß weder Verdi noch Gounod erschienen waren, ist nach der Meinung der Wagnerianer durchaus erklärlich: sie wären hier in ihres Nichts durchbohrendem Gefühle zusammengesunken. Da Richard Wagner indessen eben so groß als Dichter wie als Componist ist, ersetzten vielleicht die Dichter die fehlenden Componisten? Ach! da war weder Karl Gutzkow noch Berthold Auerbach, weder Gustav Freytag noch Victor Scheffel, kein Emanuel Geibel und kein Paul Heyse, kein Spielhagen, der hier eine Fülle von Begebenheiten und Figuren zu einem modernen Roman gefunden hätte. Soviel ich übersehen kann, waren drei deutsche Dichter, frei und ledig, in Bayreuth zugegen: Friedrich von Bodenstedt, Ernst Dohm und der Ritter von Mosenthal; alle übrigen Schriftsteller waren im Zwang einer schweren Pflicht nach Bayreuth gepilgert. Am stattlichsten sah die Malertafel aus: da saßen Hans Makart und Heinrich Angeli aus Wien, Adolf Menzel, Anton von Werner, Karl Becker und Paul Meyerheim aus Berlin, Franz Lenbach aus München, Schauß aus Weimar. Die Schauspielkunst hatte keinen Liebhaber, aber Heroinen und Liebhaberinnen geschickt; Frau Marie Seebach aus Dresden, Fräulein Clara Ziegler aus München, die Damen Marie Keßler und Clara Meyer aus Berlin — ich will großmüthig sein und Frau Hedwig Niemann nicht als die treue Gefährtin ihres Mannes, sondern als begeisterte Verehrerin Wagner's mitzählen. Die beiden größten deutschen Charakterspieler unter den Jüngeren, der düstere Joseph Lewinsky und der aufbrausende Richard Kahle, sahen mit sehr verschiedenen Gefühlen dem Wagner'schen Weltuntergange zu. Am merkwürdigsten nahm sich die Bank der Geschworenen aus. Niemals waren so viel kluge, kritische, meinetwegen boshafte Köpfe zusammengekommen, um der Lesewelt über ein Ereigniß zu berichten, das, um es parlamentarisch milde auszudrücken, verunglückt ist. Von dem Publikum gedrängt, hat die Presse von Anfang an diesem Wagner'schen Theaterunternehmen ein Interesse zuwenden müssen, das in gar keinem Verhältniß zu dessen Bedeutung steht. Wien hatte, um nur allgemein bekannte Namen zu nennen, Ludwig Speidel, Eduard Hanslick, Professor Schelle, David Spitzer, Wilhelm Singer, Hugo Wittmann; Berlin Paul Lindau, Gustav Engel, Ehlert, Professor Ehrlich, Ludwig Pietsch, Hans Herrig gesandt. Aus München war Hermann Schmid, der verdiente Romanschriftsteller, aus Florenz Karl Hillebrand; von französischen Schriftstellern Albert Wolf, Catulle Mendes, Eduard Schuré zugegen. Welcher Aufwand von Geist und Arbeit nicht um ein Kunstwerk, das seit länger als einem Jahrzehnt in seinem dichterischen Theil den Gebildeten bekannt ist, von dem zwei Theile im Münchener Theaterrepertoir einen festen Platz haben, sondern um eine — Theatergründung zu beurtheilen, die sich, mit einziger Ausnahme des tief gelegten und bedeckten Orchesters, als durchaus mangelhaft erwiesen hat!

Neben, oder besser vor diesen „Rittern vom Geist" trat die Geburtsaristokratie in den Vordergrund. Die vielgenannten aristokratischen Damen aus Berlin, Wien und Petersburg, welche die eigentlich bewegende Kraft des Wagnerthums bilden, spielten mit Walkürengürteln, mit Augenwinken und Lächeln die Rolle, die ihnen gebührt. Dahinter ihre Kavaliere, die wollend oder nicht wollend der Fahne des Propheten folgen; in letzter Linie der Rachechor der Enthusiasten. Jeder kennt die Geschichte von dem Patriarchen Cyrillus, der stets mit einem Gefolge von knüppeltragenden Mönchen durch die Straßen Alexandria's schritt. So war hier das dritte Wort dieses Hintertreffens stets: schlagen! der Apell an die rohe Gewalt. In dieser Hinsicht war der Ausruf eines Wagnerianers am Tage nach der letzten Vorstellung außerordentlich charakteristisch: „Gott sei Dank", rief er in freudigem Humor einer Dame zu, „es ist Keiner todtgestochen oder todtgeschlagen worden." Dies als Zeichen der Gesellschaft, in der man sich in Bayreuth trotz aller schönen und vornehmen Damen bewegte — und diese Gesellschaft, der bis auf wenige die großen deutschen Namen fehlten, hatte man die Keckheit, als die Blüthe des deutschen Volkes zu bezeichnen!

Karl Frenzel, *Berliner Dramaturgie*, Bd. 2, Hannover 1877, S. 199–203

Peter Tschaikowsky über Bayreuth 1876

Bayreuth ist eine kleine, unbedeutende Stadt, in der einige Tausend Personen versammelt sind. Was die *Verpflegung* anbetrifft, so ist man sehr schlecht bedient. Wir hatten unser Zimmer im voraus bestellt, unser Zimmer ist sehr schön, aber mein Mittagessen habe ich mir am ersten Tage nur mit Mühe verschaffen können, und das gestrige Frühstück verdanke ich nur einem glücklichen Zufall.

Allgemeine Musik-Zeitung, Berlin, 23. März 1906

Der Berliner Kritiker Paul Lindau über das Geschäft mit Wagner am Rande der ersten Bayreuther Festspiele 1876

Daß sich auch die Industrie des Wagnercultus bemächtigen würde, war vorauszusehen. Ich habe meine Garderobe bereits durch Ankauf einer Nibelungenmütze und einer Wagnercravatte bereichert. Die Nibelungenmütze zeichnet sich nur durch ihre geschmacklose Form aus; die Wagnercravatte unterscheidet sich von anderen Cravatten auf den ersten Blick durch gar nichts, nimmt man aber diese Cravatte liebevoll in die Hand und besieht sie sich genauer, so bemerkt man unter dem Stege, welcher den Zipfel festhält, eine schwarzseidene Schnur; zieht man an dieser Schnur, so öffnet sich die Cravatte, das Mittelstück schlägt sich auf und man erblickt in der Mitte medaillonartig von Seide eingefaßt, die Photographie des Lenbach'schen Portraits von Richard Wagner. Der Wagner-Schwärmer kann also immer den Meister am Halse tragen, ohne daß der Profane dessen gewahr würde. Es giebt auch einen „Siegfriedhut". Die moussirenden Rheinweine, welche in der Wagner-Restauration verschänkt werden, führen die Namen „Rheingold" und „Richard Wagner".

Nüchterne Briefe aus Bayreuth, Breslau u. Leipzig 1876; zitiert nach der 10. Auflage von 1880, S. 24f.

Zahlreiche Zeugnisse belegen Wagners Unzufriedenheit über das künstlerische Ergebnis der ersten Festspiele. „Nächstes Jahr" will er alles anders, korrekter machen. Aber das Defizit wächst auf 148000 Mark an. Nation und Publikum, von der Presse ganz zu schweigen, haben in Wagners Augen versagt. Erstmals taucht der Gedanke einer freien Stiftung auf, von der sich Wagner finanzielle Unabhängigkeit erhofft.

Wagner in einem Brief an Ludwig II., Sorrent, 21. Oktober 1876

Woran wir bisher litten, war die finanzielle Unzulänglichkeit: durch sie kamen alle die Störungen und Verzögerungen, welche es mir unmöglich machten, zur rechten Zeit Alles fertig zu haben, zu prüfen, zu verbessern, — wie es unerlässlich so sein muss. Das kann nun für die Zukunft Alles anders und besser werden, denn das Hauptsächliche steht fertig da; sind die Kosten der Herstellung des ganzen architectonischen und scenischen Apparates einmal gedeckt, so decken sich die Kosten der Unterhaltung und ferneren Benützungen ganz von selbst. Schon jetzt wären wir, wie ich diess auch voraussetzte, vollständig auf die Kosten gekommen, wenn mir nicht diese scheussliche Zeitungspresse durch die nichtswürdigsten Verleumdungen alle Voraussetzungen aufgehoben hätte. [. . .] Vor solchen Einflüssen und Beeinträchtigungen muss nun in Zukunft mein Werk und Wirken bewahrt werden, wenn ich noch einige Lust und Kraft dafür bewahren will! Desshalb nun bin ich zu folgenden Bestimmungen gelangt: die jährlichen Bühnenfestspiele in Bayreuth müssen durchaus eine freie Stiftung bleiben, mit dem einzigen Zwecke, zur Begründung und Pflege einer originalen deutschen musikalisch-dramatischen Kunst als Vorbild zu dienen. Hierzu ist es nöthig, dass das Material des Theaters selbst jetzt von jeder darauf haftenden Kosten-Schuld befreit, und in alle Zukunft gegen finanzielle Schäden bewahrt werde, wohlbeachtet: unter der unverbrüchlichen Voraussetzung, dass das Unternehmen selbst nie zu finanziellem Erwerbe diene, und namentlich der oberste Leiter desselben nie eine Entschädigung für seine Bemühungen in Anspruch nehme. — Nun will ich denn sehen, wie es mit [dem] „deutschen Reiche" hierfür steht, — denn an meine bisherigen Patrone könnte ich mich nicht füglich mehr wenden, als höchstens mit der Aufforderung zu einem Kostendeckungsbeitrage, welcher wohl bereits spärlich genug fliessen dürfte. Um die Angelegenheit an das „Reich" zu bringen, ersehe ich zunächst zwei Wege: entweder, es wird der Antrag von einem der Reichstagsabgeordneten gestellt, von denen ich allerdings keinen kenne, welcher mir dazu tauglich schiene; oder, der Antrag wird von dem Reichskanzleramt eingebracht, wofür ich mich an den Kaiser zu wenden hätte, von welchem ich mir [aber] ein tieferes Verständniss der Sache auch nicht leicht erwarten darf. Ein drittes wäre: der König von Bayern, als Wahrnehmer und Beschützer der höheren deutschen Kultur-Interessen, trüge seinem Bevollmächtigten auf, den Antrag im Bundesrathe einzubringen, und von hier aus an den Reichstag zu gehen. Dieser Antrag dürfte nun ungefähr folgendermaassen lauten: —

die deutsche Reichsregierung übernimmt das Bühnenfestspielhaus in Bayreuth mit allem Zubehör, gegen Entrichtung und Bezahlung der auf seine Herstellung verwendeten und bis jetzt noch nicht gedeckten Unkosten, als der Nation zugehöriges Eigenthum, und übergiebt es als solches dem Magistrat der Stadt Bayreuth zur Verwaltung, mit dem Auftrage und der Verpflichtung, im Sinne des Gründers dieses Theaters und nach den von demselben hierfür zu gebenden Anleitungen und Statuten, alljährlich Aufführungen, nach dem Vorbilde der 1876 von mir veranstalteten, stattfinden zu lassen. Die Kosten der alljährlichen Aufführungen werden durch den jedesmaligen Verkauf von 1000 Plätzen, sowie durch einen jährlichen Zuschuss von 100.000 Mark von Seiten des Reiches gedeckt; durch diesen Zuschuss erhält das Reich das Recht, die übrigen 5 bis 600 Plätze gratis an Unbemittelte der deutschen Nation zu vergeben, wodurch am besten die ganze Institution auch äusserlich den Charakter einer „nationalen" erhält. In allen deutschen Ländern hätten sich Vereine zu bilden, durch welche die zu freiem Eintritt Berechtigten empfohlen würden, während ausserdem den ersten Preisgewinnern von Musik-, Theater- und Gymnasialschulen von vorn herein die Auszeichnung der Ertheilung eines Freiplatzes zu den Aufführungen von den Regierungen angewiesen werden könnte.

Königsbriefe, Bd. 3, S. 95ff.

Aus einer Rede Wagners vor den Abgeordneten des Bayreuther Patronats am 15. September 1877

Wir sind in einem schrecklichen Zustande. An eine Hilfe von seiten des Reichstags ist nicht zu denken. Im Reichstag ist nicht *ein* Mensch, der weiß, worum es sich für uns handelt. Bismarck würde wohl sagen, wenn wir

eine Unterstützung begehrten: Wagner hat genug gehabt; viele Fürsten, der Kaiser selbst war da, um seine Aufführungen zu besuchen; wohin will der Mann? Wir sind ganz ohne Stütze von dieser Seite. Wir dürfen auf keinen derartigen Beistand rechnen, um uns das Defizit vom Halse zu schaffen.
Was thun? Es entstanden allerhand besondere Ansichten von Leuten, die alles übertrieben. Meine Freunde sahen sich hier ohne Hilfe. Ich mußte zur Tilgung der dringendsten Schulden ein Kapital von 32000 Mark mit fünf Prozent Zinsen aufnehmen. Die Londoner Konzerte, von denen man mir erheblichen Gewinn versprochen hatte, genügten nur, um einen anständigen Stillstand in die Sache zu bringen. [. . .] Auch von der Intendanz des Münchener Hoftheaters wurde mir guter Wille zur Deckung des Defizits entgegengebracht. Man gab mir selbst zu verstehen, daß dies Dankbarkeit gegen mich sein würde für die Ueberlassung meines Werkes an die Verwaltung dieser Bühne, weil sie selbst erkenne, daß sie durch die Aufführung desselben in München in den Sommermonaten sehr viele Einnahmen erzielen könne. Seine Majestät der König von Bayern ist ohnedies schon im Besitze des Aufführungsrechtes, und es war von seiner Seite nichts als hochherzige Nachgiebigkeit gegen mich, daß ich mein Werk hier in Bayreuth zuerst aufführen durfte. Aber nunmehr wird er in sein Recht eintreten. Hoffentlich erhält mir die Intendanz seines Hoftheaters die mir entgegengetragene Gewogenheit, daß sie mich nämlich von dem Defizit der vorjährigen Bühnenfestspiele entlasten wird, wenn ich die Aufführung des ganzen „Rings" in München gestatte. Dazu gehört aber, daß sie unsere Dekorationen und alles zu den Aufführungen Gehörige benutzen darf. Wir haben kein Eigentumsrecht an diesen Dingen. Der König hat mir seiner Zeit 200.000 Mark gegeben zur künstlerischen Herrichtung der ganzen Szene. Davon würde nun freilich vieles für eine auswärtige Bühne nicht wohl verwendet werden können, und die uneigennützige Großmut des Königs ließe uns gewiß das alles. Die beweglichen Dekorationen, Maschinen und Requisiten aber gehören Seiner Majestät nach dem zwischen dem königl. Hofsekretariate und uns abgeschlossenen Vertrage, wonach bis zur Zurückzahlung unserer Schuld dies alles Eigentum der königl. Kabinettskasse ist. Da ich zur Deckung des Defizits keine menschliche Aussicht habe, müßte ich mir die Benutzung jenes

Materials von seiten der Münchner Bühne gefallen lassen. Auch für die Dekorationen habe ich ja noch allerlei Kosten zu bezahlen.

Darum ginge ich nur mit Bangigkeit daran, die Aufführungen des vorigen Jahres in Bayreuth zu wiederholen. Aber selbst unter günstigeren Umständen würde ich mich schwer zu einer solchen Wiederholung entschließen. Denn unter dem Druck der damaligen Verhältnisse, auch weil niemand an das rechtzeitige Zustandekommen unserer Aufführungen glaubte, hatten viele Beteiligte ihre Arbeiten für dieselben sehr vernachlässigt. Es wurde manches flüchtig, manches ungenügend gemacht. Nachlässigkeiten aller Art kamen vor, auch meinerseits. Mein Ideal ward mit den vorjährigen Aufführungen nicht erreicht. Um es künftig zu erreichen, müßte man mir Lust von außen machen und die nötige Erleichterung gewähren, die drückendsten Lasten von mir nehmen, um meine ermüdeten Kräfte neu anzuspornen. [. . .]

Sie wissen, worauf alle meine Bestrebungen, worauf namentlich unser Bayreuther Unternehmen abzielt: auf einen Stil und auf eine Kunst, wie sie in unseren elenden Theatern nicht gepflegt werden kann. [. . .]

Ich habe den Gedanken gefaßt, eine Schule hier zu gründen zur Ausbildung von Sängern, Musikern und Dirigenten für die richtige Ausführung musikalisch-dramatischer Werke von wahrhaft deutschem Stile, und ich will mir erlauben, Ihnen mit wenigen Worten zu sagen, wie ich mir das gedacht habe. Jene Schule ist zunächst auf sechs Jahre berechnet, vom 1. Januar 1878 bis zum 30. September 1883.

Mitgeteilt von Franz Muncker, *Richard Wagner Jahrbuch*, Bd. 1, hg. v. Joseph Kürschner, Stuttgart 1886, S. 205–208

Das Resultat im Großen ist:

M.	1.095 052,10	hat der Bau, Einrichtung, Costüme usw. gekostet
	177 823,99	haben die Künstler bekommen
zus. M.	1.272 876,09	Gesamt-Ausgabe

Das Geld kam folgendermaßen:

M.	724 775,32	Patronat
	233 912, 1	freiw. Beiträge
	216 152,44	Cabinets-Cassa
	95 000,—	Hoftheater-Intendanz
	5 096,32	eingen. Zinsen
M.	1.274 936, 9	so daß wir am 1. Septbr.
M.	2060,—	Cassabestand hatten.

Königsbriefe, Bd. 3, S. XXVII

Am 24. September 1878 legt Friedrich Feustel die Schlußabrechnung der ersten Festspiele 1876 vor; die Kosten für die Künstler entsprechen Wagners unmittelbarem Beitrag zur Finanzierung

---

Im August 1865 hatte Wagner einen ersten Entwurf zum *Parsifal* notiert; 12 Jahre später schreibt er die Dichtung und im September 1877 beginnt er mit der Komposition. Nach dem problematischen *Ring*-Erfahrungen von 1876 nimmt er die Arbeit nur zögernd wieder auf. Die Briefe an die französische Schriftstellerin Judith Gautier, die Wagner seit ihren Besuchen in Tribschen 1869 und 1870 kennt, enthalten wichtige Hinweise auf die Entstehung des neuen Werkes.

[ohne Datum] 199

Briefe Wagners an seine Freundin Judith Gautier

Teure Seele! Nicht mehr schreien und protestieren! An das Erlebnis Ihrer Umarmungen denke ich als an den berückendsten Rausch, an den höchsten Stolz meines Daseins. Es ist ein letztes Geschenk der Götter, die mich nicht unter dem Gram des falschen Ruhms der *Nibelungen*-Aufführungen wollten erliegen lassen. Aber wozu von elendem Zeug reden! Ich schreie nicht, aber in meinen besten Momenten bewahre ich mir eine so süße, wohltuende Sehnsucht, jene Sehnsucht, Sie noch zu umarmen und Ihre göttliche Liebe nie zu verlieren. Sie sind mein, nicht wahr?

[ohne Datum]

All dies für die guten Vormittage mit *Parsifal*.
Dieser Name ist arabisch. Die alten Troubadours haben ihn nicht mehr verstanden. „Parsi-fal" bedeutet: „parsi", denken Sie an die das Feuer anbetenden Parsen, „rein";

„fal" bedeutet „törig". In einem hohen Sinne ist dies ein Mann ohne Gelehrsamkeit, aber genial („fellow" auf englisch scheint zu dieser orientalischen Wurzel in Beziehung zu stehen). Sie werden erkennen (vielmehr erst erfahren, Verzeihung!), warum dieser naive Mann solch einen arabischen Namen trug!
Lebewohl, meine Teuerste, meine „dolcissima amica".

27. November 1877.

Die letzte Melodie? Fassen Sie sie als Albumblatt auf. Aber Sie werden schon sehen, im zweiten Akt, Klingsors Zaubermädchen, Blüten seines verhexten Gartens (tropisch), mit dem Frühling sprießen sie auf und leben bis zum Herbst, um als junge Mädchen ganz naiv und anmutig die Gralshelden zu umgarnen. Sie liebkosen *Parsifal,* streicheln ihm die Wangen, das Kinn, wie spielende Kinder. Vielleicht werden sie nach dieser Melodie singen: Komm, komm! Junger Held, schöner Knabe usw. Sie werden schon seh'n und es wird Ihnen gefallen. Wenn aber nicht! Werden Sie mich auch dann und trotzdem lieben? Ich hoffe es. O ja! Und wenn Sie es nicht wollen, so küsse ich Sie trotzdem! O ich besitze schon ein Ding, das ich „Judith" nenne.

4. Dezember 1877

„Ein furchtbar schönes Weib!" Ja, ein Weib von einer Schönheit (warum nicht von zwei Schönheiten), die furchtbar ist. Allein „furchtbar" wirkt hier komisch! „Unheimliche Schönheit?" Das habe ich abgelehnt. Wieso unheimlich? Aber für das deutsche „furchtbar schön" wollen wir etwa „terrifiant" [Furcht einflößend, der Übersetzer] sagen. Geht nicht: man sagt „terrifié" [erschreckt, der Übersetzer], aber nicht „terrifiant". Ach! das ist Logik! Vielleicht ein wenig zu viel der Logik für eine Sprache, die Naturprodukt ist, ganz irrational, indes eine Akademie höchst rational ist, logisch und alles, was nur sein mag, aber sie schafft nicht, sie arrangiert und bestimmt Konventionelles.

[ohne Datum]

Der „Arabi-Dialekt", worin „Fal" Narr, Ungeschliffener bedeuten sollte, war meine Erfindung. Ich wollte dieses Wort irgendeinem Dialekte zuschreiben, weil es mir paßt! „Suchen wir" war nicht ernst gemeint. Ich lese aber doch Goerres noch einmal durch, er muß seiner Sache ganz sicher sein. Vermutlich hat er nicht Arabisch gekonnt, aber er wird das von einem Orientalisten gehört haben. Im übrigen stört mich das nicht. Was kümmert's mich, was die arabischen Worte in Wirklichkeit bedeuten, und ich meine, unter meinem zukünftigen Publikum werden nicht gar zu viel Orientalisten sein!

Gautier-Briefe, S. 145, 149, 158f., 162, 175f. (Original französisch).

In den letzten drei Jahren seines Lebens hält sich Wagner mit seiner Familie drei Mal für längere Zeit in Italien auf. Er vollendet die Partitur des *Parsifal* in Palermo.

259, 260
Siegfried Wagner über die Italien-Reisen mit seinen Eltern

Von entscheidendem Einflusse auf meine ganze Entwicklung waren unsere wiederholten Reisen nach Italien. Des ewig grauen Himmels in Deutschland satt — ich erinnere mich, wie mein Vater die geballten Fäuste gegen die Wolken erhob und ausrief: „Diese verdammten Kartoffelsäcke!" —, zog er mit Kind und Kegel, von König Ludwig II. gütigst unterstützt, über die Alpen, um seine Sorgen und Mühen wenigstens vorübergehend zu vergessen und um Sonne, bildende Kunst und heiteres Volksleben zu genießen. Außer der königlichen Hilfe war es noch das eben eingetroffene, für damalige Zeiten sehr üppige Honorar für den Festmarsch, das die Reise ermöglichte. Nach den künstlerisch wohl glänzend, aber finanziell traurig beendeten ersten Festspielen 1876 führte uns die Reise über Verona, Venedig, Bologna nach Rom und Neapel. Damals erwachte in mir die Leidenschaft für die Architektur. Wie besessen lief ich von Kirche zu Kirche, von Palast zu Palast, und die ersten Versuche, mit dem Bleistift auf dem Papiere diese Eindrücke wiederzugeben, wurden anfänglich recht unbeholfen, allmählich aber ganz annehmbar gemacht, so daß meine Eltern mit Lächeln, aber auch mit Freude dieses alle überraschende Talent beobachteten, das sich da entwickelte.

Siegfried Wagner, *Erinnerungen*, Stuttgart 1923, S. 7f.

258, 149
Auguste Renoir über seinen Besuch bei Wagner in Palermo Anfang 1882, in einem Brief an einen Pariser Freund, Neapel, Januar 1882

Fräulein Wagner sagt mir, ihre Mutter sei nicht da, ihr Vater aber werde gleich kommen und damit läuft sie fort. Ich höre ein durch die dicken Teppiche gedämpftes Geräusch von Schritten. Es ist der Meister, in seinem Samtrock mit breiten, mit schwarzem Atlas gefütterten Ärmeln. Er ist sehr schön und sehr liebenswürdig und

reicht mir die Hand, lädt mich ein, mich wieder zu setzen, und dann beginnt die unsinnigste Unterhaltung, durchflochten mit „hi", mit „Oh!", halb französisch, halb deutsch mit gutturalen Endungen.
„Je suis bien gontent. Ah! Oh!" und ein gutturaler Laut. „Sie kommen aus Paris." „Nein, ich komme aus Neapel" und ich erzähle ihm den Verlust meines Briefes, worüber er sehr lacht. Wir sprechen über alles mögliche. Wenn ich „wir" sage, so muß ich beifügen, daß ich immer nur: „Lieber Meister", „Gewiß, lieber Meister" sagte. Dann erhob ich mich, um wegzugehen. Da nahm er meine Hände und drückte mich wieder in meinen Fauteuil. „Addentez encore un beu, ma femme va fenir et ce bon Lascoux, gomment va-t-il?" Ich sage ihm, ich hätte ihn nicht gesehen, ich sei schon sehr lange in Italien und er wisse nicht einmal, daß ich hier sei. „Ah! Oh! Sie werden doch nicht verfehlen, ihn zu besuchen. Ah! Ah!" und es folgt ein deutscher Kehllaut. Wir sprechen vom Tannhäuser an der Oper, kurz, es dauert mindestens dreiviertel Stunden. [. . .] Wir haben von den Impressionisten in der Musik gesprochen. Was muß ich nicht alles für absurdes Zeug gesagt haben! Schließlich war mir kochend heiß, war ich vollkommen taumlig und rot wie ein Hahn. Kurz, der Schüchterne, der loslegt, geht zu weit. Immerhin weiß ich, daß ich ihm viel Vergnügen gemacht habe, womit eigentlich, weiß ich nicht mehr. Er verabscheut die deutschen Juden und unter anderm Wolff. Er hat mich gefragt, ob man in Frankreich immer noch die „Krondiamanten" liebe. Ich habe Meyerbeer schlecht gemacht. Kurz, ich hatte genug Zeit, um alle nur denkbaren Dummheiten zu sagen. Dann sagte er plötzlich zu Herrn Schukowski: „Wenn ich mich gegen Mittag wohl fühle, kann ich Ihnen bis zu meinem Frühstück sitzen. Sie wissen, Sie müssen nachsichtig sein, ich werde aber tun, was ich kann, wenn es nicht lange dauert, wird es nicht meine Schuld sein. Herr Renoir, fragen Sie doch Herrn Schukowski, ob er einverstanden ist, daß Sie mich auch porträtieren, vorausgesetzt, daß es ihn nicht stört." Schukowski sagt: „Aber wieso! Lieber Meister, ich wollte Sie gerade darum bitten" usw. usw. „Wie wollen Sie es machen?" Ich sagte: „En face." Er sagt zu mir: „Das trifft sich gut, ich werde mit dem Rücken gegen Sie stehen, denn ich habe eine vollkommen fertige Komposition." Da sagt Wagner zu ihm: „Sie werden mich malen, indem Sie Frankreich den Rücken kehren und

Herr Renoir wird mich von der andern Seite machen. Ah! Ah! Oh! . . ."
Am nächsten Tag war ich mittags dort. Das übrige wissen Sie. Er war sehr heiter, ich sehr nervös, und ich bedauerte, daß ich nicht Ingres bin. Kurz, ich glaube, ich habe meine Zeit gut angewandt: fünfunddreißig Minuten, das ist nicht viel, aber wenn ich vorher aufgehört hätte, wäre es sehr schön geworden, denn mein Modell verlor schließlich seine Heiterkeit ein wenig und wurde steif. Ich habe diese Änderungen zu sehr mitgemacht. Nun, Sie werden sehen.
Schließlich wollte Wagner es sehen. Er sagte: „Ah' Ah' Ich sehe aus wie ein protestantischer Priester." Was auch wahr ist. Kurz, ich war sehr froh, daß ich nicht allzusehr Fiasko gemacht hatte. Es ist doch eine kleine Erinnerung an diesen wundervollen Kopf.

Freundschaftliche Grüße Renoir.

Ich lese meinen Brief nicht nochmals, ich würde ihn sonst wieder zerreißen und das wäre der fünfzehnte. Wenn ich das und jenes vergessen haben sollte, erzähle ich es Ihnen mündlich.
Er hat mehrmals wiederholt, die Franzosen läsen zu viel Kunstkritiken. „Die Kunstkritiker, Ah! Ah!" und ein stürmisches Gelächter. „Die deutschen Juden! Aber, Herr Renoir, ich weiß, daß es in Frankreich nette Menschen gibt, die ich mit den deutschen Juden nicht in einen Topf werfe." Ich kann leider die freimütige Heiterkeit des Meisters während der ganzen Unterhaltung nicht wiedergeben.

Martin Geck, *Die Bildnisse Richard Wagners*, München 1970, S. 54f.

261–274 In Italien empfängt Wagner wichtige Anregungen für die szenische Gestaltung des *Parsifal*. Der russische Maler Paul von Joukowsky (1845–1912), den Wagner seit dessen Besuch in der Villa Angri im Januar 1880 kennt, malt zahlreiche Entwürfe zum Gralstempel und zu Klingsors Zaubergarten, wobei ihm der Dom von Siena und der Palazzo Rufolo in Ravello Anregungen geben. Am 1. Mai 1882 kehrt Wagner nach Bayreuth zurück. Nach den szenischen und musikalischen Vorbereitungen beginnen am 2. Juli die *Parsifal*-Proben. Für jeden Akt stehen sieben Tage zur Verfügung. Die Besetzungen und die Dirigenten Hermann Levi und Franz Fischer alternieren. Am 26. Juli 1882 wird *Parsifal* uraufgeführt; 16 mal wird das Werk gespielt.

Franz Liszt an Hans von Wolzogen, Bayreuth, 27. Juli 1882

Hochgeehrter Freiherr,

Bei und nach der gestrigen Darstellung von Wagner's „Parsifal" war der allgemeine Eindruck, dass sich über dieses *Wunderwerk* nichts sagen lässt.

Ja wohl verstummt es die davon tief Ergriffenen: sein weihevoller Pendel schlägt vom Erhabenen zu dem Erhabensten.

Ergebenst

F. Liszt.

Franz Liszts Briefe, Bd. 2, a.a.O., S. 329

Aus Wagners Bericht an Ludwig II. über die Uraufführung des Parsifal *1882, Brief vom 8. September 1882*

Was soll ich Ihnen aus diesen Bayreuther Festtagen berichten, das mir eines Berichtes an Sie, den erhabenen Leidenden, werth erscheinen sollte? Das Werk ist gerathen, — das muss ich den Ausführenden zur Ehre sagen. Das für mich Rührendste dabei ist der schöne Eifer aller Mitwirkenden — vom ersten bis zum letzten: erfreute mich die Wahrnehmung hiervon schon sonst, so dünkte mich doch diessmal Alles noch gesteigert. Kam ich oft abgespannt und ermüdet zu einer unserer dicht aufeinanderfolgenden Aufführungen, und wollte ich meine Sänger oder Musiker wegen der sich gleich bleibenden Anstrengung beklagen, so wurde mir stets entgegengejubelt und versichert, dass sie nur desshalb zu beklagen wären, dass sie den Schluss der Aufführungen und ihre Zurückkehr in das gewöhnliche Theater- und Musikleben voraussehen müssten. Wirklich waren Viele von ihnen am Schlusse ganz untröstlich: Fräulein Malten, welche uns am 15 August hatte verlassen müssen, kam zur letzten Aufführung, in welcher Frau Materna sang, besonders von Dresden zurück, um der Aufführung wenigstens als Zuhörerin beiwohnen zu können. Alle versicherten von ihren

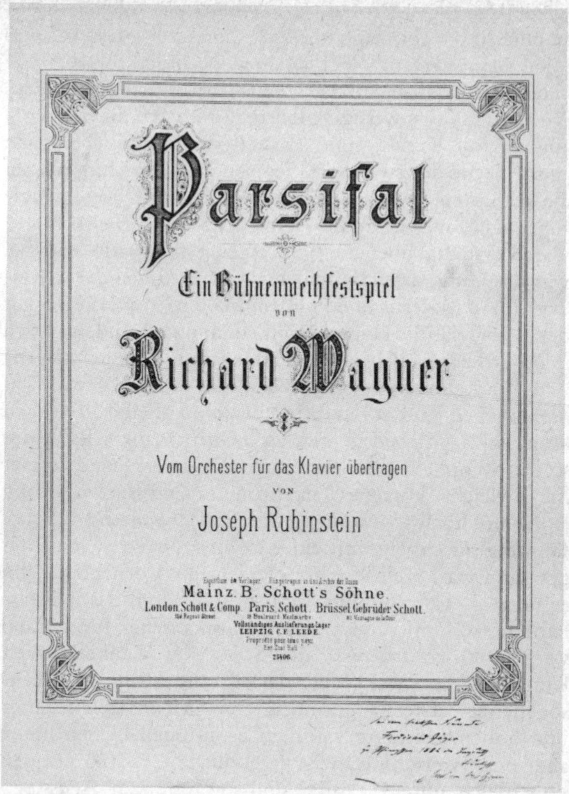
Parsifal

Ein Bühnenweihfestspiel

von

Richard Wagner

Vom Orchester für das Klavier übertragen

von

Joseph Rubinstein

Mainz. B. Schott's Söhne.

London Schott & Comp. Paris Schott. Brüssel Gebrüder Schott.

Vollständiges Auslieferungs-Lager LEIPZIG, C. F. LEEDE.

„Parsifal“, Titelseite der Erstausgabe des Klavierauszuges von Joseph Rubinstein, mit einer Widmung Hans von Wolzogens an den Parsifal-Darsteller Ferdinand Jäger. Richard Wagner-Gesamtausgabe, München

Directionen sich ausbedungen zu haben, nach ihrer Rückkehr zunächst nur in meinen Opern wieder auftreten zu dürfen. — Von Theaterdirectoren, welche über den ungemein correcten Gang erstaunt waren, wurde ich befragt, wer denn diess Alles regiere, worauf ich scherzhaft erwiderte, hier bei mir herrsche die Anarchie, und jeder thäte, was er wollte: alle wollten aber nur, was ich wollte, daher denn Alles immer nach meinem Sinne ginge. Und in der That, verhält es sich so und nicht anders. —

Was nun das Gelingen in der Lösung der grossen, ganz neuen Aufgaben der einzelnen Sänger betrifft, so hatte ich zu bedauern, dass ich von den Einstudirungsproben zu stark ermüdet war, um, in dem hierdurch sehr leidenden Zustande meiner Gesundheit, nach jeder der Aufführungen

wiederum Nach-Proben abzuhalten. Zu solchen nachträglichen, recht eigentlichen Correctur-Proben, war Niemand *mehr* aufgelegt als meine Sänger für sich: sie baten mich darum, und ich musste es ihnen abschlagen. Doch selbst die wenigen Correcturen, welche ich vorzüglich mit Kundry und Parsifal für die entscheidende grosse Scene des zweiten Aktes ernstlich vornahm, trugen die schönsten Früchte: Festspielbesucher der ersten Aufführungen, welche zu den letzten wieder zurückkehrten, waren erstaunt über die bemerkten Fortschritte. Hierbei war das Gute, dass die beiden Darstellerinnen der „Kundry" (Frau Materna und Fräulein Malten) sowie die Sänger
270 des „Parsifal" (die Herren Winkelmann und Gudehus) sich im Werthe ziemlich gleich standen; nur kam es Materna und Winkelmann zum Vortheil, dass sie die ganze Zeit hier blieben und somit öfter in der Aufgabe sich üben konnten. — Neben Scaria, als „Gurnemanz", hatte der sonst so vortreffliche Siehr einen schweren Stand; dieser ist vielleicht korrecter in Stimme und Gesang, und jedenfalls höchst würdevoll im Spiel, während Scaria's Leistung durchweg von einer gewissen naiven Genialität getragen war, welche Aller Herzen mit Vorliebe für ihn erfüllte. — Ganz unübertrefflich, und wohl das meisterhafteste, was mir von scenisch-musikalischer Production vorgekommen ist, war die Scene der Zauberblumen Klingsor's: es war hier darauf angekommen, sechs sogenannte erste Sängerinnen von gleichmässig leichter und hoher Stimme zusammen zu bringen, neben ihnen aber noch vierundzwanzig jugendliche Chorführerinnen von gleich guter Stimme und anmuthigem Aeusseren auszuwählen. Diess war dem nicht genug zu lobenden
266 Eifer des guten Kapellmeisters Levi vollständig gelungen: ich hatte von fünf Hoftheatern Sängerinnen, welche dort Elisabeth, Elsa, Sieglinde, ja Brünnhilde (Frl. André in Braunschweig) singen. Der liebenswürdige Eifer dieser Damen ist nicht zu schildern; auch an ihrem Einstudiren hatte der gute Porges einen schönen Antheil genommen. Wenn ich eine Hauptschwierigkeit für eine gelegentlich in München meinem erhabenen Wohlthäter vorzuführende Darstellung des „Parsifal" bezeichnen soll, so muss ich diese in der Unmöglichkeit einer gleich schönen Aufführung dieser Scene erkennen, falls es nicht gelinge, dasselbe Personal wieder dafür zu vereinigen. —

268, 269 Die Costüme gaben uns noch viel zu erfinden, da namentlich die Blumenmädchen nach den sehr flüchtig ausge-

führten Skizzen Joukowsky's in der Ausführung fast ganz 272
neu erdacht werden mussten: es gelang uns die vollständigste Naivität dafür herzustellen; es waren wirklich Blumen, ganz ähnlich den Riesenblumen des Gartens selbst: die Vollendung ihres Schmuckes bestand einfach darin, dass sie von solchen Blumen abbrachen und sich kindisch auf den Kopf stülpten, was eine unbeschreiblich anmuthige Wirkung hervorbrachte. — Ueber alle meine frühere Erfahrung von Ähnlichem war die Ausführung
der Decorationen gelungen: die Gebrüder Brückner 261, 263
haben damit die volle Weihe des Künstlerthumes erreicht. Nur hatte der verstorbene *Brandt* sich in der Zeitdauer des Vorüberziehens der Wandeldekorationen unbegreiflich getäuscht: diese Zeit erforderte noch einmal so viel Musik, als ich dafür bestimmt hatte; wenn nun auch hierfür durch Wiederholung der Musik geholfen werden konnte, so gewann doch gerade hierdurch der ganze Vorgang eine Dehnung, die ermüdend und durchaus gegen den zauberischen Charakter meiner Intention war. Bestimmt ist bereits, dass die erste Wandeldekoration für die ferneren Aufführungen um die volle Hälfte verkürzt, die zweite (im dritten Akte), welche wir gänzlich unbenützt liessen, nur aber ein wenig angedeutet und sogleich zu dem Felsenthor geführt wird, welches sich, bis dahin in Nacht verhüllt, dann spaltet, um sofort in den Gralstempel zu führen.

Königsbriefe, Bd. 3, S. 247ff.

Erinnerungen des Dirigenten Felix Weingartner an die Parsifal-*Aufführungen 1882*

Der Zuschauerraum verdunkelt sich vollständig. Atemloses Schweigen tritt ein. Wie eine Stimme aus einer anderen Welt setzt das erste großlinige Thema des Vorspiels ein. Dieser Eindruck ist unvergleichlich und auch nicht verwischbar. Ich habe später den „Parsifal" in Bayreuth in Aufführungen gehört, die mich auf das schmerzlichste enttäuschten; die Weihe dieses Anfangs aber blieb dieselbe. Erfindung, Instrumentation, Akustik und in negativem Sinne auch die Optik wirken hier in einzigartiger und nirgends sonstwo möglicher Weise zusammen.

Der Vorhang teilt sich mäßig langsam und ein schönes, ernstes Bühnenbild entrollt sich dem Auge: Gurnemanz erwacht von den fernen Posaunentönen. Die herrliche
Gestalt *Emil Scarias* steht vor uns und seine wundervolle 270
Stimme weckt die Knappen. In der Besetzung der ersten

Aufführung wird diese Vorstellung gegeben, und sie bedeutet einen Triumph nicht nur der Bayreuther, sondern auch der Wiener Kunst, denn fast alle Hauptdarsteller sind Künstler des Wiener Hofoperntheaters, die
270, 271 *Materna*, *Reichmann*, *Winkelmann*, Scaria. Nur der schwarze Magier Klingsor wird vom prachtvollen *Hill* aus Schwerin, dem berühmten Alberich der Nibelungenspiele, dargestellt, und Titurels Stimme singt, dröhnend wie ein gewaltiger Ruf aus versunkenen Welten, *Kindermann* aus München, der Vater der Reicher-Kindermann.
266 *Hermann Levi*, anfänglich, weil er Jude ist, von Wagner abgelehnt, dirigiert. König Ludwig hätte dem Münchner Orchester die Mitwirkung versagt, wenn Wagner auf seiner Ablehnung bestanden hätte. Wie hoch die Leistung Hermann Levis stand, konnten Zuhörer, die keine blinden Parteigänger waren, erst später beurteilen, als Levi nicht mehr dirigierte.

Als Gurnemanz sich anschickte, Parsifal zur Gralsburg zu geleiten, ergriff mich ein leiser Schwindel. Was geschah? Mir war es, als ob sich das Haus mit allen Zuhörern in Bewegung setzte. Die durch eine Wandeldekoration bewerkstelligte Umgestaltung der Szene hatte begonnen. Die Illusion war vollkommen. Man schritt nicht, man wurde getragen. „Zum Raum wird hier die Zeit.“ — Auf je zwei oder drei beiderseits der Bühne hintereinander aufgestellten Säulen wickelten sich entsprechend abgestimmte Prospekte ab, bis die letzte Felswand sich vorbeischob und das in herrlichen Dimensionen gemalte Innere der Gralsburg vor uns stand. Genau auf den C-dur-Akkord ergoß sich Licht über das majestätische Bild. Eine beispiellose Wirkung war mit den einfachsten Mitteln hervorgebracht. [. . .]

Überraschend wirkt die Verwandlung von Klingsors Turm, der mit einem Schlage versinkt, zum Zaubergarten, der ebenso plötzlich hervortritt. Einige Jahre später, als ich mehreren Proben und Vorstellungen des „Parsifal“ auf der Bühne beiwohnte, hatte ich Gelegenheit, die Einfachheit und Zweckmäßigkeit dieses außerordentlich wirkungsvollen Verwandlungsmechanismus zu studieren und zu bewundern. Bei Aufführungen in unseren Theatern sah ich hier den Vorhang fallen. Wie armselig sind wir doch in vieler Beziehung geworden trotz unseres vielgepriesenen Fortschritts! Schwer und überladen ist unser ganzer dekorativer Apparat, unplastisch trotz aller Plastik und phantasielos, wenn er einfach sein will. Hier muß der

Hebel zu gesunder Reform angesetzt werden, die einerseits nicht verhindert, daß des Zuhörers Phantasie selbstschöpferisch mitwirkt, anderseits aber ihn auch nicht mit erkünstelter Nüchternheit langweilt.

Die Blumenmädchen stürmen von allen Seiten herbei und umringen Parsifal. Ihre Kostüme sind geschmacklos, sogar unbegreiflich geschmacklos, aber ihr Gesang ist über alles Lob erhaben. Heinrich Porges, der „Blumenvater", wie er allgemein genannt wird, hat sie einstudiert und damit seinem Namen ein schöneres Gedächtnis gesichert als durch seine Münchner kritische Tätigkeit. Bei dem holden Diminuendo „Wir welken und sterben dahinnen" ertönt aus der Loge ein warmes, herzliches „Bravo! Bravo!" *Das war wirklich Wagners Stimme.* Man hatte mir bereits erzählt, daß er bei jeder Vorstellung an dieser Stelle das Zeichen seiner Zustimmung gab. Ich hörte diesen Ruf auch in den beiden noch folgenden Vorstellungen, denen ich in diesem Jahr beiwohnte. — Selten habe ich so stark empfunden, welche Leere der Tod in unserem irdischen Leben zurückläßt, als es bei den „Parsifal"-Vorstellungen, die ich später in Bayreuth hörte, an dieser Stelle starr und stumm blieb.

Die große Szene zwischen Kundry und Parsifal löst den stärksten Eindruck aus. Auch der Schluß dieses Aktes, der Zusammensturz der Zauberburg Klingsors und das Verdorren des Blumengartens zur Öde ist ein Meisterstück der Inszenierungskunst. Wagners Gegner hatten behauptet, der „Parsifal" sei ein Abklatsch seiner früheren Werke und diese Szene eben auch ein Liebesduett wie seine früheren. Kein Vorwurf war törichter. *Wagner hat sich niemals wiederholt*, weder in diesem, noch in einem anderen Werke. Nur kleine Geister arbeiten nach Rezepten.

Ich glaubte nach diesem Akt den Höhepunkt erreicht, und dennoch brachte der dritte noch eine Steigerung. Diesen Akt in seiner vollen Bedeutung zu erfassen, war ich damals noch zu jung. Der Vermittler des gewaltigen Eindrucks, den ich empfing, war Scaria, der eine geradezu erhabene Leistung bot; sie ist, so weit meine Erfahrung reicht, durch niemand später übertroffen worden. Ein Riese an Erscheinung war dieser Gurnemanz, ein Kämpfer, dem man ansah, daß er einst Rüstung und Schwert geführt hat, und dabei doch ein Kind an Zartheit und Innigkeit. Noch höre ich den leise gebrochenen Tonfall seiner Stimme bei den Worten, die vom Tode seines alten Waffenherrn

Titurel berichten: „Er starb, ein Mensch wie alle." — Aber auch Wagner ist in diesem Akt über alles hinausgegangen, was er früher geschaffen hat. Hier, in diesem Akt liegt für seine Erscheinung die Schwelle von der Zeitlichkeit zur Ewigkeit.

Felix Weingartner, *Lebenserinnerungen*, Wien-Leipzig 1923, S. 165–168

266
Hermann Levi berichtet seinem Vater in einem Brief vom 31. August 1882 über die letzte Parsifal-*Aufführung am 29. August*

Die letzte Vorstellung war herrlich. Während der Verwandlungsmusik kam der Meister in's Orchester, krabbelte bis zu meinem Pult hinauf, nahm mir den Stab aus der Hand und dirigierte die Vorstellung zu Ende. Ich blieb neben ihm stehen, weil ich in Sorge war, er könne sich einmal versehen, aber diese Sorge war ganz unnütz — er dirigierte mit einer Sicherheit, als ob er sein ganzes Leben immer nur Kapellmeister gewesen wäre. Am Schlusse des Werkes brach im Publikum ein Jubel los, der jeder Beschreibung spottet. Aber der Meister zeigte sich nicht, blieb immer unter uns Musikanten sitzen, machte schlechte Witze und als nach 10 Minuten der Lärm im Publikum noch immer nicht aufhören wollte, schrie ich aus Leibeskräften: Ruhe, Ruhe! Das wurde oben gehört, man beruhigte sich wirklich, und nun fing der Meister (immer vom Pulte aus) an, zu reden, erst zu mir und dem Orchester, dann wurde der Vorhang aufgezogen, das ganze Sänger- und technische Personal war oben versammelt, der Meister sprach mit einer Herzlichkeit, daß Alles zu weinen anfing — es war ein unvergeßlicher Moment!

RWG

252
Franz Liszt an Hans von Wolzogen, Venedig, 24. November 1882

Es versteht sich von selbst, dass Wagner als legitimer Monarch herrschen und regieren soll, bis zur vollständigen äusseren Realisirung seiner Bayreuther Idee: die Mustervorstellung seiner *Gesammtwerke*, unter seiner Aegide und Anordnung in Bayreuth.
Dieses Ziel anzustreben gebührt allen Theilnehmenden an der historisch-civilisirten Cultur der Kunst in den nächsten Jahren des endenden 19ten Jahrhunderts.

Franz Liszts Briefe, Bd. 2, a.a.O., S. 339

Im September 1882 reist Wagner mit seiner Familie wieder nach Italien. Sein letztes Domizil wird der Palazzo Vendramin-Calergi in Venedig. Im Teatro La Fenice dirigiert er am 24. Dezember 1882 seine wiederaufgefundene Symphonie in C-Dur.

275, 276
Siegfried Wagner über die Aufführung der Symphonie in C-Dur im Teatro La Fenice unter der Leitung seines Vaters

Das schönste Ereignis aber war die Aufführung seiner Jugendsymphonie zum Geburtstag meiner Mutter. Es war das dritte Mal, daß ich ihn als Dirigenten sehen durfte. Einige Jahre vorher war es bei der gleichen Gelegenheit die Adur-Symphonie von Beethoven und Sätze aus der Fdur, die er mit dem Meininger Orchester in Wahnfried leitete. Seine Art zu dirigieren, von der zu lernen seine Schüler, wie Hans v. Bülow, Klindworth, Richter, und später indirekt Mottl, Muck und Nikisch, mit Glück bestrebt waren, zeichnete sich durch plastische Einfachheit und große Klarheit aus. [. . .] Mein Vater wirkte hauptsächlich durch das Auge, was er ja selbst wiederholt als das Wichtigste der Willensübertragung bezeichnete. Seine Leidenschaftlichkeit war also nach außen hin mehr gebändigt; sie zeigte sich für diejenigen, die ihn nach der Arbeit in der Nähe sahen, durch das äußerst starke Transpirieren. Der Anblick für den Zuschauer blieb immer ästhetisch, nichts von all den jetzt beliebten übertriebenen Gestikulationen, die den Eindruck erwecken, als sei der Dirigent der Endzweck der Musik und das aufzuführende Werk Nebensache. Das Auge war das Elektrisierende.

Siegfried Wagner, a.a.O., S. 32ff.

Aus dem letzten Brief Ludwig II. an Wagner, Hohenschwangau, 26. November 1882

Ihr Plan, all Ihre herrlichen Werke im Laufe der kommenden Jahre nach 84 in würdiger, mustergiltiger Weise in Bayreuth zur Aufführung zu bringen, entzückt mich. Wir sprachen, wie Sie Sich erinnern werden, schon im Nibelungen-Jahre davon. — Mein Orchester wird Ihnen, angebeteter Freund, natürlich zur Verfügung stehen, so oft Sie dessen bedürfen. Und nun über die Parcifal-Aufführungen. Wie ich im Nibelungen-Jahre mir vornahm, den ersten epochemachenden Aufführungen in Bayreuth selbst anzuwohnen und es auch that, um dann auch noch in München die wundervolle Trilogie (ohne Schreien des Publicums, ohne mich in den Straßen herumziehen zu lassen) zu genießen, so gedachte ich es auch mit „Parcifal" zu halten. Leider ward es mir im eigentlichen Parcifal-Jahr, was doch das gegenwärtige ist, durch mein Unwohlsein nicht möglich, den ersten Aufführungen des begeisterungsvoll ersehnten Werkes beizuwohnen, was sehr beklagenswerth war; dagegen habe ich mich nun die ganze Zeit über darauf gefreut, im kommenden Frühjahr (was ja auch der Zeit nach so gepaßt hätte: Erwachen der Natur nach Ueberwindung des starren Winterschlafes!) das erhabene Werk das erste Mal zu erleben, in München, was Sie, innig geliebter Freund, früher Selbst mir vorgeschlagen haben! Nun scheint es Ihnen, so zart Sie es auch durchblicken lassen, nicht ganz genehm mehr zu sein! Es ist recht schade! [. . .] Es würde mich so freuen, wieder einmal Ausführliches über Ihren Sohn Siegfried zu hören. Wächst und gedeiht er recht? Bewährt sich die Erziehung nach „Wilhelm Meister“, die Sie ihm zu Theil werden lassen? Von Herzen hoffe ich, daß in diesem Winter Italiens Klima ihm günstiger sei als im verwichenen. Meine herzlichsten Grüße bitte ich der hochverehrten Freundin, Ihrer Gattin, und den Kindern in meinem Namen auszusprechen. In inniger Liebe, nie wankender Treue, des hehren Lichtes, das lange, recht lange noch leuchten möge, um die Welt sonnengleich mit seinen überirdischen Strahlen zu beleben und zu erquicken,

getreuester Freund
und begeisterter Verehrer
Ludwig.

Königsbriefe, Bd. 3, S. 254f.

Aus dem letzten Brief Wagners an Ludwig II., Venedig, 10. Januar 1883

Unmöglich ist — die Herstellung der Dekorationen zu Parsifal für eine Benutzung in München *vor* ihrer sehr bedeutenden Abänderung und Neu-Anfertigung, wie diese nur, nach genauer Prüfung auch meinerseits, im Bühnenfestspielhaus zu Bayreuth endgültig anzuerkennen sein werden. Für jetzt sind beide Wandeldekorationen zu diesem Zwecke zerschnitten und unmöglich zu gebrauchen. Die Abänderungen, für welche diess nöthig war, durften nicht unterlassen werden, sobald ich bei dem Sinne verharrte, in Bayreuth das vollkommen Richtige für dieses mein Weltabschieds-Werk festzustellen. Da mein erhabener Freund dem von mir verfassten Aufsatz „über das Bayreuther Bühnen-Weihfestspiel“ Seine gütige Aufmerksamkeit widmete, darf ich hoffen, dass meine Erklärung über diesen Punkt nicht ungewürdigt geblieben ist. Wenn nun mein allerhuldreichster Herr durchaus dem Gedanken abgeneigt bleibt, den eigentlichen Bühnenfestspielen seine verklärende, dennoch aber keineswegs preiszugebende persönliche Gegenwart zu schenken, so stünden meinem erhabenen Wohltäter — etwa drei, oder auch meh[re]re, Aufführungen nach dem Schluss der öffentlichen Vorstellungen, von demselben Personale, unter meiner persönlichen Aufsicht in vollster Wirklichkeit meiner erzielten künstlerischen Ideen, zur Verfügung. Da dieses Jahr wiederum eine jener unglückseligen „internationalen" oder „Weltausstellungen" für München auch etwas Opernmusik als Amüsement erfordert, und desshalb die Zeit der Benutzung des Hof-Orchesters und Chores, welches Ihre grenzenlose Grossmuth mir wiederum zu Gebote stellte, etwas knapp ausfällt, so habe ich mich zu beeilen, die für das Bestehen meiner Unternehmung mir nöthig dünkende grössere Anzahl von Vorstellungen etwa bis zum 15 August zu Stande zu bringen, so dass dann vielleicht noch eine Woche Alles zusammenbliebe, um die Separat-Aufführungen für meinen angebeteten Herren vor sich gehen zu lassen. Gewiss müssten aber diese Aufführungen in Bayreuth selbst noch stattfinden, weil es ganz unmöglich sein würde, das ungemein schwierige Ausführungspersonal und -material so schnell in München zu installiren, dass nicht die Zeit der Beurlaubungen meiner Sänger darüber verginge. Da nun ausserdem die Hoftheater-Intendanz schmerzlich nach Oper für jene Ausstellungszeit verlangt, würde es gewiss auch mit dem allergnädigsten Sinne meines erhabenen Wohlthäters schwerlich in Uebereinstimmung zu bringen sein, dass gerade um jene Zeit Separat-Aufführungen, mit gänzlichem Ausschlusse des Publikums, in München stattfänden.

Nachdem ich diess Alles wohl — ja in schlaflosen Nächten auch — unwohl — erwogen, komme ich zu dem Schlusse, einen letzten, demuthvollen Sturm auf das so überhuldvoll mir gewogene Herz meines königlichen Herren und Freundes zu wagen, um Ihn anzuflehen, mein Ihm einzig ja erstandenes Werk unter den Bedingungen endlich Sich vorführen zu lassen, unter denen allein ich für seine richtige Wirkung einstehen kann, während jede Aenderung daran mir einen tödtlichen Unmuth erwirken muss. — Was sage ich damit? Vielleicht spreche ich mir und meinem ganzen Kunstwirken ein Todesurtheil: denn ich muss fürchten, dass selbst von dem, den ich den Herren

meines Lebens nenne, alle meine Vorstellungen und Bitten als eitel erachtet werden dürften. Dennoch weiss ich, um was ich bitte: es ist das, um was dieser Herr Sich meines zerstörten Lebens annahm. Er kröne denn Sein Werk, wie Er durch Seine Gnade mich erhob: Er lasse mich Ihm tief dankbarlichst huldigen, wenn ich Ihm mein Lebens-Abschieds-Werk so — wie ich es meine, zu Füssen lege. Ich habe viel darum gelitten, diess zu können! [. . .]
Während ich so der Zeit die Gestaltung des Einflusses meines Wirkens überlasse, erfreue ich mich der herrlichen Hoffnungen, die mir mein Sohn erweckt und nährt. Hatte ihn bis jetzt fast ausschliesslich nur die Architektur mächtig beschäftigt, so übt nun auch die Musik ihren gewaltigen Zauber auf ihn aus: er beschäftigt sich eifrig mit der Harmonielehre; aber auch das Theater, das Schauspiel, das er hier in teatro Goldoni leidenschaftlich gern besucht, interessirt ihn bis dahin, dass er bereits mehrere Tragödien für sich aufgeschrieben, die er dann seinen Bayreuther Jugendgenossen einstudiren will. Er hat eine gute Mutter! Mit seinen Schwestern, die ihn Alle sehr lieben, steht er sich vortrefflich, und sie Alle, Mutter, Sohn und Töchter preisen den Vater glücklich um der Liebe seines hehren Beschützers, seines erhabenen Wohlthäters, seines von Gott ihm gesandten Königs Willen!
So schliesse sich denn für heute wieder der Kreis meines Daseins mit dem Gedenken der Hulden, in deren edlem Genuss ich ersterbe als meines angebeteten Herren und Freundes

ewiges Eigen:
Richard Wagner

Königsbriefe, Bd. 3, S. 257ff.

Der Maler Paul von Joukowsky an Franz Liszt, Bayreuth, 20. Februar 1883

Verehrter Meister, ich weiß nicht, ob Sie genaue Nachrichten über Wagners Ende erhalten konnten. Ich weiß wohl, daß ich Ihnen diese längst hätte zukommen lassen müssen, wenn ich zu irgendetwas taugte; aber ich war wie gelähmt. Erst heute fühle ich diese Starre aus meinem Herzen weichen. Am 13. Februar stand Wagner morgens auf, indem er zu seinem Kammerdiener sagte: „*heute muß ich mich in Acht nehmen*". Trotzdem trank er seinen Kaffee mit seiner Frau und begann an seinem neuen Aufsatz *Das Männliche und das Weibliche* zu arbeiten. Bis zur Mittagszeit blieb er in seinem Zimmer. Um zwei Uhr ließ er uns sagen, er habe seine üblichen Krämpfe, und wir sollten zu Tisch gehen, ohne auf ihn zu warten. Wir waren heiter wie immer. Mitten in der Mahlzeit kam Betty, um Frau Wagner zu sagen, er bäte sie, sofort zu kommen. Die Kinder und ich warteten bis vier Uhr im Salon auf die Eltern. Doktor Keppler war bereits um drei Uhr gekommen, was uns gänzlich wieder beruhigt hatte. Doch um vier Uhr begannen wir unruhig zu werden, denn wir alle sollten mit Wagner ausgehen, um das Haus von Walkoff zu besichtigen. Plötzlich hörten wir Schreie der Verzweiflung, und die Leute sagten uns die Wahrheit. — Er ist in den Armen seiner Frau gestorben, er ist ohne Leiden entschlafen; denn, verursacht von der Anstrengung, die seine gewöhnlichen Krämpfe hervorrief, tötete ihn ein Riß im Herzen. Als der Arzt kam, war es zu spät. Frau Wagner blieb während des ganzen ersten Tages und der darauffolgenden Nacht bei ihm. Am Mittwoch um zwei Uhr vermochte der Arzt sie in ein anderes Zimmer zu bringen. Ich bin nicht in der Lage, Ihnen die Tage in Venedig zu beschreiben, während derer wir hin- und hergerissen wurden zwischen unserm Schmerz und der äußersten Befürchtung, auch Ihre Frau Tochter zu verlieren.

Briefe hervorragender Zeitgenossen an Franz Liszt, Bd. 3, a.a.O., S. 398 f. (Original französisch)

Siegfried Wagner über den Todestag seines Vaters, den 13. Februar 1883

Von dem letzten Tage im Leben meines Vaters ist mir ein Erlebnis mit meiner Mutter deutlich in der Erinnerung geblieben. Obwohl sie eine Meisterin des Klavierspiels war — ihr Musiklehrer Séghers hatte von den beiden Schwestern gesagt: „*Blandine sera une excellente musicienne, Cosima une grande artiste*" — hatte ich sie nie spielen hören; ihre Tätigkeit im Dienste meines Vaters war so umfangreich, daß sie das Klavier ganz vernachlässigen mußte. Am 13. Februar war es, ich saß im Salon und übte am Klavier. Da trat meine Mutter ein. Sie ging auf den Flügel zu und begann zu spielen. Auf meine Frage, was sie spiele, antwortete sie mir mit einem ganz entrückten Blicke: „Schuberts Lob der Tränen". — Einige Minuten später brachte die Kammerjungfer die Nachricht, daß es schlecht um meinen Vater stünde. Nie vergessen werde ich, wie meine Mutter zur Tür hinausstürzte. Eine Gewalt leidenschaftlichsten Schmerzes drückte sich darin aus; dabei stieß sie sich so stark an dem halbgeöffneten Türflügel, daß dieser fast zerbrach. Wenn ich sie in späteren

Jahren bei den Proben zu den Festspielen Rollen wie Kundry, Isolde, Sieglinde, Brünnhilde darstellen sah, mußte ich oft jenes Augenblicks in Venedig gedenken; ihre Darstellung war von antiker Größe, wie ich sie auf der Bühne nur einmal wiedergesehen habe: bei der Verkörperung des Othello durch den damals schon siebenundsiebzigjährigen Salvini.

Siegfried Wagner, a.a.O., S. 35f.

Ausführliche Bilderläuterungen und Nachweise

Benutzungshinweis: Die Vorlagen jener Abbildungen, für die kein Fundort angegeben ist, sind im Besitz des Bearbeiters. Die Nummernhinweise beziehen sich sowohl auf die entsprechenden Abbildungen als auch auf die dazugehörigen Erläuterungen. Der Hinweis „Text“ betrifft den Teil mit den Textdokumenten. Abkürzungen: NA = Nationalarchiv der Richard Wagner-Stiftung Bayreuth, vormals Richard-Wagner-Archiv. – RWG = Richard Wagner Gedenkstätte der Stadt Bayreuth.

1. „Brühl in Leipzig“, Aquarell, 1840 (Ausschnitt). Museum für Geschichte der Stadt Leipzig.
Wagners Geburtshaus, genannt „Zum Roten und Weißen Löwen“, mußte Ende des 19. Jahrhunderts einem Neubau weichen. Nach seiner Darstellung in „Mein Leben“ wurde Wagner im 2. Stock des Hauses geboren.
2. Johanna Rosine Wagner, Ölbild von Ludwig Geyer, 1813. RWG.
Wagners Mutter (1774–1848), eine geborene Pätz (oder Beetz/Bertz?), stammte aus Weißenfels. Ob sie wirklich die Tochter eines dortigen Bäkkermeisters war oder aber, wie vermutet worden ist, das uneheliche Kind des Weimarer Prinzen Constantin, ist bis heute nicht geklärt. Jedenfalls sorgte Constantin, der Bruder Herzog Carl Augusts, des Goethe-Freundes, bis zu seinem Tode 1793 für Johanna Rosines Erziehung in einem Leipziger Institut. 1798 heiratete sie den Leipziger Vizeactuarius Friedrich Wagner (1770–1813) und nach dessen Tod den Maler und Schauspieler Ludwig Geyer (vgl. Nr. 3). Sie hatte 10 Kinder, von denen zwei im Kindesalter starben. Richard kam als neuntes Kind zur Welt. Vgl. Text S. 266f.
3. Ludwig Geyer, Selbstbildnis in Öl, um 1806. RWG.
Geyer (1779–1821), aus Eisleben stammend, war zunächst Porträtmaler, ehe er sich, unter anderem angeregt durch den theaterbegeisterten Friedrich Wagner, für die Schauspielerlaufbahn entschied. Von 1809 bis zu seinem Tode 1821 war er als Schauspieler in Dresden engagiert, ab 1814 führte er den Titel „Hofschauspieler“. Als Friedrich Wagner starb (23. 11. 1813), nahm sich Geyer der Familie Wagners an, und am 28. August 1814, gerade ein Dreivierteljahr nach Wagners Tod, heiratete er dessen Witwe. Sechs Monate später, am 26. Februar 1815, kam Cäcilie Geyer, Richard Wagners jüngste Schwester, zur Welt. Obwohl oft heftig bestritten, ist die Möglichkeit, daß Richard Wagner der Sohn Geyers war, keineswegs auszuschließen. Getauft wurde er zwar unter dem Namen „Wagner“ (eigenartigerweise erst ein Vierteljahr nach seiner Geburt), von 1814 bis 1828 hieß er jedoch „Geyer“, nach dem zweiten Ehemann seiner Mutter, während seine älteren Geschwister sämtlich weiterhin den Namen

„Wagner" führten. 1822 meldete ihn seine Mutter als „Sohn des Hofschauspielers Geyer" bei der Dresdner Kreuzschule an, und 1827 wurde er als „Richard Geyer" konfirmiert. Mit der Übersiedlung von Dresden nach Leipzig Ende 1827 nahm er den Namen „Wagner" an, ohne daß aber klar wäre, warum das geschah. Wagners Biograph Carl Friedrich Glasenapp schrieb zu der Frage: „Den Gedanken daran, daß der Verstorbene [Geyer] vielleicht gar auch sein leiblicher Vater gewesen sein könne, hat er [Richard Wagner] gegen intime Freunde, deren wir hier mehrere namhaft machen könnten, wiederholt als Möglichkeit mündlich ausgesprochen." Während der junge Richard zu Friedrich Wagner nach dessen frühem Tod naturgemäß keine Beziehung aufbauen konnte, erlebte er Ludwig Geyer von Anfang an in der Rolle und Funktion des Vaters. Die Beziehung des Kindes zu Geyer – wie auch umgekehrt diejenige Geyers zu dem jungen Richard – scheint sehr innig gewesen zu sein. Wagner sprach später oft zärtlich von seinem „Vater Geyer". Vgl. Text S. 267–272.

4. Völkerschlacht zu Leipzig, Schlachtfeld nördlich von Gohlis, farbige Zeichnung von Straßberger, 1813. Museum für Geschichte der Stadt Leipzig.

Die Schlacht, die sich vom 16. bis zum 19. Oktober hinzog und außerordentlich viele Tote forderte, war der Höhepunkt der deutschen Befreiungskriege. Napoléon I. wurde von den Alliierten – Russen, Preußen und Österreichern – entscheidend geschlagen und mußte den Rückzug aus Deutschland antreten. Die sächsischen Truppen, zunächst auf der Seite der Franzosen, liefen zu den Alliierten über. Für seine unpatriotische Haltung wurde Sachsen beim anschließenden Wiener Kongreß mit erheblichen Landverlusten bestraft. Nach der Schlacht brach in Leipzig eine Typhusepidemie aus, der auch Friedrich Wagner erlag. Seine Witwe zeigte seinen Tod am 11. Dezember in der Leipziger Zeitung an (mit einer falschen Altersangabe): „Als ein Opfer seines Berufs starb am 23sten Nov., im 41sten Jahre, mein Gatte, Carl Friedrich Wilhelm Wagner, erster Actuarius im Königl. Polizeyamte, viel zu früh für mich und meine acht unerzogenen Kinder. Was er gegolten hat, als Mensch, als Freund, das hat mir jetzt die überaus zarte Sorgfalt seiner Freunde für mein und meiner Kinder Wohl besonders bewiesen, mir aber auch die Größe meines Verlustes um so fühlbarer gemacht. Leipzig, den 6. Dec. 1813. Johanne Wagner." Eigenartigerweise ist von Friedrich Wagner nicht eine einzige bildliche Darstellung überliefert. Vgl. Text S. 266.

5. Luise Brockhaus, geb. Wagner, Kreidezeichnung von Gustav Schlick, 1831.

Luise (1805–1872) war zunächst Schauspielerin, gab ihren Beruf jedoch auf, als sie 1828 den Verleger Friedrich Brockhaus heiratete.

6. Ottilie Brockhaus, geb. Wagner, Bleistiftzeichnung von C. Schultz, 1841.

Ottilie (1811–1833) war zu Beginn der dreißiger Jahre Richard Wagners Partnerin beim Vierhändigspielen und seine Beraterin in musikalischen

Fragen. 1836 heiratete sie den Orientalisten und Universitätsprofessor Hermann Brockhaus.

7. Rosalie Wagner, die im Nachthemd noch einmal ans Klavier schleicht, Notizbuchskizze von Ludwig Geyer, um 1820.

Das Bild ist vor allem ein Dokument der Musikpflege im Hause Wagner/Geyer. Rosalie (1803–1837) erhielt im Gegensatz zu ihrem Bruder Richard geregelten und regelmäßigen Klavierunterricht. Das gleiche gilt für Clara (1807–1875) und Ottilie und vermutlich auch für Luise. Rosalie wurde eine erfolgreiche Schauspielerin und war zu Beginn der dreißiger Jahre, als sie den Höhepunkt ihrer Karriere erlebte und über gute Beziehungen zur Leipziger Musik- und Theaterwelt verfügte, von besonderem Einfluß auf ihren Bruder Richard. Sie heiratete 1836 den Literaturprofessor Oswald Marbach und starb im darauffolgenden Jahr bei der Geburt ihres ersten Kindes. Mit Marbach, der 1841 eine neuhochdeutsche Übersetzung des Nibelungenliedes veröffentlichte, stand Richard Wagner auch nach dem Tode Rosalies in Verbindung.

8. Cäcilie Avenarius, geb. Geyer, Pastellbild von Ernst Benedikt Kietz, Paris, November 1844.

Cäcilie (1815–1893), Richard Wagners Lieblingsspielgefährte während der Jahre seiner Kindheit, heiratete 1840 den Verleger Eduard Avenarius. Ihr Sohn Richard, der ein namhafter Philosoph wurde, war das Patenkind Richard Wagners.

9.–10. Carl Maria von Webers „Der Freischütz", Kupferstiche, „Orphea-Taschenbuch", Leipzig 1824. (9. Wolfsschlucht, 10. Probeschußszene).

11. „Der Freischütz", Titelseite der Erstausgabe des von Weber selbst angefertigten Klavierauszuges, Berlin 1821.

Die Oper, 1821 in Berlin uraufgeführt und bereits am 26. Januar 1822 in Dresden gespielt, versetzte Deutschland in ein wahres Freischütz-Fieber. Nicht zufällig gehörten darum der „Jungfernkranz" und die „Freischütz"-Ouvertüre zu den ersten Stücken, die Wagner sich selbst auf dem Klavier einzuüben versuchte. Seiner Begeisterung für den „Freischütz" gab er später in zwei 1841 in Paris geschriebenen Aufsätzen Ausdruck. Vgl. Text S. 272f.

12. Nicolaischule in Leipzig, farbige Lithografie, um 1840. RWG.

Richard Wagner besuchte diese Schule von Januar 1828 bis Ostern 1830. Hier lernte er Theodor Apel, seinen Jugendfreund, kennen (vgl. Nr. 16).

13. Thomas-Kirchhof in Leipzig, farbige Lithografie. Museum für Geschichte der Stadt Leipzig.

In der Thomas-Kirche (rechts) wurde Richard Wagner getauft. Warum das erst am 16. August 1813, also ein Vierteljahr nach der Geburt, geschah, ist unbekannt. In der Mitte des Bildes die Thomas-Schule, die Wagner ab Juni 1830 besuchte, jedoch schon bald darauf wieder verließ, möglicherweise als Konsequenz seiner Teilnahme an den Unruhen im September 1830 (vgl. Nr. 20). In der sogenannten Schneiderherberge (links von der Thomas-Schule) dirigierte Wagner am 15. Dezember 1832 in einem Konzert des Musikvereins Euterpe seine Sinfonie C-Dur. Vgl. Text S. 278.

14. Christian Gottlieb Müller, Daguerreotypie, vermutlich um 1850.
Müller (1800–1863) war Komponist und Mitglied des Leipziger Gewandhausorchesters. Von 1828 bis 1831 nahm Richard Wagner, zunächst heimlich, dann mit Wissen seiner Familie, bei ihm Unterricht in Harmonielehre, Kontrapunkt und Komposition. Müller war auch zeitweise Leiter des Musikvereins Euterpe, in dem mehrere Kompositionen Wagners aufgeführt wurden. Vgl. Text S. 273 f.

15. Adolf Wagner, Zeichnung, 1832. NA.
Adolf Wagner (1774–1835) war der Bruder Friedrich Wagners und ein angesehener und bekannter Schriftsteller, Philologe und Übersetzer. Zu seinem Neffen Richard Wagner stand er in dessen Leipziger Jugendjahren (1828–1833/34) zeitweise im Verhältnis eines Vormunds. Richard Wagner selbst pries ihn später als seinen geistigen Mentor. Vgl. Text S. 266.

16. Theodor Apel, Lithografie von A. Hunger, um 1840.
Apel (1811–1867), seit dem gemeinsamen Besuch der Leipziger Nicolaischule mit Richard Wagner befreundet, stammte aus wohlhabendem Hause und war wie sein Vater August Apel Schriftsteller. Richard Wagner vertonte sein Gedicht „Glockentöne" und schrieb eine Ouvertüre und Theatermusik zu seinem Drama „Columbus". Die Freundschaft, die in den Jahren 1832–1835 sehr eng war, hörte nach Wagners Weggang von Magdeburg 1836 fast abrupt auf.

17. Beethoven, IX. Sinfonie, Beginn des 1. Satzes, Partiturabschrift von Richard Wagner, angefertigt in Leipzig 1830. NA.
Die Faszination, die dieses Werk auf Wagner ausübte, veranlaßte ihn auch zur Anfertigung eines Klavierauszuges. Später war Wagner geneigt, das Chorfinale der Sinfonie als unmittelbare Vorstufe seines Musikdramas zu betrachten. In diesem Sinne führte er die Sinfonie 1872 bei der Grundsteinlegung seines Festspielhauses in Bayreuth auf (vgl. Nr. 210).

18. Christian Theodor Weinlig, Lithografie, um 1830.
Weinlig (1780–1842) war Thomaskantor in Leipzig und wurde – vermutlich im Sommer 1831 – Wagners zweiter Lehrer in Harmonielehre, Kontrapunkt und Komposition. Nach Wagners eigener Darstellung dauerte der Unterricht nur ein halbes Jahr. Während dieser Zeit entstanden mehrere größere Instrumentalkompositionen, von denen einige durch Weinligs Vermittlung aufgeführt und andere durch seine Fürsprache gedruckt wurden (vgl. Nr. 19, 24). Vgl. Text S. 273 f.

19. Klaviersonate B-Dur, Beginn des ersten Satzes, Autograph.
Die Sonate entstand im Herbst 1831 während der Unterrichtszeit bei Weinlig. Sie erschien als erste gedruckte Komposition Wagners im Frühjahr 1832 bei Breitkopf & Härtel und war Theodor Weinlig gewidmet (vgl. Nr. 18).

20. Septemberunruhen 1830 in Leipzig, Aquarell von G. E. Opiz. Museum für Geschichte der Stadt Leipzig.

Im Gefolge der Pariser Julirevolution kam es im Herbst 1830 in Leipzig zu Ausschreitungen, an denen vor allem die Studenten der Universität beteiligt waren. Richard Wagner, der schon zu jener Zeit Kontakte zu studentischen Kreisen und Verbindungen unterhielt, ergriff nach seiner eigenen Darstellung Partei für die Revolution und gehörte selbst zur Schar der „jungen Leute, welche wie wahnsinnig Möbel und Geräte zerschlugen" („Mein Leben"). Als der Aufstand sich auf die Arbeiterschaft ausdehnte und unter anderem die Produktionsmittel von Wagners Schwager Friedrich Brockhaus bedroht wurden, schwenkten die Studenten und mit ihnen der junge Wagner um. Die revolutionären Bewegungen des Jahres 1830 veranlaßten Wagner zur Komposition einer „Politischen Ouvertüre", die jedoch Fragment geblieben zu sein scheint.

21. Polonaise D-Dur für Klavier zu vier Händen, Erstausgabe, Leipzig, Frühjahr 1832.
Die Komposition war das zweite Werk Wagners, das im Druck erschien. Ob es in Zusammenhang steht mit Wagners Anteilnahme am polnischen Freiheitskampf 1831, ist unklar (vgl. Nr. 22).

22. Ankunft der fliehenden Polen in Leipzig, Holzschnitt. Museum für Geschichte der Stadt Leipzig.
Wie bei der Julirevolution und den Leipziger Septemberunruhen 1830 (vgl. Nr. 20) nahm Wagner auch beim polnischen Freiheitskampf gegen die russische Herrschaft 1831 Partei für die Aufständischen. Nach ihrer Niederlage flüchteten viele Polen ins Ausland, unter anderem auch nach Sachsen. Wagner lernte einige von ihnen im Hause seines Schwagers Friedrich Brockhaus kennen. Die Eindrücke, die er dabei empfing, sollen nach seiner eigenen Darstellung in seine allerdings erst 1836 komponierte „Polonia"-Ouvertüre eingeflossen sein. Vgl. Text S. 276ff.

23. Friedrich Rochlitz, Lithografie von Carl Lange.
Rochlitz (1769–1842) war Musikschriftsteller und hatte in seiner Eigenschaft als Vorstandsmitglied der Leipziger Gewandhauskonzerte die zur Aufführung eingereichten Kompositionen zu begutachten. Durch seine Befürwortung gelangten mehrere Wagnersche Werke, darunter die Ouvertüre d-Moll und die Sinfonie C-Dur, im Gewandhaus zur Aufführung (vgl. Nr. 24, 275).

24. Ouvertüre d-Moll, Seite 1 der Partitur der 1. Fassung. NA.
Wagner beendete die Ouvertüre in der ersten Fassung am 26. September 1831. Während der Unterrichtszeit bei Weinlig arbeitete er sie um. Das Manuskript der 2. Fassung, die dann vermutlich im Gewandhaus gespielt wurde, schloß Wagner am 4. November 1831 ab.

25. Bei dem Konzert am 23. Februar 1832 erlebte die Ouvertüre ihre zweite Aufführung. Zuvor war sie am 25. Dezember 1831 im Leipziger Stadttheater gespielt worden.

26. Der Saal des alten Leipziger Gewandhauses, Aquarell von Gottlob Theuerkauf. Museum für Geschichte der Stadt Leipzig.
In den Jahren 1832/33 wurden hier folgende Kompositionen Wagners auf-

geführt: Ouvertüre d-Moll (23.2.1832), Ouvertüre C-Dur (30.4.1832), Sinfonie C-Dur (10.1.1833). An gleicher Stelle leitete Felix Mendelssohn Bartholdy die Leipziger Erstaufführung der „Tannhäuser“-Ouvertüre (12.2.1846) und Wagner selbst die Uraufführung des „Meistersinger“-Vorspiels (1.11.1862). Vgl. Text S.279f.

27. „Die Hochzeit“, Seite 25 der Partitur der ersten Nummer „Introduktion, Chor und Septett“. NA.

Wagner schrieb das Textbuch im Herbst 1832 und begann im Dezember des Jahres mit der Komposition, brach die Arbeit daran jedoch ab, da der Text seiner Schwester Rosalie mißfiel, auf deren Protektion bei der Realisierung der Aufführung er vermutlich gehofft hatte. Während er das Textbuch vernichtete, so daß heute nur noch eine Inhaltsangabe bekannt ist, bewahrte er das bereits Komponierte auf und instrumentierte die erste Nummer noch zu einem Zeitpunkt, als er schon mitten in der Arbeit an seiner nächsten Oper, den „Feen“, war. Das Sujet entnahm Wagner dem Buch „Ritterzeit und Ritterwesen“ von Büsching (Leipzig 1823), das ihm auch einige der Personennamen lieferte. Büschings Buch dürfte Wagner darüber hinaus auch die erste Kenntnis der deutschen mittelalterlichen Literatur vermittelt haben, da darin unter anderem das Nibelungenlied, Wolframs „Parzival“ und Gottfrieds „Tristan“ dargestellt sind. Im übrigen machte Wagner bei den Personennamen seiner „Hochzeit“ Anleihen bei Ossian.

28.–29. „Die Feen“, Titel und Personenverzeichnis aus vermutlich 1834 angefertigten Reinschriften des Textbuches. NA und RWG.

Die Personennamen übernahm Wagner aus der „Hochzeit“. Seine Bemühungen, das unter dem Einfluß Beethovens, Webers und Marschners geschriebene Werk zur Aufführung zu bringen, scheiterten. Auch die guten Beziehungen zum Leipziger Theater, über die vor allem Rosalie Wagner verfügte, blieben ohne Erfolg. Die Ouvertüre dirigierte Wagner am 10. Januar 1835 in einem Magdeburger Logenkonzert (vgl. Nr. 35).

30.–31. Wilhelmine Schröder-Devrient als Romeo in Bellinis Oper „I Capuleti e i Montecchi“, Zeichnungen von Carl Heideloff, Nürnberg 1835. Wagner erlebte die berühmte Sängerin (1804–1860) in dieser Rolle bei einem Gastspiel in Leipzig im März 1834. Er blieb sein Leben lang fasziniert von ihrer realistisch-expressiven Darstellungsweise, an der er sein Ideal des singenden Schauspielers entwickelte. Nicht zufällig verkörpert sie im Sgraffito über dem Eingang von Haus Wahnfried die antike Tragödie (vgl. Nr. 216 und Text S. 453). Später behauptete Wagner, seine Begeisterung sei durch ihre Fidelio-Darstellung ausgelöst worden, doch scheint es sich dabei um eine seiner zahlreichen Mystifikationen zu handeln. Von Einfluß auf Wagner dürfte gewesen sein, daß in Wilhelmine Schröder-Devrient das Junge Deutschland sein Gesangsideal verwirklicht sah (vgl. Nr. 32).

32. Heinrich Laube, nach einer Zeichnung von Friedrich Pecht, Paris 1840. Museum für Geschichte der Stadt Leipzig.

Mit Laube (1806–1884), einem der Wortführer des Jungen Deutschland, war Wagner seit 1832 bekannt. In der „Zeitung für die elegante Welt", die er Anfang der dreißiger und dann wieder in den vierziger Jahren redigierte, schrieb Laube 1833 eine rühmende Besprechung von Wagners Sinfonie C-Dur (vgl. Text S. 279f.). Er publizierte 1834 Wagners ersten Aufsatz (vgl. Nr. 33) und 1843 dessen „Autobiographische Skizze". Laube war es auch, durch den Wagner 1839 in Paris Heinrich Heine und den Maler Friedrich Pecht kennenlernte (vgl. Text S. 294–298). Später gingen die Wege Laubes und Wagners auseinander.

33. „Zeitung für die elegante Welt", Leipzig, 10. Juni 1834, mit Wagners Aufsatz „Die deutsche Oper", der anonym erschien.
Redakteur der Zeitung war der mit Wagner und seiner Familie befreundete Heinrich Laube (vgl. Nr. 32). Der Aufsatz spiegelt Wagners Wende von der deutschen zur italienischen Oper und läßt das Erlebnis Wilhelmine Schröder-Devrients anklingen.

34. Lauchstädt, Innenansicht des Theaters, Fotografie. RWG.
Hier debütierte Wagner am 2. August 1834 als Operndirigent mit Mozarts „Don Giovanni". Ende Juli war er als Musikdirektor der in Magdeburg engagierten Bethmannschen Theatertruppe angestellt worden, die in den Sommermonaten in kleineren Orten wie Lauchstädt, Rudolstadt, Bernburg zu gastieren pflegte. In Lauchstädt lernte Wagner die Schauspielerin Minna Planer, seine spätere erste Frau, kennen. Vgl. Text S. 282ff.

35. Konzertsaal der Magdeburger Loge, Holzschnitt. RWG.
In Magdeburg wirkte Wagner von Oktober 1834 bis Ende März 1836 als Musikdirektor. Neben seiner Haupttätigkeit als Opernkapellmeister leitete er auch Konzerte, unter anderem in einer Freimaurerloge. Hier dirigierte er am 10. Januar 1835 die Ouvertüre zu den „Feen".

36. Richard Wagner, Scherenschnitt, Magdeburg, Herbst 1835.
Wagner ließ dieses früheste authentische Bildnis vermutlich eigens für Minna Planer anfertigen, mit der er seit Beginn des Jahres 1835 verlobt war.

37. Minna Planer, Ölbild von Otterstedt, Magdeburg 1835. NA.
Minna Planer (1809–1866) war Schauspielerin. Sie hatte eine jüngere Kollegin gleichen Namens, mit der sie oft verwechselt wird, und deren Bildnisse häufig für die ihren ausgegeben werden. Sie lernte Wagner 1834 kennen, als sie bei der in Magdeburg spielenden Bethmannschen Theatertruppe engagiert war, und heiratete Wagner im November 1836 in Königsberg, wo sie seit Frühjahr 1836 unter Vertrag stand. Sie muß sehr attraktiv gewesen sein; denn sie hatte stets viele Verehrer, darunter auch den Maler ihres Porträts, Otterstedt. Wagner reagierte darauf mit heftiger Eifersucht. Ende Mai 1837 verließ Minna ihn und reiste in Begleitung eines Verehrers nach Sachsen, kehrte jedoch im Herbst des Jahres zu Wagner zurück. Ihren Beruf gab sie auf und trat bis zum April 1839 nur noch gelegentlich als Gast auf. Sie hatte eine uneheliche Tochter aus einer Beziehung vor ihrer Bekanntschaft mit Wagner, Natalie, die sie stets als ihre Schwester ausgab. Die Ehe mit Wagner blieb kinderlos, wenngleich Minna im

Sommer 1839 schwanger war und bei der Reise zum Ostseehafen Pillau eine Fehlgeburt hatte. Vgl. Text S. 284 ff., 290 f.

38. „Das Liebesverbot oder Die Novize von Palermo. Große komische Oper in 2 Aufzügen von Richard Wagner, Music-Director des Stadt-Theaters in Magdeburg". Titelseite des Textbuchs in einer Abschrift von fremder Hand mit Stempel und Vermerk der Magdeburger Zensurbehörde: „kann aufgeführt werden. Magdeburg d. 17 März 36". RWG. Vgl. Text S. 289.

39. „Das Liebesverbot", Gesamtentwurf der Komposition, Schlußseite (Ausschnitt) mit der Eintragung „Finis: Magdeburg den 30sten December 1835. Richard Wagner." NA.

40. Königsberg, Theater, Zeichnung. NA.
Während Minna Planer hier in der Saison 1836/37 ein festes Engagement hatte, trat Wagner nur hin und wieder als Gastdirigent auf, so mit der „Stummen von Portici" von Auber mit Minna in der Titelrolle (vgl. Text S. 291). Im Frühjahr 1837 bekam Wagner dann die ersehnte Musikdirektorstelle, verlor sie aber kurz darauf wieder wegen Bankrotts der Theaterdirektion.

41. Programmzettel von Wagners Konzert in Riga am 19. März 1838.
Wagner, seit Sommer 1837 als Musikdirektor am Rigaer Stadttheater, dirigierte an eigenen Werken die Ouvertüren „Columbus" und „Rule Britannia" sowie die „Nicolay"-Volkshymne auf den russischen Zaren und eine eigene Instrumentation von Rossinis Duett „Die Seemänner" aus den „Soirées musicales". Minna sprach einen Monolog aus Schillers „Jungfrau von Orléans" und Karl von Holtei, Wagners Theaterdirektor, das Lied von der Glocke. Vgl. Text S. 292 f.

42. „Rienzi, der Letzte der Tribunen". Titel und Personenverzeichnis der von Wagner eigenhändig geschriebenen Übersetzung des Textbuchs ins Französische. NA.
Vermutlich verfaßte Wagner die Übersetzung selbst, unterstützt durch seinen Rigaer Französischlehrer Henriot. Hintergrund war die Idee einer Aufführung des auch in seinen äußeren Dimensionen auf die Grande Opéra zugeschnittenen Werkes in Paris.

43. „Rienzi, der Letzte der Tribunen", Seite 5 der Partitur der Ouvertüre in der Abschrift eines Dresdner Kopisten mit der von Wagner selbst geschriebenen Stimme der Ventiltrompeten (7. System von oben). Hamburger Öffentliche Bücherhallen, Musikbücherei.
Da Wagners Partitur-Autograph seit 1945 verschollen ist – es war zusammen mit den autographen Partituren von „Feen", „Liebesverbot", „Rheingold" und „Walküre" im Besitz Adolf Hitlers –, steht diese nach Wagners Ansicht „umfangreichste aller Opern" als Partitur nicht mehr vollständig zur Verfügung. Man kann sich lediglich anhand von Wagners Kompositionsentwurf und einigen Klavierauszügen ein Bild von Art und Ausmaß des Werkes machen.

44. Giacomo Meyerbeer, Lithografie. RWG.

Meyerbeer (1791–1864) stand nach dem Erfolg seiner „Hugenotten" 1836 im Zenit seines Ruhms. Es überrascht daher nicht, daß Wagner sich schon Anfang 1837 von Königsberg aus brieflich an ihn wandte mit der Bitte um Protektion. Daß Meyerbeer sich entgegenkommend zeigte, dürfte einer der Gründe gewesen sein, warum Wagner den kühnen Schritt von Riga nach Paris 1839 wagte. So hilfsbereit Meyerbeer aber war, so erfolglos blieben Wagners Pariser Unternehmungen. Immerhin aber dürfte Meyerbeers Fürsprache dazu beigetragen haben, daß der „Rienzi" vom Dresdner Hoftheater und der „Fliegende Holländer" in Berlin zur Aufführung angenommen wurden. Später konzentrierte Wagner seinen Haß auf den gängigen Opernbetrieb und den Stil der Großen Oper auf die Gestalt Meyerbeers, unter anderem in seiner Schrift „Das Judentum in der Musik" (vgl. Nr. 188). Vgl. Text S. 296f., 299.

45. Paris, Konzertsaal des Conservatoire. Bibliothèque Nationale, Paris. Hier erlebte Wagner das berühmte Conservatoire-Orchester unter seinem Dirigenten François Habeneck (vgl. Nr. 47). Wagner wurde vor allem durch die vorzüglichen und für ihre Zeit maßstabsetzenden Beethoven-Aufführungen beeindruckt. Auch die von Wagner miterlebte Uraufführung von Hector Berlioz' dramatischer Sinfonie „Roméo et Juliette" fand in diesem Konzertsaal statt (vgl. Nr. 46).

46. Hector Berlioz, Lithografie von Prinzhofer, 1845.

Berlioz (1803–1869) brachte am 24. November, 1. und 15. Dezember 1839, also nur zwei Monate nach Wagners Ankunft in Paris, seine dramatische Sinfonie „Roméo et Juliette" zum ersten Mal zur Aufführung. Wagner wohnte einer der Aufführungen bei und war von den neuen Dimensionen, die Berlioz' Sinfonik und Instrumentation erschlossen, fasziniert, auch wenn er das später nicht mehr ganz wahrhaben wollte. Jedenfalls scheint Wagners eigener Plan einer „Faust"-Sinfonie im unmittelbaren Anschluß an das Berlioz-Erlebnis gefaßt worden zu sein, als Versuch, der französischen Shakespeare-Sinfonie eine deutsche Goethe-Sinfonie entgegenzustellen. Wagner wurde bereits während seines ersten Parisaufenthaltes mit Berlioz bekannt und war später zeitweise geradezu mit ihm befreundet, doch scheinen sich beide immer wieder auch als Rivalen empfunden zu haben. Im Jahre 1860, als Wagner in Paris drei Konzerte mit eigenen Werken gab, gehörte Berlioz zu den Kritikern, nicht zu den Enthusiasten. Wagner antwortete auf seine Kritik sogar mit einem Offenen Brief. Vgl. Text S. 302–305, 365–373.

47. François Habeneck, Lithografie von Lange, Deutsches Musikgeschichtliches Archiv, Kassel.

Habeneck (1781–1849) leitete die Konzerte des Conservatoire-Orchesters und war vor allem für seine Beethoven-Interpretation berühmt. Habeneck war wohl der erste, der Beethovens Sinfonien zum Grundstock des Repertoires machte, und er zeichnete sich darüber hinaus durch die Ernsthaftigkeit aus, mit der er sich um eine angemessene Wiedergabe von Beethovens Musik bemühte. Wagner jedenfalls war nach seiner eigenen Aussage vom

Beethovenspiel des Conservatoire-Orchesters unter Habenecks Leitung außerordentlich beeindruckt, und man geht wohl nicht fehl, wenn man annimmt, daß Habeneck von großem Einfluß war auf Wagners eigene Interpretation als Dirigent, die über Hans von Bülow und dessen Nachfolger bis in unsere Tage wirksam ist. Wagner wurde auch persönlich mit Habeneck bekannt. Am 4. Februar 1840 ließ Habeneck Wagners „Columbus"-Ouvertüre in einer Probe vom Orchester durchspielen, allerdings ohne weiteres Interesse an dem Stück und dessen Komponisten zu entwikkeln. Ein Jahr später bemühte sich Wagner vergeblich um eine Probe für seine „Faust"-Ouvertüre.

48. „Eine Faust-Ouvertüre", Seite 1 der Partitur der 1. Fassung, Paris, Januar 1840. NA.

Die Überschrift, die „Ouverture. zu Göthes Faust. Ier. Theil" lautet, wurde nicht zur Zeit der Niederschrift der Partitur, also im Januar 1840, geschrieben, sondern erst drei oder vier Jahre später in Dresden, als Wagner die ursprünglich französischen Instrumentenbezeichnungen in italienische änderte. Wagner schrieb das Stück als 1. Satz einer „Faust"-Sinfonie, deren 2. Satz „Gretchen" darstellen sollte; gedacht war sehr wahrscheinlich an ein deutsches Gegenstück zu Berlioz' dramatischer Sinfonie „Roméo et Juliette" (vgl. Nr. 46). Wagner setzte das Werk nach Abschluß des ersten Satzes jedoch nicht fort.

49. Heinrich Heine, Zeichnung von J. Diez, 1842. Landesbildstelle Rheinland, Düsseldorf.

Wagner lernte Heine (1797–1856) im Herbst 1839 oder im darauffolgenden Winter durch Heinrich Laube in Paris kennen. Die Bekanntschaft erfolgte vermutlich nicht zufällig, sondern dürfte auch mit Wagners Sympathie mit dem Jungen Deutschland in Zusammenhang stehen. Im Winter 1839/40 komponierte Wagner Heines Gedicht „Die beiden Grenadiere" in einer französischen Übersetzung. Im Sommer darauf ließ er die Komposition mit einer Widmung an Heine drucken (vgl. Nr. 50). Unklar ist, was er damit bezweckte. Möglicherweise war es der Dank dafür, daß Heine ihm das Sujet zum „Fliegenden Holländer" ohne eigene Ansprüche überlassen hatte; Wagner entnahm es bekanntlich den „Memoiren des Herren von Schnabelewopski", wo er nicht nur die Geschichte als solche, sondern auch schon ihre Anordnung in drei Akten vorgegeben fand. Auch in bezug auf den „Tannhäuser" wurde Wagner von Heine beeinflußt (vgl. dessen Gedicht „Der Tannhäuser. Eine Legende"). Während seiner Pariser Zeit war Wagner ein Verehrer Heines: Er schrieb rühmend über ihn (vgl. Text S. 298 f.) und versuchte, in seinen eigenen Zeitungsartikeln Heines Stil zu kopieren. Später, im Zusammenhang mit seinem Antisemitismus, distanzierte sich Wagner zunehmend von Heine und unterschlug den Einfluß, den jener auf ihn ausgeübt hatte.

50. „Les deux grenadiers", Titelseite der deutschen Erstausgabe, B. Schott's Söhne, Mainz 1843.

Auch die französische Erstausgabe vom Juli 1840, von der jedoch kein Exemplar mit Titelseite erhalten ist, enthielt das von Wagners Freund Ernst Benedikt Kietz angefertigte Titelbild. Vgl. Nr. 49.

51. Wagner-Groteske, Zeichnung von Ernst Benedikt Kietz, Paris 1840 und 1841 (Ausschnitt). NA.
Das Bild, das in genialer Weise nahezu sämtliche Elemente der späteren Wagner-Karikatur vorwegnimmt, zeigt Wagner am Klavier, auf dem Blasebalg einer Orgel (rechts) sitzend, am linken Fuß ein Becken, mit der rechten Hand die Pauken spielend. Um ihn herum tönende und berstende Instrumente. Vor ihm seine Frau Minna, singend und mit Dornenkrone, ein Notenblatt haltend mit Themen und Melodien aus (von oben nach unten) „Feen", „Liebesverbot", „Rienzi" und „Fliegender Holländer". Über Wagners rechter Hand eine Szene aus „Rienzi" usw.

52. „Ansicht des Neumarkts und Paradeplatzes zu Dresden".
In der Bildmitte die Frauenkirche, in der Wagner im Rahmen des „zweiten allgemeinen Männergesangfestes zu Dresden" und in seiner Funktion als Leiter der Dresdner Liedertafel am 6. Juli 1843 die erste Aufführung des „Liebesmahls der Apostel", einer „biblischen Szene" für Männerchor und Orchester über das Pfingstgeschehen, dirigierte. Wagner bezog die räumlichen Gegebenheiten der Kirche in die Komposition mit ein: Der Männerchor erscheint aufgeteilt in mehrere Gruppen, die vermutlich getrennt aufgestellt wurden, und beim Eintritt des Pfingstwunders ertönen, wie später im „Parsifal", „Stimmen aus der Höhe", die bei der Dresdner Aufführung aus der Kuppel der Kirche erklangen. Das Orchester, das erst mit dem Eintreten des Wunders ertönt, war hinter dem Chor postiert und auf diese Weise für die Hörer nahezu unsichtbar.

53. Dresden, Hoftheater, Lithografie um 1841. Richard Wagner Museum Tribschen.
In diesem 1838–41 von Gottfried Semper erbauten Theater erlebten „Rienzi", „Der fliegende Holländer", „Tannhäuser" und Wagners Bearbeitung von Glucks „Iphigenie in Aulis" ihre erste Aufführung. Wagner wirkte hier von 1843 bis 1849 als Hofkapellmeister und dirigierte in dieser Eigenschaft nahezu das gesamte damalige Opernrepertoire. Besonderes Engagement brachte er den Werken Glucks und Webers entgegen. Seine Mozart-Aufführungen waren dagegen oft starker Kritik ausgesetzt. Mit dem Erbauer des Theaters, Gottfried Semper, war Wagner befreundet (vgl. Nr. 92).

54. „Rienzi, der Letzte der Tribunen", Finale (Nr. 10) des 3. Aktes, Aquarell von Baron von Leyser. Theatermuseum München.
Diese auf eine Dresdner Aufführung aus dem Jahre 1843 zurückgehende Darstellung zeigt Adriano (rechts) bei dem Versuch, den kriegsbereiten Rienzi (zu Pferde) vom Kampf gegen die Nobili – und damit gegen Adrianos Vater – abzuhalten. Als Rienzi ist der Sänger der Uraufführung, Joseph Tichatschek, dargestellt, als Adriano Henriette Kriete, die die Partie 1843 von Wilhelmine Schröder-Devrient, der Darstellerin der Rolle bei der Uraufführung, übernahm. Henriette Kriete, geb. Wüst, hatte bei der Urauf-

führung am 20. 10. 1842 die Irene gesungen (vgl. Nr. 58) und schon 1832 bei der ersten Aufführung von Wagners heute verschollener „Szene und Arie" im Königlich Sächsischen Hoftheater Leipzig als Solistin mitgewirkt. Vgl. Text S. 300–305.

55. „Rienzi, der Letzte der Tribunen", Finale (Nr. 12) des 4. Aktes, „Illustrirte Zeitung", Leipzig, 12. August 1843.
Die Darstellung bezieht sich vermutlich auf die Uraufführung und zeigt die Szene nach Verhängung des Bannfluchs gegen Rienzi. Das Volk flieht, Adriano (links) starrt auf die Bannbulle an der Kirchentür, Irene (Mitte) liegt am Boden und Rienzi (vorne) erhebt die Hände gen Himmel. Das Bild vermittelt zugleich einen Eindruck vom Inneren des von Gottfried Semper erbauten Dresdner Hoftheaters (vgl. Nr. 53) und ist zudem ein Dokument für die vom heute Üblichen abweichende Postierung des Dirigenten, der nämlich unmittelbar vor der Bühne stand und das Orchester folglich nicht vor sich, sondern in seinem Rücken hatte. Vgl. Text S. 300–305.

56. Carl Gottlieb Reißiger, Lithografie.
Reißiger (1798–1859), Dirigent und Komponist, war Alumnus der Leipziger Thomasschule und Schüler von Salieri und Peter von Winter. Er wirkte ab 1826 in Dresden und war, als Wagner 1842 nach Dresden kam, erster Hofkapellmeister. Als solcher leitete er die Uraufführung des „Rienzi" am 20. Oktober 1842. Er war ein überaus fruchtbarer Komponist, eher traditionell orientiert und daher Wagners Suche nach neuen Ausdrucksmitteln mit Skepsis begegnend. Wagner schrieb für Reißiger im Sommer 1842 das Textbuch zu „Die hohe Braut", das dann aber nicht von Reißiger, sondern von Wagners Prager Freund Johann Kittl 1847/48 komponiert wurde.

57.–59. „Rienzi, der Letzte der Tribunen", Personen und Darsteller der Uraufführung, „Illustrirte Zeitung", Leipzig, 12. August 1843.
57. Rienzi – Joseph Tichatschek (1807–1886).
58. Irene – Henriette Wüst, spätere Kriete (vgl. Nr. 54).
59. Adriano – Wilhelmine Schröder-Devrient.
Mit Tichatschek und Schröder-Devrient (vgl. Nr. 30–31) standen Wagner die wohl besten deutschsprachigen Sänger der Zeit zur Verfügung, was für den außerordentlichen Erfolg der Oper von nicht unerheblicher Bedeutung gewesen sein dürfte. Vgl. Text S. 300 ff.

60. „Der fliegende Holländer", Seite 120 der autographen Partitur mit dem Beginn der 1. Strophe der Senta-Ballade. NA.
Die Abbildung zeigt die Ballade in der Urfassung der Oper von 1841. Tonart ist nicht, wie heute geläufig, g-Moll, sondern a-Moll, und auch die Instrumentation lautet anders. Die Versetzung nach g-Moll geschah mit Rücksicht auf die Sängerin der Senta bei der Uraufführung, Wilhelmine Schröder-Devrient (vgl. Nr. 30–31), der Wagner schon im „Rienzi" wegen ihrer Probleme mit der hohen Stimmlage den Gefallen der Tiefertransposition der Adriano-Arie (Nr. 9 der Oper) getan hatte.

61. „Der fliegende Holländer", Theaterzettel der Uraufführung, Dresden, 2. Januar 1843.

Wagner hatte die Oper zunächst als eine Art Einakter – ohne Pausen zwischen den Bildern – geschrieben, mit Schottland als Handlungsort und den Namen Donald für Daland und Georg für Erik. Bei der Uraufführung wurde das Werk jedoch als dreiaktige, abendfüllende Oper gespielt, und – wie der Theaterzettel zeigt – hatte Wagner den Schauplatz der Handlung von Schottland nach Norwegen verlegt. Diese Änderung wurde erst wenige Wochen vor der Premiere vorgenommen. Die Uraufführung, deren Dirigent Richard Wagner war, fand eher zufällig in Dresden statt, da in Berlin, das ursprünglich als Ort der ersten Aufführung ausersehen war, Verzögerungen eingetreten waren, so daß die Oper dort erst im Januar 1844 herauskam. Vgl. Text S. 303 f.

62. „Der fliegende Holländer", Matrosenlied (3. Akt), „Illustrirte Zeitung", Leipzig, 15. Juli 1843.

Das „Lied der norwegischen Matrosen" war das erste Musikstück aus dem „Fliegenden Holländer", das im Druck erschien. Die Wiedergabe in der weitverbreiteten „Illustrirten Zeitung" war dem Werk jedoch kaum von Nutzen. Bis in die sechziger Jahre wurde die Oper nur selten gespielt; selbst in Dresden, wo Wagner Hofkapellmeister war, gab es nach den vier Aufführungen zu Beginn des Jahres 1843 erst wieder 1862 „Holländer"-Aufführungen.

63. „Der fliegende Holländer", Schlußszene, „Illustrirte Zeitung", Leipzig, 7. Oktober 1843.

Die Darstellung, die auf die Uraufführung zurückgeht, zeigt Sentas Todessprung vom Felsen, das versinkende Holländerschiff und im Vordergrund (von links) Mary, Daland und Erik in Gebärden der Hilflosigkeit. Wie es scheint, erregte das Spektakulär-Realistische dieser Szene mehr Interesse als die daran anschließende Verklärung, die nach Wagners Absicht den eigentlichen Schluß der Oper ausmacht.

64.–66. „Der fliegende Holländer", Personen und Darsteller der Uraufführung, „Illustrirte Zeitung", Leipzig, 7. Oktober 1843.

64. Holländer – Johann Michael Wächter.
65. Daland – Carl Risse.
66. Senta – Wilhelmine Schröder-Devrient.

67. Ferdinand Heine, nach einer Lithografie.

Heine war Kostümbildner am Dresdner Hoftheater und stattete in dieser Funktion die Uraufführungen von „Rienzi", „Fliegender Holländer" und „Tannhäuser" aus. Er war 1841 einer der Fürsprecher für die Annahme des „Rienzi" in Dresden und wurde während Wagners Dresdner Zeit (1842–1849) einer seiner besten Freunde. Von Zürich aus stand Wagner mit Heine im Briefwechsel. Vgl. Text S. 300 ff.

68. Anton Pusinelli mit seiner Frau, Fotografie aus der zweiten Hälfte des 19. Jahrhunderts.

Pusinelli war Arzt und behandelte Wagner in dessen Dresdner Jahren. Während dieser Zeit entstand die Freundschaft mit Wagner, zugleich aber wurde Pusinelli auch zum Gläubiger Wagners. Zu Beginn der sechziger

Jahre vermittelte er zwischen Wagner und dessen Frau Minna, insbesondere in der Angelegenheit der Scheidung der Ehe, in die Minna jedoch nicht einwilligte.

69. Theodor Uhlig, Gipsrelief von Gustav Adolph Kietz.
Uhlig (1822–1853), war Geiger, Komponist und Musikschriftsteller. Als Mitglied der Königlichen Kapelle in Dresden wurde er mit Wagner bekannt, stand Wagners Kunst jedoch zunächst ablehnend gegenüber. Die Freundschaft zwischen beiden entwickelte sich ganz allmählich und kam erst eigentlich, als Wagner bereits im Exil lebte, zur Entfaltung. Wagners Briefe an Uhlig gehören zu den wichtigsten Wagner-Dokumenten vom Beginn der fünfziger Jahre. Sie zeigen Uhlig nicht nur als hilfsbereiten Freund und Gesprächspartner, sondern gleichsam als Wagners Gewissen und alter ego in politischen und vor allem in ästhetischen und operntheoretischen Fragen. Uhlig verfaßte den Klavierauszug zu „Lohengrin". Zu seinen musiktheoretischen Arbeiten vgl. Theodor Uhlig, Musikalische Schriften, hg. v. L. Frankenstein, Regensburg o. J. [1914]. Vgl. Text S. 342–347.

70. Wilhelm Fischer.
Fischer (1789–1859) war ursprünglich Sänger und wurde später ein sehr erfolgreicher, von Wagner rückhaltlos bewunderter Chordirektor. Als solcher wirkte er am Dresdner Hoftheater, wo er gleichzeitig auch die Funktion des Opernregisseurs versah. Bei den Uraufführungen von „Rienzi", „Fliegender Holländer" und „Tannhäuser" standen Einstudierung und Inszenierung unter seiner Leitung. Er gehörte zu den Fürsprechern der Annahme des „Rienzi" in Dresden 1841. Wagner sah in ihm stets einen väterlichen Freund, mit dem er bis zu dessen Tod 1859 im Briefwechsel stand. Als Zeichen seiner Verehrung veröffentlichte Wagner 1860 einen Nachruf auf Fischer. Vgl. Text S. 300.

71. Minna Wagner, Bildnis von Pierre Jacques Antoine Dallery, Dresden, vermutlich zwischen 1843 und 1846.
Das Porträt des französischen Malers, der bis 1852 in Dresden wirkte, zeigt Minna in repräsentativer Kleidung und Haltung, ganz als die Frau des Dresdner Hofkapellmeisters, in einer Rolle, die ihr besonders behagt zu haben scheint und deren Verlust 1849 sie wohl nie ganz zu verwinden vermochte. Die Beschriftung des Bildes unten rechts stammt aus späterer Zeit und lautet: „Décédées, le 25. janvier 1866. Mme Wagner (femme du compositeur) née Planer". (Gestorben am 25. Januar 1866. Frau Wagner, Frau des Komponisten, geb. Planer). Vgl. Nr. 37 und Text S. 305.

72. Gasparo Spontini.
Spontini (1774–1851) gehörte zu den wenigen Opernkomponisten des 19. Jahrhunderts, denen Wagner wirkliche Achtung zollte. „Fernando Cortez" beeindruckte ihn nach eigener Aussage in Berlin 1836 nachhaltig und war von maßgeblichem Einfluß auf „Rienzi". 1844 studierte Wagner in Dresden „Die Vestalin" ein und erntete damit den Beifall Spontinis, der zur Leitung der Premiere nach Dresden eingeladen worden war. Nach

Wagners Darstellung übernahm Spontini sogar die Wagnersche Ergänzung von Posaunen im Triumphmarsch des 1. Aktes in seine Partitur. 1851 schrieb Wagner als Nachruf „Erinnerungen an Spontini".

73. Jakob Grimm, „Deutsche Mythologie", Titelseite der Erstausgabe, Göttingen 1835.

Wagner begann die Lektüre dieses Buches, das von außerordentlichem Einfluß auf ihn war, im Sommer 1843. Abgesehen davon, daß Wagners Hang zum Mythischen ganz allgemein darin reichlich Nahrung fand, traf er auf die vor allem von Grimm vertretene Vorstellung, daß den ältesten Ausformungen von Sagen, Mythen und Legenden das höchste Maß an Wahrheit und Echtheit zukomme, weil sie dem Ursprung der Menschheit am nächsten seien. Diese Idee spielte bei Wagners Auseinandersetzung mit der Frage, ob die Geschichte oder der Mythos Grundlage seiner Opernlibretti sein solle, die entscheidende Rolle. Grimms Buch, das im übrigen auch Wagners Sinn für Etymologie befriedigte, breitete vor Wagner vor allem auch ein Traum-Deutschland voller Poesie aus, das aufs stärkste mit der Wirklichkeit seines Lebens kontrastierte. Wagner blieb Zeit seines Lebens ein Grimm-Verehrer und übernahm um 1850 sogar zeitweise Grimms generelle Kleinschreibung.

74. „Tannhäuser", Seite 1 des 2. Prosaentwurfs (Ausschnitt). NA.

Als Wagner die Prosaentwürfe und das Textbuch zu „Tannhäuser" schrieb, hieß die Oper noch „Der Venusberg". Erst während der Komposition scheint Wagner den Titel geändert zu haben, unter anderem angeblich wegen der anatomischen Nebenbedeutung des ursprünglichen Titels. Wagner begann den ersten Prosaentwurf am 28. Juni 1842 auf dem Schrekkenstein bei Aussig in der heutigen CSSR und beendete den zweiten, eine überarbeitete Reinschrift des ersten, am 8. Juli in Teplitz.

75. „Tannhäuser und der Sängerkrieg auf Wartburg", Seite 300 der „als Manuskript von der Hand des Komponisten auf Stein gedruckten" Partitur.

Die Seite gibt den Anfang von Tannhäusers Lied auf Venus aus dem Sängerkrieg im 2. Akt wieder. Wagner schrieb die Partitur auf ein Spezialpapier, das die lithografische Vervielfältigung ermöglichte, durch den Herstellungsprozeß jedoch zerstört wurde, so daß anstelle eines einzelnen Autographs nur die durch Steindruck hergestellten Kopien erhalten blieben. Von den 100 Exemplaren, die 1845 angefertigt wurden, ist heute nur noch etwa ein Viertel nachweisbar. Vgl. Text S. 307f.

76.–77. „Tannhäuser und der Sängerkrieg auf Wartburg", Kopien von Figurinen der Uraufführung (19. 10. 1845, Dresden) von Flinzer. Theatermuseum München.

76. Wolfram von Eschinbach [sic]. – 77. Elisabeth. Die Originale der Figurinen, die heute verschollen sind, wurden von Ferdinand Heine angefertigt (vgl. Nr. 67).

78. „Tannhäuser und der Sängerkrieg auf Wartburg", Sepiazeichnung von F. Tischbein. Museum für Geschichte der Stadt Leipzig.

Die auf die Uraufführung der Oper am 19. Oktober 1845 am Dresdner Hoftheater zurückgehende Darstellung zeigt die 2. Szene des 1. Aktes, etwa bei der Stelle „Geliebter, komm! Sieh dort die Grotte". Tannhäuser – Joseph Tichatschek, der auch schon den Rienzi kreierte; Venus – Wilhelmine Schröder-Devrient, mit deren Darstellung der Venus Wagner nicht vollauf zufrieden war. Vgl. Text S. 307ff.

79. Franz Liszt, Klavierarrangement der „Tannhäuser"-Ouvertüre, Autograph, 1848. RWG.

Bei der Verbreitung von Musik im 19. Jahrhundert kam den Klavierarrangements ganz besondere Bedeutung zu. Die Berühmtheit von Wagners „Tannhäuser"-Ouvertüre ging nicht von Aufführungen mit Orchester, der Originalbesetzung, aus, sondern von Bearbeitungen. Liszts Arrangement spielte dabei eine führende Rolle. Hans von Bülow beispielsweise (vgl. Nr. 118) spielte es regelmäßig.

80. Carl Binder, „Tannhäuser-Walzer", Druckausgabe, Wien, vermutlich 1857. Stadtbibliothek Wien.

Der Walzer ist Teil der Musik, die Binder (1816–1860), Kapellmeister des Wiener Carltheaters, 1857 zu Johann Nestroys Parodie „Tannhäuser. Zukunftsposse mit vergangener Musik und gegenwärtigen Gruppierungen in drei Akten" schrieb. Anlaß für die Nestroy-Bindersche Parodie war die Wiener Erstaufführung von Wagners „Tannhäuser" am 28. August 1857 im Thaliatheater. Auffällig an den Wagner-Parodien – nicht nur derjenigen von Nestroy und Binder – ist, daß sie weniger Wagners Opern selbst aufs Korn nehmen, als vielmehr Wagners Auftreten, sein Sich-Wichtigmachen, und im Zusammenhang damit den Anspruch und Dogmatismus seiner Opern- und Kunsttheorie sowie seiner Weltanschauung (vgl. Nr. 160 und 182).

81. „Die Meistersinger von Nürnberg", Seite 3 des 1. Prosaentwurfs (Ausschnitt). NA.

Die Abbildung zeigt den Schluß des 1. und den Anfang des 2. Aktes mit einer Grundrißskizze zum Bühnenbild des 2. Aktes. Links das „Haus des Sachs", rechts das „Haus des Aeltesten", des späteren Pogner, der hier noch keinen Namen trägt, dazwischen die in einer Biegung nach hinten führende Straße. Wagner schrieb den Entwurf Mitte Juli 1845 bei einer Badereise in Marienbad (Schlußdatum: 16. Juli). Die szenische Anordnung kehrt im 2. Prosaentwurf vom November 1861 wieder, wurde ins Textbuch übernommen und dann bei der Uraufführung 1868 verwirklicht (vgl. Nr. 179).

82. „Lohengrin", Seite 4 des Prosaentwurfs. NA.

Wiedergegeben ist der Beginn des 2. Aktes. Links am Rand erscheint, allerdings in rudimentärer Vorform, ein musikalisches Motiv, das Wagner jedoch nicht im 2., sondern erst im 3. Akt verwendete („Fühl' ich zu dir so süß mein Herz entbrennen"). Wagner schrieb den Entwurf im Juli 1845 während eines Kuraufenthaltes in Marienbad (Schlußdatum: 3. August), im Anschluß an den Entwurf zu den „Meistersingern" (vgl. Nr. 81).

83. Bearbeitung von Palestrinas „Stabat mater", Seite 9 der Druckausgabe.
Wagners Einrichtung läßt die Noten nahezu unangetastet, versieht sie jedoch mit Vortragsbezeichnungen, vor allem in Bezug auf die Dynamik, und gliedert die Motette in Abschnitte, die entweder solistisch, mit halbem oder ganzem Chor auszuführen sind. Wagner nahm die Einrichtung der Komposition, die im 19. Jahrhundert zu den berühmtesten Werken alter Musik zählte, für eine Aufführung in einem Konzert am 8. März 1848 in Dresden vor. 1878, während der Komposition des „Parsifal", gab er sie zur Publikation, um Schulden bei dem Verleger Kahnt damit zu begleichen.
84. „Lohengrin", 1. Akt, Seite 1 des 1. Kompositionsentwurfs (Ausschnitt). NA.
Wagner pflegte bei der Komposition seiner Opern so vorzugehen, daß er nach der Fertigstellung des Textbuchs und der Notation einzelner musikalischer Einfälle zunächst einen umrißhaften fortlaufenden Gesamtentwurf der Musik schrieb, die sogenannte Kompositionsskizze, in der auf zwei Systemen meist nicht viel mehr als Singstimme und Baß (bzw. die Harmonie) fixiert sind. In einem zweiten, ausführlicheren Gesamtentwurf (vgl. Nr. 85), den er meist parallel zum ersten schrieb – also nicht erst nach dessen Beendigung –, führte er dann die Komposition so weit aus, daß sie in nuce bereits alles enthält, was die spätere Partitur auszeichnet. Auf der Grundlage dieses 2. Gesamtentwurfs, der sogenannten Orchesterskizze, schrieb er dann die Partitur (vgl. Nr. 86). Wagner gebrauchte dieses Verfahren allerdings nicht durchgehend bei allen Opern. Zu den frühen Werken bis hin zum „Fliegenden Holländer" schrieb er jeweils nur einen einzigen Gesamtentwurf, und bei „Rheingold" und „Walküre" versuchte er, an den 1. Gesamtentwurf sogleich eine Partiturniederschrift anzuschließen. Da dieser Versuch mißlang, kehrte er bei allen späteren Werken zum Verfahren mit zwei Gesamtentwürfen zurück. Den 1. Kompositionsentwurf zum „Lohengrin" begann Wagner vermutlich Anfang Mai 1846.
85. „Lohengrin", 1. Akt, Seite 1 des 2. Kompositionsentwurfs (Ausschnitt). NA.
Wiedergegeben ist die gleiche Musik wie in Nr. 84, nun aber im Zustand der Ausarbeitung (vgl. Erläuterungen zu Nr. 84). Oben rechts das Anfangsdatum „12 Mai 1847".
86. „Lohengrin", 1. Akt, Seite 1 der Partitur. NA.
Wiedergegeben ist die gleiche Musik wie in Nr. 84 und 85, nun aber im endgültigen Zustand (vgl. Erläuterungen zu Nr. 84). Wagner begann mit der Niederschrift der Partitur am 1. Januar 1848.
87. „Siegfried's Tod", Seite 1 der Erstschrift des Textbuchs (Ausschnitt). Nach einer Fotokopie in NA.
Das Textbuch stellt die Urfassung der späteren „Götterdämmerung" dar, diese war zum Zeitpunkt der Niederschrift jedoch noch als einzelnes selbständiges Werk gedacht und noch nicht als Teil einer Tetralogie. Um die Vorgeschichte der Handlung nicht nur durch Erzählungen wiedergeben zu

müssen, erweiterte Wagner den ursprünglichen Plan und zwar zunächst durch das Voranstellen einer zweiten Oper mit dem Titel „Der junge Siegfried" (später „Siegfried"), deren Textbuch im Juni 1851 entstand. Da ihm auch diese Ausweitung nicht genügte, fügte er schließlich noch zwei weitere Stücke an, „Das Rheingold" als Vorspiel zum Ganzen und „Die Walküre" als erstes Hauptwerk der Tetralogie. Ende 1852 lag der gesamte „Ring des Nibelungen" im Text vor. „Siegfried's Tod", die spätere „Götterdämmerung", wurde nach mehreren Überarbeitungen des Textes erst zwischen 1868 und 1874 komponiert. – Oben rechts das Anfangsdatum „12 Nov. 48". Vgl. Text S. 347–351.

88. Paris, Februarrevolution 1848, Erstürmung des Thronsaals in den Tuilerien, „Illustrirte Zeitung", Leipzig, 18. März 1848.
Eines der wichtigsten politischen Ereignisse während Wagners Leben war der gewaltsame Sturz des französischen Königs Louis Philippe, des sogenannten Bürgerkönigs, im Februar 1848 und die daran anschließende Ausrufung der Republik. Wagner sympathisierte offen mit der Revolution und den Republikanern. Den Wiener Märzaufstand, eine Folge der Februarrevolution, begrüßte er mit einem Gedicht „Gruß aus Sachsen an die Wiener", das in der „Allgemeinen Oesterreichischen Zeitung" publiziert wurde. Vgl. Text S. 315.

89. „Die Revolution", Artikel Richard Wagners, anonym veröffentlicht in August Röckels „Volksblätter" am 8. April 1849.
Der Artikel, eine Art Hymne auf die Revolution, auf die Zerstörung der alten Ordnung und auf die Anarchie, bildet die letzte Stufe innerhalb einer Reihe von Beiträgen, die Wagner für die republikanische Zeitung seines Freundes August Röckel zwischen Herbst 1848 und April 1849 schrieb. Der Text ist wiedergegeben auf S. 316–323.

90. Michael Bakunin (1814–1876). dpa-Bildarchiv Frankfurt.
Der russische Anarchist kam zu Beginn des Jahres 1849 nach Dresden und hielt sich bei August Röckel (vgl. Nr. 91) verborgen. Dort lernte Wagner ihn kennen. Bei gemeinsamen Spaziergängen tauschten sie ihre Ansichten aus, die jedoch nicht viel Gemeinsames gehabt zu haben scheinen. Bakunin, der selbst musikalisch-kompositorische Ambitionen hatte, soll Wagner zu einer Prometheus-Oper geraten und den zu jener Zeit für Wagner gerade aktuellen Plan zu einem Werk über Jesus von Nazareth verworfen haben. Gemeinsam war ihnen jedoch die Begeisterung für Beethovens IX. Sinfonie, die sie als Aufruf zur Revolution und als Fanal einer neuen Zeit empfanden. Beim Dresdner Maiaufstand 1849 übernahm Bakunin innerhalb der „provisorischen Regierung" der Aufständischen die militärische Führung, wurde – wie die Regierungsmitglieder und August Röckel – nach der Niederschlagung des Aufstandes verhaftet und nach Erlaß der zunächst verhängten Todesstrafe jahrelang eingekerkert. Vgl. Text S. 334.

91. August Röckel, Fotografie. RWG.
Röckel (1814–1876), Sohn des Sängers Joseph August Röckel, der 1806 in Wien den Florestan in Beethovens „Fidelio" kreiert hatte, und Schüler sei-

nes Onkels Johann Nepomuk Hummel, war Kapellmeister und Komponist. Von 1843 bis 1848 wirkte er als Musikdirektor unter Wagner und Reißiger am Dresdner Hoftheater. Während dieser Zeit gab er das Komponieren auf, um sich mehr und mehr der Politik zu widmen. Seine republikanische Gesinnung führte 1848 zur Entlassung aus dem Amt des Königlich Sächsischen Musikdirektors. Von August 1848 bis April 1849 gab er die Zeitung „Volksblätter" heraus, an der auch Wagner mitwirkte (vgl. Nr. 89 und Text S. 316–323). Nach dem Dresdner Maiaufstand, an dem er aktiv beteiligt war, wurde er verhaftet und zum Tode verurteilt, dann jedoch begnadigt und im Zuchthaus Waldheim bis 1862 eingekerkert. Mit Wagner verband ihn eine enge Freundschaft, die vor allem die Briefe spiegeln, die Wagner Röckel nach Waldheim schrieb. Röckel verfaßte für Wagner den Klavierauszug zum „Fliegenden Holländer". Vgl. Nr. 158 und Text S. 347–351.

92. Gottfried Semper, Lithografie von Fr. Hanfstaengel, 1848. RWG.
Semper (1803–1879) war Architekt und erbaute das Dresdner Hoftheater (vgl. Nr. 53, 55). In Dresden gehörte er zu Wagners engerem Freundes- und Bekanntenkreis und war – wie Wagner selbst – 1849 am Dresdner Maiaufstand beteiligt. Gleich Wagner konnte er der Verhaftung entgehen und ins Exil flüchten. Er wirkte zunächst in London und wurde 1855 als Hochschullehrer nach Zürich berufen, wo er erneut mit Wagner zusammentraf. 1864 beauftragte Ludwig II. ihn mit dem Bau eines Festtheaters auf dem östlichen Isarufer in München, es kam jedoch nur zur Anfertigung von Plänen und Modellen, da der König im März 1868 mit Semper brach und das Theaterprojekt aufgab. Vgl. Text S. 404f.

93. Dresden, Maiaufstand 1849, Brand des alten Opernhauses und der Zwingerstraße, Lithografie. Deutsche Fotothek, Dresden.
Da Wagner sich am Aufstand in Dresden aktiv beteiligt hatte und seine Auffassung von der Notwendigkeit der Zerstörung der alten Ordnung, insbesondere auch im Bereich der Kunst und des Theaters, bekannt war, wurde gemunkelt, wenn auch nicht offiziell behauptet, der Brand des Dresdner Opernhauses sei sein Werk gewesen. Ob Wagner tatsächlich an der Inbrandsetzung beteiligt war, konnte bis heute nicht geklärt werden, wie auch bis heute Art und Ausmaß seiner Beteiligung am Aufstand unklar sind. Die sächsische Justiz machte ihm außer Agitation und Verschwörung vor allem zum Vorwurf, den Bau von Handgranaten veranlaßt zu haben. Vgl. Text S. 324–334, 340, 351f.

94. Steckbrief Richard Wagners im „Dresdner Anzeiger" vom 19. Mai 1849.
Der Steckbrief, der auch in anderen Zeitungen veröffentlicht wurde und im Jahre 1853 erneut erschien, lautet: „Der unten etwas näher bezeichnete Königl. Kapellmeister Richard Wagner von hier ist wegen wesentlicher Theilnahme an der in hiesiger Stadt stattgefundenen aufrührerischen Bewegung zur Untersuchung zu ziehen, zur Zeit aber nicht zu erlangen gewesen. Es werden daher alle Polizeibehörden auf denselben aufmerksam

gemacht und ersucht, Wagnern im Betretungsfalle zu verhaften und davon uns schleunigst Nachricht zu ertheilen. Dresden, den 16. Mai 1849. Die Stadt-Polizei-Deputation. Von Oppel. Wagner ist 37 bis 38 Jahre alt, mittler Statur, hat braunes Haar und trägt eine Brille." Die teilweise Amnestie erfolgte 1861, die vollständige erst 1862. Vgl. Text S. 351f.

95. „Die Kunst und die Revolution", Titelseite der Erstausgabe, Leipzig 1849.

Die Schrift, ein deutlicher Reflex der von Wagner aus nächster Nähe miterlebten politischen Ereignisse im Mai 1849, war die erste größere Arbeit, die Wagner nach seiner Flucht in die Schweiz schrieb. Er gab ihr das Motto: „Wo einst die Kunst schwieg, begann die Staatsweisheit und Philosophie: wo jetzt der Staatsweise und Philosoph zu Ende ist, da fängt wieder der Künstler an." Vgl. Text S. 342.

96. Das Theater in Zürich, Aquarell. Zentralbibliothek Zürich, Graphische Sammlung.

In diesem Theater dirigierte Wagner zwischen Oktober 1850 und April 1851 Aufführungen von „Der Freischütz", „Die weiße Dame" (Boïeldieu), „Norma", „Don Giovanni", „Die Zauberflöte" und „Fidelio". Mozarts „Don Giovanni" wurde „mit neuer Bearbeitung des Dialogs und mit Recitatifs von Richard Wagner" gespielt, wie es auf dem Theaterzettel hieß. Diese Bearbeitung ist verschollen. 1852 leitete Wagner im gleichen Theater vier Aufführungen des neuüberarbeiteten „Fliegenden Holländers" und im Frühjahr 1855 seinen „Tannhäuser".

97. Reliefplan der Stadt Zürich (Ausschnitt). Zentralbibliothek Zürich, Graphische Sammlung.

Links unten das Theater (vgl. Nr. 96), rechts daneben das „Casino", in dem Wagner von Januar 1850 bis Februar 1855 regelmäßig Konzerte der Zürcher Allgemeinen Musikgesellschaft dirigierte, sowie Mitte rechts der „Zeltweg" mit den „Escher Häusern", wo Wagner seine erste Wohnung in Zürich hatte (September 1849 – April 1850). Später hatte er zeitweise die Adressen Zeltweg 11 (September 1851 – April 1853) und Zeltweg 13 (April 1853 – April 1857).

98. Ludwig Feuerbach, „Das Wesen des Christentums", Titelseite der Erstausgabe, Leipzig 1841.

Wagner kannte Feuerbachs Hauptwerk, ein Buch zur Emanzipation des Menschen von der Fesselung und Bevormundung durch die traditionelle Religion, möglicherweise schon seit der ersten Auflage. Zu seinem vollen Einfluß kam es jedoch erst 1849, als Wagner die Schrift „Das Kunstwerk der Zukunft" schrieb (vgl. Nr. 99–100).

99.–100. „Das Kunstwerk der Zukunft", Erstausgabe, Titelseite und erste Seite der Widmung, Leipzig 1850.

Diese zweite der drei großen Zürcher Schriften zur Reform der Oper (vgl. Nr. 95 und 102) versah Wagner mit einer Widmung an den Philosophen Ludwig Feuerbach, dem er – wie er schrieb – mit der Zueignung nur sein Eigentum zurückgebe (vgl. Nr. 98). Bezeichnenderweise tilgte Wagner diese von revolutionärem Impuls getragene und an einen Junghegelianer gerichtete Widmung, als er „Das Kunstwerk der Zukunft" zu Beginn der siebziger Jahre in seine „Gesammelten Schriften und Dichtungen" aufnahm.

101. Richard Wagner, Daguerreotypie nach einer Buntstiftzeichnung von Ernst Benedikt Kietz, Paris, Februar oder März 1850. RWG.

Die heute verschollene Buntstiftzeichnung ließ Wagner vermutlich aus Dankbarkeit für Jessie Laussot anfertigen, die Frau eines Weinhändlers aus Bordeaux und vielleicht erste wahrhafte Wagner-Enthusiastin. Jessie Laussot war eine geborene Engländerin und hatte vor ihrer Verheiratung zeitweise in Dresden gelebt, wo sie durch die mit Wagner befreundete Familie Ritter mit Wagner bekannt geworden war. Seit dem Erlebnis des „Tannhäuser" bei der Dresdner Uraufführung 1845 war sie von Wagner fasziniert. Ihr Reichtum erlaubte es ihr, zusammen mit der Familie Ritter, Wagner das Angebot einer ausreichenden jährlichen Unterstützung zu machen, damit er ganz seiner Kunst leben könne. Bevor Wagner jedoch in den Genuß dieser Sicherung seines Lebensunterhaltes kam, entwickelte sich während seines Besuches in Bordeaux im März 1850 eine leidenschaftliche Liebe zwischen ihm und Jessie. Ihr gemeinsamer, romantisch-unrealistischer Plan, den Fesseln der bürgerlichen Ehe und der europäischen Zivilisation zu entfliehen und in Griechenland oder Klein-Asien ein ungebundenes Leben zu führen, scheiterte jedoch, da Jessie ihre Mutter und ihren Ehemann einweihte. Wagner, der im April seiner Frau Minna mitgeteilt hatte, er werde nicht mehr zu ihr zurückkehren, kam im Juli von seinem Abenteuer zu Minna nach Zürich zurück. Die Unterstützung wurde ihm nach dem, was vorgefallen war, nicht gewährt.

102. „Oper und Drama", Erstausgabe, Titelseite des 1. Teils: „Die Oper und das Wesen der Musik", Leipzig 1852.

Die Schrift ist dem Umfang nach Wagners operntheoretisches Hauptwerk, enthält jedoch nur einen Teil dessen, was Wagner über das Musiktheater dachte. Überdies stellt es eher eine Station auf dem Wege zum Musikdrama dar als dessen Theorie, als welche es irrtümlicherweise oft aufgefaßt wird. Vgl. Text S. 343 f.

103. Franz Liszt, Ölbild von Miklós Barabás, 1846. Nationalgalerie Budapest.

Liszt (1811–1886), den Wagner seit 1840 persönlich kannte, setzte sich früh für Wagners Werke ein. 1849 führte er den „Tannhäuser" in Weimar auf, 1850 dirigierte er die Uraufführung des „Lohengrin" und 1853 veranstaltete er die wohl erste Wagner-Woche mit Aufführungen von „Der fliegende Holländer", „Tannhäuser" und „Lohengrin". 1849 verhalf er Wagner zur Flucht aus Sachsen und während der Jahre im Exil half er ihm häufig mit Geld aus. In den fünfziger Jahren war die Freundschaft zwischen Wagner und Liszt sehr eng, wie der Briefwechsel zwischen beiden zeigt; dann wurden die Kontakte seltener, besonders, als Wagner die Beziehung zu Cosima von Bülow, Liszts Tochter, einging, die Liszt nicht akzeptierte.

Später, nach Cosimas Scheidung von Bülow und der Legalisierung ihrer Beziehung zu Wagner, kam es zur Versöhnung. Vgl. Nr. 79, 119 und Text S. 335–340.

104. „Lohengrin", Titelseite des Textbuchs, Erstausgabe, Weimar 1850. Dieses Textbuch wurde bei der Uraufführung des Werks am 28. August 1850, am Tage von Goethes Geburtstag, in Weimar ausgegeben. Die Aufführung fand in Abwesenheit Wagners statt, der es als steckbrieflich Gesuchter nicht wagen konnte, nach Weimar zu reisen. Vgl. Text S. 335–342.

105. „Lohengrin", 1. Akt, 3. Szene, „Illustrirte Zeitung", Leipzig, 12. April 1851.
Das auf die Weimarer Uraufführung am 28. August 1850 zurückgehende Bild zeigt die Ankunft Lohengrins. Im Vordergrund rechts Ortrud und Telramund, in der Mitte die betende Elsa, links hinter ihr König Heinrich. Vgl. Text S. 335–342.

106.–108. „Lohengrin", Figurinen, „Illustrirte Zeitung", Leipzig, 12. April 1851.
106. Ortrud. – 107. Telramund. – 108. König Heinrich. Die Figurinen gehen auf die Uraufführung der Oper in Weimar am 28. August 1850 zurück. Vgl. Text S. 335–342.

109. Richard Wagner, Aquarell von Clementine Stockar-Escher, Zürich, März 1853. Margarey von Stockar, Zürich.

110. Minna Wagner, Aquarell von Clementine Stockar-Escher, Zürich 1853. RWG.

111. „Das Rheingold", Seite 1 der Partitur-Erstschrift. NA.
Rechts oben das Anfangsdatum „Zürich, 1 Febr. 54". Wagner nahm nachträglich mit Bleistift eine Umschrift der Hornpartien vor.

112. „Die Walküre", Seite 393 der Partitur-Erstschrift. NA.
Die Abbildung zeigt den Schluß des 3. Aktes, Wotans Abschied, bei der Stelle „(Wer meines Speeres Spitze) fürchtet, durchschreitet das Feuer (nie)". Wagner beendete dieses Manuskript am 20. März 1856.

113. „Siegfried's Tod", Dritter Tag der Tetralogie „Der Ring des Nibelungen", Schlußseiten aus Wagners Handexemplar der Erstausgabe von 1853. NA.
Seite 159 enthält, mit Bleistift und Tinte übereinandergeschrieben, eine Neufassung des Schlusses der Oper, die nach der Schopenhauer-Lektüre, also nach Herbst 1854, entstand. Die Notiz oben rechts „Auskomponirt. (10 Apr. 72)" bezieht sich auf die Beendigung des 1. Kompositionsentwurfs der „Götterdämmerung" und zeigt, daß Wagner dieses Handexemplar bei der Komposition augenscheinlich benutzte, obwohl der tatsächlich komponierte Textschluß darin nicht enthalten ist. Vgl. Text S. 384–389.

114. Cosima, Blandine und Daniel Liszt, Zeichnung von Friedrich Preller, Weimar 1855. NA.
Wagner begegnete Liszts Kindern aus dessen Beziehung zur Gräfin d'Agoult zum ersten Mal im Oktober 1853 in Paris. Cosima, 1837 gebo-

ren, heiratete 1857 Hans von Bülow, der als Pianist Schüler ihres Vaters und als Dirigent Schüler Richard Wagners war. Aus dieser Ehe gingen zwei Töchter hervor, Daniela und Blandine. Im November 1863 begann ihre Beziehung zu Wagner, mit dem sie drei Kinder hatte, Isolde, Eva und Siegfried, geboren 1865, 1867 und 1869. 1870 wurde ihre Ehe mit Bülow geschieden und im gleichen Jahr noch heiratete sie Wagner. Sie starb 1930. Ihre jüngere Schwester Blandine heiratete, ebenfalls 1857, den Pariser Advokaten und späteren Minister Emile Ollivier. 1860/61 stand sie Wagner nahe, ohne daß sich über die Art der Beziehung genaues sagen ließe. Sie starb 1862. Daniel, das jüngste der Liszt-Kinder, starb bereits 1859.

115. Gottfried Keller, Pastellzeichnung von Ludmilla Assing, von Keller unterzeichnet und mit dem Datum 2. Mai 1854 versehen. Zentralbibliothek Zürich.

Keller (1819–1890) kam im Herbst 1855 aus Berlin nach Zürich zurück und lernte bald darauf Richard Wagner kennen, mit dem er regelmäßig verkehrt zu haben scheint. Das Verhältnis zwischen beiden war von gegenseitiger Hochachtung geprägt. Keller gehörte zu den wenigen zeitgenössischen Schriftstellern, die Wagner anerkannte und deren Werke er bis ins Alter immer wieder las. Vgl. Text S. 354.

116. Arthur Schopenhauer, „Die Welt als Wille und Vorstellung", Leipzig 1844.

Wagner lernte das Hauptwerk der Philosophie des Pessimismus im Herbst 1854 durch Vermittlung Herweghs (vgl. Nr. 117) kennen und war zutiefst davon beeindruckt. Es bestätigte und bekräftigte seine eigene resignativ-depressive Stimmung und prägte in der Folge sein gesamtes weiteres Schaffen vom „Tristan" bis zum „Parsifal". Vgl. Text S. 352f.

117. Georg Herwegh, Holzschnitt von Karl August Deis, um 1842.

Mit Herwegh, dem Sänger des Vormärz, der wie Wagner in der Schweiz im Exil lebte, war Wagner seit Anfang der fünfziger Jahre befreundet. Durch ihn wurde er mit der Philosophie Schopenhauers bekannt (vgl. Nr. 116). Herwegh scheint Wagners Kunst stets skeptisch gegenübergestanden zu haben, bewahrte ihm selbst aber seine freundschaftlichen Gefühle zeitlebens.

118. Hans von Bülow, Ölbild von W. Streckfuß, 1855. RWG.

Bülow (1830–1894), durch Wagner bestärkt, Musiker zu werden, wurde im Herbst 1850 Wagners Schüler und begann seine Dirigentenlaufbahn in Zürich und St. Gallen. Seine pianistische Ausbildung, die er bei Schumanns Schwiegervater Friedrich Wieck begonnen hatte, schloß er bei Franz Liszt ab. Durch Liszt lernte er dessen Tochter Cosima kennen, die er 1857 heiratete. Cosima wandte sich jedoch 1863 Wagner zu (vgl. Nr. 114). Bülow, einer der ersten Wagnerianer, blieb Wagner zumindest bis 1868 treu ergeben. Er trat als Pianist, Dirigent und Schriftsteller für Wagner ein, bisweilen auf militante Weise, verfaßte unter anderem den Klavierauszug zum „Tristan" (vgl. Nr. 127) und dirigierte die Uraufführung sowohl des „Tristan" als auch der „Meistersinger". Vgl. Text S. 347, 362ff.

119. Programmzettel des „Dritten Abbonnements-Concerts. Sonntag, den 23. November 1856" in St. Gallen.
Bei diesem von Franz Liszt und Richard Wagner gemeinsam gestalteten Konzert dirigierte Liszt seine sinfonischen Dichtungen „Orpheus" und „Les Preludes", und Wagner beschloß den Abend mit einer Aufführung von Beethovens „Eroica" unter seiner Leitung. Im Oktober/November 1856 hielt sich Liszt mehrere Wochen lang zu einem Freundschaftsbesuch bei Wagner in der Schweiz auf.
120. Wagners „Asyl" auf dem grünen Hügel, Bleistiftzeichnung, vor 1857. Frau Heck-Rieter, Zürich.
Dieses Häuschen, im heutigen Zürcher Stadtteil Enge gelegen, stand in unmittelbarer Nachbarschaft der Villa der Familie Wesendonck (vgl. Nr. 121, 124). Otto Wesendonck erwarb es eigens für Richard Wagner und ließ es im Frühjahr 1857 herrichten, so daß Wagner am 28. April 1857 dort einziehen konnte. Seine Funktion als „Asyl" vermochte das Haus jedoch nur eine kurze Zeitlang zu erfüllen. Die Beziehung zwischen Wagner und Mathilde Wesendonck (vgl. Nr. 124), die nach der Fertigstellung der Wesendonckschen Villa im August 1857 allein schon aufgrund der räumlichen Nähe immer intensiver wurde – man sah sich nahezu täglich –, beschwor in beiden Häusern ernste Ehekonflikte herauf und zwang Wagner schließlich im August 1858 dazu, das „Asyl" aufzugeben. Vgl. Text S. 354f.
121. Otto Wesendonck, Fotografie, um 1860. NA.
Wesendonck (1815–1896), ein sehr wohlhabender Geschäftsmann, mit Wagner seit 1852 bekannt, stand zu Wagner im Verhältnis eines Mäzens (vgl. Nr. 120), der aufgrund seiner nur zu berechtigten Skepsis gegenüber Wagners Fähigkeit zu solider Haushaltsführung allerdings oft nur behutsame Großzügigkeit walten ließ. Wie es scheint, faßte Wagner Wesendoncks Versuche, auf seinen Umgang mit dem Geld Einfluß zu nehmen, zumindest zeitweise als Kontrolle oder gar Bevormundung auf. Das freundschaftliche Verhältnis wurde um die Jahreswende 1857/58 durch die Beziehung Wagners zu Wesendoncks Frau Mathilde (vgl. Nr. 124) gestört. Wesendonck war nicht bereit, gute Miene zum bösen Spiel zu machen, und nach einigem Hin-und-Her verließ Wagner schließlich im August 1858 Zürich. Schon im folgenden Jahr aber machte er im Hause Wesendonck wieder Besuche, und danach blieb das freundschaftliche Verhältnis ungetrübt.
122. Zürich, von Südosten gesehen, Aquarell, 1857. Frau Heck-Rieter, Zürich.
Links im Bild die Villa Wesendonck, die zu jener Zeit noch außerhalb der Stadt lag. Hinter der Villa ist das sogenannte Asyl anzunehmen (vgl. Nr. 120), das Wagner von Ende April 1857 bis August 1858 bewohnte. In Wesendoncks Villa dirigierte Wagner am 23. Dezember 1857 die Kammermusikfassung des Liedes „Träume", die er Mathilde Wesendonck als Geburtstagsständchen vortragen ließ, und am 31. März 1858 ein Konzert mit ausgewählten Sätzen aus Beethoven-Sinfonien.

123. „Siegfried“, 2. Akt, Seite 88 des 2. Kompositionsentwurfs (Ausschnitt). NA.

Die Abbildung zeigt den Schluß des 2. Aktes mit Wagners Datierung „9. Aug. 57“. An dieser Stelle unterbrach Wagner die Komposition des „Rings“. Die Aussichtslosigkeit hinsichtlich einer Aufführung der Tetralogie, für die er noch nicht einmal einen Verleger gefunden hatte, und die damit zusammenhängende finanzielle Misere zwangen ihn zur Komposition eines Werkes von kleineren Dimensionen und leichterer Aufführbarkeit. Als dieses neue Werk war der „Tristan“ geplant, dessen Prosaentwurf Wagner noch im August 1857 begann (Anfangsdatum: 20. August). Der „Tristan“ geriet jedoch zu einem zunächst sogar unspielbar scheinenden Werk.

124. Mathilde Wesendonck (1828–1902) mit ihrem Sohn Guido, Pastellbild von Ernst Benedikt Kietz, Paris, Dezember 1856. Richard Wagner-Museum Tribschen.

Wagner lernte die kunstbegeisterte und musikinteressierte Frau, die Klavier spielte, Gedichte und Erzählungen schrieb, 1852 in Zürich kennen. Ihr Enthusiasmus für seine Kunst fesselte ihn, und schon bald entwickelte er eine intensive Liebe zu ihr. Schon von den drei Zürcher Maikonzerten 1853, in denen er Auszüge aus seinen Opern vorführte, schrieb er an Liszt, er habe sie „*einer* schönen Frau“ zu Füßen gelegt. 1854 dann erlebte Wagners Liebe zu Mathilde ihren ersten Höhepunkt. Zeichen dessen sind zahlreiche Kürzel im Kompositionsentwurf des 1. Aktes der „Walküre“, die sich sämtlich auf Mathilde Wesendonck und Wagners Liebe zu ihr beziehen. Wagner identifizierte die eigene Situation mit derjenigen zwischen Siegmund, Sieglinde und Hunding. Dann scheint, möglicherweise im Zusammenhang mit der Schopenhauer-Lektüre im Herbst 1854, Resignation eingetreten zu sein. Zu erneuter Intensität jedenfalls kam die Beziehung erst wieder im Herbst 1857, als Wagner Prosaentwurf und Textbuch des „Tristan“ schrieb und den 1. Akt des Werks komponierte. Während dieser Zeit unmittelbarer Nachbarschaft (vgl. Nr. 120) identifizierten sich augenscheinlich beide mit den Protagonisten des im Entstehen begriffenen Werks, so daß offen bleiben muß, ob die reale Beziehung zwischen den beiden Menschen das Kunstwerk hervorbrachte oder umgekehrt das Kunstwerk die Beziehung erneuerte und intensivierte. Die auf beiden Seiten ausgelösten Ehekonflikte führten zunächst zur räumlichen Trennung, später löste sich auch die innere Beziehung: Mathilde fand, wie es scheint, zu ihrem Ehemann Otto Wesendonck zurück (vgl. Nr. 121); Wagner entschied sich nach einer langen Suche für Cosima von Bülow. Zwischen 1853 und 1858/59 bezog Wagner nahezu sein gesamtes Schaffen auf Mathilde Wesendonck, die ihm in dieser Zeit in der Tat so etwas wie eine Muse war. 1853 schrieb er ihr eine Polka und eine Sonate für Klavier. Die umgearbeitete „Faust“-Ouvertüre war insgeheim ihr gewidmet, und selbstverständlich schrieb er den „Tristan“ und die fünf Lieder nach ihren Gedichten für sie. Noch im Juni 1863 schrieb er mit unmißverständlichem Bezug auf Mathilde Wesendonck: „Man liebt doch nur einmal [...] jetzt erst weiss ich ganz, dass ich nie aufhören werde, sie einzig zu lieben." (Brief an Eliza Wille vom 5. Juni 1863). Vgl. Text S. 355–361.

125. „Tristan und Isolde", 1. Akt, Schlußseite des 1. Kompositionsentwurfs. NA.

Am 31. Dezember 1857, am Silvestertage, versah Wagner den Schluß des 1. Aktes, den er vermutlich am gleichen Tage niedergeschrieben hatte, mit einem Widmungsgedicht, um den Entwurf danach ostentativ Mathilde Wesendonck zu überreichen (vgl. Nr. 124). Die Verse lauten: „Hochbeglückt, / Schmerzentrückt, / frei und rein / ewig dein – / was sie sich klagten / und versagten, / Tristan und Isolde, / in keuscher Töne Holde, / ihr Weinen und ihr Küssen / leg' ich zu Deinen Füssen, / Dass sie den Engel loben, / der mich so hoch erhoben." Die Art der Überreichung des Entwurfs scheint der äußere Anlaß für die gespannte Lage zwischen Wagner und den Wesendoncks zu Beginn des Jahres 1858 gewesen zu sein. Sie führte jedenfalls dazu, daß Wagner im Januar 1858 Zürich vorübergehend, für einige Wochen, verließ.

126. „Tristan und Isolde", Seite 6 des 2. Kompositionsentwurfs. NA.

Die Abbildung zeigt Ende der 1. und Anfang der 2. Szene des 1. Aktes. Wagner begann diesen Entwurf am 5. November 1857.

127. „Tristan und Isolde", Seite 131 des Klavierauszuges, Erstausgabe.

Wiedergegeben ist der Beginn des berühmten Duetts „O sink hernieder, Nacht der Liebe" aus der 2. Szene des 2. Aktes. Wagner griff in der musikalischen Motivik der Stelle auf das im Dezember 1857 geschriebene Lied „Träume" auf einen Text Mathilde Wesendoncks zurück (vgl. Nr. 124). Verfasser des Klavierauszuges war Hans von Bülow (vgl. Nr. 118).

128. Luzern, Hotel Schweizerhof, farbige Lithografie, um 1860. Richard Wagner Museum Tribschen.

Wagner bewohnte das Hotel (links) nach seiner Rückkehr aus Venedig (vgl. Nr. 129) vom 28. März bis zum 6. September 1859. Hier schrieb er den gesamten 3. Akt des „Tristan" (Schlußdatum der Partitur: 6. August). In der Kirche rechts wurde er am 25. August 1870 mit Cosima getraut (vgl. Nr. 198).

129. Venedig, Palazzo Giustiniani, kolorierter Stich. Dietrich Mack, Thurnau.

Wagner kam am 29. August 1858 nach Venedig und bezog den Palast am folgenden Tage. Hier setzte er die Komposition des 2. „Tristan"-Aktes fort, die noch in Zürich begonnen worden war, und vollendete sie am 18. März 1859. Daß Wagner danach nicht in Venedig blieb, dürfte unter anderem auch politische Gründe gehabt haben: Venedig war für den noch immer Verfolgten vermutlich nicht sicher genug. Nach Wagners Biograph Carl Friedrich Glasenapp (vgl. Nr. 252) kam Wagner durch seine Abreise einer Ausweisung zuvor.

130. Richard Wagner, Fotografie von Pierre Petit & Trinquart, Paris, Februar/März 1860. NA.

Diese erste nachweisliche Fotografie Wagners entstand während Wagners neuerlichem Paris-Aufenthalt (September 1859 – April 1861), der dem Ziel diente, Aufführungen seiner Opern, insbesondere von „Tannhäuser" und „Tristan", durchzusetzen. Wagner erreichte dieses Ziel nur in bezug auf „Tannhäuser".

131. Paris, „Le Boulevard des Italiens", zeitgenössischer Stich.
Obwohl Wagner bei seinem Aufenthalt in Paris 1839–42 völlig ohne Erfolg geblieben war und 1850 der Pariser Opernbetrieb, für den er auf Zureden Franz Liszts „Wieland der Schmied" hatte schreiben wollen, ihn geradezu abgestoßen hatte, ließ er sich doch ein weiteres Mal auf den Versuch ein, in Paris mit einer eigenen Oper zum Erfolg zu kommen. Wagners Ehrgeiz, der nicht nur von seiner permanenten Geldnot herrührte, erscheint indessen verständlich; denn Paris war zu jener Zeit die Hauptstadt Europas, gerade und besonders während des Zweiten Kaiserreichs.

132. Programm der von Wagner in Paris am 25. Januar, 1. und 8. Februar 1860 veranstalteten Konzerte, Titelseite.
Der auf der Titelseite abgedruckte Text erklärte dem Publikum den Sinn der Konzerte wie der im Konzertprogramm mitgeteilten Erläuterungen: Da Aufführungen der Opern selbst nicht möglich waren, versuchte Wagner, durch die konzertante Vorführung ausgewählter Stücke daraus Verständnis für seine Kunst, die als „Zukunftsmusik" verschrien, aber nicht bekannt war, zu gewinnen. Dazu schienen ihm, der solche Konzerte stets als Notbehelf empfand, verbale Erklärungen zum Verständnis unabdingbar notwendig. Der Hinweis auf die Unmöglichkeit, die Opern selbst aufzuführen, war ein unmißverständlicher Vorwurf an den Pariser Musikbetrieb und dürfte von Wagner durchaus mit Bedacht gewählt worden sein. Er hatte damit schließlich auch Erfolg: Am 11. März 1860 erteilte Napoléon III. den Befehl zur Aufführung des „Tannhäuser" an der Grande Opéra. In den drei Konzerten, die alle das gleiche Programm hatten, dirigierte Wagner Ausschnitte aus „Lohengrin" und „Tannhäuser" sowie die Ouvertüre zum „Fliegenden Holländer" und das Vorspiel zum „Tristan", das er zu diesem Zweck bereits im Dezember 1859 mit einem eigenen Konzertschluß versehen hatte. Im Januar, im Zuge der Vorbereitungen der Konzerte, war er dann auch noch auf die Idee gekommen, der „Holländer-Ouvertüre" einen neuen, den heute gebräuchlichen Schluß zu geben. Die Konzerte, die nahezu von der gesamten intellektuellen und künstlerischen Prominenz Frankreichs besucht wurden, brachten Wagner viel enthusiastische Anerkennung ein (vgl. Baudelaires Brief vom 17.2.1860, Text S. 373 ff.), bei der offiziellen Kritik aber auch energische Einwände, wie etwa die Rezension von Berlioz zeigt, auf die Wagner öffentlich antworten zu müssen meinte. Vgl. Text. S. 365–373.

133.–136. „Tannhauser" [sic], Figurinen von Alfred Albert, angefertigt für die Pariser Aufführung am 13. März 1861. Bibliothèque Nationale, Paris.

133. Venus. – 134. Tannhäuser. – 135. Elisabeth. – 136. Chorist.

137. Pauline Fürstin von Metternich, nach einem Bildnis von Winterhalter. RWG.
Die Fürstin (1836–1921), Frau des österreichischen Botschafters in Paris, Richard Fürst von Metternich (1829–1895), war eine Verehrerin der Kunst Wagners und scheint bei der Entscheidung Napoléon III., die Aufführung des „Tannhäuser" an der Grande Opéra anzuordnen, eine zentrale Rolle gespielt zu haben. Jedenfalls schrieb Wagner der Fürstin im Juni 1861 eigens ein Klavierstück, das seinerzeit sehr berühmte Albumblatt in C-Dur, ein unmißverständliches Zeichen des Dankes. Die Tatsache, daß das Engagement der Fürstin für Wagner und ihr Erfolg bei der Durchsetzung der „Tannhäuser"-Aufführung auch politische Gründe und vor allem Auswirkungen hatte, dürfte eine der wesentlichen Ursachen für den Eklat gewesen sein, zu dem es bei der Aufführung selbst kam. Die Pariser „Tannhäuser"-Aufführungen wurden weniger von Gegnern der Wagnerschen Kunst zu Fall gebracht als vielmehr von den politischen Gegnern der Fürstin Metternich und der Rolle, die sie am Hof Napoléon III. spielte. Vgl. Text S. 378–381.
138. Napoléon III. von Frankreich, Fotografie von Nadar, Paris, etwa 1860.
Louis Napoléon (1808–1873), ein Neffe Napoléon I., hatte nach einem Staatsstreich im Dezember 1851 sich ein Jahr später als Napoléon III. zum Kaiser der Franzosen gemacht. Daß ausgerechnet dieser Napoléon III., dem Wagner nach dem Staatsstreich 1851 den sofortigen Sturz durch eine Revolution gewünscht hatte, die Aufführung des „Tannhäuser" in Paris durchsetzte, zählt zu den in Wagners Leben nicht eben wenigen Fällen von Ironie der Geschichte.
139.–142. Pariser Künstler, die in der Pariser „Tannhäuser"-Zeit (1859–1861) mit Wagner verkehrten und seine Bewunderer waren. Vor allem die drei Konzerte Anfang 1860 (vgl. Nr. 132) brachten Wagner viele Bekanntschaften ein.
139. Jules Champfleury, Fotografie von Nadar, Paris 1859 (?). Archives Photographiques, Paris. Champfleury (1821–1889) war Schriftsteller und publizierte 1860 ein Buch über Wagner.
140. Gustave Doré, Fotografie von Nadar, Paris 1859. Bibliothèque Nationale, Paris. Doré (1832–1883), Maler, Graphiker und vor allem Illustrator, dessen Buchillustrationen etwa zu „Don Quichote" noch heute berühmt und verbreitet sind, schuf eine heute allerdings verschollene „phantastische" Wagner-Zeichnung.
141. Charles Gounod, Ölbild von Ary Scheffer. Musée de Versailles. Gounod (1818–1893), der Komponist des in Deutschland nur unter dem Titel „Margarete" bekannten „Faust" und des nicht ganz zurecht berüchtigten „Ave Maria", wurde von Wagner als „ein weicher, guter, rein aber nicht tief begabter Mann" erlebt (Brief an Mathilde Wesendonck vom 3. März 1860).
142. Camille Saint-Saëns, Fotografie. Deutsches Musikgeschichtliches

Archiv, Kassel. Saint-Saëns (1835–1921) besuchte später (1876) die Bayreuther Festspiele und legte seine durchaus nicht unkritischen Eindrücke auch schriftlich nieder. Vgl. Text S. 473 f.

143. Gioacchino Rossini, Fotografie, Paris 1860. NA.
Rossini (1792–1868), von dem während Wagners Paris-Aufenthalt 1859–61 mehrere abfällig-ironische Aussprüche über Wagner und die „Zukunftsmusik" kolportiert wurden, empfing Wagner im März 1860 zu einem Gespräch, in dem unter anderem auch über die Oper theoretisiert worden sein soll (vgl. dazu: E. Michotte, „La visite de R. Wagner à Rossini", Paris 1906). Als Rossini 1868 starb, veröffentlichte Wagner als eine Art Nachruf „Eine Erinnerung an Rossini".

144. Tannhäuser und Venus, Gouache. Sammlung W. Coninx, Zürich.
Das Bild, das die 2. Szene des 1. Aktes darstellt – den Venusberg mit Tannhäuser (rechts) und Venus (links) –, geht möglicherweise auf die Pariser Aufführungen am 13., 18. und 24. (nicht 25.!) März 1861 zurück. Es ist mit „Eug. Delacroix" gezeichnet und könnte dem Stil nach – obwohl im offiziellen Werkkatalog nicht verzeichnet – durchaus ein Werk des großen französischen Malers sein.

145. „Tannhauser" [sic], 2. Akt, 3. Szene, Entwurf von Philippe Chaperon, 1861. Bibliothèque Nationale, Paris.
Der für die Pariser Aufführungen am 13., 18. und 24. März 1861 angefertigte Entwurf zeigt die Sängerhalle der Wartburg und die Szene zwischen Elisabeth und dem Landgrafen.

146. Charles Baudelaire, Fotografie von Nadar, Paris 1859. Bibliothèque Nationale, Paris.
Baudelaire (1821–1867), einer der Väter der „Modernen Lyrik", war der wohl bedeutendste unter den ersten von Wagners Kunst faszinierten und nachhaltig beeinflußten französischen Literaten und Schriftstellern. Nachdem er Wagners Konzerte Anfang 1860 erlebt hatte, schrieb er Wagner einen enthusiastischen Brief (vgl. Text S. 373 ff.); nach den „Tannhäuser"-Aufführungen verfaßte er seine Broschüre „Richard Wagner et Tannhauser à Paris", Zeichen seiner Begeisterung für Wagner und zugleich Abrechnung mit dem Pariser Kunstbetrieb, der Wagner nach Baudelaires Meinung verkannte. Baudelaires Wagner-Enthusiasmus fand intensive Nachfolge unter den Schriftstellern Frankreichs (vgl. Nr. 199, 200). Auch Mallarmé, als Lyriker Baudelaires Erbe, war ein Wagner-Enthusiast.

147. Charles Baudelaire, „Richard Wagner et Tannhauser à Paris", Titelseite der Erstausgabe, Paris 1861. Vgl. Nr. 146.

148. Richard Wagner, Kohlezeichnung von Iwan Nikolajewitsch Kramskoj, Petersburg 1863.
Kramskoj (1837–1887), der in Deutschland durch seine Zeichnung „Dostojewski auf dem Totenbett" bekannt wurde, zeichnete Wagner während dessen Aufenthalt in Petersburg im Frühjahr 1863, als Wagner zur Linderung seiner finanziellen Misere eine Konzertreise nach Rußland unternahm. Da nichts darüber bekannt ist, daß Wagner dem Maler eigens für ein

Porträt gesessen hat, ist anzunehmen, daß Kramskoj die Zeichnung in einem der Salons, in denen Wagner verkehrte, etwa dem der Großfürstin Helene Pawlowna, während einer Gesellschaft flüchtig und, ohne daß Wagner es bemerkte, entwarf. Im Unterschied zu Nr. 149 entstand das Bildnis nicht nach einer Fotografie.

149. Richard Wagner, Bleistiftzeichnung von Auguste Renoir. Musée Marmottan, Paris.

Renoir (1841–1919) fertigte dieses Bleistiftporträt, das sich im Nachlaß von Claude Monet befand, nach einer Fotografie Wagners vom Herbst 1867 an, jedoch ist unklar, wann das geschah. Resultat dieser ersten Auseinandersetzung Renoirs mit dem Porträt Wagners war im übrigen noch eine zweite, dieser sehr ähnliche Zeichnung. Diesen Studien an Hand eines Fotos folgte 1882 das Porträt nach dem Leben, das Renoir bei einem Besuch bei Wagner in Palermo am 15. Januar anfertigte (vgl. Nr. 258). Von diesem Originalporträt ausgehend schuf Renoir noch drei weitere Wagner-Bilder, die zeigen, wie sehr ihn die Darstellung dieses Mannes beschäftigte, dessen Musik er angeblich gleichgültig gegenüberstand. Darüber hinaus fertigte Renoir noch ein heute verschollenes Medaillon an und malte Darstellungen von Szenen aus „Tannhäuser", die sich in französischem Privatbesitz befinden. Vgl. Text S. 485ff.

150. Friederike Meyer, Fotografie.

Die Abbildung zeigt die Schauspielerin in einem Rollenkostüm. Als Wagner sie im Frühjahr 1862 kennenlernte, war sie in Frankfurt engagiert und stand in einer nach außen allerdings geheimgehaltenen Beziehung zum Direktor des Theaters, mit dem sie zwei Kinder hatte. Sie war die Schwester der Wiener Sängerin Luise Meyer-Dustmann, die bei der in Wien vorgesehenen Uraufführung des „Tristan" die Isolde singen sollte. Das Verhältnis zwischen den beiden Schwestern war sehr gespannt, und als Wagner im November 1862 zu den „Tristan"-Proben in Wien in Begleitung Friederikes eintraf, kam es zu einer ernsten Verstimmung zwischen Wagner und Friederikes Schwester Luise und damit zur Beeinträchtigung der Proben. Welcher Art Wagners Beziehung zu Friederike Meyer war, ist unklar. Es steht jedoch außer Zweifel, daß er von ihr angezogen war, ihre Gesellschaft suchte und die Verbindung erst aufgab, als sich seine Beziehung zu Cosima von Bülow zu konkretisieren begann.

151. Mathilde Maier, Fotografie.

Wagner lernte die Tochter eines Notars aus Alzey im März 1862 im Hause seines Verlegers Franz Schott (vgl. Nr. 174) in Mainz kennen. Er war der attraktiven Frau, die zum Zeitpunkt, als Wagner ihr zum ersten Mal begegnete, 29 Jahre alt war, von Anfang an zugetan und entwickelte in den folgenden Jahren eine innig-intime, aber durchaus mehrdeutige Beziehung zu ihr. Wie es scheint, hielt Mathilde Maier Wagner eher auf Distanz. Jedenfalls lehnte sie seinen Vorschlag vom Juni 1864, zu ihm zu ziehen und ihm den Haushalt zu besorgen, mit der Begründung ab, sich nicht kompromittieren zu wollen. Im übrigen mochte sie spüren, daß Wagner zu diesem Zeitpunkt sich längst an Cosima von Bülow gebunden hatte, und sein Vorschlag mehr einer verzweifelten Situation entsprang als ernster Überlegung. Gemeinhin gilt Mathilde Maier als Muse der „Meistersinger", und man identifiziert sie gern mit Eva Pogner. Das Textbuch zu den „Meistersingern" lag jedoch bereits fertig vor, als Wagner Mathilde Maier kennenlernte. Vgl. Text S. 396f.

152. Malvida von Meysenbug (1816–1903), Fotografie.
Die Tochter eines Ministers aus einer Hugenottenfamilie gehört zu den bedeutendsten Vertreterinnen der Frauenemanzipation im 19. Jahrhundert. Bei den Revolutionen von 1848 war sie auf der Seite der Aufständischen, wurde 1852 aus Berlin ausgewiesen und lebte danach bis 1859 als Erzieherin, Sprachlehrerin und Berichterstatterin für politische Zeitungen in London. Hier lernte Wagner sie 1855 kennen, als er Dirigent der Konzerte der Philharmonic Society war. Die bei dieser Gelegenheit angeknüpfte Beziehung entwickelte sich zu einer dauernden Freundschaft. 1870 war Malvida von Meysenbug Trauzeugin bei der Eheschließung Wagners und Cosimas, und auch in Wagners Bayreuther Zeit hielt sie sich mehrfach zu Besuchen bei Wagner in Bayreuth auf. Außer mit Wagner war sie mit zahlreichen anderen bedeutenden Persönlichkeiten ihrer Zeit bekannt oder befreundet, so mit Garibaldi, Alexander Herzen, Franz Liszt, Friedrich Nietzsche, Romain Rolland. Sie hinterließ Romane und Erzählungen, vor allem aber die sehr aufschlußreichen „Memoiren einer Idealistin". Vgl. Text S. 361f., 378–381.

153. Ludwig II., König von Bayern, kolorierte Fotografie. NA.
Das Bild, ein Geschenk des Königs an Wagner, zeigt Ludwig (1845–1886) etwa zur Zeit, als er, knapp 19jährig, im März 1864 als Nachfolger seines Vaters Max II. bayerischer König wurde. Gleichsam als eine seiner ersten Amtshandlungen beauftragte der von Wagners Werken faszinierte Ludwig seinen Kabinettssekretär Pfistermeister, Wagner aufzusuchen und ihn nach München zu holen. Die erste Begegnung zwischen Ludwig II. und Wagner fand am 4. Mai 1864 in der Münchner Residenz statt (vgl. Nr. 157). Ludwig erwies sich als großzügiger Förderer Wagners, traf mit dieser Begünstigung jedoch zunehmend auf den Widerstand seines Kabinetts, so daß er Wagner im Dezember 1865 schließlich sogar auffordern mußte, Bayern eine Zeitlang zu verlassen. Hinter dieser Aktion stand vor allem auch der wohl nicht unberechtigte Argwohn des Kabinetts gegen Wagners politischen Einfluß auf den jungen König. Ludwig selbst hielt an Wagner fest und blieb sein Förderer. Er kam für die Miete des Hauses in Tribschen bei Luzern auf, wo Wagner von 1866 bis 1872 lebte, ermöglichte ihm in Bayreuth durch ein großzügiges Geldgeschenk den Bau von Wahnfried und trug zum Bau des Festspielhauses und zur Durchführung der ersten wie der zweiten Festspiele, 1876 und 1882, bei. Er setzte sich freilich auch über Wagner hinweg, wenn es seinen Wünschen entsprach. Die Uraufführungen sowohl des „Rheingold" als auch der „Walküre" gingen auf seine Anordnung und gegen den Willen Wagners vonstatten. Die häufig als „Kö-

nigsfreundschaft" verherrlichte Beziehung war durchaus nicht so erhaben, wie sie der Briefwechsel zwischen Ludwig II. und Wagner zeigt, der in seiner Bevorzugung eines emphatischen Hochtons theatralisch wirkt. Die „Königsfreundschaft" fand in diesem Briefwechsel statt, nicht in Wirklichkeit. Ludwig verwechselte sein Traumbild von dem Künstler Wagner mit dem realen Menschen, den er kaum wahrgenommen zu haben scheint, und Wagner, der sich nicht verstanden fühlte, mochte doch nicht mit dem König brechen, auf den er als seinen besten Förderer angewiesen war. Vgl. Text S. 398–498 passim.

154. Schloß Berg am Starnberger See, farbige Lithografie. Staatliche Graphische Sammlungen, München.
Ludwig II. hielt sich in den Frühlings- und Sommermonaten 1864 überwiegend in Schloß Berg auf. Wagner bewohnte, da der König ihn in seiner Nähe haben wollte, von Mai bis September das in der Nähe gelegene Haus Pellet. In der ersten Zeit war Wagner fast täglich bei Ludwig II. auf Schloß Berg. Am Starnberger See verlebte Wagner auch die ersten gemeinsamen Wochen mit Cosima von Bülow.

155. „Huldigungs-Marsch", Klavierauszug, Titelseite der Erstausgabe.
Wagner schrieb dieses Werk im Sommer 1864 als „Geburtstagsmusik" für Ludwig II., der am 25. August 1864 19 Jahre alt wurde. Die Komposition war für großes Militärorchester instrumentiert und sollte am Geburtstag des Königs in Hohenschwangau aufgeführt werden. Dazu kam es jedoch nicht. Die erste Aufführung fand erst am 5. Oktober im Hof der Münchner Residenz statt. Den Titel „Huldigungs-Marsch" bekam das Werk erst bei der Veröffentlichung. Publiziert wurde zunächst der Klavierauszug, den Hans von Bülow (vgl. Nr. 118) angefertigt hatte, und dann eine von Joachim Raff arrangierte Version für Sinfonieorchester. Die originale Instrumentation wurde erst nach Wagners Tode veröffentlicht.

156. Skizzenblatt 1864/65. NA.
Der Notenzettel veranschaulicht, wie und in welcher Form Wagner seine Einfälle notierte. Schon die Niederschrift kurzer Passagen oder bloßer Themen und Motive versah er oft mit einer Datierung. Das Blatt zeigt zugleich, mit welchen Projekten sich Wagner 1864/65 beschäftigte. Die obersten Zeilen nimmt ein mit „6 Sept." datiertes Melodiefragment „Andante" mit kanonischer Imitation ab Takt 9 ein, das möglicherweise mit einem Cosima von Bülow zugedachten Streichquartett in Zusammenhang steht, dem sogenannten Starnberger Quartett, in dem man bislang immer eine Vorform des „Siegfried-Idylls" sehen zu müssen glaubte. In der Mitte, mit dem Datum „14 Nov 64", die Notation der sogenannten Friedensmelodie („Ewig war ich, ewig bin ich") aus der Schlußszene des „Siegfried". Das späte Datum sowie die stellenweise fünf- und sechsstimmige Notation sprechen dagegen, daß Wagner diese Melodie dem Starnberger Quartett zugrunde legen wollte. Die Niederschrift bezieht sich vielmehr mit größter Wahrscheinlichkeit auf den „Ring"; denn am 7. Oktober hatte Ludwig II. Wagner offiziell den Auftrag zur Vollendung der Tetralogie erteilt. Aus

dem gleichen Zusammenhang dürfte die Niederschrift einer Vorform des sogenannten Welterbschaftsmotivs aus dem 3. Akt des „Siegfried“ stammen, die sich – auf dem Kopf stehend (!) – im 7. System findet. Während sich das mit „25 Jan. 65“ datierte Thema nicht identifizieren läßt, ist die unten auf der Seite – wiederum auf dem Kopf stehend (!) – festgehaltene Notenfolge (wegen der Bleistiftnotation in der Reproduktion allerdings nur schwer erkennbar) eindeutig zuzuordnen: Es handelt sich um den Versuch einer Neufassung des Anfangs der Senta-Ballade aus dem „Fliegenden Holländer“ mit dem Datum „9 Sept.“. Diese Skizze, die jedoch keine weiteren Konsequenzen hatte, dürfte in Zusammenhang stehen mit der von Wagner einstudierten und geleiteten Münchner Erstaufführung des „Fliegenden Holländers“ am 4. Dezember 1864. Vgl. Text S. 401–404.

157. München, Residenz und Hoftheater, Lithografie. Stadtmuseum München.

In der Münchner Residenz (Mitte) begann am 4. Mai 1864 Wagners Verbindung zu Ludwig II. (vgl. Nr. 153), die sein Leben zumindest insofern grundlegend änderte, als er von diesem Zeitpunkt an nie mehr in unmittelbare finanzielle Not geriet. Die Freundschaft mit dem König ließ zugleich seine Ansprüche wachsen. Rechts im Bild das Hof- und Nationaltheater, die Uraufführungsstätte des „Tristan“ (1865), der „Meistersinger“ (1868), des „Rheingold“ (1869), der „Walküre“ (1870) und der „Feen“ (1888). Zwischen Residenz und Hoftheater das Residenztheater, in dem Wagner eine Reihe von „Tristan“-Proben abhielt und zunächst auch die Uraufführung des „Tristan“ stattfinden lassen wollte. Die akustischen Bedingungen zwangen ihn dann zum Wechsel des Theaters.

158. Wagner und seine Freunde, Fotografie von Joseph Albert, München, 17. Mai 1865. RWG.

Die Freunde und Anhänger Wagners waren anläßlich der „Tristan“-Uraufführung nach München gekommen, mußten sich allerdings zum Teil mit dem Besuch von Proben begnügen, da sich der Termin der Uraufführung wegen Erkrankungen der Hauptdarsteller bis zum 10. Juni hinauszögerte. Das Bild zeigt von links nach rechts: Friedrich Uhl (Redakteur der Wiener Zeitung „Der Botschafter“), Richard Pohl (Musikschriftsteller), H. von Rosti, August Röckel, sitzend (vgl. Nr. 91), Auguste de Gaspérini (Arzt), Richard Wagner mit seinem Hund Pohl, Hans von Bülow (vgl. Nr. 118), Adolf Jensen (Komponist), Dr. Carl Gille (Konzertdirektor), Franz Müller (Theaterschriftsteller), Felix Draeseke (Komponist), Alexander Ritter (Komponist), Leopold Damrosch (Dirigent), Heinrich Porges (Musikschriftsteller), Mihály Mosonyi (Komponist). Vgl. Text S. 406–409.

159. „Tristan und Isolde“, Theaterzettel der Uraufführung am 10. Juni 1865 im Münchner Hof- und Nationaltheater unter Hans von Bülow. Theatermuseum München.

Vgl. Nr. 118, 168 und Text S. 409 ff.

160. „Triftanderl und Süßholde“, Theaterzettel, München, 8. Juni 1865.

Die erste Aufführung dieser heute verschollenen Parodie auf „Tristan und Isolde" fand am 29. Mai statt, ging der Uraufführung des „Tristan" aber vermutlich nur deshalb voraus, weil diese mehrfach verschoben werden mußte.

161.–162. „Tristan und Isolde", Figurinen für die Uraufführung, angefertigt von Franz Seitz, München 1865. Bayerische Verwaltung der Staatlichen Schlösser, Gärten und Seen, München.

161. Tristan. – 162. Isolde. Die Kostüme beziehen sich auf den 1. Akt.

163. Ludwig und Malwina Schnorr von Carolsfeld als Tristan und Isolde, gestellte Atelierfotografie, München 1865. Theatermuseum München.

Das Sängerehepaar, mit dem Wagner schon im Sommer 1862 die Rollen von „Tristan und Isolde" studiert hatte, entsprach in ganz besonderem Maße Wagners Vorstellungen von der Darstellung des Werks. Über die Verkörperung des Tristan durch Ludwig Schnorr von Carolsfeld (1836–1865), den Sohn des Malers Julius Schnorr von Carolsfeld, äußerte sich Wagner stets enthusiastisch, und es machte ihn zutiefst betroffen, daß dieser so sehr seinen Vorstellungen entsprechende Sänger, auf dessen weitere Entwicklung er zudem große Hoffnungen setzte, drei Wochen nach der vierten Münchner „Tristan"-Aufführung (1. Juli) am 21. Juli 1865 überraschend starb. Wie Wagner Schnorrs Interpretation des Tristan erlebt hatte, schilderte er in seinen 1868 geschriebenen „Erinnerungen an Ludwig Schnorr von Carolsfeld". Vgl. Text S. 410f.

164. „Tristan", Marmor-Statuette von Caspar Zumbusch, 1866. NA.

Statuetten wie diese wurden als Auftragsarbeiten Ludwig II. von nahezu allen Hauptfiguren der Wagnerschen Opern angefertigt. Zumbusch (1830–1915) arbeitete 1864 auch eine Marmorbüste Wagners für Ludwig II., die Wagners besondere Zustimmung fand.

165. „Tristan und Isolde", Entwurf zum Szenenbild des 1. Aktes, angefertigt für die Uraufführung 1865 von Angelo II Quaglio. Theatermuseum München.

Gezeigt ist der Durchblick zum Bug des Schiffes mit König Markes Burg im Hintergrund, wie sie sich am Schluß des 1. Aktes, bei der Ankunft des Schiffes in Cornwall, präsentiert.

166. „Tristan und Isolde", Szenenbild des 3. Aktes, Aquarell, angefertigt 1866 von Angelo II Quaglio in Anlehnung an die Uraufführung. Wittelsbacher Ausgleichsfonds, München.

Dargestellt ist der Moment, da Kurwenal Isoldes Schiff erblickt („Ha! Das Schiff! Von Norden seh' ich's nahn").

167. Karikatur auf die Beziehung zwischen Wagner, Bülow und dessen Frau Cosima während der Münchner „Tristan"-Zeit. B. Schott's Söhne, Mainz.

Wagner ist dargestellt als Prinz Paris, der Helena (= Cosima) entführt, dabei aber von König Menelaus (= Hans von Bülow) überrascht wird. Rechts unten die Wagner in den Mund gelegten Worte: „Und ich entführ' sie doch, das steht schon im Homer! Richard Paris." Wagners Beziehung zu Cosima von Bülow begann nach allem, was bekannt ist, im November 1863. Im Sommer 1864 zog Cosima erstmals für längere Zeit zu Wagner, und am 10. April 1865, am gleichen Tage, an dem ihr Mann Hans von Bülow die erste Orchesterprobe zum „Tristan" abhielt, gebar sie das erste Kind, das sie gemeinsam mit Wagner hatte, Isolde, das aber als Kind Bülows galt (Wagner war Pate bei der Taufe!) und auch später von Cosima offiziell nicht als Kind Wagners anerkannt wurde.

168. Bülow als Dirigent des „Tristan", Karikatur im „Münchener Punsch", 1865.
Die Darstellung, die zugleich eine Karikatur auf den „Tristan" war, veranschaulicht über die karikierende Verzerrung hinweg etwas von der Art von Bülows Dirigieren und zeigt deutlich die neue Rolle, in die Wagners Opern den Dirigenten versetzten. Der Dirigent ist hier nicht mehr Kapellmeister, sondern Nachschöpfer des Werks.

169. Richard Wagner, Ölbild von Friedrich Pecht, München, Dezember 1864/Januar 1865. The Metropolitan Museum of Art, New York.
Wagner war mit dem Maler Friedrich Pecht (1814–1903) seit seiner ersten Pariser Zeit (1839–1842) befreundet und, da Pecht seit 1854 in München lebte, lag es nahe, ihn mit der Anfertigung eines Porträts zu betrauen, als Ludwig II. Wagner um ein solches Porträt bat. Aus diesem Zusammenhang erklärt sich, warum auf Pechts Gemälde rechts im Hintergrund die Büste Ludwig II. wiedergegeben ist. Wegen der Bezahlung des Bildes kam es zwischen Ludwig II. und Wagner zu einer Verstimmung. Der König verstand das Porträt als Geschenk Wagners, dieser aber wollte die Summe augenscheinlich nicht aus eigener Tasche zahlen, rechnete vielmehr damit, daß Ludwig II. das Bild offiziell kaufen werde. Vgl. Text S. 412f.

170. Ansicht der für Ludwig II. erbauten Venusgrotte in Linderhof, in roter Beleuchtung, Aquarell von Heinrich Breling, 1881 (Ausschnitt). Bayerische Verwaltung der Staatlichen Schlösser, Gärten und Seen, München.
Die von August Heckel ausgemalte Grotte stellt im Hintergrund die 1. Szene des 1. Aktes aus Wagners „Tannhäuser" dar, das sogenannte Bacchanal im Venusberg. Im Mittelgrund ein künstlicher See, zu dem ein ebenso künstlicher Wasserfall (rechts) abstürzt (auch dieser aus Wagners Szenenbeschreibung übernommen). Der von Franz Seitz entworfene Kahn sollte möglicherweise einer der Orte sein, von denen aus Ludwig II. Aufführungen, wohl vor allem des „Tannhäuser", die in der Grotte stattfinden sollten, zu genießen gedachte.

171. Johann Christof Wagenseil, „Chronik der Freien Stadt Nürnberg", Nürnberg 1697, Titelseite des Anhanges „von der Meister-Singer Holdseligen Kunst". NA.
Dieses Buch, auf das Wagner bereits 1845 bei der Lektüre von Gervinus' „Geschichte der poetischen National-Literatur der Deutschen" gestoßen war, bildete die Hauptquelle für Wagners Kenntnisse über die historischen Meistersinger. Die Lektüre des Buches erfolgte jedoch erst im November 1861 durch Vermittlung von Wagners Freund Peter Cornelius.

172. „Die Meistersinger von Nürnberg", Entwurf zum „Wach auf"-Chor. NA.
Die erste Skizze zur Melodie des Chores, der in der Abbildung bereits in ausgearbeiteter Gestalt wiedergegeben ist, notierte Wagner Anfang 1862 in der „Taverne anglaise" in Paris, in der er während seines Parisaufenthaltes 1861/62 seine Mahlzeiten einzunehmen pflegte. Vermutlich war sie die erste konkrete Musik, die Wagner zu den „Meistersingern" niederschrieb. Zum Zeitpunkt der Notation der Melodie arbeitete er gerade am Textbuch des 1. Aktes. Die hier wiedergegebene Ausarbeitung dürfte im März oder April 1862 vorgenommen worden sein.
173. „Die Meistersinger von Nürnberg", Seite 1 des Entwurfs des Vorspiels. NA.
Wie schon beim „Tristan" stellte Wagner auch bei den „Meistersingern" die Komposition der Ouvertüre nicht, wie es traditionell üblich war, ans Ende der kompositorischen Arbeit, sondern an den Anfang. Er begann also nicht mit der Vertonung der 1. Szene des 1. Aktes, sondern mit dem Vorspiel, das auf diese Weise die Funktion des motivischen Fundus für die Oper erhielt. Oben rechts das Anfangsdatum „Biebrich. 13 April 1862".
174. Franz Schott, Lithografie von A. Selb, 1852. B. Schott's Söhne, Mainz.
Der Mainzer Verleger ging 1859 das Risiko ein, die Rechte zum „Rheingold" zu erwerben, nachdem sich Wagner zuvor vergeblich bemüht hatte, Breitkopf & Härtel, den Verlag seines „Lohengrin" und „Tristan", zur Annahme des Werkes zu bewegen. Schott erwarb später auch die anderen Werke der Tetralogie, dazu die „Meistersinger" und „Parsifal", und wurde so zum eigentlichen Wagner-Verlag, der er bis heute ist. Die im Entstehen begriffene Kritische Gesamtausgabe (vgl. Bibliographie) erscheint ebenfalls bei B. Schott's Söhne in Mainz. Schott half Wagner 1861/62 durch Vorschüsse auf die „Meistersinger" aus seiner finanziellen Bedrängnis, stellte aber seine Zahlungen ein, als es mit der Komposition der „Meistersinger" nicht, wie vereinbart, voranging.
175. „Die Meistersinger von Nürnberg", Seite 96 der Erstausgabe des Textbuchs, Mainz 1863, mit Korrekturen von der Hand Wagners. B. Schott's Söhne, Mainz.
Die Abbildung zeigt zwei Seiten aus Wagners Handexemplar des gedruckten Textbuchs, in dem auf jedes bedruckte Blatt ein ursprünglich leeres folgt, auf dem Änderungen und Ergänzungen festgehalten werden konnten. Die Seite 96 enthält den sogenannten Wahn-Monolog aus dem 3. Akt in der ursprünglichen Gestalt, rechts daneben findet sich Wagners handschriftliche Änderung, wie sie seiner Komposition entspricht und in spätere Druckausgaben des Textbuchs übernommen wurde.
176.–177. „Die Meistersinger von Nürnberg", Figurinen für die Uraufführung am 21. Juni 1868, angefertigt von Franz Seitz. RWG.
176. Eva (3. Akt). – 177. Walther von Stolzing (3. Akt). Vgl. Text S. 422–426.

178. „Die Meistersinger von Nürnberg", 1. Akt, 1. Szene, Zeichnung von Theodor Pixis, München 1868. Wittelsbacher Ausgleichsfonds, München.
Die auf die Uraufführung am 21. Juni 1868 zurückgehende Darstellung zeigt im Hintergrund die Gemeinde, die nach Beendigung des Gottesdienstes die Kirche verläßt, in der Mitte die besorgte Magdalene und vorn Eva, die von Walther gefragt wird, ob sie schon Braut sei.
179. „Die Meistersinger von Nürnberg", Entwurf zum Szenenbild des 2. Aktes für die Uraufführung, angefertigt von Angelo II Quaglio. Theatermuseum München.
Links das Haus von Hans Sachs, rechts dasjenige Pogners, dazwischen die in den Hintergrund führende Straße (vgl. Nr. 81). Vgl. Text S. 422–426.
180. „Die Meistersinger von Nürnberg", Entwurf zur 5. Szene des 3. Aktes (Festwiese) für die Uraufführung, angefertigt von Heinrich Döll, München 1868. Wittelsbacher Ausgleichsfonds, München.
Das Bild gibt lediglich das Bühnenbild, aber keinen bestimmten Augenblick der Festwiesenszene wieder. Vgl. Text S. 422–426.
181. Titelseite des „Münchener Punsch" vom 17. März 1867.
Die Karikatur spielt darauf an, daß Wagner im März 1867 in Geldangelegenheiten von Tribschen nach München kam und in Audienzen bei Ludwig II. erreichte, daß ihm am 16. März 12000 Gulden ausbezahlt wurden.
182. Titelseite einer „Meistersinger"-Parodie: „Hepp, hepp! oder Die Meistersinger von Nürnberg. Große confessionell-socialdemokratische Zukunftsoper in 3 gegenwärtigen Acten für die Vergangenheit componirt von Richard. Text auch von Richard, aber von einem anderen." Die Parodie, vermutlich aus dem Jahre 1870, richtete sich ebensosehr gegen Wagners Kunsttheorie wie gegen seine Weltanschauung, in der der Verfasser anscheinend eine Mischung aus nationalem Chauvinismus, Antisemitismus und Sozialismus sah.
183. Karikatur aus dem „Münchener Punsch" 1865 mit der Überschrift „Einer auf dem Eise".
Angespielt wird auf Wagners umstrittene Rolle als Günstling Ludwig II. im Jahre 1865. Die zugehörige Bildunterschrift lautet: „Münchener Kindl. Sie, wenn Sie den Kopf so hoch tragen, geben S' acht, daß S' fei net in das Loch da 'neinfallen!" Zur „Ungnade" wie in der Karikatur kam es zwar nicht, aber Wagner mußte München und Bayern im Dezember 1865 verlassen. Vgl. Text S. 414–419.
184. „Don Richard Juan Lohentrist", Leipziger Flugblatt, um 1869.
Die Karikatur zielt auf Wagners Beziehung zu Frauen allgemein und zu Cosima von Bülow im besonderen. Sie stellt Wagner als Don Giovanni dar und Cosima als Donna Anna zu seinen Füßen. Cosimas Vater, Franz Liszt, erscheint als Komtur zu Pferde (rechts), und ihr Ehemann Hans von Bülow in der Rolle des Leporello mit dem Sündenregister (links unten). Oben links tritt Mathilde Wesendonck als Donna Elvira auf. Ludwig II. betrachtet das Schauspiel als „Parsival" [sic] –, nämlich als „tumber Tor", der er in bezug auf Wagners Beziehung zu Cosima auch tatsächlich war. Die Wag-

ners Kopf umschwirrenden Fliegen sind die jüdischen Komponisten Meyerbeer, Mendelssohn Bartholdy und Offenbach. Rechts unten Anspielungen auf Werke Wagners („Rheingold“, „Lohengrin“).

185. Tribschen mit Pilatus, Kopie eines verschollenen Aquarells. RWG. Bei einem Besuch des Vierwaldstättersees entdeckten Wagner und Cosima von Bülow am 30. März 1866 das auf einer Halbinsel gelegene abgeschiedene Haus (Bildmitte), das Wagner sogleich mietete und bis zum April 1872 bewohnte. Hier beendete er sowohl die „Meistersinger“ (1867) als auch den „Siegfried“ (1871) und begann die Komposition der „Götterdämmerung“.

186. Karikatur im Wiener Humoristischen Volksblatt „Kikeriki!“, 1872, mit der Unterschrift „Das Judentum in der Musik, wie es Richard Wagner gefällt – wenn es nämlich 25 Gulden für einen Fauteuil bezahlt.“ Karikaturen auf Wagners Antisemitismus gab es vor allem nach der Buchveröffentlichung seiner Schrift „Das Judentum in der Musik“ (vgl. Nr. 188).

187. „Deutsche Kunst und deutsche Politik“, Titelseite der ersten Buchausgabe, Leipzig 1868.
Wagner begann die Schrift als Artikelserie für die von Julius Fröbel redigierte „Süddeutsche Presse“ im September 1867; nach der 13. Folge verbot Ludwig II. jedoch den weiteren Abdruck in dieser halbamtlichen Zeitung. Daraufhin veröffentlichte Wagner seine Texte in Buchform. Die Schrift ist vor allem eine Auseinandersetzung mit der Frage „Was ist deutsch?“, einer Frage, die Wagner bereits 1865 intensiv beschäftigt hatte, und die man als persönliche Suche nach Identität und Selbstverständnis, wenige Jahre vor der Konstituierung des Deutschen Reiches, auch als Symptom und Charakteristikum der Zeit wird ansehen müssen, nicht anders als die „Meistersinger“, zu denen die Schrift zumindest partiell ein Kommentar ist.

188. „Das Judenthum in der Musik“, Titelseite der ersten Buchausgabe, Leipzig 1869.
Wagner hatte dieses erschreckende, wenn auch vielleicht noch nicht einmal schlimmste Zeugnis seines Antisemitismus bereits 1850 in der „Neuen Zeitschrift für Musik“ veröffentlicht, sich seinerzeit jedoch noch gescheut, mit seinem Namen zu zeichnen, und den Text daher mit dem Pseudonym K. Freigedank versehen. 1868/69, im Zuge eines verstärkten Antisemitismus in Deutschland, ließ Wagner den alten Text mit seinem vollen Namen erscheinen und mit einem Vorwort, in dem er behauptete, von Juden verfolgt worden zu sein. Der Antisemitismus gehört zu den dunkelsten Seiten in Wagners Charakter, und es ist gewiß falsch, ihn als harmlose Grille abzutun oder mit dem Hinweis auf jene Juden entkräften zu wollen, mit denen Wagner umging, wie Carl Tausig, Joseph Rubinstein, Hermann Levi. Wagner behandelte diese Menschen anders als die Nichtjuden, behielt stets Vorbehalte ihnen gegenüber, und sie ihrerseits paßten sich Wagners Anschauung an, ordneten sich ihr unter. Hermann Levi (vgl. Nr. 266) liefert ein erschütterndes Beispiel dafür, zu welcher Selbstverleugnung und -erniedrigung die Übernahme und Anerkennung des Wagnerschen Antise-

mitismus führte. Es duldet keinen Zweifel, daß Wagners Antisemitismus, der durch den Bayreuther Kreis und die Wagnerianer vielfach multipliziert wurde, ein nicht unbedeutendes Element der deutschen Geschichte in der zweiten Hälfte des 19. Jahrhunderts war. Insofern hat auch Wagner dem Nationalsozialismus den Boden bereitet. Vgl. Text S. 431 f.

189. „Siegfried", 3. Akt, 3. Szene, Partitur. NA.
Die wiedergegebene Partiturseite enthält Brünnhildes erste Worte „Heil dir, Sonne! Heil dir, Licht!" nach der Erweckung durch Siegfrieds Kuß. Sie ist ein gutes Beispiel für die kalligraphische Schrift, mit der Wagner seine Partituren zu schreiben pflegte. Geschrieben im Herbst 1870 in Tribschen.

190. „Das Rheingold", Theaterzettel der Uraufführung. Theatermuseum München.
Die Uraufführung am 22. September 1869 fand gegen Wagners Willen auf Anordnung Ludwig II. statt, dem Wagner bereits 1865 die originale Partitur des Werks zum Geburtstag geschenkt hatte. Da der Wagner ergebene Musikdirektor Hans Richter (vgl. Nr. 244) sich weigerte, die Aufführung zu dirigieren, betraute Ludwig II. Franz Wüllner mit der Aufgabe. Vgl. Text S. 429 f.

191. „Das Rheingold", Zeichnung von Theodor Pixis, „Illustrirte Zeitung", Leipzig, 23. Oktober 1869.
Die sich an die Münchner Uraufführung anschließende Szenenfolge zeigt oben links die drei Rheintöchter und rechts den Raub des Rheingoldes durch Alberich (1. Szene), im großen Mittelbild Freias Geiselnahme durch die Riesen vor dem Hintergrund Walhalls (2. Szene) und unten Wotan mit Loge (rechts) in Nibelheim (3. Szene).

192.–193. „Die Walküre", Zeichnungen von Theodor Pixis, München 1870. Wittelsbacher Ausgleichsfonds, München.
Die Uraufführung der „Walküre" (München, 26. Juni 1870) fand wie diejenige des „Rheingold" gegen Wagners Willen auf Anordnung Ludwig II. statt. Dieser besaß Wagners originale Partitur seit 1866. Dirigent war wieder Franz Wüllner.
192. 2. Akt, 4. Szene, Todverkündigung: rechts Siegmund, der die ohnmächtige Sieglinde im Arm hält, links Brünnhilde mit ihrem Roß Grane.
193. 3. Akt, 2. Szene (Schluß): im Hintergrund die davonstürmenden Walküren, im Vordergrund links Wotan, in der Mitte am Boden Brünnhilde, ihrer Bestrafung gewärtig. Vgl. Text S. 430 f.

194. Richard Wagner, Fotografie von Jules Bonnet, Tribschen, Herbst 1867.
Die Aufnahme stammt aus einer Serie, die Wagner erstmals mit dem für den späteren „Bayreuther Meister" charakteristischen Barett zeigt (vgl. Nr. 214). Das Tragen des Baretts war indessen nicht nur Künstlerattitüde allgemein und das Attribut des „deutschen" Meisters, sondern vor allem auch Huldigung an Ludwig Geyer, der ebenfalls gern das Barett getragen und sich selbst mehrfach mit Barett porträtiert hatte (vgl. Nr. 3). Wagner gefiel die Fotografie augenscheinlich; denn er verschickte sie häufig, zum

Teil mit witzigen Unterschriften, wie z. B.: „Richard Wagner auf Tribschen die berühmte Briefarie singend, und zwar lediglich zum Ergetzen seines Freundes Glasenapp“ (vgl. Nr. 252).

195. Richard Wagner mit seiner Tochter Eva, Fotografie von Jules Bonet, Tribschen, Herbst 1867.

Eva, das zweite Kind der Verbindung Wagners mit Cosima von Bülow, kam am 17. Februar 1867 in Tribschen zur Welt. Sie heiratete 1908 den Kulturphilosophen und Rassentheoretiker Houston Stewart Chamberlain (1855–1927), dessen Buch „Die Grundlagen des 19. Jahrhunderts“ von nachhaltigem Einfluß auf die Weltanschauung des Nationalsozialismus war. Eva starb 1942.

196. „Siegfried-Idyll“, Seite 1 der Partitur-Erstschrift, Richard Wagner Museum Tribschen.

Wagner schrieb dieses Stück, das zu den wenigen wahrhaft bedeutenden Instrumentalkompositionen seines Werkes (außerhalb der Oper) gehört, nach der Legalisierung seiner Beziehung zu Cosima im Herbst 1870 und brachte es ihr am 25. Dezember 1870, an ihrem dreiunddreißigsten Geburtstag, als Ständchen dar. In der Widmungshandschrift, die er Cosima überreichte, war die Komposition mit „Symphonie“ überschrieben, einer Bezeichnung, die Wagners Anspruch unmißverständlich zum Ausdruck bringt, während der spätere Veröffentlichungstitel „Siegfried-Idyll“ das Werk eher verharmlost. Das einsätzige Stück, das sich Wagner im übrigen durchaus nicht nur in der kleinen Orchesterbesetzung vorstellte, zu der man bei der Tribschener Uraufführung aus Raummangel gezwungen war, kann als Modell jener Sinfonien gelten, die zu schreiben sich Wagner während seiner Bayreuther Jahre immer wieder vornahm, die aber nie über Skizzen von Themen und Satzanfängen hinausgelangten. Die hier wiedergegebene Partitur-Erstschrift beendete Wagner am 4. Dezember 1870.

197. Richard und Cosima Wagner, Fotografie von Fritz Luckhardt, Wien, 9. Mai 1872. RWG.

Das Bild ist gleichsam das offizielle Hochzeitsfoto Wagners und Cosimas, wenn auch erst fast zwei Jahre nach der Trauung angefertigt. Daß Wagner steht, während Cosima sitzt, dürfte seinen Grund darin haben, daß Cosima größer war als Wagner (vgl. Nr. 278), das Foto – dem traditionellen Rollenverständnis von Mann und Frau entsprechend – diesen Unterschied jedoch nicht erkennen lassen sollte.

198. Trauungsanzeige vom 25. August 1870. NA.

Die Trauung Wagners mit der wenige Wochen zuvor von Hans von Bülow geschiedenen Cosima fand in der protestantischen Hofkirche von Luzern statt (vgl. Nr. 128). Trauzeugen waren Malvida von Meysenbug und Hans Richter (vgl. Nr. 152 und 244). Vgl. Text S. 428 f.

199. Judith Gautier, Fotografie von Nadar, Paris, 1875. NA.

Judith Gautier (1846–1917) war die Tochter des Schriftstellers Théophile Gautier (1811–1872), der sich schon vor den skandalbegleiteten Pariser Aufführungen von 1861 für den „Tannhäuser“ eingesetzt hatte; sie scheint schon als junges Mädchen eine leidenschaftliche Wagner-Verehrerin gewesen zu sein. Bestärkt wurde sie in dieser Haltung durch den seit 1860/61 mit Wagner befreundeten Schriftsteller Catulle Mendès (1841–1909), den sie 1868 heiratete. Zusammen mit ihm und dem Grafen Villiers de l'Isle-Adam (vgl. Nr. 200) reiste sie 1869 nach Tribschen zu Wagner, der sie von Anfang an als Freundin und nicht nur als eine seiner vielen Verehrerinnen angesehen zu haben scheint. 1870 wiederholte sich der Besuch der „chèr Trinité", wie Wagner die drei Franzosen nannte. Schon zu dieser Zeit schrieb Judith Gautier Artikel über Wagner. Die Abbildung zeigt sie etwa so, wie Wagner sie 1876 erlebt haben dürfte, als sie zu den ersten Festspielen nach Bayreuth kam. Sie war seit 1874 von Mendès geschieden und scheint 1876 auf Wagner eine ganz außergewöhnlich heftige erotische Faszination ausgeübt zu haben. Was zwischen Wagner und ihr im Sommer des Jahres tatsächlich geschah, ist unbekannt. Es sind lediglich vage Schlüsse möglich an Hand der Briefe, die Wagner ihr später schrieb. Ob die heimlichen Zusammenkünfte in einem Bayreuther Haus, die Umarmungen und Küsse, von denen in Wagners Briefen die Rede ist, tatsächlich erlebt oder nur Wunschvorstellungen waren, muß dahingestellt bleiben. Judith Gautier wies offiziell stets zurück, die Geliebte Wagners gewesen zu sein, in privaterem Kreise dagegen neigte sie dazu, den wahren Charakter ihrer Beziehungen zu Wagner im Unklaren zu lassen. Auf Wagners Wunsch, im Mai 1877 sich mit ihm in London, wo er Konzerte dirigierte, zu treffen, ging sie nicht ein. Der besondere, vor Cosima verborgen gehaltene Briefwechsel zwischen Wagner und Judith Gautier, von dem allerdings nur Wagners leidenschaftliche Briefe und auch diese nicht vollständig erhalten sind, begann nach den Bayreuther Festspielen 1876 und dauerte etwa anderthalb Jahre. Er begleitete die Entstehung des „Parsifal"-Textbuchs und den Beginn der „Parsifal"-Komposition. Es wäre zu einfach, Judith Gautier darum als Muse des „Parsifal" zu bezeichnen, es duldet jedoch keinen Zweifel, daß Wagner aus ihrer Jugend und ihrer Schönheit ganz allgemein Kraft zog für sein Werk, auch wenn sich die leibhaftige Erotik mehr in seiner Vorstellung abspielte als in Wirklichkeit. Später gehörte Judith Gautier zum allgemeinen Freundeskreis Wagners. 1881 war sie noch einmal bei Wagner zu Besuch. Sie übersetzte den „Parsifal" ins Französische, schrieb das auch ins Deutsche übertragene Buch „L'oeuvre poétique de Richard Wagner" (Richard Wagner und die Dichtung) und hinterließ mehrere Schilderungen ihrer Begegnungen mit Wagner. Als Schriftstellerin zeichnete sie sich durch ihre Vorliebe für den Orient aus und durch eine Neigung zu exotischen Themen. Vgl. Text S. 483 ff.

200. Graf Villiers de l'Isle-Adam, Zeichnung von Loys Deltech, 1896. Richard Wagner Museum Tribschen.

Graf Villiers (1838–1889), als Schriftsteller vor allem bekannt durch seine „Contes cruels" (Grausame Geschichten), besuchte Wagner 1869 in Tribschen, gemeinsam mit Catulle Mendès und dessen Frau Judith, geb. Gautier (vgl. Nr. 199). Er gehört in die lange Reihe jener bedeutenden französischen Schriftsteller, die von Wagner fasziniert waren und deren Schaffen nachhaltig durch Wagner beeinflußt wurde (vgl. Nr. 146).

201. Friedrich Nietzsche (1844–1900), Ölbild eines unbekannten Malers, 1869. Collection Pierre Vozlinsky, Paris.

Wagner lernte den Altphilologen und Philosophen am 8. November 1868 im Hause seines Schwagers Hermann Brockhaus in Leipzig kennen. Kurz zuvor war Nietzsche durch ein überwältigendes Erlebnis von Musik aus dem „Tristan" und den „Meistersingern" zum Parteigänger Wagners geworden. Als er im folgenden Jahr als Professor nach Basel berufen wurde, nahm er die Gelegenheit wahr, die Nähe zu Tribschen zu einem Besuch Wagners zu nutzen. Es entwickelte sich eine Freundschaft zwischen ihm, Wagner und Cosima. In der Folgezeit war Nietzsche häufig und regelmäßig zu Gast in Tribschen. Seine erste große Schrift „Die Geburt der Tragödie aus dem Geiste der Musik" (vgl. Nr. 202–203) entstand nicht nur unter dem Eindruck der Wagnerschen Kunst, sondern wurde ganz buchstäblich von Wagner mitgeprägt; denn selbstverständlich wurde bei Nietzsches zahlreichen Besuchen über das Buch diskutiert, und bevor Nietzsche es zum Druck gab, las er es Wagner im April 1871 vor, um im Anschluß daran insbesondere Wagner selbst betreffende Änderungen und Ergänzungen vorzunehmen. In seinem „Vorwort an Richard Wagner" gab er dem genuinen Zusammenhang der Schrift mit der Kunst Richard Wagners Ausdruck. Bis 1876 scheint die Beziehung zwischen Wagner und Nietzsche ungetrübt gewesen zu sein. In seiner vierten „Unzeitgemäßen Betrachtung" mit dem Titel „Richard Wagner in Bayreuth", die unmittelbar vor Beginn der ersten Festspiele 1876 erschien, trat er noch uneingeschränkt-enthusiastisch für Wagner, sein Werk und dessen Bedeutung für Deutschland ein, obwohl bisweilen behauptet wird, man könne in dieser Schrift, zumindest zwischen den Zeilen, den Schritt zur Abkehr schon finden. Über die Ursache des Bruchs zwischen Wagner und Nietzsche wird bis heute gerätselt.

Daß sich Nietzsche an Wagners „Parsifal" gestoßen hätte, leuchtet nicht ein, da er den 1865 verfaßten Prosaentwurf dazu bereits 1869 kennengelernt hatte. Belastungen der persönlichen Beziehungen ergaben sich aus Wagners Einmischung in Nietzsches Privatsphäre, genauer gesagt, in sein Sexualleben, in das Wagner zudem weniger durch Nietzsche selbst als vielmehr durch dessen Arzt Otto Eiser, der sich um das Arztgeheimnis augenscheinlich nicht scherte, Einblick bekam. Ein anderes Motiv könnte die rigorose und wenig rücksichtsvolle Art gewesen sein, mit der Wagner Nietzsches eigene Kompositionen beiseite schob; denn Nietzsche komponierte nicht ambitionslos nebenbei, sondern hatte großen kompositorischen Ehrgeiz. Nicht zu vergessen ist schließlich die dritte Person – Cosima – aus dem Tribschener Idyll, wie man die Beziehung zwischen Wagner, Nietzsche und Cosima während der Tribschener Jahre Wagners (1869–1872) genannt hat. Nietzsche faßte – wie es scheint – eine tiefe Zuneigung zu Cosima, die ihn bis an sein Lebensende nicht losließ. Der wichtigste Gesichtspunkt dürfte jedoch sein, daß Nietzsches Philosophie eigene Wege ging und ihn in Gegensatz zu Wagner, seiner Kunst und seiner Weltanschauung brachte. Dabei mußte er sich von Wagner als einer Vaterfigur lösen, was nur partiell gelang. Auch die Schriften gegen Wagner („Der Fall Wagner", „Nietzsche contra Wagner", beide 1888) zeigen eine intensive Bindung Nietzsches an Wagner, von dem Nietzsche meinte, er habe sich von ihm wie von einer Krankheit befreit. Auffällig ist, daß Nietzsche gerade in der Zeit seiner Abwendung von Wagner Texte über ihn und seine Werke schrieb, die in der Genauigkeit der Beobachtung und ihrer hellsichtigen Charakterisierung bis heute zum Besten gehören, was über Wagner geschrieben wurde. Vgl. Text S. 426f., 447ff., 459f.

202.–203. Friedrich Nietzsche, „Die Geburt der Tragödie aus dem Geiste der Musik", Erstausgabe, Leipzig 1872.
202. Titelseite. – 203. Erste Seite des „Vorworts an Richard Wagner".

204. „Bilanz des Jahres 1871", Lithografie von Honoré Daumier, 1871. Kunstbibliothek der Staatlichen Museen, Preußischer Kulturbesitz, Berlin.
Das Bild zieht ein realistisch-anklagendes Resümée aus dem Krieg zwischen Deutschland und Frankreich, der im Juli 1870 mit der von Bismarck provozierten Kriegserklärung Frankreichs an Preußen begann und mit der französischen Niederlage bei Sedan (1. September 1870) und der Kapitulation von Paris im Januar 1871 endete. Wagner sah weder das durch den Krieg heraufgerufene Leid noch die besondere Absurdität einer bewaffneten Auseinandersetzung zwischen Angehörigen der gleichen Kultur, sondern ergriff ausnahmslos Partei für die deutsche Seite. Dabei verhielt er sich nicht einmal nur als braver Patriot, sondern gebärdete sich militant-chauvinistisch. Produkte dieser Haltung waren ein im November 1870 verfaßtes „Lustspiel in antiker Manier" mit dem Titel „Eine Kapitulation", eine rüde Verspottung der unterlegenen Franzosen, die Wagner in Frankreich zahlreiche Gegner eintrug und ihm viele Freunde abwendig machte, sowie das Gedicht „An das deutsche Heer vor Paris" vom Januar 1871, mit dem er den Sieg über Frankreich feierte und das ihm den Dank Bismarcks einbrachte. Wagners Chauvinismus gegenüber Frankreich gehört neben seinem Antisemitismus zu jenen nicht zu verharmlosenden Zügen, die als Elemente des deutschen Bewußtseins in der 2. Hälfte des 19. Jahrhunderts den Gang der deutschen Geschichte in so schlimm-apokalyptischer Weise geprägt haben. Vgl. Text S. 432.

205. Bulletin der „Basler Nachrichten" vom 3. September 1870, aus dem Besitz Richard Wagners. NA.
Wiedergegeben ist ein Telegramm vom 2. September 1870, in dem der preußische König Wilhelm I. der Königin die Kapitulation des französischen Heeres bei Sedan und die Gefangennahme des französischen Kaisers Napoléon III. (vgl. Nr. 138) mitteilte.

206. Proklamation des Deutschen Kaiserreichs am 18. Januar 1871 in Versailles, „Illustrirte Zeitung", Leipzig, 25. Februar 1871.

Das Bild zeigt den sogenannten Spiegelsaal des Schlosses von Versailles, in der Mitte König Wilhelm I. von Preußen, der zum Deutschen Kaiser ausgerufen wurde. Wagners Reaktion darauf war die Komposition des Kaisermarsches (vgl. Nr. 207).

207. „Kaisermarsch", Entwurf des Schlußchors. NA.
Den Schluß der Komposition bildet eine Hymne auf Wilhelm I., der als Bezwinger Frankreichs und Schöpfer des Deutschen Reiches gefeiert wird. Wagner stellte sich den Schlußgesang als großen Volkschor vor und hegte zumindest zeitweise die Hoffnung, er werde zur Nationalhymne avancieren. Auch der Kaisermarsch selbst errang jedoch nicht die Geltung, die sich Wagner erhofft hatte. Der abgebildete Entwurf wurde vermutlich im Februar 1871 geschrieben.

208.–209. Dokumente der offiziellen internationalen Anerkennung Wagners.
208. Urkunde der Ernennung zum Ehrenmitglied der kaiserlich-russischen Musik-Gesellschaft, 18. Mai 1872. NA.
209. Ehrenbürgerbrief der Stadt Bologna, 1. August 1872. NA.

210. Das Markgräfliche Opernhaus in Bayreuth, Ölbild von Gustav Bauernfeind, 1879. Theatermuseum München.
1870 wurde Wagner durch einen Lexikonartikel auf dieses 1744–1748 erbaute Barock- und Rokokotheater aufmerksam, stellte jedoch gleich beim ersten Besuch im April 1871 fest, daß es für die Aufführung der „Ring"-Tetralogie ungeeignet war. Immerhin aber war es dieses Theater, das Wagners Aufmerksamkeit auf Bayreuth lenkte; denn bei dem Besuch, der der Besichtigung des Markgräflichen Opernhauses galt, faßte Wagner den Entschluß, in Bayreuth sein Theater zu etablieren. Am 22. Mai 1872, am Tage der Grundsteinlegung des Festspielhauses – es war zugleich Wagners 59. Geburtstag – dirigierte Wagner hier eine Aufführung von Beethovens IX. Sinfonie (vgl. Nr. 17).

211. Patronat-Schein. NA.
Durch die Ausgabe von sogenannten Patronat-Scheinen zu je 300 Talern, die dem Erwerber freien Zutritt zu allen bei den ersten Festspielen geplanten Aufführungen garantierten, sollten sowohl der Bau des Festspielhauses als auch die ersten Festspiele mit den ersten zyklischen Aufführungen vom „Ring" finanziert werden. Das Verfahren erwies sich jedoch als unzureichend. Unter anderem waren zahlreiche Spenden, Einnahmen von Konzerten, die Wagner eigens zu diesem Zweck dirigierte, und Vorschüsse, z. B. von Ludwig II., nötig, um das Festspielhaus fertigzustellen und die ersten Festspiele stattfinden zu lassen, die dennoch mit einem Defizit endeten.

212. Plan des Bayreuther Festspielhauses, Querschnitt, Entwurfzeichnung. RWG.
Die Abbildung zeigt eine scharfe Trennung von Publikums- und Bühnenhaus. Erkennbar sind ferner der ansteigende Zuschauerraum und der Verzicht auf Logen und Ränge. In der Mitte die Vertiefung für das versenkte,

unsichtbare Orchester, die, da sie zunächst augenscheinlich zu klein geplant war, nachträglich vergrößert werden mußte.

213. „Der Ring des Nibelungen", Vorlage der Titelseite für den Druck. B. Schott's Söhne, Mainz.
Mit der Widmung an Ludwig II. honorierte Wagner die Verdienste des bayerischen Königs um die Fertigstellung der Tetralogie. Die Beschwörung des „deutschen Geistes" veranschaulicht den nationalen Anspruch, den Wagner mit dem Werk und dessen Aufführung im Rahmen von Bühnenfestspielen erhob.

214. Richard Wagner, Ölbild von Franz Lenbach, Dezember 1871 (Ausschnitt). Winifred Wagner, Bayreuth.
Das Porträt muß als die repräsentative Darstellung des „Bayreuther Meisters" schlechthin gelten. Es dürfte nicht übertrieben sein, wenn man behauptet, daß bis heute das Bild, das in der Öffentlichkeit gemeinhin von Wagner herrscht, von diesem Porträt geprägt ist. Zu Wagners Eigenheit, ein Barett zu tragen vgl. Nr. 194.

215. „Götterdämmerung", Seite 1 der Partitur des Vorspiels. NA.
Oben rechts das Anfangsdatum „(Bayreuth. 3 Mai 1873)".

216. Sgraffito über dem Eingang von Haus Wahnfried, angefertigt von Robert Krausse, 1874. Nach einer Fotografie in NA.
Die symbolische Darstellung beschrieb Wagner in einem Brief an Ludwig II. vom 1. Oktober 1874 (vgl. Text S. 453).

217. Haus Wahnfried, Fotografie, vermutlich 1874/75. NA.
Wahnfried, Wagners erstes und einziges eigenes Haus, wurde in den Jahren 1873/74 erbaut und überwiegend aus Mitteln Ludwig II. finanziert. Am 28. April 1874 zog Wagner ein. Die Abbildung zeigt in der Mitte über der Eingangstür das Sgraffito von Krausse (vgl. Nr. 216) und darunter den Namen des Hauses: „Wahnfried", den Wagner in der ihm eigenen Art der etymologischen Deutung von dem hessischen Ortsnamen „Wanfried" entlehnte. Der Name über der Tür erscheint als Teil eines Verses, der über dem Erdgeschoßfenster links beginnt und sich an der entsprechenden Stelle rechts fortsetzt. Der Vers lautet: „Hier wo mein Wähnen Frieden fand, Wahnfried sei dieses Haus von mir benannt." Die Büste im Rondell vor der Eingangstreppe stellt Ludwig II. dar – eine Huldigung an den Gönner –, fiel in der ersten, hier festgehaltenen Ausführung jedoch zu klein aus, so daß sie später durch eine größere, heute noch am selben Platz befindliche Büste ersetzt wurde. Heute ist Wahnfried Museum und Archiv. Vgl. Text S. 450f.

218. Anton Bruckner, Fotografie, 1873.
Bruckner (1824–1896) war seit seinem Bekanntwerden mit Wagners „Tannhäuser" ein Anhänger von Wagners Musik, die er ganz unabhängig von Text und Bühnenhandlung wahrgenommen zu haben scheint. 1865 besuchte er die ersten „Tristan"-Aufführungen in München, und der erste Kontakt mit dem von ihm stets mit größter Devotion verehrten Wagner führte dazu, daß er am 4. April 1868 in Linz die erste Aufführung von Sachs' Schlußansprache und des Schlußchors aus den „Meistersingern" lei-

ten konnte. Im September 1873 kam Bruckner nach Bayreuth, um seinen Wunsch, Wagner eine seiner Sinfonien zu widmen, persönlich vorzutragen. Bruckner legte die 2. und die 3. Sinfonie vor, und Wagner entschied sich für die dritte (vgl. Nr. 220). Bruckner blieb auch später ein überzeugter Parteigänger Wagners. Ob Wagner demgegenüber wirklich wahrnahm, daß Bruckner kein hinterwäldlerischer Organist war mit symphonischem Ehrgeiz, sondern ein bedeutender Komponist, ist zweifelhaft. Vgl. Text S. 445 f.

219. Wagner und Bruckner, Schattenbild von Otto Böhler. RWG. Die Begegnung der beiden ungleichen Meister, die allenfalls in der körperlichen Statur einige Ähnlichkeiten aufwiesen, reizte selbstverständlich zur heiter-karikierenden Darstellung.

220. Anton Bruckner, Sinfonie Nr. 3 d-Moll, Titelseite des Widmungsexemplars an Richard Wagner. NA. Vgl. Text S. 445 f.

221.–225. Wagner als Dirigent.
Die Abbildungen haben sämtlich Züge der Karikatur und geben daher Wagners Dirigierhaltungen nur ungefähr wieder. Deutlich ist jedoch, daß Wagner sowohl nach alter Art nur mit der Rechten taktierte und die Linke dabei am Gürtel fixierte (vgl. Nr. 223) als auch in der von ihm selbst mit durchgesetzten Weise mit beiden Armen zugleich dirigierte. Die Bilder zeigen außerdem eine Einzelheit, die man auf den offiziellen Wagner-Porträts nicht findet, nämlich, daß Wagner eine Brille trug (wie übrigens im Steckbrief von 1849 vermerkt ist, vgl. Nr. 94).

221. Schattenbild. Historisches Museum der Stadt Wien. – Angefertigt bei Wagners Konzert im Wiener Musikverein am 14. März 1875, das er zugunsten der Bayreuther Festspiele dirigierte.

222. Zeichnung von Gustav Gaul, Wien. Archiv der Gesellschaft der Musikfreunde, Wien. – Angefertigt bei einer Probe in Wien am 27. Februar 1875 (vgl. Nr. 221).

223. Richard Wagner „conducting the Huldigungsmarsch“, angefertigt beim Londoner Konzert am 14. Mai 1877. Zur Minderung des Defizits der Festspiele von 1876 gab Wagner im Mai 1877 acht Konzerte in der Londoner Albert-Hall, die zum Teil von ihm selbst, zum Teil von Hans Richter dirigiert wurden (vgl. Nr. 244).

224. Zeichnung von Henry Holiday, London, Mai 1877 (vgl. Nr. 223).

225. Karikatur von Gustav Gaul, Wien 1886. Dargestellt ist, wie Wagner in der Pause einer „Tristan“-Probe – zu denken ist an die Zeit der Wiener „Tristan“-Proben zu Anfang der sechziger Jahre – eine Prise Schnupftabak nimmt. Die Zeichnung geht mit Sicherheit nicht auf einen konkreten Probentag zurück, ist jedoch insofern authentisch, als Wagner in der Tat ein Konsument von Schnupftabak war.

226. Wiener Karikatur auf Wagners Antisemitismus von Karl Klic, „Humoristische Blätter“, Wien 1873. Historisches Museum der Stadt Wien.

227. Das Hofoperntheater in Wien, farbige Lithografie von Franz Alt, Wien 1872. Historisches Museum der Stadt Wien.

Der etwas irreführende originale Titel des Bildes lautet: „Der Opernring in Wien"; denn die Straße, in die man blickt und die der Hauptblickfang neben dem Opernhaus ist, ist die Kärntnerstraße, während der Opernring quer dazu verläuft. In der Hofoper studierte Wagner im November 1875 den „Tannhäuser" ein, in der ins Deutsche rückübertragenen Pariser Fassung von 1860/61, die jedoch abermals verändert war. Im Anschluß daran leitete er die Neueinstudierung des „Lohengrin", der am 15. Dezember im Hofopertheater Premiere hatte. Dirigent war jeweils Hans Richter (vgl. Nr. 244).

228. Festspielhaus Bayreuth, Fotografie, 1876. NA.
Vgl. Text S. 439–444, 457ff.

229. Blick vom Festspielhaus auf Bayreuth, Fotografie, um 1876. NA.

230. Wagner auf der Bühne des Festspielhauses bei den Vorproben zum „Ring", Zeichnung von Adolph von Menzel, Bayreuth, 8. August 1875.
Die Zeichnung vermittelt einen guten und anschaulichen Eindruck von der temperamentvollen Art, in der Wagner die Proben zu den ersten Festspielen leitete. Daß schon die Proben des Jahres 1875 als Ereignis betrachtet wurden, zeigt nicht zuletzt die Tatsache, daß Menzel (1815–1905) eigens nach Bayreuth reiste, um ihnen beizuwohnen. Geprobt wurde bereits in Kulissen und mit Orchester. Vgl. Text S. 455.

231. „Letzte Bitte" an die Ausführenden der ersten „Ring"-Aufführung, Bayreuth, 13. August 1876. RWG.
In dieser letzten Interpretationsanweisung, ausgegeben unmittelbar vor Beginn der ersten „Rheingold"-Aufführung, faßte Wagner noch einmal zusammen, worauf es ihm vor allem ankam: „Deutlichkeit! – Die grossen Noten kommen von selbst; die kleinen Noten und ihr Text sind die Hauptsache. – Nie dem Publikum etwas sagen, sondern immer dem Anderen; in Selbstgesprächen nach unten oder nach oben blickend, nie gerad'aus."

232. Festspielhaus, Innenansicht, Zeichnung, 1875.
Die Abbildung veranschaulicht, da zum Zeitpunkt ihrer Anfertigung die Bestuhlung im Festspielhaus noch fehlte, ganz besonders deutlich die Kombination von Guckkastenbühne und amphitheatralischem Zuschauerraum nach dem Vorbild altgriechischer Theater. Vgl. Text S. 387, 458.

233.–236. „Der Ring des Nibelungen", Szenenentwürfe für die Bayreuther Aufführungen 1876, angefertigt von Joseph Hoffmann. NA.
Die Wiedergabe erfolgt nach Schwarzweißkopien, da die original farbigen Entwürfe des Wiener Malers (1831–1904) heute verschollen sind. Vgl. Text S. 460–478.

233. „Das Rheingold", 1. Szene (Alberich raubt das Rheingold und verflucht die Liebe).

234. „Die Walküre", Schluß des 1. Aktes (Siegmund hat Nothung, das Schwert, aus dem Stamm der Esche gezogen; seine Schwester Sieglinde stürzt ihm in die Arme).

235. „Siegfried", 2. Akt, 2. Szene (Siegfried tötet Fafner, den Drachen).

236. „Götterdämmerung", Schlußszene (die Rheintöchter halten den Ring

und ziehen Hagen in die Tiefe des Rheins, die Halle der Gibichungen ist zusammengestürzt, im Hintergrund brennt Walhall; vorne links Gutrune, über den toten Gunther gebeugt).

237. „Die Walküre", Projektionsplatte der Laterna magica für die 1. Szene des 3. Aktes, Bayreuth 1876. Bayreuther Festspiele.
Das Bild, das auf die hintere Bühnenbegrenzung projiziert wurde, zeigt eine Walküre auf einem Luftroß, einen gefallenen Helden vor sich haltend, auf dem Wege nach Walhall. Vgl. Text S. 460–478.

238.–241. „Der Ring des Nibelungen", Figurinen für die Bayreuther Aufführungen 1876, angefertigt von Carl Emil Doepler. Bayreuther Festspiele.
238. Walküren. – 239. Wotan. – 240. Siegfried. – 241. Nornen. Vgl. Text S. 460–478.

242.–243. „Der Ring des Nibelungen", Kostümfotos von Joseph Albert, Bayreuth 1876.
242. Wanderer (Wotan), dargestellt von Franz Betz. – 243. Schwertleite, dargestellt von Wagners Nichte Johanna Jachmann-Wagner. (Da immer wieder zu lesen ist, Johanna Jachmann-Wagner sei Richard Wagners leibliche Nichte gewesen, sei bemerkt, daß sie nicht die Tochter von Wagners Bruder Albert war, sondern von dessen Frau Elise bereits mit in die Ehe gebracht wurde.)

244. Hans Richter, Fotografie, um 1876.
Richter (1843–1916), Sohn einer Sängerin, die 1857 bei der ersten Wiener „Tannhäuser"-Aufführung die Venus gesungen hatte, kam 1866 zu Wagner nach Tribschen, um als Wagners Assistent die Druckvorlage der „Meistersinger"-Partitur, eine Abschrift von Wagners Original, herzustellen. Die gleiche Arbeit verrichtete er später in bezug auf den „Siegfried". Er war Wagner treu ergeben, avancierte in den siebziger Jahren zu einem der bedeutendsten Dirigenten und war als ein Musiker, der sich auf die Technik fast aller Orchesterinstrumente verstand, prädestiniert, die ersten Bayreuther „Ring"-Aufführungen musikalisch einzustudieren und zu leiten. Wagner war schließlich jedoch nur zum Teil mit ihm zufrieden und zog ihn, als es um die Uraufführung des „Parsifal" ging, wie es scheint, von vornherein gar nicht in Betracht. Richters vertraute Stellung zu Wagner wird am besten aus der Tatsache ersichtlich, daß er 1870 bei der Eheschließung Wagners mit Cosima einer der beiden Trauzeugen war (vgl. Nr. 152, 198). Später, nach Wagners Tod, dirigierte Richter regelmäßig bei den Bayreuther Festspielen.

245.–246. „Der Ring des Nibelungen", Szenenbilder, Zeichnungen nach den Bayreuther Aufführungen 1876 von Knut Ekwal, „Illustrirte Zeitung", Leipzig, 16. und 30. September 1876.
245. „Die Walküre", 2. Akt, 5. Szene (Hunding tötet Siegmund, im Vordergrund Sieglinde).
246. „Siegfried", 3. Akt, 3. Szene (Brünnhilde erwacht).

247.–249. Karikaturen zu den ersten Bayreuther Festspielen 1876.

247. „Wagner's Gottwerdung in Bayreuth", aus „Ulk", Berlin 1876.
Auf dem Thron Richard Wagner als Wotan, im Vordergrund die Walküren, die die kranken und erschöpften Patrone der Festspiele (vgl. Nr. 211) zu Wotan nach Walhall bringen. Wotans Raben halten Blätter mit Parolen von Wagner-Jüngern in den Fängen.

248. Zeichnung aus „Die Bombe", Wien, August 1876.
Anspielung auf das historische Novum, daß nicht der Künstler zum König, sondern der deutsche Kaiser Wilhelm I. zu Wagner nach Bayreuth kam. Er besuchte den ersten „Ring"-Zyklus. Vgl. Text S. 465 f.

249. „Aus Bayreuth", aus „Ulk", Berlin 1876.
Die Unterschrift lautet: „Aeschylus und Shakespeare, nach Porges die beiden einzigen Bühnendichter, welche Wagner an die Seite gestellt werden können, machen im vorschriftsmäßigen Frack dem Meister ihre Aufwartung." Heinrich Porges (vgl. Nr. 158) war nicht der einzige, der Wagners Schaffen als den Gipfel abendländischer Dramenkunst pries, als Vollendung dessen, was durch Äschylos einerseits und Shakespeare andererseits begonnen worden war. Vgl. Text S. 460–463.

250. „Frou-Frou Wagner", Karikatur von F. Grätz, aus „Der Floh", Wien, 24. Juni 1877. Historisches Museum der Stadt Wien.
Das Bild ist der satirische Kommentar zur Publikation von Wagners Briefen an seine Wiener Putzmacherin, die kurz zuvor durch den Wiener Kritiker Daniel Spitzer, selbstverständlich ohne Wagners Zustimmung, erfolgt war. Die Briefe offenbaren Wagners verschwenderische Neigung zu Samt- und Atlasstoffen und die Akribie, mit der er Farben und Qualität der Stoffe auswählte. Die Karikatur, die Wagner etwas Anrüchig-Altjüngferliches gibt, verdeutlicht zugleich, daß die Veröffentlichung der Briefe auch als Akt der Indiskretion empfunden wurde.

251. „Amerikanischer Festmarsch", Seite 1 der Partitur, Korrekturblatt. B. Schott's Söhne, Mainz.
Wagner schrieb diesen „Großen Festmarsch" im Februar und März 1876 aus Anlaß der Feiern zum hundertsten Jahrestag der amerikanischen Unabhängigkeitserklärung. Es war ein Auftragswerk, für das er 5000 Dollar bekam, dessen Komposition ihm jedoch Mühe machte (vgl. Nr. 255). Die Abbildung zeigt eine sogenannte Korrekturfahne, einen Abzug von den Druckplatten, in den eingetragen wurde, was der Notenstecher falsch gemacht hatte. Die Seite ist ein Beispiel dafür, daß sich Wagner in seinen späteren Jahren an den bei der Drucklegung seiner Werke notwendigen Korrekturvorgängen nur teilweise beteiligte. Nur die Korrektur oben rechts stammt von ihm, alles andere besorgte sein Assistent Joseph Rubinstein.

252. Heinrich von Stein, Carl Friedrich Glasenapp, Hans von Wolzogen (von links), Fotografie. RWG.
Der Philosoph Heinrich von Stein (1857–1887) kam im Oktober 1879 als Hauslehrer Siegfried Wagners nach Bayreuth. – Carl Friedrich Glasenapp (1847–1915) war Wagners erster und von ihm selbst eingesetzter Biograph. Die erste Auflage der Biographie erschien bereits 1876/77; sie erlebte meh-

rere Auflagen und wuchs schließlich auf sechs Bände an. Glasenapp, der wie Stein und Wolzogen zu den Bayreuther Ideologen gerechnet werden muß, stellte Wagners Leben zwar deutlich tendenziös dar, dennoch blieb seine Biographie bis heute das grundlegende Werk. – Hans von Wolzogen (1848–1938) wurde von Wagner mit der Redaktion der „Bayreuther Blätter" beauftragt, einer Monatsschrift, die ab 1878 erschien. Wolzogen übersiedelte, um die Redaktionsarbeit in ständigem unmittelbarem Einvernehmen mit Wagner vornehmen zu können, im Oktober 1877 nach Bayreuth. Er war nach Wagners Tod der Spiritus rector der Zeitschrift, die in Konsequenz dessen nach seinem Tod ihr Erscheinen einstellte.

253. „Bayreuther Blätter", Titelseite von Jahrgang 2, Heft 5, Mai 1879. An keinem Dokument kommt der missionarische Charakter der Wagnerschen Ideen von Kunst und Weltanschauung so deutlich zum Ausdruck wie an dieser Zeitschrift, die keine andere Aufgabe hatte als die, für Wagners Werk und Weltanschauung eine größere Öffentlichkeit zu erschließen, Wagners Lehre (oder was man dafür hielt) durchzusetzen und zugleich die Vielzahl der Wagnerianer zu einer Art Gemeinde zu verbinden. Wagner selbst schrieb mehrere Texte für die Zeitschrift, so den Aufsatz „Wollen wir hoffen?", dessen Anfang die Abbildung wiedergibt.

254. Cosima, Richard, Franz Liszt und Hans von Wolzogen in Wahnfried, Ölbild von W. Beckmann, 1882. Richard Wagner Museum Tribschen. Das Bild, das den Titel trägt „Richard Wagner in seinem Heim in Bayreuth", ist ein Fantasiegemälde, keine Darstellung nach der Wirklichkeit. Es zeigt, wie man sich Wagner vorstellte: als beherrschende Gestalt, dem die anderen still oder gar andächtig zuhören oder, wie im Bild Franz Liszt, devot-bescheiden entgegnen. Der Raum erscheint als Atelier nach dem Vorbild Hans Makarts.

255. „Parsifal", Skizze zum Gesang der Blumenmädchen im 2. Akt. NA. Wagner notierte die Musik am 9. Februar 1876 und schrieb unter das Datum den Satz „Amerikanisch sein wollend!", Hinweis darauf, daß die Niederschrift mit den ersten Kompositionsversuchen zum „Amerikanischen Festmarsch" in Zusammenhang stand (vgl. Nr. 251), die Wagner besondere Mühe bereiteten. Daß die Musik sich für die Szene mit den Blumenmädchen im 2. Akt des „Parsifal" eignen könnte, stellte Wagner mit Sicherheit erst später fest. Die Notiz am oberen Rand des Blattes „Parzival. Act II. Frauen (Schöner Knabe kom' zu mir!)" wurde von Cosima hinzugefügt.

256. „Parsifal", Seite 81 (Schlußseite) der Erstausgabe des Textbuchs, Mainz 1877.
Wie schon beim „Ring", „Tristan" und bei den „Meistersingern" gab Wagner auch beim „Parsifal" das Textbuch zum Druck, bevor er die Komposition abgeschlossen hatte. Darin kommt unübersehbar der literarische Anspruch zum Ausdruck, den Wagner mit seinen Libretti, die er stets als „Dichtungen" bezeichnete, erhob.

257. Cosima Wagner, Ölbild von Franz Lenbach, 1879 (Ausschnitt). NA.

Das Bild stellt eine Art Gegenstück zu dem Wagner-Porträt Lenbachs vom Dezember 1871 dar (vgl. Nr. 214).

258. Richard Wagner, Ölbild von Auguste Renoir, Palermo, 15. Januar 1882. Musée du Louvre, Paris. La Phototèque, Paris. Vgl. Nr. 149 und Text S. 485ff.

259. Richard Wagner mit seinem Sohn Siegfried, Fotografie von P. Biondi e Figlio, Neapel, 1. Juni 1880. RWG.

Das Foto entstand fünf Tage vor Siegfrieds elftem Geburtstag während Wagners Neapelaufenthalt 1880. Es ist das einzige Bild, das ihn allein mit seinem Sohn zeigt, auf den er – dem Rollenverhalten der Zeit entsprechend – stolzer war als auf seine Töchter. Siegfried sollte als Erbe seines Vaters dessen Werk fortführen und bewahren.

260. Palermo, Zeichnung von Siegfried Wagner, Winter 1881/82 (Ausschnitt). NA.

Siegfried Wagner (1869–1930) fertigte diese Skizze, die den Dom von Palermo laut Beschriftung „von der rechten Seite" zeigt, im Alter von etwa zwölfeinhalb Jahren an. Sie zeigt ebenso sein zeichnerisches Talent wie sein Interesse an Architektur, das ihn später veranlaßte, Architektur zu studieren. Erst danach entschied er sich für die Musik und das Musiktheater und damit für die Karriere als Dirigent, Regisseur und Leiter der Bayreuther Festspiele. Die abgebildete Zeichnung entstand während Wagners Winteraufenthalt 1881/82 in Palermo, wo Wagner am 13. Januar 1882 die Partitur des „Parsifal" beendete. Vgl. Text S. 485.

261. „Parsifal", Gralstempel (1. und 3. Akt), Ölbild von Max Brückner, nach Entwürfen von Paul von Joukowsky. RWG.

Vorbild für den Gralstempel, den Ort des Geschehens im zweiten Teil sowohl des 1. wie des 3. Aktes der Oper, war der Dom von Siena, den Wagner bei seinem Siena-Aufenthalt im August und September 1880 kennengelernt hatte. Der russische Maler Paul von Joukowsky (1845–1912), der die Bühnenbilder und Kostüme für die Uraufführung des „Parsifal" entwarf (vgl. Nr. 263, 268, 269, 272), lebte von Anfang 1880 bis zu Wagners Tod fast ständig wie ein Familienmitglied in Wagners nächster Nähe. Zeichen dessen sind unter anderem die Porträtskizzen, die Joukowsky am Vorabend von Wagners Tod anfertigte (vgl. Nr. 280). Die Ausführung der Entwürfe Joukowskys zum „Parsifal" überließ Wagner den erfahrenen Coburger Bühnenmalern Gotthold und Max Brückner, die auch schon 1876 für die Umsetzung der Entwürfe in die Bühnenrealität verantwortlich gewesen waren. Vgl. Text S. 488–494.

262. „Parsifal", Vorspiel, Seite 1 des 2. Kompositionsentwurfs (Ausschnitt). NA.

Oben rechts das Anfangsdatum „Bayreuth. 25 Sept. 1877".

263. „Parsifal", Klingsors Zaubergarten (2. Akt), Ölbild von Max Brückner, nach Entwürfen von Paul von Joukowsky. RWG.

Vorbild für den Zaubergarten, den Ort des Geschehens im 2. Akt der Oper, war der Garten des Palazzo Rufolo in Ravello am Golf von Salerno.

Beim Besuch des Gartens hatte Wagner am 26. Mai 1880 ins Gästebuch geschrieben: „Klingsor's Zaubergarten ist gefunden!" Vgl. Nr. 261 und Text S. 488–494.

264. „Parsifal", Theaterzettel der Uraufführung, Bayreuth, 26. Juli 1882. NA.

Vgl. Text S. 488–494.

265. Franz Fischer, Fotografie, um 1890.

Für die Uraufführung des „Parsifal" in Bayreuth stellte Ludwig II. das Ensemble seines Münchner Hoftheaters zur Verfügung. Die beiden Hofkapellmeister Franz Fischer (1849–1918) und Hermann Levi (vgl. Nr. 226) waren infolgedessen die ersten „Parsifal"-Dirigenten. Bei den Aufführungen 1882 alternierten sie miteinander. Fischer gehörte bereits 1876 als Assistent und Chorleiter zu den Mitwirkenden der Bayreuther Festspiele und war zuvor auch schon Mitglied der sogenannten Nibelungenkanzlei gewesen, in der das Aufführungsmaterial für den „Ring" hergestellt wurde. Auch nach Wagners Tode dirigierte Fischer, meist neben Levi, den „Parsifal" in Bayreuth. Vgl. Text S. 488–494.

266. Hermann Levi, Fotografie, um 1882.

Da Ludwig II. für die Uraufführung des „Parsifal" mit seinem Münchner Hoftheaterensemble auch dessen Kapellmeister Fischer und Levi zur Verfügung stellte, sah sich Wagner gezwungen, den „Parsifal" von einem Juden dirigieren zu lassen; denn Levi (1839–1900) war der Sohn eines Oberrabbiners. So sehr Wagner ihn als Musiker und hochgebildeten Mann schätzte, so unüberwindbar waren die Vorbehalte, die er aufgrund seiner antisemitischen Überzeugung gegen ihn hatte. Levi freilich, der sich Wagners Weltanschauung zu eigen gemacht hatte, akzeptierte es, Wagners These gemäß als Jude ein Mensch minderen Ranges und Wertes zu sein. Levis außerordentliche Bereitschaft zur Selbstverleugnung und -erniedrigung war die Voraussetzung für zahlreiche Demütigungen, die er durch Wagner und nach dessen Tode in ganz besonderem Maße durch Cosima zu erleiden hatte. Levi blieb bis 1894 „Parsifal"-Dirigent der Bayreuther Festspiele. Vgl. Nr. 188 und Text S. 488–494.

267. Engelbert Humperdinck, Fotografie, um 1890.

Humperdinck (1854–1921) übersiedelte Anfang 1881 nach Bayreuth, um als Wagners Assistent die Partitur des „Parsifal" zu kopieren. Nach dieser Abschrift wurde später, nach Wagners Tode, die Druckausgabe der Partitur hergestellt. Auch an den Vorbereitungen zur Uraufführung des „Parsifal" war Humperdinck beteiligt, und als sich während der Proben die Verwandlungsmusik im 1. Akt als zu kurz erwies, beauftragte Wagner ihn, eine Verlängerung zu komponieren, die dann allerdings nicht zur Aufführung kam, da man das Problem durch eine Veränderung in der Inszenierung löste. Als Komponist gehörte Humperdinck zu jenen, die die Last des Wagnerschen Erbes in besonderem Maße zu spüren bekamen, weil sie allzusehr der Sphäre Wagners und Bayreuths verhaftet waren. Vgl. Text S. 488–494.

268.–269. „Parsifal“, Kostümentwürfe für Kundry im 2. Akt, angefertigt für die Uraufführung 1882 von Paul von Joukowsky. RWG.
Vgl. Nr. 261, 273 und Text S. 488–494.

270.–271. „Parsifal“, Kostümfotos nach der Uraufführung von Hans Brand, Bayreuth 1882. Bayerische Staatsbibliothek München.
270. Kundry (Amalie Materna), Gurnemanz (Emil Scaria), Parsifal (Hermann Winkelmann), Szene aus dem 3. Akt. – 271. Amfortas (Theodor Reichmann). Vgl. Text S. 488–494.

272. „Parsifal“, Kostümentwürfe für die Blumenmädchen im 2. Akt, angefertigt für die Uraufführung 1882 von Paul von Joukowsky. RWG.
Der Zeit gemäß und Wagners realistischer Vorstellung vom Theater entsprechend, verstand Joukowsky die Bezeichnung „Blumenmädchen“ vordergründig-wörtlich und bildete die Kostüme bestimmten Frühjahrsblumen wie Narzisse und Krokus nach. Vgl. Text S. 488–494.

273. „Parsifal“, Uraufführung, Kundry im 2. Akt, Fotografie von Hans Brand, Bayreuth 1882. Bayerische Staatsbibliothek München.
Einen aufschlußreichen Kommentar zu dieser Abbildung gibt eine Tagebucheintragung Cosima Wagners vom 4. Januar 1881, in der es heißt: „Ein[e] Skizze von der Kundry, welche Jouk[owsky] bringt, gefällt uns gut. – ‚Eigentlich‘, sagt R[ichard], ‚müßte sie wie eine Tizianische Venus nackt da liegen.‘ – Nun muß das durch Pracht ersetzt werden.“ Modell für diese erotische Pracht scheint die Malerei Hans Makarts gewesen zu sein, dessen Darstellung der Schauspielerin Charlotte Wolter als Messalina eine verblüffende Ähnlichkeit mit dem hier wiedergegebenen Kostümfoto aufweist (vgl. Nr. 274). Die auf dem Foto abgebildete Darstellerin ist Marianne Brandt, die bei den „Parsifal“-Aufführungen 1882 in der Rolle der Kundry mit Amalie Materna und Therese Malten alternierte. Vgl. Text S. 488–494.

274. Die Schauspielerin Charlotte Wolter als Messalina, Ölbild von Hans Makart, Wien 1875. Historisches Museum der Stadt Wien.
Abgesehen davon, daß Makart zu den bekanntesten Malern seiner Zeit gehörte, war Richard Wagner auch persönlich mit ihm bekannt. Im März 1875 hatte er z. B. eines der berühmten Atelierfeste bei Makart besucht. Der Gedanke, daß er Joukowsky (vgl. Nr. 261) anhielt, sich bei seinen Kostümentwürfen an Makart zu orientieren, liegt also nahe. Vgl. Nr. 273 und Text S. 453 f.

275. Sinfonie C-Dur, Seite 71 einer von Wagners Assistent Anton Seidl aus Stimmen zusammengestellten Partitur. NA.
Die originale Partitur hatte Wagner 1836 Felix Mendelssohn Bartholdy geschenkt, der sich um die Handschrift nicht gekümmert zu haben scheint. Jedenfalls ist sie bis heute verschollen. Das Aufführungsmaterial, nach dem das Werk 1832 in Prag uraufgeführt worden war, fand sich jedoch 1877 wieder an, und Wagner konnte sich daraus von seinem damaligen Assistenten Anton Seidl im Frühjahr 1878 eine neue Partitur zusammenstellen lassen. Diese versah er, wie die abgebildete Seite zeigt, mit Korrekturen,

Änderungen und Ergänzungen, ohne aber diesen Ansatz zu einer Bearbeitung durch- und zuendezuführen. Am 24. Dezember 1882, während seines letzten Venedigaufenthaltes, führte er die Sinfonie zu Ehren Cosimas vor einem ausgewählten Publikum im Teatro La Fenice auf (vgl. Nr. 276). Vgl. Text S. 278 ff., 495.

276. Teatro La Fenice in Venedig, kolorierter Stahlstich. Dietrich Mack, Thurnau.

Wagners Aufführung seiner Sinfonie C-Dur in diesem Theater – die Abbildung zeigt den Haupteingang von der Landseite (links) – kam vierzig Jahre später zu literarischen Ehren, als Franz Werfel dieses Ereignis dem ersten Kapitel seines Verdi-Romans zugrundelegte. Das Teatro La Fenice war ein Theater Verdis; „Ernani", „Attila", „Rigoletto", „La Traviata" und „Simone Boccanegra" waren darin uraufgeführt worden.

277. Venedig, Palazzo Vendramin-Calergi, kolorierter Stich. Biblioteca Nazionale Marciana, Venedig.

Die Abbildung zeigt sowohl den Haupttrakt des am Canale Grande gelegenen Palastes als auch den etwas zurückliegenden Seitenflügel, den Wagner vom 18. September 1882 bis zu seinem Tode bewohnte.

278. Richard und Cosima Wagner vor dem Palazzo Vendramin-Calergi, Landseite, Ölbild, Winter 1882/83. NA. Vgl. Nr. 197.

279. Wagners letzter Brief an Ludwig II., Venedig, 10. Januar 1883. Wittelsbacher Ausgleichsfonds, München. Zum Inhalt vgl. Text S. 496 ff.

280. Richard Wagner am Vorabend seines Todes, Zeichnung von Paul von Joukowsky. NA.

Joukowsky (vgl. Nr. 261) zeichnete diese flüchtige, aber dabei sehr ausdrucksstarke Skizze in ein Notizbuch Cosimas. Diese unterschrieb die Zeichnung mit „R. lesend 12 Febr. 1883". Wagner, der ein begeisterter und guter Vorleser gewesen zu sein scheint, las seiner Familie am letzten Abend seines Lebens Friedrich de la Motte Fouqués Prosa-Märchen „Undine" vor.

281. Totenmaske, abgenommen von Augusto Benvenuti am 14. Februar 1883. RWG.

Wagner starb am 13. Februar 1883 nachmittags gegen 15.30 Uhr. Er starb völlig überraschend, ohne zuvor krank gewesen zu sein. Freilich wäre es, wie man heute weiß, auch nicht richtig zu behaupten, er sei gesund gewesen. Wagner war herzkrank und zwar stärker, als er selbst und seine Umgebung wahrnahm oder wahrnehmen wollte. Er litt regelmäßig unter Schmerzen, „bösen Krämpfen", wie er im letzten Brief an Ludwig II. schrieb (vgl. Nr. 279). Einem dieser Herzanfälle erlag er. Bis heute wird kolportiert, die Erregung, die zu der Attacke geführt habe, sei die Folge einer Auseinandersetzung mit Cosima um eine Sängerin gewesen, der Wagner angeblich besonders zugetan war. Es ist selbstverständlich nicht ausgeschlossen, daß die unmittelbare Todesursache ein derart banal-delikates Detail war, Indizien oder gar Beweise dafür, daß es so war, gibt es jedoch nicht.

Werkverzeichnis

Die Nummern mit der Abkürzung „WWV“ beziehen sich auf das in Vorbereitung befindliche Wagner-Werk-Verzeichnis (John Deathridge, Martin Geck, Egon Voss: Verzeichnis der musikalischen Werke Richard Wagners und ihrer Quellen, Mainz, B. Schott's Söhne). Rechts die Entstehungszeit. UA = Uraufführung.

1. Bühnenwerke

a) Opern (Vollendete Werke)

„Die Feen“. Romantische Oper in 3 Akten nach Carlo Gozzis „La donna serpente“ WWV 32	Januar/Februar 1833–Frühjahr/Sommer 1834. UA: 29. 6. 1888 München
„Das Liebesverbot oder Die Novize von Palermo“. Große komische Oper in 2 Akten nach Shakespeares „Measure for measure“ WWV 38	Juni 1834–Frühjahr 1836. UA: 29. 3. 1836 Magdeburg
„Rienzi, der Letzte der Tribunen“. Große tragische Oper in 5 Akten nach Bulwer-Lytton WWV 49	Juni/Juli 1837–November 1840. Umarbeitungen 1843–1844, 1847. UA: 20. 10. 1842 Dresden
„Der fliegende Holländer“. Romantische Oper in 3 Aufzügen WWV 63	Mai 1840–November 1841. Umarbeitungen 1846, 1852, 1860. UA: 2. 1. 1843 Dresden
„Tannhäuser und der Sängerkrieg auf Wartburg“. Große romantische Oper in 3 Akten WWV 70	Juni 1842–April 1845. Umarbeitungen 1845, 1847, 1851, 1860–61, 1865. UA: 19. 10. 1845 Dresden
„Lohengrin“. Romantische Oper in 3 Akten WWV 75	Juli/August 1845–April 1848. UA: 28. 8. 1850 Weimar
„Der Ring des Nibelungen“. Ein Bühnenfestspiel für drei Tage und einen Vorabend WWV 86	September/Oktober 1848 – August 1857, September 1864 – Dezember 1865, Herbst 1868 – November 1874.
„Das Rheingold“ „Die Walküre“ „Siegfried“ (zunächst: Der junge Siegfried) „Götterdämmerung“ (zunächst: Siegfrieds Tod)	UA: 22. 9. 1869 München UA: 26. 6. 1870 München UA: 16. 8. 1876 Bayreuth UA: 17. 8. 1876 Bayreuth

„Tristan und Isolde". Handlung in 3 Aufzügen WWV 90	Herbst 1854–August 1859. UA: 10.6.1865 München
„Die Meistersinger von Nürnberg" WWV 96	Juli 1845, November 1861–Oktober 1867. UA: 21.6.1868 München
„Parsifal". Ein Bühnenweihfestspiel in 3 Aufzügen WWV 111	August 1865, Januar 1877–Januar 1882. UA: 26.7.1882 Bayreuth

b) Unvollendete Opern, nichtvertonte Textbücher und Bühnenstücke

„Leubald". Ein Trauerspiel in 5 Akten WWV 1	1826–1828
„Schäferoper" WWV 6 (abgebrochen, verschollen)	Frühjahr 1830
„Die Hochzeit". Oper WWV 31 (abgebrochen)	Oktober/November 1832–Februar 1883. UA: 13.2.1933 Rostock
„Die hohe Braut". Große Oper in 5 Akten WWV 40 (Textbuch, als „Bianca und Giuseppe" von Johann Kittl vertont)	Juli 1836, August 1842
„Männerlist größer als Frauenlist oder Die glückliche Bärenfamilie". Komische Oper in 2 Akten WWV 48 (Komposition abgebrochen, Musik verschollen)	Sommer 1838
„Die Sarazenin". Oper in 5 Akten WWV 66 (Prosaentwurf)	1841, Frühjahr 1843
„Die Bergwerke zu Falun". Oper in 3 Akten WWV 67 (Prosaentwurf)	Februar/März 1842
„Friedrich I." [Oper] in 5 Akten WWV 76 (Prosaskizzen)	Oktober 1846, 1848
„Jesus von Nazareth" [Oper?] in 5 Akten WWV 80 (Prosaentwurf)	Januar–April 1849
„Achilleus" [Oper?] in 3 Akten WWV 81 (Prosaskizzen)	Frühjahr 1849
„Wieland der Schmied". Heldenoper in 3 Akten WWV 82 (Prosaentwürfe)	Januar–März 1850

„Die Sieger". Oper in vermutlich 3 Akten WWV 89 (Prosaskizze)	Mai 1856
„Luther" [Oper?] WWV 99 (Prosaskizzen)	August 1868
„Lustspiel in 1 Akt" WWV 100 (Prosaentwurf)	Ende August 1868
„Eine Kapitulation. Lustspiel in antiker Manier". WWV 102 (Textbuch, vertont von Hans Richter)	November 1870

c) Schauspielmusik

Ouvertüre zu Schillers „Die Braut von Messina" WWV 12 (verschollen)	Sommer oder Herbst 1830
Ouvertüre e-Moll und Theatermusik zu Ernst Raupachs historischem Trauerspiel „König Enzio" WWV 24 (Theatermusik verschollen)	Winter 1831/32. UA: 17.2.1832 Leipzig
Entreactes tragiques Nr. 1 D-Dur und Nr. 2 c-Moll WWV 25	Frühjahr 1832
Musik (Ouvertüre und 4 Nummern) zu Wilhelm Schmales Festspiel „Beim Antritt des neuen Jahres" WWV 36	Ende Dezember 1834. UA: 1.1.1835 Magdeburg
Ouvertüre Es-Dur und Theatermusik zu Theodor Apels historischem Drama „Columbus" WWV 37 (Theatermusik verschollen)	Dezember 1834–Januar 1835. UA: Ende Februar 1835 Magdeburg
Theatermusik zu J. Singers Schauspiel „Die letzte Heidenverschwörung in Preußen" WWV 41	Februar 1837. UA: vermutlich 17.2.1837 Königsberg

d) Bearbeitungen und Einlegestücke

Neues Schlußallegro zur Arie Nr. 15 aus Marschners romantischer Oper „Der Vampyr" WWV 33	September 1833. UA: 29.9.1833 Würzburg

Instrumentation einer Kavatine aus Bellinis „Il pirata" WWV 34 (verschollen)	November/Dezember 1833
Baßarie (Einlage) zu Carl Blums komischer Oper „Mary, Max und Michel" WWV 43	August 1837. UA: 1.9.1837 Riga
Baßarie (Einlage) zu Joseph Weigls lyrischer Oper „Die Schweizerfamilie" WWV 45 (verschollen)	Dezember 1837. UA: 22.12.1837 Riga
Instrumentationsretuschen in Bellinis „Norma" WWV 46A	Dezember 1837. UA: 11.12.1837 Riga
Transkription der Harfenpartie der Kavatine Nr. 18C aus Meyerbeers „Robert le diable" für Streicher WWV 46B	November 1838. UA: 30.11.1838 Riga
Uminstrumentation des Jägerchors (Nr. 18) aus Webers „Euryanthe" WWV 46C	Januar 1839. UA: 17.1.1839 Riga
Baßarie (Einlage) zu Bellinis „Norma" (mit Chor) WWV 52	September/Oktober 1839
Chor (Einlage) zu Marion Dumersans und Dupeutys Vaudeville „La Descente de la Courtille" WWV 65	Januar 1841. UA: vermutlich 20.1.1841 Paris
Bearbeitung von Glucks „Iphigenie in Aulis" WWV 77	Ende 1846/Anfang 1847. UA: 22.2.1847 Dresden
Bearbeitung von Mozarts „Don Giovanni" WWV 83 (verschollen)	Oktober/November 1850. UA: 8.11.1850 Zürich

2. Orchesterwerke

Ouvertüre B-Dur, sogenannte Paukenschlag-Ouvertüre WWV 10 (verschollen)	Sommer 1830. UA: 25.12.1830 Leipzig
Politische Ouvertüre WWV 11 (vermutlich Fragment, verschollen)	September 1830
Orchesterwerk e-Moll WWV 13 (Fragment, eventuell identisch mit der Ouvertüre zu „Die Braut von Messina" WWV 12)	vermutlich 1830
Ouvertüre C-Dur (6/8 Takt) WWV 14 (verschollen)	Ende 1830

Ouvertüre Es-Dur WWV 17 (Fragment, verschollen)	Frühjahr 1831
Ouvertüre d-Moll (Konzert-Ouvertüre Nr. 1) WWV 20	Sommer/Herbst 1831. UA: 25. 12. 1831 Leipzig
Konzert-Ouvertüre Nr. 2 C-Dur WWV 27	März 1832. UA: Ende März 1832 Leipzig
Sinfonie C-Dur WWV 29	April–Juni 1832. UA: November 1832 Prag
Sinfonie E-Dur WWV 35 (Fragment, verschollen)	August–September 1834
Ouvertüre „Polonia“ C-Dur WWV 39	Mai–Juli 1836. UA: vermutlich 2. 1. 1905 London
Ouvertüre „Rule Britannia“ D-Dur WWV 42	März 1837. UA: vermutlich 19. 3. 1838 Riga
„Eine Faust-Ouvertüre“ d-Moll WWV 59 (zunächst 1. Satz einer „Faust“-Sinfonie)	1. Fassung: Dezember 1839–Januar 1840. 2. Fassung: Januar 1855. UA: 22. 7. 1844 Dresden (1. Fassung). 23. 1. 1855 Zürich (2. Fassung)
Trauermusik nach Motiven aus Webers „Euryanthe“ für Blasinstrumente WWV 73	November 1844. UA: 14. 12. 1844 Dresden
„Huldigungsmarsch“ Es-Dur für Ludwig II. von Bayern für Militärorchester WWV 97	August 1864. UA: 5. 10. 1864 München
„Romeo und Julie“ [Orchesterstück] WWV 98 (Skizzen)	April/Mai 1868
Siegfried-Idyll E-Dur WWV 103	Oktober–Anfang Dezember 1870. UA: 25. 12. 1870 Tribschen
„Kaisermarsch“ B-Dur mit Schlußchor WWV 104	Januar–März 1871. UA: 14. 4. 1871 Berlin
Sinfonien und Ouvertüren WWV 107 (Skizzen)	vornehmlich 2. Hälfte der siebziger Jahre
„Großer Festmarsch“ G-Dur (Amerikanischer Marsch) WWV 110	Januar–März 1876. UA: 10. 5. 1876 Philadelphia

3. Kammermusik

Streichquartett D-Dur WWV 4 (verschollen)	Herbst 1829
„Träume“, Fassung für Solo-Violine und 13 Instrumente WWV 91B	Mitte Dezember 1857. UA: 23. 12. 1857 Zürich

4. Klaviermusik

Sonate d-Moll WWV 2 (verschollen)	Sommer 1829
Sonate f-Moll WWV 5 (verschollen)	Herbst 1829
Sonate B-Dur für Klavier zu 4 Händen WWV 16 (verschollen) (nachträglich instrumentiert, verschollen)	Anfang 1831
Vierstimmige Doppelfuge C-Dur WWV 19B	Herbst 1831/Winter 1831/32
Sonate B-Dur op. 1 WWV 21	Herbst 1831
Fantasie fis-Moll WWV 22	Herbst 1831
Polonaisen D-Dur für Klavier zu zwei und zu vier Händen WWV 23	Ende 1831/Anfang 1832
Große Sonate A-Dur WWV 26	Anfang 1832
Klavierstück (sog. Lied ohne Worte) E-Dur WWV 64	Ende 1840
Polka G-Dur WWV 84	Mai 1853
Eine Sonate für das Album von Frau M[athilde] W[esendonck] As-Dur WWV 85	Mai–Juni 1853
Züricher Vielliebchen-Walzer Es-Dur WWV 88	Mai 1854
Albumblatt As-Dur (bekannt als „Porazzi“-Thema) WWV 92	1858/59
In das Album der Fürstin M[etternich] C-Dur WWV 94	Juni 1861
„Ankunft bei den schwarzen Schwänen“, Albumblatt As-Dur WWV 95	Juli 1861
Albumblatt Es-Dur, Frau Betty Schott gewidmet WWV 108	Januar 1875

5. Chormusik

Vokalfuge „Dein ist das Reich" WWV 19A	Herbst 1831/Winter 1831/32
Volks-Hymne „Nicolay" für Soli, Chor und Orchester WWV 44	Herbst 1837. UA: 21. 11. 1837 Riga
Gesang am Grabe WWV 51 (verschollen)	Jahreswende 1838/39. UA: 4. 1. 1839 Riga
„Der Tag erscheint" für Männerchor allein oder Männerchor und Blechbläser WWV 68	Mai 1843. UA: 7. 6. 1843 Dresden
„Das Liebesmahl der Apostel". Eine biblische Szene für Männerchor und Orchester WWV 69	April–Juni 1843. UA: 6. 7. 1843 Dresden
„Im treuen Sachsenland", Gruß seiner Treuen an Friedrich August den Geliebten, für Männerchor und Blasinstrumente WWV 71 (auch als Lied für Singstimme und Klavier überliefert)	Juli 1844. UA: 12. 8. 1844 Pillnitz bei Dresden
An Webers Grab: „Hebt an den Sang" für Männerchor allein WWV 72	November 1844. UA: 15. 12. 1844 Dresden
Wahlspruch für die deutsche Feuerwehr, für Männerchor allein WWV 101	Anfang November 1869
„Ihr Kinder, geschwinde, geschwinde", sogenannter antiker Chorgesang für Kinderstimmen WWV 112B	Dezember 1880. UA: 25. 12. 1880 Wahnfried

6. Lieder und Arien

Arie WWV 3 (verschollen)	1829
Lieder WWV 7 (Entwürfe)	1828–1830
Arie für Sopran und Orchester WWV 8 (verschollen)	Frühjahr 1830
Sieben Kompositionen zu Goethes „Faust" WWV 15 (eventuell ursprünglich Schauspielmusik)	Anfang 1831
Szene und Arie für Sopran und Orchester WWV 28 (verschollen)	Frühjahr 1832. UA: 22. 4. 1832 Leipzig

„Glockentöne", Lied (Text: Theodor Apel) WWV 30 (verschollen)	12. 10. 1832
„Der Tannenbaum", Lied (Text: Georg Scheurlin) WWV 50	Herbst 1838
„Dors mon enfant...", Lied (Textverfasser unbekannt) WWV 53	Herbst 1839
„Extase", Lied (Text: Victor Hugo) WWV 54 (Fragment)	Herbst 1839
„Attente", Lied (Text: V. Hugo) WWV 55	Herbst 1839
„La tombe dit à la rose", Lied (Text: V. Hugo) WWV 56 (Fragment)	Herbst 1839
„Mignonne", Lied (Text: Ronsard) WWV 57	Herbst 1839
„Soupir", Lied (Text: Jean Reboul) WWV 58	Herbst 1839
„Les deux grenadiers", Lied (Text: Heinrich Heine) WWV 60	Dezember 1839/Januar 1840
„Adieux de Marie Stuart", Lied (Text: Pierre Jean de Bèranger) WWV 61	März 1840
Fünf Gedichte für eine Frauenstimme (Text: Mathilde Wesendonck) WWV 91 „Der Engel" „Träume" „Schmerzen" „Stehe still!" „Im Treibhaus"	 Ende November 1857 Anfang Dezember 1857 Mitte Dezember 1857 Mitte Februar 1858 Ende April 1858 2. Fassung aller fünf Lieder Anfang Oktober 1858. UA: 30. 7. 1862 Mainz (2. Fassung)
„Es ist bestimmt in Gottes Rat" WWV 93 (Entwurf)	1858?
„Der Worte viele sind gemacht", Lied für Louis Kraft WWV 105	22. 4. 1871

„Kinder-Katechismus zu Cosels Geburtstag" für Kinderstimmen und Klavier (1. Fassung) oder Orchester (2. Fassung) WWV 106	1. Fassung: Dezember 1873. 2. Fassung: Dezember 1874. UA: 25. 12. 1873 (1. Fassung), 25. 12. 1874 (2. Fassung) Bayreuth

7. Arrangements

Klavierauszug zu Beethovens IX. Sinfonie WWV 9	Sommer 1830–Ostern 1831
Klavierauszug zu Haydns Sinfonie Es-Dur (Hoboken-Verzeichnis I: 103) WWV 18 (verschollen)	Sommer 1831
Instrumentation des Duetts „Die Seemänner" (Li Marinari) aus Rossinis „Les soirées musicales" WWV 47	Frühjahr 1838. UA: 19. 3. 1838 Riga
Klavierauszüge und Arrangements, unter anderem für Quartett und für 2 Violinen, von Donizettis „La Favorite", Halévys „Le Guitarrero" und „La Reine de Chypre" sowie Aubers „Zanetta" WWV 62	Herbst 1840–Juli 1842
Bearbeitung von Palestrinas „Stabat mater" WWV 79	Februar–März 1848. UA: 8. 3. 1848 Dresden
Konzertschluß zur Ouvertüre von Glucks „Iphigenie in Aulis" WWV 87	Anfang März 1854. UA: 7. 3. 1854 Zürich
Instrumentationsanweisungen zu Johann Strauß' Walzer „Wein, Weib und Gesang" WWV 109	Mai 1875

8. Schriften

Die folgende Liste, die Wagners Schriften in chronologischer Folge nennt, erhebt keinen Anspruch auf Vollständigkeit. Wagner hat sehr viel geschrieben und seine Aufsätze, Artikel, Rezensionen usw. oft an entlegenen Orten, in heute schwer zugänglichen oder gar nicht mehr erreichbaren Zeitungen veröffentlicht. Außerdem erschien vieles anonym oder unter Pseudonym, so daß nicht unmittelbar erkennbar ist, was tatsächlich aus Wagners Feder floß und was nicht. Da die Wagnerforschung diese Fragen bislang nicht geklärt hat, muß ein vollständigeres und genaueres Verzeichnis der Zukunft vorbehalten bleiben. – Gelegenheitsgedichte, deren Wagner sehr viele schrieb, wurden in der folgenden Liste ausgelassen. Die Jahreszahl gibt das jeweilige Entstehungsjahr an.

Die deutsche Oper, 1834.
Pasticcio, 1834.
Aus Magdeburg, 1836.
Der dramatische Gesang, 1837 [?].
Bellini. Ein Wort zu seiner Zeit, 1837.
Über deutsche Musik, 1840.
Über Meyerbeers „Hugenotten", 1840 [?].
Der Virtuos und der Künstler, 1840.
Eine Pilgerfahrt zu Beethoven, 1840.
Über die Ouvertüre, 1840/41.
Das Ende zu Paris, 1840/41.
Der Künstler und die Öffentlichkeit, 1841.
Ein glücklicher Abend, 1841.
Der Freischütz, 1841.
Le Freischutz, Bericht nach Deutschland, 1841.
Rossinis „Stabat mater", 1841.
[Berichte aus Paris für verschiedene Zeitungen in Deutschland, 1841].
Autobiographische Skizze, 1842/43.
Die Königliche Kapelle betreffend, 1846 [Denkschrift].
Gruß aus Sachsen an die Wiener, 1848 [Gedicht].
Entwurf zur Organisation eines deutschen Nationaltheaters für das Königreich Sachsen, 1848.
Wie verhalten sich republikanische Bestrebungen dem Königtume gegenüber?, 1848 [Rede].
Die Wibelungen. Weltgeschichte aus der Sage, 1848.
Deutschland und seine Fürsten, 1848.
Der Mensch und die bestehende Gesellschaft, 1849.
Die Not, 1849 [Gedicht].
Die Revolution, 1849.
Die Kunst und die Revolution, 1849.
Das Künstlertum der Zukunft, 1849 [Fragmente].
Das Kunstwerk der Zukunft, 1849.
Kunst und Klima, 1850.
Das Judentum in der Musik, 1850.
Oper und Drama, 1850/51.
Ein Theater in Zürich, 1851.
Ein Brief an Franz Liszt über die „Goethe-Stiftung", 1851.
Eine Mitteilung an meine Freunde, 1851.
[Programmatische Erläuterungen zu eigenen Werken und zu Werken Beethovens, 1851 ff.].
Über musikalische Kritik, 1852.
Über die Aufführung des „Tannhäuser", 1852.
Bemerkungen zur Aufführung der Oper „Der fliegende Holländer", 1852.
Glucks Ouvertüre zu „Iphigenie in Aulis", 1854.
Über Franz Liszts Symphonische Dichtungen, 1857.
Zukunftsmusik, 1860.
Das Wiener Hof-Operntheater, 1863.
Über Staat und Religion, 1864.
Bericht an Seine Majestät den König Ludwig II. von Bayern über eine in München zu errichtende deutsche Musikschule, 1865.
Mein Leben, 1865–1880 mit Unterbrechungen.
Was ist deutsch?, 1865/1878.
Deutsche Kunst und deutsche Politik, 1867/68.

Meine Erinnerungen an Ludwig Schnorr von Carolsfeld, 1868.
Eine Erinnerung an Rossini, 1868.
Über das Dirigieren, 1869.
Beethoven, 1870.
Über die Bestimmung der Oper, 1871.
Über die Aufführung des Bühnenfestspieles „Der Ring des Nibelungen“, 1871.
Erinnerungen an Auber, 1871.
Über Schauspieler und Sänger, 1872.
Über die Benennung „Musikdrama“, 1872.
Zum Vortrag der neunten Symphonie Beethovens, 1873.
Das Bühnenfestspielhaus in Bayreuth, 1873.
Modern, 1878.
Publikum und Popularität, 1878.
Das Publikum in Zeit und Raum, 1878.
Ein Rückblick auf die Bühnenfestspiele des Jahres 1876, 1878.
Wollen wir hoffen?, 1879.
Über das Dichten und Komponieren, 1879.
Über das Opern-Dichten und Komponieren im Besonderen, 1879.
Offenes Schreiben an Herrn Ernst von Weber, Verfasser der Schrift: „Die Folterkammern der Wissenschaft“, 1879.
Über die Anwendung der Musik auf das Drama, 1879.
Religion und Kunst, 1880.
Was nützt diese Erkenntnis?, 1880.
Erkenne dich selbst, 1881.
Heldentum und Christentum, 1881.
Das Bühnenweihfestspiel in Bayreuth 1882, 1882.
Bericht über die Wiederaufführung eines Jugendwerkes, 1882.
Über das Weibliche im Menschlichen, 1883 [Fragment].

Bibliographie

Ausgaben von Primärquellen (Auswahl)

Bei den Gruppen A und B ist auf die Angabe von Einzelausgaben verzichtet worden.

A. Musikalische Werke

1) Richard Wagners Werke, hg. v. Michael Balling, Breitkopf & Härtel, Leipzig 1912–1929.
Band III Tannhäuser
Band IV Lohengrin
Band V Tristan und Isolde
Band XII Die Hochzeit
Band XIII Die Feen
Band XIV Das Liebesverbot
Band XV Lieder und Gesänge
Band XVI Chorgesänge
Band XVIII Orchesterwerke 1. Abteilung
Band XX Orchesterwerke 3. Abteilung
Mehr ist nicht erschienen. Die Ausgabe entspricht den Anforderungen einer Kritischen Edition nicht. Sie ist nicht zuverlässig. Nachdruck New York 1972.

2) Sämtliche Werke [Kritische Ausgabe]. Editionsleitung: Carl Dahlhaus und Egon Voss. Wissenschaftliche Mitarbeiter: John Deathridge und Isolde Vetter. B. Schott's Söhne, Mainz 1970ff.
Editionsplan:
Band 1 Die Feen
Band 2 Das Liebesverbot
Band 3 Rienzi, der Letzte der Tribunen
Band 4 Der fliegende Holländer
Band 5 Tannhäuser (Dresden 1845 mit Varianten bis 1860)
Band 6 Tannhäuser (Paris 1861 mit Varianten bis 1875)
Band 7 Lohengrin
Band 8 Tristan und Isolde
Band 9 Die Meistersinger von Nürnberg
Band 10–13 Der Ring des Nibelungen
Band 14 Parsifal
Band 15 Unvollendete Bühnenwerke und Einlagestücke
Band 16 Chorwerke
Band 17 Klavierlieder
Band 18 Orchesterwerke (3 Teilbände)
Band 19 Klavierwerke
Band 20 Bearbeitungen (4 Teilbände)

Band 21 Supplement
Band 22 Dokumente zu Die Feen und Das Liebesverbot
Band 23 Dokumente zu Rienzi
Band 24 Dokumente zu Der fliegende Holländer
Band 25 Dokumente zu Tannhäuser
Band 26 Dokumente zu Lohengrin
Band 27 Dokumente zu Tristan und Isolde
Band 28 Dokumente zu Die Meistersinger von Nürnberg
Band 29 Dokumente zu Der Ring des Nibelungen (3 Teilbände)
Band 30 Dokumente zu Parsifal
Band 31 Supplement
Bereits erschienen bzw. im Erscheinen begriffen: Band 3, 4, 5, 9, 13, 14, 17, 18 (I), 19, 23, 29 (I) und 30.

3) John Deathridge, Martin Geck, Egon Voss, Verzeichnis der musikalischen Werke Richard Wagners und ihrer Quellen, Mainz, B. Schott's Söhne [in Vorbereitung].

B. Schriften

1) Gesammelte Schriften und Dichtungen, 10 Bände, E. W. Fritzsch, Leipzig 1871–1883.

2) Sämtliche Schriften und Dichtungen, Volks-Ausgabe, Breitkopf & Härtel / C. F. W. Siegel (R. Linnemann), Leipzig o.J., 16 Bände. Diese Ausgabe ist bis heute die umfassendste Edition von Wagners Schriften. Sie enthält ab Band 12 Kommentare und verfügt über ein ausgezeichnetes Register.

3) Mein Leben, hg. v. Martin Gregor-Dellin, München 1963, spätere Ausgabe 1976.

4) Das Braune Buch, Tagebuchaufzeichnungen 1865 bis 1882, hg. v. Joachim Bergfeld, Zürich und Freiburg i.B. 1975.

C. Briefe

1) Sämtliche Briefe, hg. v. Gertrud Strobel und Werner Wolf, Leipzig 1967ff. Bislang erschienen: 4 Bände, die Wagners Briefe von 1830 bis September 1852 enthalten.

2) Richard Wagners Briefe in Originalausgaben, Breitkopf & Härtel, Leipzig 1907ff.
I. Wagner an Minna Wagner I
II. Wagner an Minna Wagner II
III. Wagner, Familienbriefe
IV. Wagner an Theodor Uhlig, Wilhelm Fischer und Ferdinand Heine
V. Wagner an Mathilde Wesendonck

VI. Wagner an Otto Wesendonck
VII. Wagner an Breitkopf & Härtel
VIII. Wagner an B. Schott's Söhne
IX. Briefwechsel Wagner–Liszt
X. Wagner an Theodor Apel
XI. Wagner an August Röckel
XII. Wagner an Ferdinand Praeger
XIII. Wagner an Eliza Wille
XIV. Wagner an seine Künstler
XV. Wagner, Bayreuther Briefe
XVI. Wagner an Emil Heckel
XVII. Wagner an Freunde und Zeitgenossen

3) Briefe an Wilhelm Baumgartner, hg. v. Walter Keller, Zürich 1976

4) Briefe an Hans von Bülow, Jena 1916

5) Lettres françaises de Richard Wagner, hg. v. Julien Tiersot, Paris 1935

6) Die Briefe Richard Wagners an Judith Gautier, hg. v. Willi Schuh, Zürich und Leipzig 1936

7) Lettres à Judith Gautier par Richard et Cosima Wagner, hg. v. Léon Guichard, Paris 1964

8) König Ludwig II. und Richard Wagner, Briefwechsel, hg. v. Otto Strobel, 5 Bände, Karlsruhe 1936–1939

9) Richard Wagner an Mathilde Maier, hg. v. Hans Scholz, Leipzig 1930

10) Richard Wagner und Albert Niemann, hg. v. Wilhelm Altmann, Berlin 1924

11) Briefe Richard Wagners an eine Putzmacherin, hg. v. Daniel Spitzer, Wien 1877, spätere Ausgabe Wien 1906.

12) Briefe an Hans Richter, hg. v. Ludwig Karpath, Berlin/Wien/Leipzig 1924

13) Richard Wagners Briefe an Frau Julie Ritter, hg. v. Siegmund von Hausegger, München 1920

14) Wilhelm Altmann, Richard Wagners Briefe nach Zeitfolge und Inhalt, Leipzig 1905

D. Bilder, Zeugnisse von Zweitpersonen

1) Martin Geck, Die Bildnisse Richard Wagners, München 1970

2) Erich W. Engel, Richard Wagners Leben und Werke im Bilde, Wien/Leipzig 1913

3) Robert Bory, Richard Wagner. Sein Leben und sein Werk in Bildern, Frauenfeld/Leipzig 1938

4) Wagner. Dokumentarbiographie, hg. v. Herbert Barth, Dietrich Mack und Egon Voss, Wien 1975

5) Richard Wagner. Leben und Werk in Daten und Bildern, hg. v. Dietrich Mack und Egon Voss, Frankfurt 1978

6) Cosima Wagner, Die Tagebücher 1869–1883, 2 Bände, hg. v. Martin Gregor-Dellin und Dietrich Mack, München 1976/77

7) Carl Friedrich Glasenapp, Das Leben Richard Wagners, 6 Bände, Leipzig, letzte Auflage 1923

8) Helmut Kirchmeyer, Situationsgeschichte der Musikkritik und des musikalischen Pressewesens in Deutschland, Teil IV: Das zeitgenössische Wagner-Bild, Band 1: Wagner in Dresden, Regensburg 1972; Band 2: Dokumente 1842–1845, Regensburg 1967; Band 3: Dokumente 1846–1850, Regensburg 1968

Register

Die kursiven Ziffern beziehen sich auf die Bilder.

a) Personen

b) Wagners Werke

(alphabetisches Werkverzeichnis)